유형·무형문화재, 기념물, 민속자료 등 문화재의 분류체계에 따라 구분한

관광문화재 해설

정찬종 · 곽영대 공저

백산출판사

머리말

사람들이 관광을 하는 이유에는 여러 가지가 있지만 그중에서도 가장 많은 이유는 관광 본연의 의미인 '빛을 보기 위해' 관광을 한다는 것이다. 빛을 본다는 것은 무엇인가? 그것은 미지의 세계, 즉 타국, 타 지역을 탐험하는 여행이다.

탐험을 하려면 우선 많은 것을 준비해야 한다. 어느 길을 통해서 가야 하는지, 어디에서 잘 건지, 무엇을 먹을 건지, 무엇을 보고, 무엇을 살 건지, 궁극적으로는 타국, 타 지역에서 무엇을 보고 배울 건지로 귀착된다.

이 책은 우리 선조들이 후세 사람들에게 물려준 문화유산 가운데 관광문화재에 관련하여 기술한 것이다. 문화재(文化財, Cultural Properties)란 고고학 · 선사학 · 역사학 · 문학 · 예술 · 과학 · 종교 · 민속 · 생활양식 등에서 문화적 가치가 있다고 인정되는 인류 문화활동의 소산(所産)으로서 역사상 또는 예술상 가치가 큰 것과, 이에 준하는 고고자료를 말한다. 즉 민족문화의 유산으로 보존할 만한 가치가 있는 것을 말한다. 그러므로 관광문화재는 관광자를 끌어 모을 수 있는 민족문화의 유산으로 보존할 만한 가치가 있는 것이라고 할 수 있다.

문화재보호법에서는 문화재의 종류를 크게 ▲유형문화재, ▲무형문화재, ▲기념물, ▲민속자료 등으로 나누어 구분하고 있다. 그러므로 이 책에서도 문화재의 분류체계에 따라 각각의 장으로 구분하여 엮어냈다. 모쪼록 이 책을 통해 문화유산에 대한 깊이를 더해 관광의 참의미를 터득한다면 저자로서 더 이상의 기쁨은 없을 것이다.

이 책의 내용 중에는 불교와 관련하여 사찰건축에 대한 내용이나 불교용어, 또는 불교용구 등에 걸쳐 많은 내용이 소개되고 있다. 그것은 우리의 문화유산 가운데 불교유적이 상당부분 점유하고 있기 때문이다. 따라서 타 종교를 믿는 독자들이 이 책에 대해 편향적 시각으로 보지 않기를 소망한다.

관광문화재에 대해 많은 내용을 기술하려다 보니 욕심이 앞선 나머지 내용과 체제에 다소의 미흡함은 있을 것으로 생각하며, 이 점에 대해서는 선배·동학제위(同學諸位)의 지도편달에 힘입어 계속해서 보완할 것임을 약속드린다.

끝으로 이 책을 출판할 수 있도록 허락해 주신 백산출판사 진욱상 사장님을 비롯하여 편집부 직원들의 호의에 깊은 감사를 드리는 바이다.

계명동산에서

공동저자 드림

차 례

제4장 기념물 • 215

제5장 민속자료 • 307

제1장

관광자원과 관광문화재

제1장 관광자원과 관광문화재

1.1. 관광자원의 정의

관광자원에 대해서는 이노우에를 비롯하여 많은 학자들이 나름대로 정의를 내리고 있는데 우선 이노우에는 관광자원의 정의에서 관광대상과 동일시하고 있다.[1]

다나카(田中喜一)는 "관광자원이란 관광자의 욕구충족을 위해 수용지에서 토지고유의 매력을 가지고 관광자의 흡인대상이 되는 것"이라 정의하고 있다.[2]

쓰다노보루(津田昇)는 "관광자원이란 관광의 주체인 관광자가 관광동기 내지 관광의욕의 목적물로 삼는 관광대상"이라고 하였다.[3]

아시바(足場)는 "관광자원이란 관광대상(사람의 관광의욕을 충족시키는 모든 것)에서 관광사업체가 공급하는 재화와 서비스를 제외한 모든 것"이라고 주장하고 있다.[4]

이장춘은 "관광자원이란 인간의 관광동기를 충족시켜 줄 수 있는 생태계 내의 유·무형 제자원으로서 보존·보호치 않으면 가치를 상실하거나 감소할 성질을

1 井上万寿蔵, 観光と観光事業, 国際観光年記念行事協力会, 1967, 127쪽.
2 田中喜一, 観光事業論, 財団法人 観光事業研究会, 1950, 86쪽.
3 津田昇, 国際観光論, 東洋経済新報社, 1969, 76쪽.
4 足羽洋保, 観光資源論, 中央経済社, 1997, 5쪽.

내포하고 있는 자원"이라고 정의하였다.[5]

이은은 "관광자원이란 인간의 관광동기나 욕구를 충족시킬 수 있는 자연적·인문적 대상의 총체로서 매력성과 자력성(磁力性)을 지닌 소재"라고 언급하고 있다.

김병문은 "관광자원이란 관광자의 여행목적물로서 그 지역의 의식주, 생업, 신앙, 연중행사 및 무형의 전통적 풍속이나 관습의 총칭"으로 정의하고 있다.[6] 즉 관광대상이 되는 유·무형의 제자원을 관광자원에 포함시키고 있다.

이들의 정의에서 공통으로 나타난 것을 요약해 보면 관광자원이란 관광의 주체인 관광자로 하여금 관광동기나 관광의욕을 일으키게 하는 목적물인 관광대상을 가리키는 것임을 알 수 있다. 이제까지는 관광대상이 될 수 없었던 자원도 대중관광의 보급과 함께 새로운 매력을 가진 관광자원으로 각광받기도 하고, 반면 관광매력을 상실해 가는 자원도 있다. 유형물이든 무형물이든, 인공물이든 자연물이든 그것이 관광객을 유인할 수 있고 관광수입을 올릴 수 있는 경제성을 띠고 있는 한 관광자원으로 볼 수 있다.

그러므로 위의 견해들을 종합하여 관광자원을 정의하면 '관광자원이란 관광자의 관광욕구나 관광행동을 유발시키는 유·무형의 소재(대상)'라고 할 수 있다.

1.2. 관광자원의 분류

관광자원에 대한 분류방법에는 입지나 지역규모 및 이용정도 등이 가미된 연속체(Continuum)로서의 분류(이용자중심형/자연중심형), 자원의 물리적 특징이나 개발과 관리실태 및 이용정도나 예상행동 등을 고려한 분광체(Spectrum)로서의 분류(고밀도 위락지역/원시지역), 생성과정에 따른 분류(천연적/인공적), 행동패턴에 따른 분류(주유형/체재형), 토지이용단위별 분류(자연자원/문화자원/

5 이장춘, 관광자원론, 대왕사, 1983, 73쪽.
6 김병문, 관광자원학, 백산출판사, 1993, 19쪽.

혼합형자원), 가시성(可視性)에 따른 분류(유형자원/무형자원), 자원의 이용성격(동적자원/정적자원)에 따른 분류 등 여러 가지가 있으나, 대다수 학자들이 보편적으로 취하고 있는 자원분류방식에 따라 이를 4가지 자원으로 구분하여 제시하면 다음 표와 같이 정리할 수 있다.

〈표 1-1〉 **관광자원의 분류**

종류		내용
자연적 자원	지형・지질	산악, 하천, 평야, 호소(湖沼), 해안, 계곡, 폭포, 도서(島嶼), 산림, 지질, 온천, 사막 등
	천문・기상・기후	해, 달, 오로라, 눈, 비, 우박 등
	동・식물	열대・온대・한대, 사막에 분포되어 있는 동식물
문화적 자원	문화유산	① 유형문화재, ② 무형문화재, ③ 기념물, ④ 민속자료
	문화시설	① 박물관, ② 미술관, ③ 기타 문화시설
사회적 자원	사회형태	① 도시, ② 촌락의 구조, ③ 사회제도, ④ 사회시설(항만, 철도, 도로)
	생활형태	국민성, 민족성, 인정, 풍속, 관습, 예절, 의식주 등 생활형태, 예술・예능, 스포츠 등
산업적 자원	제1차 산업	농・임・어업 및 수산관광자원
	제2, 3차 산업	① 상공업 관광자원(공업단지, 유통단지, 견본시(見本市), 엑스포, 사회공공시설, 전람회 등) ② 위락적 관광자원(수영장, 스키장, 수렵장, 낚시터, 관광목장, 카지노, 캠프장, 레저타운, 놀이시설, 경마장, 승마장 등)

자료 : 정찬종・강인호・신동숙, 관광학원론, 형설출판사, 2008, 258쪽.

1.2.1. 자연적 자원

자연적 관광자원의 개념에 내포될 수 있는 것은 산지・하천・평야・호소(湖沼)・해안・계곡・폭포・도서(島嶼)・온천・삼림・사막 등 지형 또는 지질에 관련된 것, 기후・기상・일조・눈・비・우박・안개 등 천상(天象)과 관련된 것, 열대・한대・온대 등에 분포되어 있는 동식물과 관련된 것 등의 3종류로 구분할 수 있다.

그러므로 자연적 관광자원은 자연경관을 그 대상으로 하며, 매력성 및 자연의 지역차가 관광욕구와 연결되어 관광대상으로서의 관광자원이 된다. 특히 산업사회의 급속한 발전에 따라 각종 공해의 유발과 인간성의 상실 등을 초래하게 됨에 따라 인간의 자연지향 욕구가 점차 증대되어 자연적 관광자원에의 의존도는 더욱 커지고 있는 실정이다.[7]

1.2.2. 문화적 관광자원

문화는 그 개념이 애매할 정도로 폭넓게 사용되는 용어로서 어떤 집단 내지 민족이 공유하는 의식 또는 생활양식을 의미한다. 그러므로 문화의 범위는 지식, 가치관, 신앙, 이념, 예술, 규범전달의 양식과 이를 유지하고 전수하며 또 창조하는 수단이니 교육, 종교, 이념, 예술의 전달매체 등 일체를 포괄하고 있다고 할 수 있다.[8]

따라서 경치, 자연사, 건물, 유물, 전통 및 한 세대에서 다음 세대로 문헌적으로 또는 형이상학적으로 전해 내려오는 것들, 혹은 이러한 것들 사이에서 관광욕구를 충족시킬 수 있는 자원을 문화적 관광자원이라고 할 수 있다. 특히 역사적 · 전통적 가치가 큰 것을 역사적 자원 혹은 전통적 자원이라 부른다.

우리나라 문화재보호법이 역사적 기념물에 대하여 천연기념물을, 사적에 대하여 명승을, 유형문화재에 대하여 무형문화재를 각각 문화재로서 그 가치를 동등하게 인정하고 있는 것은 자연의 존엄성과 신비성을 깊이 인식하고 역사와 전통을 중시하고자 하는 데서 그 의의를 찾을 수 있다.[9]

1.2.3. 사회적 관광자원

문화적 관광자원이 시각적으로 감상할 수 있는 유형적 용구문화의 속성을 가

7 서태양, 관광자원론, 기문사, 1989, 63쪽.
8 한국관광공사, 한국문화유산 관광상품화방안, 1996, 19-20쪽.
9 김진섭, 관광학원론, 대왕사, 1990, 131쪽.

지고 있다면 사회적 관광자원은 이 용구문화를 창조하게 된 배경 즉 사회규범적인 무형의 생활양식을 말한다. 그러므로 유형문화재인 용구(用具)문화는 사회규범적인 생활양식의 결과적 소산이 되는 셈이다.[10]

이와 같이 사회적 관광자원은 한 나라의 역사와 전통을 비롯하여 집락(集落), 사회제도, 국민성, 민족성 등 사회형태와 인정, 풍속, 예절, 관습, 생활양식, 음식, 의복, 주거형태 등의 생활형태로 구성된 자원을 말한다.[11]

이와 같이 사회적 관광자원은 과거의 생활상을 추적하고 현재의 발전상을 이해하는 데 귀중한 자료가 될뿐더러 관광자의 다양한 관광행동이나 욕구를 자극하는 데 큰 작용을 하는 자원으로 평가받고 있다. 1988년 서울올림픽 때 한국을 방문하여 민박을 경험했던 외래관광자들이 특히 만족해 했던 것은 인정 · 풍속 등 한국고유의 사회적 관광자원에 매료되었기 때문일 것이다.

1.2.4. 산업적 관광자원

산업적 관광자원(industrial tourism resources)은 산업관계의 유 · 무형의 관광자원으로서 즉 농업 · 임업 · 어업 · 공업 · 상업관계시설과 그 기술수준을 볼 수 있는 산업적 대상이다. 즉 관광자들이 이러한 산업시설을 견학 · 시찰 · 체험 등을 통해 그들 산업에 대한 이해와 지식확대 또는 교양이나 자기개발욕구를 충족시킬 수 있는 시설이나 기술 및 생산공정과 생산품 등을 산업적 관광자원이라고 할 수 있다.

예를 들면 공장을 방문하여 거기서 설비기술이나 생산공정을 본다든가, 농산물이나 해산물의 가공시설이나 가공공정 등을 보는 것, 그리고 농원이나 목장 등을 찾아가 농산물이나 축산물의 생산기술이나 재배법을 보는 것 등이 이에 속한다. 아울러 경우에 따라서는 자신이 직접 재배 또는 채수, 채취 등을 해보는

10 서태양, 앞의 책, 297쪽.
11 김태영, 현대관광학개론, 백산출판사, 1997, 125쪽.

것도 포함된다. 우리나라에서도 제철공장이나 자동차 생산공장, 전자제품 생산공장, 조선소 등은 관광자들에게 매우 인기 있는 산업적 관광자원이 되고 있으며, 최근에는 관광농장이나 관광목장 등도 산업적 관광자원으로서 많은 각광을 받고 있다.

1.3. 관광문화재

문화재(文化財, Cultural Properties)란 고고학 · 선사학 · 역사학 · 문학 · 예술 · 과학 · 종교 · 민속 · 생활양식 등에서 문화적 가치가 있다고 인정되는 인류 문화활동의 소산(所産)으로서 역사상 또는 예술상 가치가 큰 것과 이에 준하는 고고자료를 말한다. 즉 민족문화의 유산으로 보존할 만한 가치가 있는 것을 말한다. 그러므로 문화재는 생활양식을 내면에 담고 있으면서 가치성을 띠고 있는 모든 것이라고 할 수 있다.[12]

문화재보호법에서의 '문화재'란 인위적이거나 자연적으로 형성된 국가적 · 민족적 · 세계적 유산으로서 역사적 · 예술적 · 학술적 · 경관적 가치가 큰 다음 각 호의 것을 말한다고 정의하고 있으며, 그 종류는 크게 ▲유형문화재, ▲무형문화재, ▲기념물, ▲민속자료 등으로 나누고 있다.[13]

문화재보호법에서는 이를 다시 ▲국가지정문화재(문화재청장 지정), ▲시 · 도지정문화재(시 · 도지사 지정), ▲문화재자료(시 · 도지사 지정) 등으로 구분하여 관리하고 있다.

이상의 정의를 종합하여 관광문화재를 정의하면 '관광문화재란 관광자를 끌어 모을 수 있는 민족문화의 유산으로 보존할 만한 가치가 있는 것'이라고 할 수 있다.

12 이혁진 · 이춘호, 문화재와 관광, 형설출판사, 2003, 25쪽.

13 http://search.moleg.go.kr/Search_SE.html

1.3.1. 국가지정 문화재

국가지정 문화재는 〈표 1-2〉와 같이 국보, 보물, 사적, 사적 및 명승, 명승, 천연기념물, 중요무형문화재, 중요민속자료 등으로 나눌 수 있다.

〈표 1-2〉 국가지정 문화재의 구분

구분	내용
국보	보물에 해당하는 문화재 중 인류문화의 견지에서 그 가치가 크고 유례가 드문 것 (예) 서울숭례문, 훈민정음 등
보물	건조물 · 전적 · 서적 · 고문서 · 회화 · 조각 · 공예품 · 고고자료 · 무구(武具) 등의 유형문화재 중 중요한 것 (예) 서울흥인지문, 대동여지도 등
사적	기념물 중 유적 · 제사 · 신앙 · 정치 · 국방 · 산업 · 교통 · 토목 · 교육 · 사회사업 · 분묘 · 비 등으로서 중요한 것 (예) 수원화성, 경주포석정지 등
사적 및 명승	기념물 중 사적지 · 경승지로서 중요한 것 (예) 경주불국사경내, 부여구두래일원 등
명승	기념물 중 경승지로서 중요한 것 (예) 명주청학동의 소금강, 상백도 하백도 일원 등
천연기념물	기념물 중 동물(서식지 · 번식지 · 도래지 포함), 식물(자생지 포함), 지질 · 광물로서 중요한 것 (예) 대구 도동의 측백수림, 노랑부리백로 등
중요무형문화재	연극, 음악, 무용, 공예기술 등 무형의 문화적 소산으로서 역사적 · 예술적 또는 학술적 가치가 큰 무형문화재 중에서 중요한 것 (예) 종묘제례악, 양주별산대놀이 등
중요민속자료	의식주 · 생산 · 생업 · 교통 · 운수 · 통신 · 교역 · 사회생활 · 신앙 · 민속 · 예능 · 오락 · 유희 등으로서 중요한 것 (예) 덕온공주(德溫公主) 당의(唐衣), 안동하회마을 등

자료 : 문화재청, 홈페이지, 문화유산지식, 2010. 2.

1.3.2. 시 · 도지정 문화재

시 · 도지정 문화재에는 유형문화재, 무형문화재, 기념물, 민속자료 등이 있으며, 그 내용은 〈표 1-3〉과 같다.

〈표 1-3〉 시 · 도지정 문화재의 구분

문화재	내용
유형문화재	건조물, 전적, 서적, 고문서, 회화, 조각, 공예품 등 유형의 문화적 소산으로서 역사상 또는 예술상 가치가 큰 것과 이에 준하는 고고자료
무형문화재	연극, 음악, 무용, 공예기술 등 무형의 문화적 소산으로서 역사적 · 예술적 또는 학술적 가치가 큰 것
기념물	패총 · 고분 · 성지 · 궁지 · 요지 · 유물포함층 등의 사적지로서 역사상 · 학술상 가치가 큰 것. 경승지로서 예술상 · 관람상 가치가 큰 것 및 동물(서식지, 번식지, 도래지를 포함한다), 식물(자생지를 포함한다), 광물, 동굴로서 학술상 가치가 큰 것
민속자료	의식주 · 생업 · 신앙 · 연중행사 등에 관한 풍속 · 관습과 이에 사용되는 의복 · 기구 · 가옥 등으로서 국민생활의 추이를 이해함에 불가결한 것

자료 : 문화재청, 홈페이지, 문화유산지식, 2010. 2.

1.3.3. 기타 문화재

기타 문화재에는 문화재자료와 등록문화재, 비지정문화재 등이 있다.

1. 문화재자료

시 · 도지사가 시도지정 문화재로 지정되지 아니한 문화재 중 향토문화보존상 필요하다고 인정하여 시 · 도 조례에 의하여 지정한 문화재를 지칭한다.

2. 등록문화재

지정문화재가 아닌 근 · 현대시기에 형성된 건조물 또는 기념이 될 만한 시설물 형태의 문화재 중에서 보존가치가 큰 것을 말함. (예) 서울 화동 구 경기고교, 태평로 구 국회의사당 등

근대문화유산의 개념과 범위	'개화기'를 기점으로 하여 '해방전 · 후'까지의 기간에 축조된 건조물 및 시설물 형태의 문화재가 중심이 되며, 그 이후 형성된 것일지라도 멸실 훼손의 위험이 크고 보존할 가치가 있을 경우 포함될 수 있음

3. 비지정문화재

문화재보호법 또는 시 · 도의 조례에 의하여 지정되지 아니한 문화재 중 보존할 만한 가치가 있는 문화재를 지칭한다. 여기에는 일반동산문화재와 매장문화재가 있다.

<table>
<tr><td>일반동산문화재
(문화재보호법 제76조)</td><td>국외 수출 또는 반출 금지 규정이 준용되는 지정되지 아니한 문화재 중 동산에 속하는 문화재를 지칭하며 전적 · 서적 · 판목 · 회화 · 조각 · 공예품 · 고고자료 및 민속자료로서 역사상 · 예술상 보존가치가 있는 문화재</td></tr>
<tr><td>매장문화재
(문화재보호법 43조)</td><td>토지 · 해저 또는 건조물 등에 포장된 문화재</td></tr>
</table>

이상의 내용을 종합하여 정리하면 〈표 1-4〉와 같다.

〈표 1-4〉 관광문화재의 종류, 형태 및 내용

<table>
<tr><th>종류</th><th>형태</th><th colspan="2">세부항목</th><th>내용</th></tr>
<tr><td rowspan="7">문화재</td><td rowspan="7">유형</td><td rowspan="3">건조물</td><td>목조</td><td>당탑(堂塔), 성문(城門), 전묘(殿廟), 사우(祠宇), 서원, 누정, 향교, 판아, 객사(客舍), 민가 등 역사적 · 학술적 · 예술적 · 기술적 가치가 큰 것</td></tr>
<tr><td>석조</td><td>석굴, 석탑, 전탑, 부도(浮屠), 석종, 비각, 석등, 석교, 석계, 석단, 석빙고, 첨성대, 당간지주, 석표, 석정(石整) 등 역사적 · 예술적 가치가 큰 것</td></tr>
<tr><td>분묘</td><td>분묘 등의 유구(遺構) 또는 그 부분 · 부속물 또는 건조물의 모형으로서 역사적 · 학술적 · 예술적 · 기술적 가치가 큰 것</td></tr>
<tr><td rowspan="2">전적 · 서적 · 고문서</td><td>전적류(典籍類)</td><td>한글서적, 한자서적, 저술고문, 종교서적 등의 원본이나 우수한 고사본으로서 인쇄적 가치가 큰 것</td></tr>
<tr><td>서적류</td><td>사경(寫經), 어필(御筆), 명가필적(名家筆跡), 고필(古筆), 묵적(墨翟), 현판, 주련(柱聯) 등으로 서예사상 대표적인 것이거나 금석학적 또는 사료적 가치가 큰 것</td></tr>
<tr><td colspan="2">회화 · 조각</td><td>① 형태 · 품질 · 기법 · 제작 등에 현저한 특이성이 있는 것
② 우리나라 문화사상 각 시대의 귀중한 유물로서 그 제작이 우수한 것
③ 우리나라 회화나 조각사상 특히 귀중한 자료가 될 수 있는 것
④ 특수한 작가 또는 유파를 대표하는 중요한 것
⑤ 외래품으로서 우리나라 문화에 중요한 의의를 가진 것</td></tr>
<tr><td colspan="2">공예품</td><td>① 형태 · 품질 · 기법 또는 용도에 현저한 특이성이 있는 것
② 우리나라 문화사상 또는 공예사상 각 시대의 귀중한 유물로서 그 제작이 우수한 것
③ 외래품으로서 우리나라 공예사상 중요한 의의를 가진 것</td></tr>
</table>

<table>
<tr><th>종류</th><th>형태</th><th colspan="2">세부항목</th><th>내용</th></tr>
<tr><td rowspan="7">문
화
재</td><td rowspan="2">유
형</td><td colspan="2">고고자료</td><td>① 선사시대 유물로서 특히 학술적 가치가 큰 것
② 고분(지석묘 등 포함)・패총 또는 사지(寺址, 절터)・유적 등의 출토품으로서 학술적으로 중요한 자료가 될 수 있는 것
③ 전세품(傳世品)으로서 학술적 가치가 큰 것
④ 종교・교육학예・산업・정치・군사・생활 등의 유적출토품 또는 유물로서 역사적 의의가 크거나 학술적 자료로서 중요하거나 제작상 가치가 큰 것</td></tr>
<tr><td colspan="2">무구(武具)</td><td>① 우리나라 전사(戰史)상 사용된 무기로서 희귀하고 대표적인 것
② 역사상 명장이 사용하였던 무구류(武具類)로서 군사상 그 의의가 큰 것</td></tr>
<tr><td rowspan="5">무
형</td><td colspan="2">연극</td><td>인형극, 가면극</td></tr>
<tr><td colspan="2">음악</td><td>제례악, 연례악(宴禮樂), 대취타(大吹打), 가곡, 가사 또는 시조의 영창(詠唱)・산조・농악・잡가・민요・무악(巫樂)・범패(梵唄)</td></tr>
<tr><td colspan="2">무용</td><td>의식무, 정재무(呈才舞), 탈춤, 민속무</td></tr>
<tr><td colspan="2">공예기술</td><td>도자공예・마미공예(磨美工藝)・금속공예・화각공예・장신공예・나전칠공예・제지공예・목공예・건축공예・피혁공예・지물공예・직물공예・염색공예・옥석공예・자수공예・복식공예・악기공예・초약공예(草藁工藝)</td></tr>
<tr><td colspan="2">기타</td><td>의식・놀이・무예・음식제조 등</td></tr>
<tr><td colspan="2" rowspan="5">기념물</td><td colspan="2">사적</td><td>패총・고분・성지・궁궐・유물포함층 등의 사적지로서 역사상 학술적으로 가치가 큰 것, 유사 이전의 유적, 제사・신앙에 관한 유적, 정치・국방에 관한 유적, 산업・교통・토목에 관한 유적, 교육・사회사업에 관한 유적, 분묘, 비</td></tr>
<tr><td colspan="2">명승(名勝)</td><td>명승지로서 예술상・관상상 가치가 큰 것으로 저명한 건물이 있는 경승지 또는 원지, 화수・화초・단풍 또는 조수・어충류(漁蟲類)의 서식지・도서, 기타 경승지, 저명한 협곡・해협・곶・급류・심연・폭포・호수・저명한 해안・하안・저명한 풍경의 전망지점・특색 있는 산악・구릉・고원・평원・하천・화산・온천지・냉광천지 등</td></tr>
<tr><td rowspan="3">천연
기념물</td><td>동・식물</td><td>동물(서식지, 번식지 포함), 식물(자생지 포함)</td></tr>
<tr><td>지질・광물</td><td>광물 동굴로서 학술상 가치가 큰 것</td></tr>
<tr><td>천연보호구역</td><td>천연기념물을 보호하기 위해 지정한 구역</td></tr>
<tr><td colspan="2" rowspan="8">민속자료</td><td colspan="2">의・식・주</td><td>궁중・귀족・서민・농어민・천인 등의 의복, 장신구・음식용구・광열용구・가구・사육용구・관혼상제용구・주거・기타 물건 또는 그 재료 등</td></tr>
<tr><td colspan="2">생산・생업</td><td>농기구・어렵구(漁獵具)・공장용구・방직용구・작업장 등</td></tr>
<tr><td colspan="2">교통・운수・통신</td><td>운반용 배, 수레, 역사 등</td></tr>
<tr><td colspan="2">교역</td><td>계산용구・계량구・간판・점포・감찰・화폐 등</td></tr>
<tr><td colspan="2">사회생활</td><td>증답용구(贈答用具)・경방용구(警防用具)・형벌용구 등</td></tr>
<tr><td colspan="2">신앙</td><td>제사구・법회구(法會具)・봉납구(奉納具)・우상구(偶像具)・사우(祠宇, 사당) 등</td></tr>
<tr><td colspan="2">민속지식</td><td>역류(曆類)・점복용구(占卜用具)・의료구・교육시설 등</td></tr>
<tr><td colspan="2">민속예능・오락・유희</td><td>의상・악기・가면・인형・완구・도구・무대 등</td></tr>
</table>

자료 : 한국관광공사, 한국문화유산 관광상품화방안, 1996, 22-27쪽에 의거 재구성.

1.4. 관광문화재의 중요성

관광문화재는 조상의 슬기로 창조된 값진 문화유산인 동시에 겨레의 숨결과 민족의 정기가 담겨 있는 민족정신의 요체이다. 그러므로 관광문화재는 국가나 지자체 또는 특정인의 소유이기에 앞서 국민 모두의 것이며, 오늘의 우리와 내일의 후손이 함께 지켜야 할 민족 공동 재산이라고 할 수 있다.[14]

김홍운은 관광문화재의 중요성에 대해 가치적 측면에서 다음과 같이 주장하고 있다.[15] 즉 그는 ▲민족자긍적 가치, ▲역사/교육적 가치, ▲관광학술적 가치, ▲국제교류/친선적 가치 등을 주장하고 있는데 그 구체적 내용은 〈표 1-5〉와 같다.

〈표 1-5〉 **관광문화재의 가치**

구분		내용
민족자긍적 가치		민족문화에 대한 긍지, 민족주체의식 확립, 애국/애족/애향
역사/교육적 가치		지역화학습, 지방문화재 보호
관광학술적 가치	경제적	내/외국인들의 관광소비를 통한 경제활성화
	사회/문화적	관광동기 자극, 지역문화유산에 대한 자긍심
	환경적	문화와 역사의 체계적 보전, 문화유산을 보호하는 힘
	학술적	모든 문화재가 관광학의 연구대상
국제교류/친선적 가치		교류를 통한 인류이해의 증진, 문화국가로서의 사명에 실질적 기여

14 권오문, "문화재의 효율적 보존관리를 위한 정책적 방향에 관한 연구", 중앙대학교 사회개발대학원 석사학위논문, 1987, 11쪽.

15 김홍운 · 김사영, 문화재해설, 형설출판사, 2003, 62-73쪽.

1.5. 관광문화재 해설

1.5.1. 관광문화재 해설의 개념

관광문화재 해설은 관광자원의 대상물, 인공물, 경관 혹은 장소를 대상으로 우리의 자연유산과 문화가 갖는 관련성과 그 의미를 드러내어 방문자에게 직접 전달할 수 있도록 고안한 하나의 의사전달 과정이라고 할 수 있다. 즉 관광문화재 해설이란 '관광대상지의 특징과 상호관련성을 묘사하거나 설명하여 그곳에 대한 방문자의 관심과 즐거움 및 이해를 증진시키는 행위로써 방문자에 대한 교육적 활동이고, 관광지에 대한 인식을 넓혀주는 행동이며, 관광지를 이용하는 방문객들에게 새로운 이해와 통찰력, 열의, 흥미를 불러일으키는 활동'이다.[16]

따라서 해설대상 지역의 특징과 상호 관련성을 묘사하거나 설명함으로써, 그곳에 대한 방문자의 관심 및 즐거움과 이해를 증진시켜 나가는 과정이라고 할 수 있다.[17] 그러므로 해설이란 사실적 정보를 주고받는 것이 아니라 진품을 보여주고, 직접 경험하도록 하거나 적절한 매체를 사용하여 현상에 내재된 의미와 관련성을 표현하는 교육적 활동이다.[18]

방문자는 해설을 통해 ① 인식능력/감상능력/이행능력 배양, ② 자원관리의 목표 달성(관광객의 적절한 행동 유도), ③ 대중의 이해 촉구 등을 할 수 있다는 것이다.

이와 같은 것이 기초가 되어 우리나라에서도 2001년부터 문화관광해설사 제도를 두고 있다.[19] 문화관광해설사 제도는 당초 문화재나 문화유산을 중심으로 운용되어 왔으나, 최근에 해설사의 역할과 기능이 기존의 문화유산뿐만 아니라 관광(단)지, 생태 · 녹색 관광, 농산어촌 체험관광 등 다양한 분야의 관광자원으

16 서철현, 관광자원해설론, 대왕사, 2005, 32쪽.

17 김형미, 문화관광 해설사의 역할, 세계여행신문, 2008. 11. 24.

18 김미옥 · 김민주, "왕릉자원해설 요소에 대한 지각과 방문만족 간의 관계", 관광학연구, 34권 제4호, 한국관광학회, 2010, 61쪽.

19 최정자, "문화관광해설사의 욕구와 직무만족 간의 관계에 관한 연구", 관광연구, 제24권 1호, 대한관광경영학회, 2009, 243쪽.

로 확대되고 있으므로, 2005년 8월 1일부터 기존의 문화유산해설사를 문화관광해설사로 명칭을 변경하였다.[20]

1.5.2. 관광해설사의 역할

관광해설사는 관광현장에서 전문적인 지식을 손쉽게, 관광객의 눈높이에 맞추어 전달해 주는 역할을 담당한다.[21] 따라서 방문목적이나 관심분야, 연령층이 매우 다양한 관광객들을 만족시키기 위해서는 일반 시사성 유머와 같은 이야기 위주의 여흥적 해설에서부터 역사, 문화, 자연자원에 대한 전문적인 해설까지 가능하도록 준비하지 않으면 안 된다. 또한 해설사는 관광정보를 생산·확산시키며, 해당지역을 방문한 관광객들의 체류시간을 늘리고, 재방문을 유도하며, 새로운 관광수요를 창출하는 데 적극적인 역할을 담당해야 한다.

한편으로 관광객들의 바람직한 관람예절과 건전한 관광문화를 유도하고, 관광문화재를 비롯한 관광자원주변 및 주변환경 보호를 위한 지킴이 역할을 해야 한다.

국내여행안내사와의 차이점은 관광객과 동행하며 이곳저곳을 안내하는 형식이 아닌 특정 문화유산에 전속하여 방문객을 대상으로 문화유산의 내용을 설명하는 전속 안내사라는 점이며, 지역의 문화와 역사를 방문객에게 알림으로써 지역에 대한 자긍심을 굳건히 하고 지역의 이미지를 제고하는 데 기여하며, 대가를 기대하지 않고 봉사차원에서 활동을 지속적으로 한다는 점, 해설지 주변의 먹을거리·볼거리로 방문객을 유도하여 지역경제 활성화에 앞장서는 사람이라는 점이 국내여행안내사와는 확연히 구분된다.

20 문화체육관광부, "관광동향에 관한 연차보고서", 2008, 43쪽.
21 문화관광연구원, "문화관광해설사 제도 운영실태 및 개선방안", 2008, 95-97쪽.

1.5.3. 관광문화재 해설기법

해설기법은 크게 두 가지로 나누어볼 수 있다. 즉 인적 기법과 비인적 기법이 그것이다. 전자는 해설자가 직접 해설하는 안내자 해설기법이며, 후자는 해설자 없이 관광자가 유인물이나 해설자료를 보면서 오디오, 비디오 등의 장비를 이용하여 해설을 듣는 매체이용 해설이 이에 해당한다.

서철현 등은 해설자들이 해설을 할 때, 열정, 유머와 균형감각, 명료성, 자신감, 따뜻함, 침착성, 신뢰감, 즐거운 표정과 태도 등이 주요하다고 열거하면서[22] 다음과 같이 해설기법을 분류하고 있다.

해설기법			내용
인적 기법	이동식 해설		넓은 지역을 돌아다니면서 해설서비스 제공. 대규모 박물관이나 야외 경관해설에 적합
	정지식 해설		동굴이나 관광안내소에 고정배치되어 해설서비스를 제공
비인적 기법	길잡이식 해설		해설자의 도움이 없는 상태에서 독자적으로 관람대상을 추적하면서 제시된 안내문에 따라 그 내용을 이해하는 것
	매체이용 해설	모형	형태를 모방한 기법 : 축소모형, 실물모형, 확대모형
		실물	사실을 그대로 재현하는 기법 : 유적재현, 유명 성인, 사상가, 독립운동가 등 인물재현, 기술재현 등
		청각	방송과 미리 녹음해 둔 녹음테이프, 적절한 음악
		시청각	미리 녹화해 둔 비디오 시설, 터치스크린, 영화 등
		멀티미디어	디오라마(diorama)[23], 애니메이션
		시뮬레이션	가상체험과 게임시설로 생생하고 직접적인 체험을 하는 기법
		인쇄물	리플릿(leaflet), 팸플릿, 안내해설서
		기타	사진, 그림, 지도

22 서철현 · 김영경 · 장경수, 관광자원해설론, 대왕사, 2005, 36-37쪽.

23 배경 위에 모형을 설치하여 하나의 장면을 만든 것 또는 그러한 배치. 파노라마(panorama)와 유사하지만, 파노라마가 실제 환경에 가깝도록 무대 도처에 실물이나 모형을 배치해 전체와 부분의 관계를 명백히 하는 데 비해, 주위 환경이나 배경을 그림으로 하고, 모형 역시 축소 모형으로 배치한다는 점이 다르다.

관광해설의 핵심은 '문화유산에 대한 이해'이지만 문화유산 현장에서 관광객과 문화유산해설사 간의 역동적인 커뮤니케이션이 없다면 이러한 목표에 도달하기 전에 관광객은 흥미를 잃어버리기 쉽다. 이러한 맥락에서 문화관광해설사는 문화유산의 본질적 가치에 충실하면서 적절하게 연출하여 해설할 수 있는 역량도 갖추어야 하며, 다음 사항을 고려하지 않으면 안 된다. ① 관광객 그룹의 연령, 학력, 관심사항, 체재기간, 언어적 커뮤니케이션 능력 등을 고려하여야 한다. ② 자신만의 해설 콘텐츠와 기법을 개발하여야 한다. ③ 설득적 커뮤니케이션 기법을 개발하여야 한다.[24]

1. 흥미유발 기법

1) 퀴즈풀이식/질문식 해설

해설의 전달효과를 높이기 위해서는 일방적인 정보전달보다는 적절한 수준의 해설 후에 관광객이 스스로 사고하고 역사적 사실을 논리적으로 추론하도록 유도함으로써 흥미를 유발하여야 한다.

2) 이성적/감성적 접근의 조화로운 진행

해설프로그램을 진행하면서 지나치게 이성적 접근(Rational Approach)을 하게 되면 자칫 일방적이고 딱딱한 해설이 되어버릴 가능성이 있다. 또한 지나치게 감성적으로 접근할 경우 관광객이 문화유산이 갖고 있는 본래적 의미를 왜곡해서 해석하는 오류를 범할 수 있다. 즉 커뮤니케이션 과정(Process)이 감성적 흐름 속에서 전개되어야 함을 의미한다. 경우에 따라서 문화유산해설 콘텐츠에 개인적 생각, 유머 등을 곁들여 진행할 경우 관광객들의 흥미를 유발할 수 있다.

24 김수경, "문화관광해설사의 해설능력이 관광객만족, 충성도에 미치는 영향", 한국관광 · 레저학회, 관광 · 레저연구, 제22권 제2호, 2010, 97-115쪽; 안선희 · 안범용, "문화관광해설에 따른 방문객의 교육적 효과, 지각된 가치, 만족도의 차이에 관한 연구", 한국관광 · 레저학회, 관광 · 레저연구, 제21권 제2호, 2009, 279-296쪽; 진영재, "문화관광해설 프로그램 만족 향상을 위한 커뮤니케이션 방안에 관한 연구", 한국관광정보학회, 관광정보연구, 제20호, 2005, 41-71쪽.

3) 현대적 해석을 통해 관광객의 이해와 흥미를 유발

역사적 건축물의 기능에 대한 해설이나 과거의 군사 · 행정조직, 생활양식 등을 현대적 시각으로 해설하는 것이다. 역사적 사실에 충실하되 관광객의 이해를 위해 현대적 해설을 덧붙여 해설하도록 한다.

2. 해설 프로그램의 진행 기법

1) 핵심적 내용의 정확한 해설

해설의 중심테마로서 인명, 지명, 건물명, 연대 등에 대해서는 확실하고 알기 쉽게 전달하여야 한다. 문화관광해설사는 관광객이 방문하고 있는 문화유산에 대한 이해를 위해 중요한 부분은 천천히 그리고 명확히 해설하는 습관을 길러야 한다. 특히 발음, 억양, 몸짓, 지방방언 등 때문에 해설내용을 관광객이 쉽게 이해할 수 없는 상황을 피하고, 바르게 교정하여 정확히 해설하도록 해야 한다.

2) 전체적인 맥락에서 접근하면서 해설

자신이 해설할 핵심과 목적을 분명히 하고 전체적인 맥락에서 해설해 나가야 한다. 도입부에서는 전체적인 윤곽을 먼저 설명하고, 중간부분에서는 전체적 윤곽에 바탕을 두면서 자신이 해설하고자 하는 핵심적인 내용을 구체적으로 해설하고, 마지막으로 대화를 마무리하는 부분에서는 전체적인 내용을 정리하면서 관광객의 이해를 높이도록 해설해야 한다.

3) 문화의 본질에 충실하면서 때로는 연출(演出)기법 도입

해설의 핵심은 '문화관광에 대한 이해'지만 문화유산 현장에서 관광객과 문화관광해설사 간의 역동적인 커뮤니케이션이 없다면 이러한 목표에 도달하기 전에 관광객은 흥미를 잃어버리기 쉽다. 이러한 맥락에서 문화관광해설사는 문화유산의 본질적 가치에 충실하면서 적절하게 연출하여 해설할 수 있는 역량도 갖추어야 한다.

3. 차별화된 콘텐츠 개발

차별화된 콘텐츠를 개발하기 위해서는 ▲방문자 그룹의 연령, 학력, 관심사항, 체재기간, 언어적 커뮤니케이션 능력 등을 고려하여야 하며, ▲자신만의 해설 콘텐츠와 기법을 개발하여야 하고, ▲설득적 커뮤니케이션 기법을 개발하여야 한다.

또한 발음을 비롯하여, 말하는 속도, 음성의 크기, 음의 높이 등을 적절하게 조절함으로써 해설과정이 설득적이고 신뢰감을 주어야 한다. 특히 사투리를 사용하는 것도 의미전달에 문제가 생길 수 있으므로 표준어를 정확하게 발음하도록 연습하여야 한다.

4. 문화관광해설의 효과적 스피치 전달법

스피치가 성공을 거두기 위해서는 스피치의 내용을 잘 준비해야 할 뿐만 아니라 그 내용을 효과적으로 전달할 수 있어야 한다. 어떤 사람들은 내용을 충분히 잘 준비했음에도 불구하고 전달능력이 부족해서 스피치를 망치는 반면, 어떤 사람은 내용은 평범하지만 뛰어난 전달기술로 더 효과적인 스피치를 하는 경우도 있다.

1) 좋은 목소리

좋은 목소리란 힘이 실려 있어 잘 들리는 목소리로 입안에서 맴도는 소리가 아닌 밖으로 시원하게 발산시켜 탁 트인 소리를 내야 한다. 목소리에 변화를 주는 방법으로 목소리의 크기(Volume), 빠르기(Rate), 길이(Duration), 높이(Pitch), 쉬기(Phrasing), 힘주기(Emphasis) 등이 있다. 이들을 적절하게 조절하여 듣기 좋은 목소리를 내도록 해야 한다. 또한 바른 스피치를 하기 위한 구성 요소로는 발성, 발음, 억양, 표준어 등이 있다.

2) 바른 자세

해설사의 자세는 청중의 시각적 대상이 된다. 해설사의 자세가 바르고, 경박한 잦은 움직임이 없으면 청중에게 시각적으로 침착함과 안정감을 준다. 허리를 곧게 펴고 당당하게 걸어 나가서 청중을 한 번 훑어보고 천천히 해설을 시작한다.

3) 얼굴 표정

가장 이상적인 얼굴 표정은 정색을 하면서도 옅은 미소를 띤 얼굴이다. 얼굴 표정은 내용의 변화에 적절히 변화를 주어야 한다. 즐거운 이야기를 할 때는 즐거운 표정을, 진지한 이야기를 할 때는 진지한 표정을 지어야 한다. 이 경우 손과 몸짓을 병행하면 보다 실감나는 표현이 된다.

4) 시선처리

해설사는 청중을 정면으로 쳐다볼 수 있어야 한다. 청중 개개인의 눈을 자연스럽고 따뜻하게 쳐다보면서 스피치를 하면 좋다. 따뜻한 응시는 미소를 띤 얼굴로 부드럽게 쳐다보는 것으로, 서로 간에 거리감을 좁히고 교감을 형성하기 때문에 청중은 프레젠테이션(Presentation)에 더욱더 집중을 하게 된다. 골고루 응시하되, 천천히 해야 한다. 빠른 속도로 좌우를 쳐다보면 가벼운 인상을 준다. 청중의 수가 많으면 청중 전체와 장소를 몇 개로 나누어 천천히 시선을 옮기면서 한 사람 한 사람을 차례로 응시하도록 한다.

5) 몸짓언어(Body Language)

해설사가 전하고자 하는 의미를 전달하거나 강조하기 위해서 몸의 어떤 부분을 의도적으로 움직이는 것이다. 청중의 관심과 주목을 확보 · 유지하고, 의미를 명확하게 함은 물론 중요한 것을 강조할 수 있도록 도와준다. 실행할 때 유의해야 할 중요한 몸짓언어에는 자세 · 몸 움직임 · 눈 움직임 · 얼굴 표정 · 제스처 · 외양 등이 있다. 몸짓언어를 적절히 연출하면 스피치의 효과를 배가시킬 수 있지만, 반대로 어색하면 그 효과를 크게 떨어뜨릴 수 있다.

6) 복장

해설사가 깔끔한 복장에 단정한 모습으로 나타나면 청중은 신중하고 준비가 잘된 사람으로 평가하고 호감을 갖고 들으려 한다. 그러기 위해서는 머리는 잘 깎아 단정하게 빗고 얼굴에 피로가 나타나지 않도록 해야 한다. 복장은 해설사로서 적절한 의상을 갖추도록 한다.

1.5.4. 관광문화재 해설을 위한 기본용어의 이해

용어	해설
가락바퀴 (방추차)	물레로 실을 지을 때 고치솜에서 풀려 나오는 실을 감는 꼬챙이에 끼워 회전이 잘 되도록 하는 둥근 원반 형태의 바퀴. 중심에 구멍이 뚫려 있으며 목제, 토제, 석제, 골각제 등이 있다.
가지무늬토기	청동기시대 무문토기의 한 종류이다. 우리나라 남부 지역의 고인돌, 돌널무덤 등에서 껴묻거리로 출토되는 경우가 많다. 그릇 몸체에 검은 가지무늬가 나 있는 것을 특징으로 한다. 집안에서 간직하고 있던 소중한 물건을 넣어 둔 특수 용기이다.
간 돌칼	돌을 갈아서 만든 단검으로 청동기시대를 대표하는 석기이다. 집자리에서도 출토되지만 주로 고인돌이나 석관묘에서 화살촉과 함께 껴묻거리로 발견되는 경우가 많다. 몸체에 피홈이 있는 것과 없는 것이 있으며, 손잡이가 없이 슴베만 달려 있는 것도 있다.
간석기	신석기시대 후기에서 청동기시대에 이르기까지 주로 사용된 돌을 갈아서 만든 석기. 도끼, 끌, 낫, 칼, 화살촉 등의 공구와 무기가 대표적이다.
간접떼기	석재에 뼈나 뿔 또는 단단한 나무를 대고 때려서 격지를 떼어내는 석기 제작방법이다.
검은모루 유적	평안남도 평양 상원군 흑우리에 위치한 전기 구석기시대의 동굴 유적이다. 동물 화석이 많이 출토되어 구석기시대의 자연환경과 동물군의 분포를 확인할 수 있게 되었다. 보고자는 동물군의 연대를 약 70만 년 전으로 보고 있으나, 이 연대에 대한 많은 논쟁이 있다. 석기도 여러 점 출토되었으나 석기가 아니라는 견해도 있다.
검파형동기	칼자루와 같은 형태 또는 대나무를 길이로 쪼갠 듯한 형태의 청동 의기. 사슴이나 손 같은 무늬가 새겨져 있어 의기임을 알 수 있다. 세 점이 한 조를 이룬다.
격자문	가로세로의 선이 직각으로 교차하는 무늬. 창살이나 석쇠에서 보이는 체크무늬
격지	몸돌이나 대형 석기를 만드는 과정에서 떼어진 작은 부산물. 이 격지를 그냥 버리기도 하지만, 2차로 잔손질하여 격지석기를 만들기도 한다.
견갑형동기	어깨를 가리는 갑옷의 한 부분처럼 보이기 때문에 견갑형동기라는 이름이 붙여졌으나 갑옷과는 관련이 없고, 사냥 장면이 새겨진 무늬로 보아 검파형동기와 마찬가지로 의기임을 알 수 있다.
고분시대	일본 고고학시대 구분 중의 하나로, 일반적으로 지배자의 권력을 과시하는 큰 규모의 봉분을 가진 무덤이 만들어진 시대이다.

용어	해설
굽다리접시	청동기시대부터 삼국시대에 이르기까지 사용되어 온 용기의 하나로, 고배라고도 부른다. 접시나 완과 같은 몸체에 굽이 달린 형태를 가졌다.
귀틀무덤	귀틀로 된 나무곽에 목관을 안치할 수 있도록 한 무덤으로 낙랑에서 사용한 무덤 형식 중의 하나이다. 귀틀무덤의 껴묻거리로는 청동 용기, 철기, 장신구 등 중국 한대의 유물이 많다.
긁개	구석기시대 석기 종류의 하나. 석재의 가장자리에 손질을 가해서 만든 것으로 가파른 날을 가졌다. 주로 가죽이나 나무를 다루는 데 사용되었을 것으로 추정된다.
껴묻거리	피장자가 죽었을 때 사후에 사용하도록 시신과 함께 무덤 속에 함께 묻어준 물품. 생전에 사용하였던 것이나 새로 만든 중요한 것을 넣는다.
꽃가루 분석	꽃가루는 식물의 기관 중에서도 가장 오랫동안 남는 성분이기 때문에 유적의 퇴적물 가운데 남아 있는 꽃가루를 분석하면 당시 삼림식생의 복원과 변천을 알아보기가 쉽다. 또한 꽃가루의 종류에 계절이 반영되는 경우가 많으므로 기후 변화를 추정할 수도 있다.
너덜겅	돌이 많이 흩어져 덮인 비탈
널무덤	묘광 속에 시신이 안치된 널을 집어넣은 무덤. 일반적으로 나무널은 오래되면 썩어 없어지기 때문에 흔적이 남지 않아 널무덤인지 토광에 직접 시신을 묻는 토광묘인지 구분하기가 어렵다.
농경문청동기	대전에서 출토되었다고 전하는 방패모양의 청동의기로 한쪽 면에는 농사짓는 장면과 수확하는 장면이, 다른 한쪽에는 나뭇가지에 새가 앉아 있는 솟대와 같은 장면이 묘사되어 있다. 농경의례 시에 사용한 의기로 추정된다.
눌러떼기	구석기시대의 대표적인 석기 제작 기술의 하나로, 나무나 뼈 또는 돌로 된 뾰족한 도구를 사용해 좁고 긴 격지를 떼어내거나 격지에서 돌조각을 눌러 뜯어 날을 날카롭게 만든다.
던저떼기	구석기시대의 대표적인 석기 제작 기술의 하나로, 고정된 바위나 모루 돌에 직접 원석을 내던져 깨뜨려 만든다.
덧널무덤	묘광 속에 널만 넣은 널무덤과는 달리, 묘광에 나무곽을 짜서 넣고 그 안에 다시 널을 안치하는 형식의 무덤. 일반적으로 널무덤에서 덧널무덤으로 변천한다.
독목관	하나의 통나무를 세로로 잘라 나눈 뒤 통나무의 내부를 파내어 구유처럼 만들어 사용한 관. 화순 대곡리 유적과 창원 다호리 유적 1호 무덤에서 이러한 독목관을 볼 수 있다. 중국에서는 사천지역의 전국시대 파와 촉의 무덤에서 이러한 독목관을 볼 수 있다.
독널무덤	독으로 만든 널을 사용한 무덤. 원래 유아가 사망할 경우에는 따로 널을 만들어 사용하지 않고 일상에 사용하던 토기를 널로 이용하였다. 묘광을 파고 독널을 수직으로 묻은 것과 토기 두 점 이상을 맞붙여 옆으로 묻은 것 등이 있다.
르발루아기법	구석기시대의 몸돌과 격지 제작 기법으로 20만 년 이전 유럽의 중기 구석기 문화를 대표하는 석기 제작기술이다.
마노	석영의 하나로 장신구, 특히 구슬을 제작하는 데 많이 쓰였다. 보통 붉은색이 도는 것이 많다.
명도전	중국 전국시대 연나라의 화폐로, 칼 모양을 하고 있고 표면에 명자가 새겨져 있어 명도전으로 부른다.
모루돌	석기를 제작할 때 받침으로 사용하는 돌덩이

용어	해설
미누신스크-스키타이-오르도스 복합문화	우리나라 청동기시대에서 초기 철기시대에 걸쳐서 시베리아 남부와 중국의 북방, 북서방의 건조지대에 분포된 유목민문화의 갈래인 미누신스크, 스키타이, 오르도스의 여러 문화 요소가 유입되어 상호 복합된 문화
밀개	소형 뗀석기인 긁개의 한 종류이다. 석재의 한쪽 끝에 잔손질을 해서 둥근 날을 세운 것이 많다.
바탕흙	구워진 토기의 질을 의미한다. 일반적으로 토기를 빚을 수 있도록 손질을 한 상태의 흙을 말하기도 한다.
박격달심 고성	중국 신강성에 소재한 고성유적으로, 한나라에서 당나라에 이르는 시기의 유물들이 출토되었다. 평면은 장방형으로 성 둘레의 길이가 3천여 미터에 이른다. 성의 토담은 판축으로 이루어졌다. 한경과 철검 그리고 금제 허리띠장식 등이 출토되었다.
박편	flake : 덧바위
반리문	몸을 휘감고 엎드린 형태의 용무늬로 동경이나 허리띠장식의 무늬로 많이 사용된다.
발화구	불을 피우는 도구로 마찰에 의해 불을 일으킨다. 여러 가지 도구가 있으나 발화막대와 발화판으로 구성된 것이 일반적이다. 구멍이 파인 나무 발화판에 나무 발화막대를 집어넣고 빠르게 회전시켜 불을 일으키는 도구이다. 우리나라의 고대 발화구로 가장 오래되고 유일한 고고학 자료는 광주 신창동 유적 출토품이다.
방사성탄소 연대측정법	C14 dating 방사성탄소를 이용한 연대측정법으로 가장 많이 사용되는 방법이다. 생물체가 죽게 되면 자신의 몸속에 지니고 있던 방사성탄소가 반감기에 따라 줄게 된다. 따라서 유기물의 유물에 남아 있는 방사성탄소의 양을 측정하는 유물의 연대를 알 수 있다.
방제경	모본이 되는 청동거울을 모방하여 만든 청동제의 본뜬거울. 일반적으로 중국 거울을 모방하여 만든 우리나라 거울을 말한다. 거울의 무늬와 구성이 거칠고 엉성한 것이 많으며, 무늬를 베끼거나 간략화한 것이 많다.
벽골제	전라북도 김제에 위치한 고대의 관개용 저수지 유적. 우리나라에서 가장 오래된 저수시설로 알려져 있다.
붉은 간토기	굽기 전 상태의 토기 표면에 산화철을 발라 문지른 뒤 구워서 붉은 색깔이 나타난 토기. 홍도 또는 적색 마연토기로도 부른다.
빌렌도르프의 비너스	오스트리아의 다뉴브강가에 있는 빌렌도르프에서 출토된 석회암으로 만든 여인상. 높이 11cm로 유방・배・엉덩이 등을 과장되게 조각하였다. 출산과 풍요를 기원하는 주술적 의미를 지니고 있다.
빗장둔태	빗장을 끼우도록 구멍을 뚫은 갸름한 나무토막으로 문짝에 달려 있다. 신창동 유적에서 출토된 문짝에는 빗장둔태가 달려 있다.
뼈뿔연모	동물의 뼈나 뿔을 이용하여 만든 연모. 주로 조개무지와 같은 유적에서 많이 출토된다. 사슴의 뿔이나 멧돼지의 뼈가 재료로 많이 사용되었다.
사북	부채 자루의 위쪽 부분으로 부챗살을 끼울 수 있도록 되어 있는 부분
삿무늬(승석문)	삿자리처럼 얽은 형태의 무늬. 토기를 성형할 때 박자에 새끼를 감아 두드리면 이러한 무늬가 만들어진다.
새기개	구석기시대 격지석기 중의 하나. 몸돌에서 수직에 가깝게 떼어내 끝을 날카롭게 만든 것으로, 뿔이나 뼈를 자르거나 새기는 용도로 사용하였다.
석시	한쪽 끝에 돌기상의 꼭지를 가진 뗀석기의 하나. 일본의 신석기시대인 조몬시대 유적에서 주로 보인다. 우리나라에서도 일부 출토되고 있다.

용어	해설
세골장	이중장제(두 번 장사지내는 일)의 하나로 유해를 일정 기간 보존한 뒤 뼈를 추려서 다시 묻거나 보관하는 방식
수레갖춤	수레에 부착되어 쓰였던 부속구. 햇빛을 가리는 일산과 일산의 살대투겁, 삿갓모양 동기, 고삐고리, 굴대투겁 등 여러 가지가 있다. 주로 북한지역의 초기 철기시대 유적과 낙랑 유적에서 출토된다.
스키타이 문화	BC 7~3세기 흑해 연안의 초원지역에서 활약했던 스키타이족에 의해 형성된 문화. 넓은 뜻으로는 서쪽의 다뉴브강에서 동쪽의 알타이에 이르는 광대한 초원지대에 거주하면서 공통된 경제적·문화적 생활을 영위하던 유목민족의 문화를 말한다. 화려한 금장식과 양식화된 동물 문양을 특징으로 한다.
슴베	칼과 살촉 등에서 자루나 살대 속에 들어가는 부분
슴베찌르기	구석기시대의 뗀석기 가운데 하나. 슴베가 달린 찌르개로 활, 창과 같이 자루에 끼워서 쓰는 도구
쐐기형몸돌	세형돌날을 떼어내기 위한 몸돌로 후기 구석기시대의 석기 제작 기술에 의해 만들어져 각지로 확산된 유물이다. 일반적인 형태의 옆면이 배모양이고 작업면이 쐐기형이다.
어임부	한국식 동검의 날에 나 있는 약간 움푹하게 된 부분. 한국식 동검의 특징 가운데 하나이다.
역포인	평양시 대현동 유적에서 출토된 구석기시대의 인골화석으로, 화석이 발견된 지명을 따라 '역포사람' 또는 '역포인'이라고 부른다. 발견된 인골화석은 7~8세 어린이의 두개골로서 중기갱신세 조기의 것으로 알려져 있다. 이 화석과 함께 28종의 동물 화석도 출토되었다.
열발광 측정법	주로 토기나 불에 탄 돌 또는 불에 탄 진흙과 같이 불에 의해 구워진 물질 등의 연대를 측정하는 데 사용하는 방법이다. 토기나 화산재는 뜨거운 열이 가해진 것으로, 열이 가해졌을 때 자체 에너지는 모두 방출된다. 이후 시간이 흐르면서 소량의 이온화된 방사선에 의해 토기나 화산재에 다시 에너지가 축적되는데 이 재축적된 에너지를 계측하여 연대를 얻는 방법이다. 토기나 화산재를 장시 속에 넣고 가열하면 축적된 에너지로부터 빛이 나오게 되어 계측이 가능하다. 열형광측정법이라고도 한다.
오수전	중국 한대에 주로 사용된 동전. 한 무제(재위 BC 141~BC 88년) 때 제작되기 시작하여 수나라 때까지 유통되었다. 오수는 무게를 나타내는 단위로 원래 1수는 1/24냥이다.
원삼국시대	우리나라 고고학시대의 구분 중 하나. 선사시대와 삼국시대 사이에 위치하는 시대. 삼국시대의 운초기 또는 원사(주변국가의 역사 기록을 통해 자기네 나라의 역사를 살필 수 있는 내용)단계의 삼국시대
위지동이전	중국 진나라의 진수(233~297)가 쓴 '삼국지'의 일부. 위·촉·오의 삼국 중 '위'국에 관한 내용에 주위 여러 민족의 생활풍습이 상세히 묘사되어 있다. 3세기대 이전 우리나라의 생활 내용이 많이 실려 있다.
이음구불무늬	신석기시대의 토기무늬 가운데 하나. 연속된 Z자형의 무늬로 중국 동북지역의 신석기시대 토기에서도 보인다.
이음낚시바늘의 허리부	돌로 만들어진 이음낚시바늘은 주로 허리부분만 출토된다. 갈고리는 대부분 뼈로 만들어져 잘 남아 있지 않다.
2차 가공	르발루아기법이 등장하는 시기에는 석기에 2차 손질이 가해지는 경우가 많았다. 석기에 손질을 함으로써 경제활동을 효과적으로 수행할 수 있는 여러 도구들을 만들게 되었다.
자돌	찔러서 볼록하게 튀어나옴

용어	해설
장부	이쪽 끝을 저쪽 구멍에 맞추기 위하여 얼마쯤 가늘게 만든 부분
장석	화성암의 주성분. 규산·알루미늄·나트륨·칼슘·알칼리 등으로 되어 있다.
점판암	수성암의 일종. 흑색의 치밀한 암석으로 평면적인 얇은 조각으로 잘 갈라져서 석기의 재료로 많이 사용되었다.
정자와즈 유적	중국 동북지역인 심양에 소재한 청동기시대 유적. 우리나라 청동기문화 가운데 특히 한국식 동검문화의 기원과 관련하여 빼놓을 수 없는 중요한 유적. 이 유적의 M6512호 무덤에서는 요령식동검과 나팔형동기, 견갑형동기를 비롯해 수많은 청동기 유물이 출토되었으며, 전체적인 유물의 구성이 한국식 동검문화 초기유물 구성과 아주 유사하여 상호 깊은 관련이 있음을 알 수 있게 되었다.
제철 집단	철을 만들던 주민집단
조개무지	조개더미 또는 조개무덤으로도 부른다. 선사시대, 역사시대의 주민들이 먹고 버린 굴, 바지락 등의 조가비들이 쌓여 이루어진 무더기로 주로 바닷가에 형성되어 있다. 조개무지에서는 토기, 석기, 뼈뿔연모 등 당시에 쓰다가 버린 물건들도 출토되어 생활상 복원에 중요한 자료이다.
주머니호	원삼국시대 토기 시종의 하나로, 원삼국시대 전기에 사용되었다. 불룩한 배를 가진 작은 호형토기로 초기 철기시대의 점토대토기에서 변천한 기형이다.
지금	제품으로 만들거나 세공하지 않은 금속을 말하는데, 고고학에서는 일반적으로 제품으로 만들기 전 상태의 덩이쇠를 말한다. 제품으로 만들기 전 상태의 덩이쇠를 말한다. 주로 교역할 때 돈 대신 사용하였다. 원삼국시대 초기에는 주조된 쇠도끼의 형태로 지금을 만들었으며, 삼국시대에는 철정이라고 하는 얇은 철판을 지금으로 만들었다.
직접떼기	구석기시대의 석기 제작방법 중 하나로 가장 많이 사용되는 방법. 석재를 직접 망치돌로 때리거나 모루돌에 던져서 격지를 떼어낸다.
천상횡문	중국 한나라 화폐인 오수전에 새겨진 무늬로, 오수전의 형식을 구분하는 데 중요한 지표가 된다. 동전의 네모난 구멍 바로 위에 가로로 한 줄의 선이 나 있어 천상횡문이라는 이름을 붙이게 되었다. 동전이 출토된 유적의 연대를 파악하는 데 이용된다.
천하석	선사시대에 보석으로 사용되던 돌의 한 종류. 전체적으로 푸른빛을 띠며, 목걸이 장식이나 귀걸이를 만드는 데 사용되었다. 한국식 동검이 사용되던 시기에는 곱은옥 형태로 만들어진 것이 많다.
철소재	제품을 만들기 전 상태의 바탕이 되는 쇳덩이
첨두기	창이나 살촉, 송곳과 같이 끝이 뾰족한 도구로 찌르거나 구멍을 내는 데 사용한다.
초엽문	풀잎 모양의 무늬
치레걸이	사람의 몸을 치장하기 위한 물건. 선사시대에는 목걸이와 귀걸이, 팔찌 등이 치레걸이로 사용되었다.
타날문토기	토기 표면에 무늬가 새겨진 박자나 실을 감은 박자로 두드려서 생긴 무늬가 나 있는 토기. 격자무늬나 끈무늬가 새겨진 토기로 원삼국시대에 주로 사용되었다.
타래무늬	실이나 끈을 사려놓은 뭉치. 즉 타래와 같은 무늬로 신석기시대의 토기에 보이는 무늬이다.
탄화미	불에 타거나 화학적 변화로 탄소화된 쌀. 청동기시대 유적에서 발견되어 당시에 쌀농사가 이루어졌음을 알 수 있게 되었다.

용어	해설
투겁	자루와 같이 가늘고 길게 생긴 물건의 끝에 씌우는 것. 원래는 두겁이다.
파문칠기	바람개비 무늬가 새겨진 원반 모양의 칠기로 뒷면에는 꼭지가 달려 있다. 광주 신창동 유적에서 출토된 것으로, 무늬로 보아 종교적인 의미를 가진 것으로 믿어진다.
판상철부	원삼국시대 초기의 대표적인 도끼로 장방형의 철판형태를 하고 있다. 쇠를 두드려서 만든 단조품으로 매우 단단하여 나무를 벌채하는 데 유용하게 사용되었다. 무덤 유적에서 껴묻거리로 많이 출토되고 있어 부를 상징하는 물건이기도 하다.
패총	→ 조개무지
포타슘-아르곤 연대측정법	이 연대측정법은 20억 년 전부터 10만 년 전 사이의 화산암을 연대 측정할 수 있도록 해준다. 암석에 함유된 아르곤(Ar40)은 암석이 생성되었을 때 암석 안에 들어 있던 방사성포타슘(K40)이 붕괴되어 만들어진 부산물이다. 방사성포타슘의 양과 아르곤 40의 양을 측정하여 서로 비교하면 연대를 측정할 수 있다. 이 방법으로 오스트랄로피테쿠스 아파렌시스인 원인 '루시'에 대해 약 318만 년이라는 연대값을 얻어냈다.
플라스크형	실험용 용기인 플라스크와 같은 형태. 송국리 유적에서 출토된 붉은간토기의 형태가 플라스크 모양을 하고 있어 플라스크형 토기라는 이름이 붙여지게 되었다.
한데유적	동굴이나 바위 밑 같은 곳이 아닌 강가나 못가에 있는 유적으로 막집을 지어 살았거나 그대로 지낸 자리로 일시적 또는 특정 계절에만 사용한 생활 유적이다.
홈자귀	홈이 패어 있는 자귀날. 자귀는 자루와 자귀날이 직각으로 묶이게 되어 있기 때문에 결박하기 위해서는 자귀날에 홈이 필요하다. 청동기시대와 초기 철기시대에 가장 많이 사용된 공구 가운데 하나이다.
환원염	토기를 굽는 데 쓰이는 불의 하나. 토기를 굽는 데는 외부의 공기가 직접 공급되어 산소와 화합된 불, 즉 산화염으로 굽는 방법과 어느 정도 구워졌을 때 외부의 공기를 차단하여 내부의 산소를 모두 태우게 하는 불, 즉 환원염으로 굽는 방법이 있다. 선사시대에는 토기를 굽는 마지막 단계에서 흙을 덮어 환원염 소성을 이루었다.
환인(桓因)지역	현 중국의 동북지역이며 우리나라 평안북도와 인접한 지역. 고구려 고분이 밀집되어 있는 옛 고구려의 영토
활석	돌의 질이 무르고 결이 반질반질한 광물로 조각이 잘되기 때문에 청동기시대에는 거푸집을 만드는 데 많이 사용되었다. 표면이 매끄러워 주조하는 데 용이하다.

제2장

유형문화재

제2장 유형문화재

2.1. 건조물(建造物)

2.1.1. 목조건조물

1. 당탑(堂塔, Tower)

당탑이란 전당(殿堂)과 탑묘(塔廟)를 아울러 이르는 말이다. 즉 높고 크게 지은 화려한 집이나 신불(神佛)을 모셔 놓은 집, 사당 또는 탑 등을 가리키는 말이다.[1]

▲ 법주사 목탑

일반적으로 탑이라는 용어는 높이 솟은 건조물을 가리키는 말이며, 그 쓰임새도 매우 다양하다. 그러나 탑의 어원이 불교건축물인 탑파(塔婆)의 줄임말이라는 사실을 아는 사람은 그리 많지 않다. 즉 고대인도어인 범어(梵語)의 스투파(Stupa)와 팔리(Pali)어인 투우파(Thupa)가 중국으로 전해지는 과정에서 중국식 발음인 솔도파와 탑파라고 표기하게 되고, 이를 중국인들이 줄여서 '탑'이라고 부르게 된 것이다.[2]

1 동아출판사편집부, 동아원색세계대백과사전, 제8권, 동아출판사, 1986, 429쪽.
2 강우방 · 신용철, 탑, 솔, 2003, 13쪽.

여기에는 종교·기념·군사 등 외에 종탑·시계탑과 전망·관광·관측·방송·통신 등의 목적으로 건조된 것도 있으며, 주로 돌·나무·콘크리트·철강 등이 그 재료가 된다.

일반적으로 높은 건조물을 통틀어 탑이라고 하는 경우도 있으나 북아메리카·캐나다 등에서 볼 수 있는 원주민의 토템을 새긴 기둥이나 이집트·터키 등의 오벨리스크 등 단층 축조물, 그리고 수십 층의 고층빌딩 등은 탑이라고 하지는 않는다.

서양에서는 일찍부터 군사적 목적과 종교적인 의미를 갖는 탑이 많이 세워졌다. 고대 그리스에서도 역시 종교와 관련되어 탑이 중시되었는데, 특히 세계 7대 불가사의의 하나인 석조건축물 알렉산드리아의 등대(燈臺)가 유명하다.

동양에서는 종교적 의미를 벗어난 근대적인 탑이 건립되기까지 대부분 불탑으로 건립되었다. 불교에서의 탑파(塔婆), 즉 탑은 석가모니의 사리를 봉안하기 위한 건조물에서 비롯된 것으로 불교 발상지인 고대 인도어로는 스투파(Stupa)라 한다.

탑의 종류도 매우 다양해져서 재료에 따라 목탑·석탑·전탑(塼塔)·토탑(土塔)·옥탑(玉塔)·금탑(金塔)과, 제작기법에 따라 화탑(畵塔)·인탑(印塔)·각탑(刻塔)·조탑(彫塔), 형태에 따라 주탑(柱塔)·상륜탑(相輪塔)·3층탑·7층탑·오륜탑 등으로 나뉜다. 그중에서 특히 한국은 석탑, 중국은 전탑, 일본은 목탑이 특색 있게 발달하였다.

1) 탑의 구조

일반적으로 탑은 기단부, 탑신부, 상륜부, 장엄조식으로 구성되어 있으며, 각각의 명칭은 〈그림 2-1〉과 같다.[3]

3 강우방·신용철, 탑, 솔, 2003, 240-243쪽.

〈그림 2-1〉 **탑의 구조와 명칭**

기단부	탑의 가장 아랫면에 있는 부분으로 지면으로부터 높게 만든 단이다. 단층기단과 2층기단의 두 종류가 있다.
탑신부	기단부 위에 놓인 부재로 석탑의 몸통에 해당하는 탑신석과 지붕에 해당하는 옥개석을 말한다.
상륜부	탑의 가장 윗부분으로 옥개석 위에 놓인 부재들을 말한다. 각 부분마다 가진 뜻이 따로 있다.
장엄조식	기단과 탑신에 조각된 부조로 탑 안에 봉안된 사리의 수호와 공양이 근본 뜻이다. 사천왕, 인왕, 팔부신중, 사방불, 보살, 12지, 비천상, 감실 및 문비형, 안상 등이 있다.

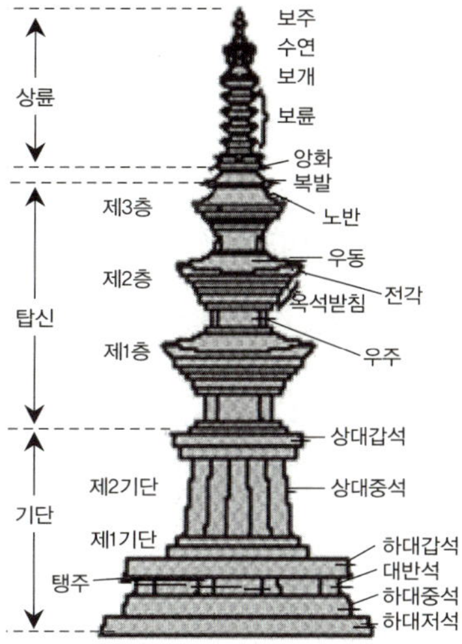

2) 부도(浮屠)의 구조

부도는 부두(浮頭) 또는 포도(蒲圖)·불도(佛圖) 등 여러 가지로 표기되는 불타(佛陀) 또는 솔도파(窣堵婆), 즉 탑파(塔婆)의 전음(轉音)이다. 어원으로 본다면 불타가 곧 부도이므로 외형적으로 나타낸 불상이나 불탑이 즉 부도인데, 더 나아가 승려의 것들까지도 부도(浮圖)라 일컬은 예가 있으니 부도란 실로 넓은 뜻을 가지고 있다. 대개는 승려의 유골(승사리)을 간직하고 그와 인연이 깊었던 사찰에 건립된 묘탑을 말한다. 또한 불탑과 부도는 형태와 건립된 장소에서 구별할 수 있다.[4]

불탑	부도
방형다층	8각 또는 특수형태
불사의 중심구역에서 법당과 대립	사찰의 경내 밖 또는 경내의 변두리

4 황수영, 불탑과 불상, 세종대왕기념사업회, 1999, 106쪽.

2. 궁궐 · 궁전(宮闕 · 宮殿, Palace)

임금과 왕족 거처하는 곳을 궁가(宮家), 궁방(宮房)의 뜻으로 궁(宮)이라 하고, 궐(闕)은 궁 앞에 세워지는 망대(望臺) 역할을 하는 시설을 말한다.

그러므로 궁궐은 단순히 권력의 상징으로서뿐만 아니라 영원성을 추구하는 인간의 기본적인 욕구를 반영하므로 왕이나 권력자들은 후대에도 결코 자신이 잊히지 않도록 요새나 궁전, 성이나 성당, 사찰 등을 건축하였다. 그러나 시대가 경과함에 따라 이전에는 왕이나 귀족 등 지배계급들의 권력의 상징이 돼왔던 성이나 궁전은 중요한 국민적 유산이 되어, 훌륭한 미술, 예술 공예의 보물창고로서의 역할을 수행하고 있다.[5]

세계의 대표적인 궁전건축으로는 프랑스의 베르사유(Versailles) 궁전, 중국의 자금성(紫禁城) 및 티베트의 포탈라궁(Potala Palace), 이란의 페르세폴리스(Persepolis), 러시아의 크렘린(Kremlin), 폴란드의 바벨성(Wawel Castle), 영국의 런던탑(London Tower), 그리스의 크노소스궁전(Palace at Knossos) 등을 들 수 있다.

▲ 조선왕조의 주궁인 경복궁

왕조사회에서 한 국가의 중심역할을 하고, 권력이 집중되는 곳이 바로 왕성(王城)과 궁궐(宮闕)이다. 궁궐은 또한 왕이 국가를 통치하고 경영하는 정치와 행정의 중심지인 동시에 왕과 그의 가족 및 이들의 일상생활을 돌보는 사람들이 거처하는 생활공간이도 하다.[6] 우리나라 궁궐건축의 역사는 고구려시대로 거슬러 올라간다.

즉 고구려 국내성터(27년, 장수왕 15년)는 중국 지린성(吉林省) 지안(集安)을 시작으로 평양의 안학궁(安鶴宮)터(586년, 평원왕 28년)가 그 효시이다.

한편 백제는 풍납리토성(風納里土城), 몽촌토성(夢村土城), 아차산성(阿且山城)

---

5 世界の遺跡と名建築(1), 서문(序文), 講談社, 1983.

6 이상해, 궁궐 · 유교건축, 솔, 2004, 17쪽.

등이 그 원류로서 추측되며, 475년 문주왕 때 한성에서 천도한 웅진(현 공주)에 건축한 공산성(公山城), 538년 공주에서 부여로 천도한 사비성(泗沘城) 및 그 주위를 둘러싼 부소산성(扶蘇山城) 등에서 그 예를 찾아볼 수 있다.

신라는 박혁거세(BC 57~AD 4) 때인 금성(金城)에 궁궐을 지었다는 기록이 있고, 101년(파사니사금 22년)에 월성(月城)을 축조하여 왕이 그곳에 옮겨 살았다는 기록이 있다.

발해는 동모산(東牟山), 중경 현덕부(顯德府), 상경 용천부(龍泉府), 동경 용원부(龍原府) 등지에 궁궐을 건설하였으며, 그중 상경 용천부 유적지는 궁궐의 규모나 제도 등을 어느 정도 가늠할 수 있게 해준다.

〈표 2-1〉 **국내의 연대별 궁궐현황**

시대	궁궐이름
고구려	국내성(지안), 안학궁, 장안성(평양)
백제	위례성(서울), 공산성(공주), 사비성(부소산성, 부여)
신라	월성(경주)
발해	서고성(화룡), 상경성(둥징청)
고려	만월대, 대화궁, 수창궁(개성)
조선	경복궁, 창덕궁, 창경궁, 경운궁, 경희궁(서울)

1) 고려시대의 궁궐

고려시대의 궁궐은 919년 철원에서 개성으로 수도를 옮기면서 만월대(滿月臺)의 유적으로 미루어 짐작할 수 있다. 이 궁전은 1126년(인종 4년)에 이자겸(李資謙, ?~1126)의 난[7] 때 척준경(拓俊京, ?~1144)의 방화로 소실되었다. 이후 1132~1138년 사이에 재건되었으나 1171년(명종 1년)에 다시 소실되었다. 1179년에 다시 건축하기 시작했으나 1225년(고종 12년)에 화재로 소실되어 1232년에 강화도로 도

7 고려 인종(仁宗, 1122~1146) 때 최고 권력자였던 척신(戚臣) 이자겸(李資謙) 등이 '십팔자(十八子)'가 왕이 될 것이라는 도참설(図讖説)을 내세워 인종을 폐위시키고 스스로 왕위를 찬탈하고자 일으켰던 반란이다.

읍을 옮기면서 개성의 궁궐재건은 더 이상 없었다.[8]

개성의 궁궐은 1270년에 재건되나 1362년 홍건적의 난[9]으로 소실되면서 영영 재건되지 못하였다.

〈그림 2-2〉 고려의 궁궐배치도

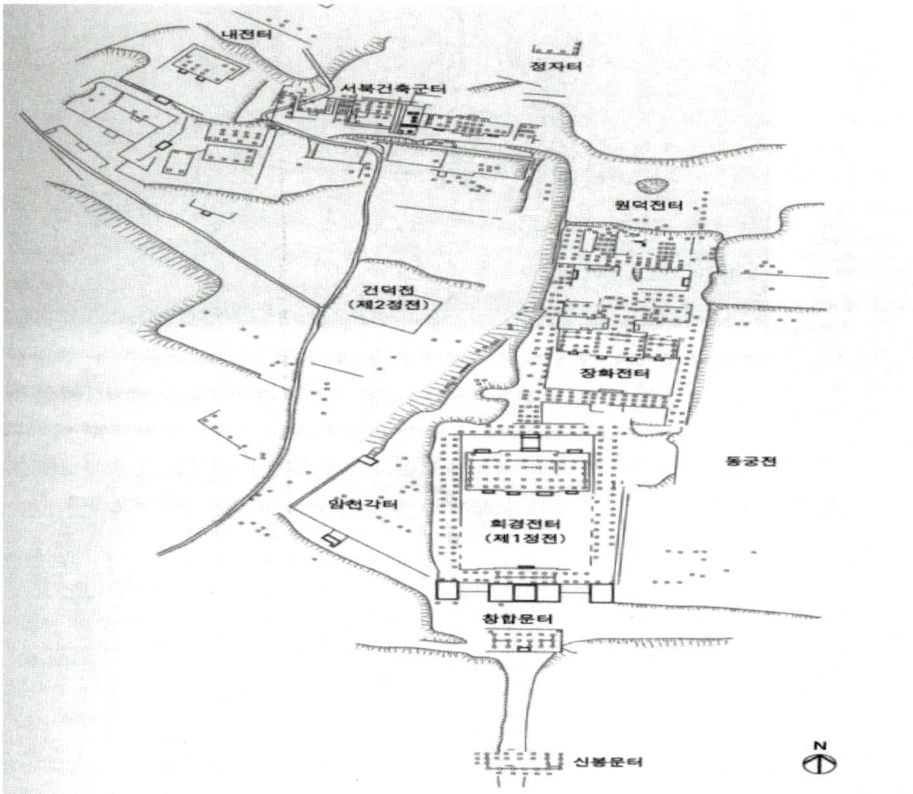

자료 : 이상해, 궁궐·유교건축, 솔출판사, 2004, 27쪽.

8 이상해, 앞의 책, 26쪽.

9 홍건의 난(紅巾之乱) 또는 홍건적의 난(紅巾賊之乱)은 원 말기에 한산동(韓山童)을 수장으로 뭉친 백련교도가 중심이 되어 봉기한 한족의 농민 반란군으로 머리에 붉은 수건을 둘렀기 때문에 홍건적이라는 이름이 붙었다. 홍건적은 홍적(紅賊)·홍두적(紅豆賊) 등으로도 불렸다.

2) 조선시대의 궁궐

조선시대의 궁궐은 조선왕조를 일으킨 태조 이성계(李成桂, 1335~1408)가 한양에 도읍을 정하고 지은 궁궐이 경복궁(景福宮)이다. 당시 한양도성에 세워진 궁궐로는 경복궁을 비롯하여 창덕궁(昌德宮), 창경궁(昌慶宮), 인경궁(仁慶宮), 경덕궁(慶德宮, 후에 경희궁(慶熙宮)으로 이름이 바뀜), 경운궁(慶運宮, 현재의 덕수궁(德壽宮)) 등이 있다.

이와 같이 조선시대 한양에 지어진 궁궐은 여섯 곳인데, 이 가운데 실제 오랜 기간 궁궐로 사용된 것은 임진왜란(壬辰倭亂 : 1592~1598) 이전에는 경복궁과 창덕궁, 창경궁이며, 임진왜란 이후에는 창덕궁, 경덕궁, 창경궁, 조선 말기에는 경복궁, 경운궁, 창덕궁 등 다섯 궁궐이다. 창경궁은 일제시대(日帝時代)에 조선의 문화말살정책으로 인해 동물원(창경원으로 개명)으로 사용하기도 하였다.

〈그림 2-3〉 **조선시대의 궁궐배치**

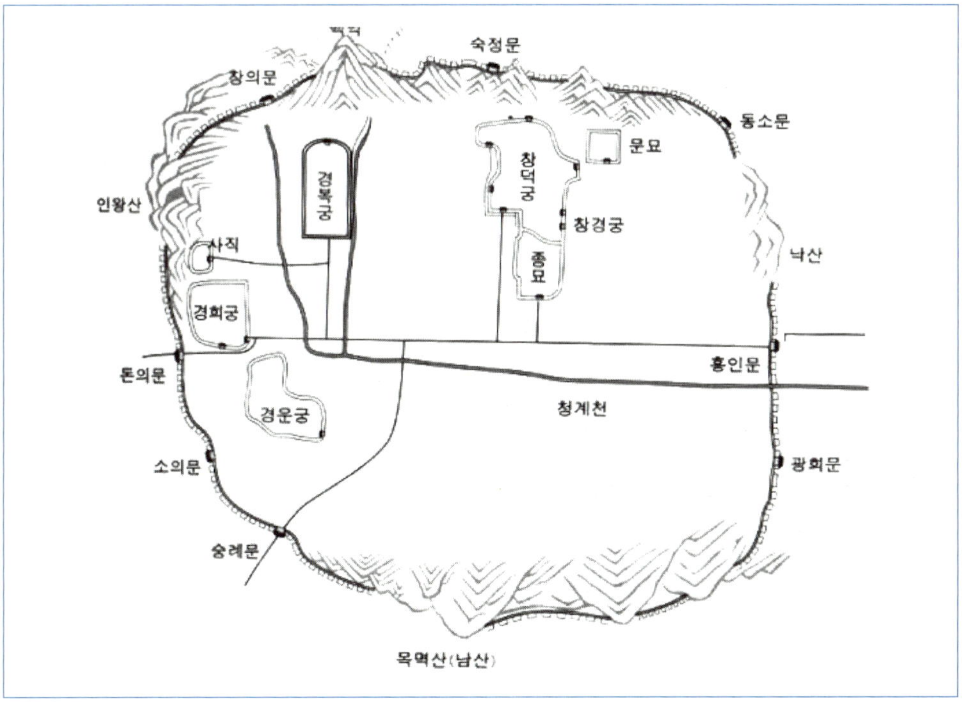

자료 : 이상해, 궁궐·유교건축, 솔출판사, 2004, 29쪽.

〈표 2-2〉 서울의 5대 궁전과 중요 건물명

궁전	중요 건물명
경복궁	근정전(勤政殿) : 조하(朝賀), 즉위, 사신 접견장소/ 경회루(慶會樓) : 연회장/ 교태전(交泰殿) : 왕비 침전/ 자경전(慈慶殿) : 대비 침전/ 사정전(思政殿) : 임금의 집무실/ 천추전(千秋殿) : 임금과 집현전 학사들의 연구소/ 수정전(修政殿) : 정책과제연구/ 집경당(緝敬堂) : 외국사신 접견/ 함화당(咸和堂) : 외국사신 접견/ 집옥재(集玉齋) : 서재/ 협길당(協吉堂) : 서재/ 팔우정(八偶亭) : 서재/ 제수합(齊壽閤) : 궁녀들의 거처와 일터/ 향원정(香遠亭) : 후원에 있는 누각/ 건춘문(建春門) : 동문/ 신무문(神武門) : 북문/ 광화문(光化門) : 남문·정문
창덕궁	인정전(仁政殿) : 조하, 사신접견/ 선정전(宣政殿) : 임금의 거처/ 돈화문(敦化門) :정문/ 인정문(仁政門) : 정전의 출입문/ 희정당(熙政堂) : 침전/ 대조전(大造殿) : 왕비의 거처/ 낙선재(樂善齋) : 상중(喪中)에 있는 왕후들이 소복(素服) 차림으로 기거하던 곳/ 부용정(芙蓉亭) : 후원의 누각/ 연경당(延慶堂) : 사대부생활의 체험장소/ 구선원전(舊璿源殿) : 역대왕의 어진(御眞) 보관 및 차례(茶禮)
창경궁	명정전(明正殿) : 정전/ 문정전(文政殿) : 편전/ 수령전(壽寧殿), 환경전(歡慶殿), 경춘전(景春殿), 인양전(仁陽殿), 통명전(通明殿), 침전 및 연회용 건물/ 양화당(養和堂), 여휘당(麗暉堂), 사성각(思誠閣), 홍화문(弘化門) : 정문/ 숭문당(崇文堂) : 경연(經筵)장소
덕수궁 (경운궁)	중화전(中和殿) : 정전/ 선원전(璿源殿), 함녕전(咸寧殿) : 침실/ 보문각(普門閣), 사성당(思成堂), 즉조당(卽祚堂) : 원래의 정전/ 석어당(昔御堂), 가정당(嘉靖堂), 준명당(俊明堂) : 내전/ 돈덕전(惇德殿), 구성헌(九成軒), 대한문(大漢門) : 정문/ 덕홍전(德洪殿), 석조전(石造殿), 정관헌(靜觀軒), 중명전(重明殿) : 을사조약 체결장소
경희궁	숭정전(崇政殿) : 정전/ 흥정당(興政堂), 황학정(黃鶴亭), 태녕전(泰寧殿), 흥화문(興化門), 관사대(觀射臺), 자정전(資政殿), 장락전(長樂殿), 집경전(集慶殿), 만학정(萬鶴亭), 숭의문(崇義門), 개양문(開陽門), 무덕문(武德門), 정각원(正覺院)

3) 궁궐의 종류

궁궐은 크게 정궁(正宮), 이궁(離宮), 행궁(行宮), 별관(別館), 시좌소(時座所), 시어소(時御所) 등으로 나뉜다.

정궁은 경복궁처럼 중앙의 기본 궁으로서 ▲정궁(正宮) : 왕의 침전(정침, 正寢), ▲중궁(中宮) : 왕비의 침전(곤전, 坤殿), ▲동궁(東宮) : 왕세자의 침전(춘궁, 春宮), ▲서궁(西宮) : 대비의 침전(자전, 慈殿), ▲빈궁(嬪宮) : 왕의 후궁의 침전(후전, 後殿), ▲빈궁 : 왕세자빈의 침전이 갖추어져 있는 궁궐을 말한다.

이궁은 별장기능을 수행하는 궁으로 위에 열거한 6궁을 고루 갖추지 않아도 무방한 궁이며, 행궁은 왕이 일정기간 머무는 지방에 있는 궁이고, 별관은 성묘를 가거나 지방에 행차할 때 왕실에서 임시로 이용하는 건물을 말한다. 시좌소나 시어소는 임금이 비상시에 머무는 처소의 일종이다.[10]

10 신남주, 앞의 책, 149-150쪽.

전각의 명칭은 〈표 2-3〉처럼 다양하다.

〈표 2-3〉 전각의 명칭

명칭	내용
전(殿)	가장 격식이 높고 규모도 커서 으뜸인 건물
당(堂)	전보다는 한 등급 격식이 낮은 건물로서 전에 딸린 부속건물이거나 부속공간의 중심건물
합(閤)	많이 사용되는 용어가 아니며, 전이나 당에 부속되어 공공용도보다는 사적 용도의 다양한 용도를 가진 부속건물
헌(軒)	살림집 성격의 당의 형식을 갖는 것과 정의 성역을 갖는 특별한 용도의 건물
누(樓)	중층의 집 모양으로 1층 바닥은 자연상태, 상층은 마룻바닥이나 온돌바닥으로 만든 건물. 자연경관이 수려한 곳에 지어 누마루에 올라 자연경관을 관상하면서 쉬는 건물
정(亭)	사방이 확 트인 드러난 건물. 네모, 육모, 팔모 등의 평면에 기둥을 세워 사방에 벽채를 설치하지 않고 트이게 지은 건물. 작은 건물이라 하여 일명 정자라고도 한다.
각(閣)	누와 비슷하나 그 모양이 사모정(사각형)처럼 날렵하면서 누처럼 바닥이 높게 자리하고 있다.
사(榭)	무술을 익히고 수련하기 위해 지은 건물. 특히 궁술을 익히기 위한 건물
사(舍)	부속된 작은 건물
청(廳)	관청이나 손님을 영접하는 장소
재(齋)	당과 비슷하지만 제사를 드리거나 한적하고 조용한 곳에서 소박하게 학문을 연마하기 위해 지은 건물
관(館)	군사들이 지휘본부로 사용했던 많은 사람들이 모일 수 있는 크고 개방된 관아 성격의 건물(예 : 여수 진남관, 통영 세병관)
낭(廊)	건물과 건물 사이를 연결하거나 감싸고 있는 좁고 긴 건물
무(廡)	당의 좌우에 부속된 건물. 당보다는 격식이 한 단계 낮다.
실(室)	독립된 건물을 나타내기도 하고, 건물 내부의 단위공간을 나타내기도 한다. 제사를 위해 특별히 마련된 재실이 한 예이다.
가(家)	집을 통칭하는 것으로 쓰임에 관계없이 사용함(예 : 민가, 반가 등)
택(宅)	가와 같이 집을 통칭하는 말. 집의 성격과 관계없이 단위주호를 일컬으며 현재는 살림집의 의미가 강하다.
옥(屋)	기능을 구분하지 않는 모든 유형의 건축물. 가 및 택에 비하면 물리적 성격이 강하다. 가끔은 지붕을 뜻하는 용어로도 사용된다.
방(房)	거실용도로 사용하는 실의 의미를 갖고 있다.
궁(宮)	왕이 기거하는 규모가 크고 격식 있는 집
단(檀)	건물이라기보다는 제사를 위해 설치된 높은 대
묘(廟)	조상이나 성현의 위패를 모셔두고 제향하는 건물
사(祠)	성현이나 충신 등의 위패나 영정을 모셔 놓고 제사하는 건물
대(臺)	권위를 나타나기 위해 높은 대 위에 지은 건물
암(庵)	주전과 멀리 떨어져 한적한 곳에 작게 지은 초막

4) 건축물의 해설

(1) 건축구조

건축구조는 각종 건축재료를 사용하여 목적하는 바에 따라 건축물을 형성하는 일. 형식이나 재료에 따라 여러 종류가 있으며, 건물의 뼈대가 되는 축부(軸部)구조로부터 세부구조까지를 포함한다.

고대에는 자연 그대로의 재료가 건축의 재료로 선택되어 목재는 통나무, 석재는 자연석을 이용하였다. 석기시대에는 목(木)구조였고, 금속기가 나온 후로는 목재에 대한 가공이 용이해져서 못과 연결용 철물 등도 생겨났다. 돌의 가공도 쉬워져서 석조건축도 나왔고, 한편 흙은 오래전부터 이용되어 혈거(穴居)나 진흙으로 만든 벽, 햇볕에 말린 벽돌, 또는 불로 구운 벽돌을 쓰는 데까지 발전하였다.

건축구조는 결구(結構)방식에 따라 구분하는데 대개 목조는 이음과 맞춤에 의해 결구되는 방식을 택하므로 이를 가구(架構)식이라고 한다. 가구식은 부분적인 결구방법의 차이에 따라 보식, 천두식, 귀틀식으로 구분하고 있다.

건축구조	내용	예
보식	기둥과 보와 도리 등이 이음과 맞춤에 의해 결구된 건축구조법	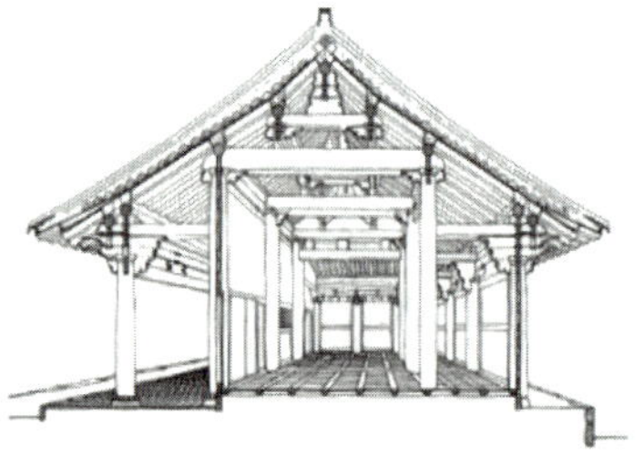
귀틀식	나무를 옆으로 포개 쌓아 만든 건축구조법	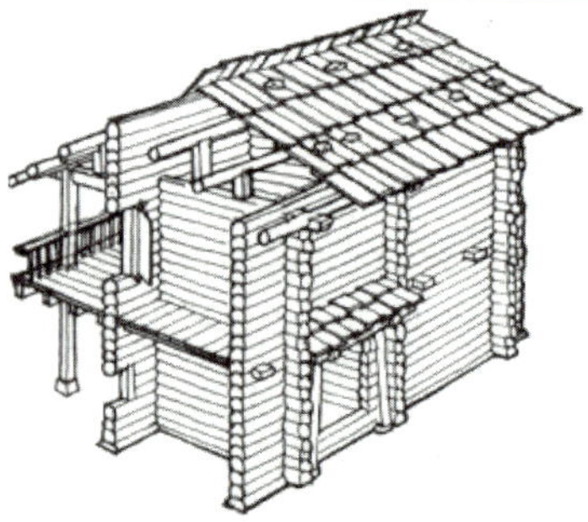

건축구조	내용	예
천두식	기둥에 구멍을 뚫어 인방재들을 길게 관통시켜 연결함으로써 기둥을 연결하는 구조법	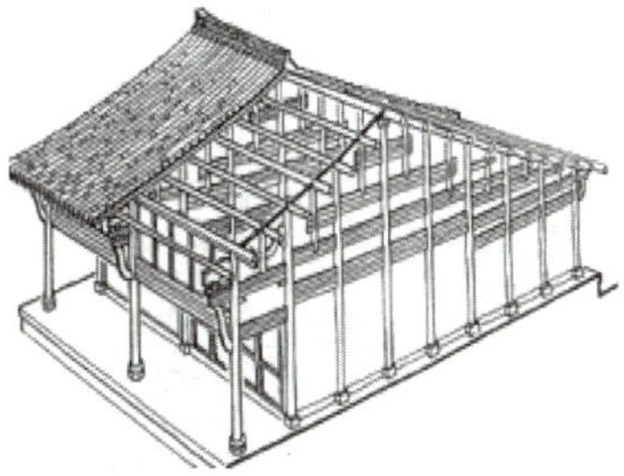
조적식	벽돌이나 블록과 같이 일정 크기의 재료를 모르타르와 같은 접착제로 붙여 가면서 쌓아 만든 건축구조법	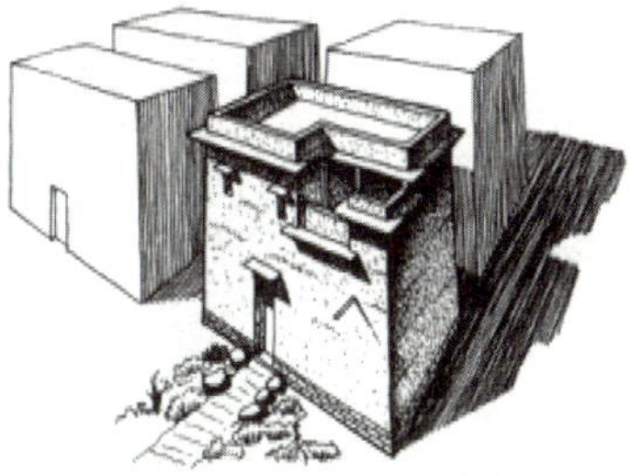
일체식	콘크리트 구조처럼 이음이나 맞춤 없이 구조체가 하나의 덩어리로 이루어진 건축구조	

자료 : 김왕직, 알기 쉬운 한국건축용어사전, 동녘, 2007, 38-42쪽에 의거 재구성.

(2) 기단(基壇)

기단은 건물을 지하수로부터 격리시키고 지열(地熱)을 방지하는 데에 그 기능적 효과가 있으며, 건물을 돋보이게 하는 부차적 목적으로도 쓰였다. 인공이 가해진 가공기단(加工基壇)과 자연적인 기단이 있는데 가공기단은 토축기단(土築基壇)·성토기단(盛土基壇)·축석기단(築石基壇)·전축기단(塼築基壇)·석전병용기단(石塼倂用基壇)·가구식석기단(架構式石基壇) 등 그 종류가 다양하다.

기단관련 용어로는 다음과 같은 것이 있다.

용어	해설
토축기단	진흙을 다져 쌓아올려 만드는 기단
자연석기단	자연석으로 쌓은 기단
장대석기단	일정한 길이로 가공된 화강석 장대석을 층층이 쌓아 만든 기단
가구식기단	고급스러운 기단으로 화강석을 목가구 짜듯이 구성하는 기단
전축기단	벽돌로 만든 기단
와적기단	기와조각을 쌓아 만든 기단
혼합식기단	두 종류 이상의 기단을 혼합한 기단
귀틀석	기단모서리의 갑석. 일반적으로 ㄱ자 형태
월대(月臺)	건물 앞의 넓은 대
댓돌	기단을 구성하는 돌
방전(方塼)	기단 바닥을 까는 보도블록 형태의 재료
디딤돌	집채 앞뒤에 오르내리기 좋게 놓은 돌 또는 돌층계
계단	높이가 다른 두 바닥면을 연결하는 단형(段形)의 통로로 건축 디자인의 중요한 요소이기도 한데, 그 종류로는 형태에 따라 곧은계단 · 굴절계단 · 중공(中空)계단 · 원형계단 · 나선계단(원형계단의 극단적인 형태) 등이 있다.

(3) 초석(礎石)

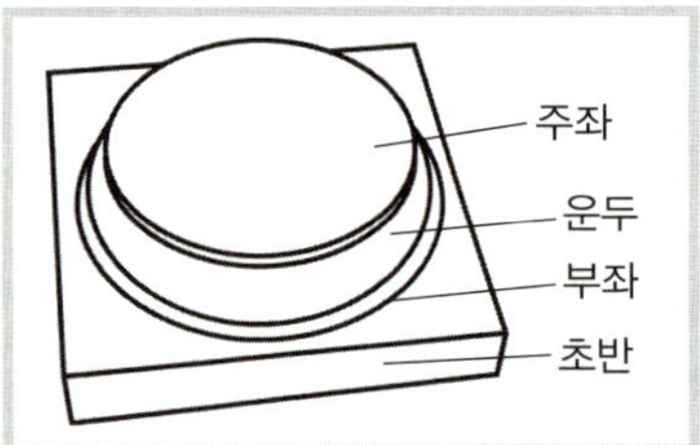

건축물의 기둥을 받쳐주는 돌. 주초(柱礎) · 초석(礎石) · 주추라고도 한다. 보통 목조건축의 기둥 밑에 놓는 돌을 가리킨다. 예전에는 주춧돌을 머릿돌이라고 불렀다. 주춧돌은 자연석을 그대로 쓰는 경우와 다듬어 쓰는 2가지 경우가 있으며, 자연석은 비교적 평평한 것을 골라서 쓴다. 다듬은 주춧돌은 그 형상에 따라 방형 · 원형 · 다각형 · 특수형 초석으로 나뉜다.

(4) 평면

평면은 건축을 구성하는 가장 기본적인 요소의 하나로 건축에서 요구하는 기능과 크기를 비롯하여 구조적 요인을 반영하여 만들어진다. 목조가구식인 한국의 건축에서는 기둥과 기둥 사이의 간격인 경간(徑間)을 무한정 크게 할 수 없기 때문에 일정한 간격으로 기둥을 세우게 되고, 이러한 구조적 특성으로 인해 평면에 칸(間)이라는 모듈을 도입하여 평면 크기를 결정한다.

평면형식에는 곱은자집, 홑집, 양통집, 3칸겹집, 전퇴집, 전후퇴집 등이 있으며, 이를 구체적으로 설명하면 다음과 같다.

〈표 2-4〉 **한국건축의 평면형식**

형식	내용	예
곱은자집	ㄱ자형 집	
홑집(외통집)	퇴 없이 측면이 단칸인 평면	
양통집	측면이 2칸인 겹집	
3칸겹집	측면이 3칸인 겹집	
전퇴집	퇴가 앞에만 있는 집. 뒤에 있는 것은 후퇴집	
전후퇴집	퇴가 앞뒤에 다 있는 집	

(5) 기둥

기둥은 건물 지붕의 하중을 받아서 초석에 전달하는 구조물을 말한다. 기둥 높이는 건축물의 높이를 결정하는 데 커다란 역할을 하며, 입면(立面)의 크기를 형성하는 요소가 된다.

기둥의 형태는 수직선의 요소가 되어, 기단 · 도리 · 처마선 · 지붕마루선 등의 수평적 요소와 대조를 이룸으로써 입면에 아름다움을 준다.

기둥의 종류는 다음 표와 같다.

분류	재료	단면형태		입면형태	
기둥 종류	나무기둥(목주, 木柱) 돌기둥(석주, 石柱)	원기둥		흘림 없는 기둥	
		각기둥	사모기둥(방주, 方柱) 육모기둥 팔모기둥	흘림 기둥	민흘림기둥 배흘림기둥

이외에도 기둥 높이를 기준으로 외곽기둥을 평주(平柱), 내부의 기둥을 고주(高柱)로 부르기도 하고, 활주라 하여 팔작(八作)지붕의 건물 추녀 아랫몸을 끼워 세우는 기둥으로 추녀 길이가 길 때 처지는 것을 방지하는 기둥을 말하며, 도랑주라 하여 원목을 껍질 정도만 벗겨 가공 없이 자연목을 그대로 살려 만든 기둥도 있다.

서양의 기둥에는 크게 도리아식, 이오니아식, 코린트식 기둥이 있으며, 이는 다음 표와 같다.

양식	내용	예
도리아식	간소하나 장중미(莊重美)가 있으며, 기둥의 모양은 짧고 굵다. 만두형 기둥머리 장식이 있으며 기둥몸이 직접 기단 위에 서 있다. 올림피아에 있는 헤라 신전에 사용된 기둥이 대표적이다.	

양식	내용	예
이오니아식	우미(優美)하고 경쾌한 것이 특징이다. 아래쪽에 주춧돌이 있고 기둥머리에는 곡선으로 된 와형(渦形) 장식이 있다. 이 형식의 기둥으로는 아테네의 에렉테움(Erechtheum)이 있다.	
코린트식	기둥머리에 아칸서스 나뭇잎 장식이 있는 것이 특징이며, 기둥몸은 아래쪽 끝부분의 지름의 약 10배나 되며 매우 화려하다.	

자료 : 김성곤, 서양건축양식론, 기문당, 1991, 98-100쪽.

(6) 공포(栱包)

공포는 궁궐 · 사찰 · 기념적 건축 등의 전통목조 건축에 쓰이는 부재(部材)이다. 주두(柱頭) · 소루(小累) · 첨차 · 제공(諸工) · 살미(산미, 山彌) 등을 조합하여 처마 끝의 무게를 기둥에 전달하는 부재를 말한다. 공포는 구조적으로 안전한 완충적 기능을 하기도 하고, 그 구성과 공작이 섬세하고 화려하여 장식적(裝飾的) 기능도 가진다.

공포 형식은 크게 2종류로 나누어지며 세분하면 3종류로도 볼 수 있다. 크게는 주심포식(柱心包式) 공포와 다포식(多包式) 공포로, 더 세분하였을 때는 익공식(翼工式) 공포도 포함할 수 있다.

① 주심포식 공포

주심포식 공포는 기둥 위에만 공포를 배치하는 형식으로 가장 오래된 공포 형식이며, 고구려시대의 고분벽화(古墳壁畵) 등에서 보이기 시작하여 조선시대 말기까지 이 형식의 공포를 갖춘 건물들이 많이 있다. 이 가운데 봉정사 극락전(鳳停寺極樂殿)은 가장 오래된 현존 건물로 알려져 있다. 주심포식 공포는 헛첨차나 살미첨차가 기둥머리와 주두를 동시에 물고 있지 않으며 출목이 있다.

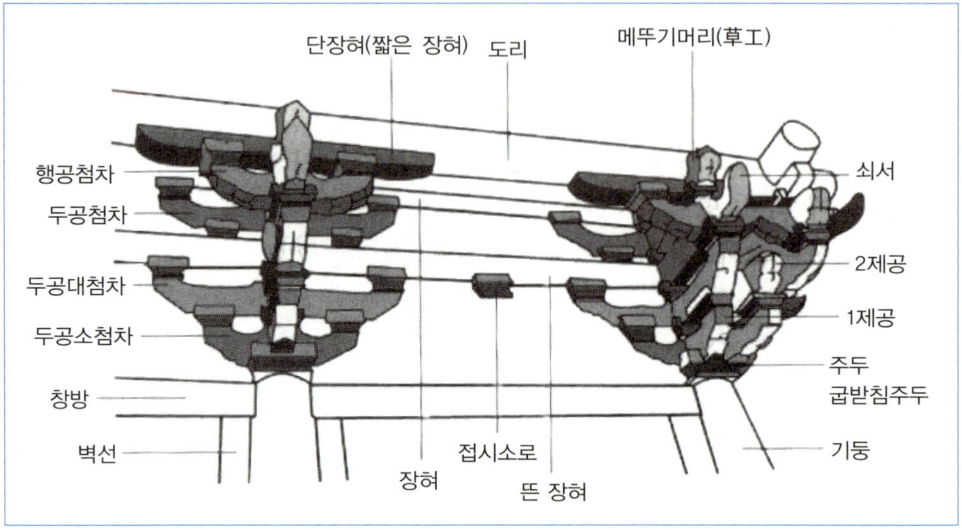

② **다포식 공포**

주심포식 공포와는 달리 기둥 위는 물론이고 기둥과 기둥 사이의 주간(柱間)에도 공포를 배치한 형식으로, 고려시대의 것으로 북한에 있는 심원사 보광전(心源寺普光殿)의 다포식 공포가 가장 오래된 현존 건축이다.

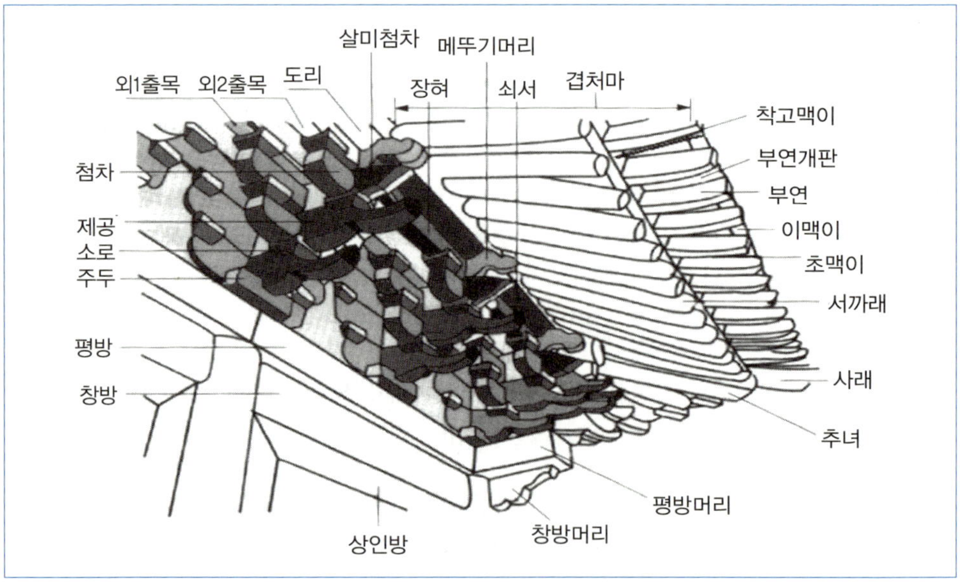

③ 익공식 공포

그 구성이 주심포식 공포와 같이 기둥 위에만 익공을 얹은 것이며 구조가 간결하고 견실하며 경제적이어서 조선 중기 이후에 많이 사용했다. 익공식 공포와 주심포식 공포의 기본적인 상위점(相違點)은 짜임새에 있다. 익공식 공포는 일반적으로 익공이 기둥머리와 주두를 동시에 물고 있는 짜임수법이며 원칙적으로 출목(出目)이 없다.

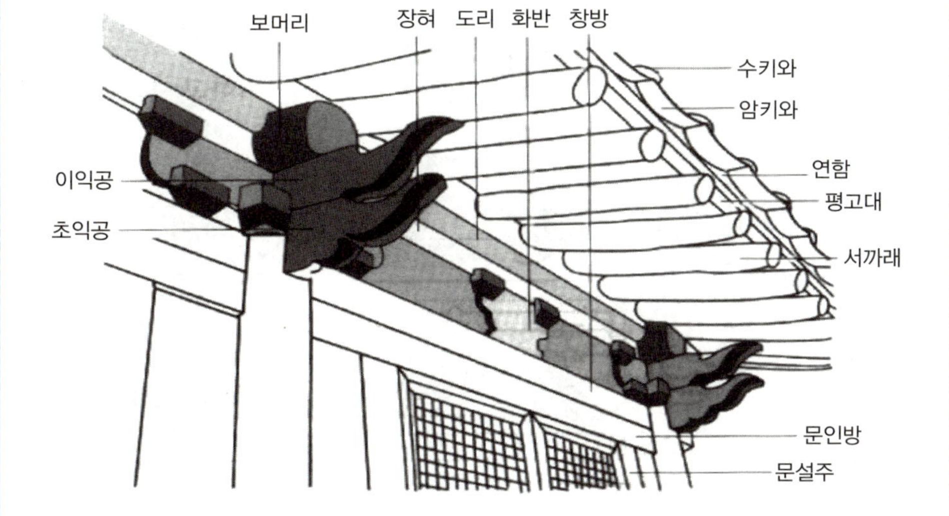

(7) 지붕

지붕은 건물 벽 위에 설치하여 하늘과 거주공간을 칸막이하는 덮개이다. 좁은 뜻으로는 윗면 마무리재료(지붕이음재료)와 지붕 밑바탕 부분을 가리키고, 넓은 뜻으로는 지붕을 떠받치는 지붕틀을 말한다.

지붕은 크게 평지붕과 물매지붕으로 나눈다. 평지붕은 수평인 지붕(물흐름경사가 1/100~5/100 정도의 매우 완만한 경사는 물에 잠긴다)으로, 원래 강수량이 적은 지역에서 이용되는데, 중근동 등의 사막지대에서는 나뭇가지를 수평으로 걸쳐 놓고 그 위에 흙만 얹은 간단한 평지붕을 흔히 볼 수 있다. 평지붕은 흔히 옥상으로 불리는데, 그 위를 걸을 수 있도록 한 것을 보행상, 그렇지 않은 것을 비보행상이라고 한다. 지붕의 형태는 다음 그림과 같다.

한국건축 지붕은 초가지붕, 기와지붕에 관계없이 일반적으로 곡선을 많이 사용한다. 이는 육중한 지붕 느낌을 가볍고 동적으로 보이기 위함이다. 기와지붕의 단면도는 다음과 같다.

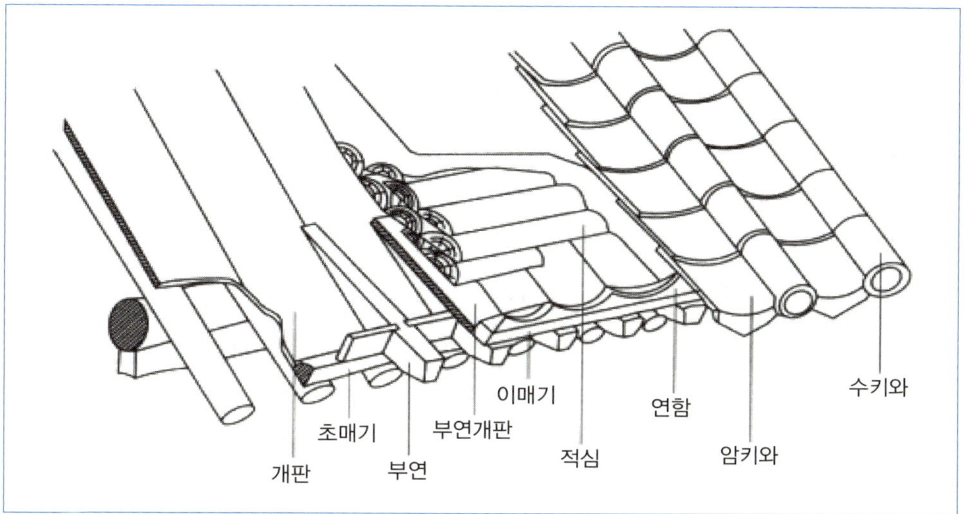

자료 : 김왕직, 앞의 책, 189쪽.

(8) 기와의 종류

기와에 즐겨 사용한 무늬는 연꽃무늬, 당초무늬, 귀면문(도깨비)이다. 이외에도 구름무늬, 국화무늬, 모란무늬, 어골무늬 등이 시문되었고, 문자나 추상무늬 등도 사용되었다.

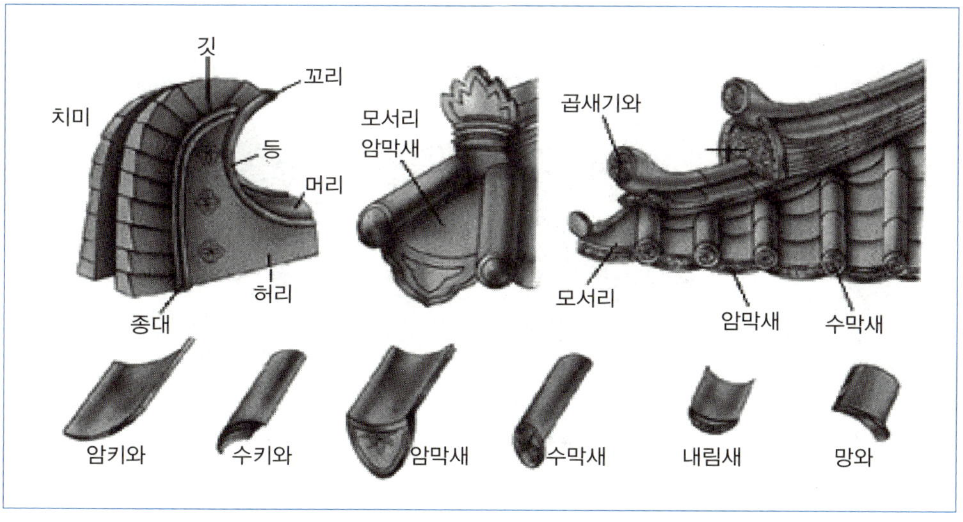

(9) 문(門)과 창호(窓戶)

문은 출입을 위한 개구부(開口部)이고, 창은 일조나 환기를 위한 개구부이다. 문은 외부공간을 서로 연결해 주는 독립된 문과 건물 내외부 출입을 위한 건물에 다는 문으로 구분할 수 있다. 행랑채와 높이가 같은 문을 평대문, 행랑채보다 높이가 높은 문을 솟을대문이라고 한다.

창호는 쓰이는 재료에 따라 목제와 금속제로 나뉘고, 종류도 다양하다. 열고 닫는 데 따라 문에는 외여닫이문 · 쌍여닫이문 · 미닫이문 · 미세기문 · 자재문 · 회전문 · 접문 등의 종류가 있고, 창에는 붙박이창 · 외여닫이창 · 쌍여닫이창 · 미세기창 · 오르내리창 · 회전창 · 미들창 등이 있다.

분류		종류
개폐방식		여닫이, 미닫이, 미서기, 들어걸개, 벼락닫이, 접이문, 붙박이
성격	문	대문, 중문, 협문, 쪽문, 일각문, 삼문, 사주문, 일주문, 누문, 홍살문, 신문, 정려문, 효자문, 성문, 암문, 수문, 이문(里門)
	창호	분합, 쌍창, 독창, 영창, 흑창, 갑창, 광창, 바라지창, 장지, 연창(불발기창), 들창(걸창), 봉창, 사창, 눈꼽째기창, 살대, 거적문
살대유무	살창	세살, 만살, 아자살, 완자살, 숫대살, 용자살, 꽃살, 빗살, 도듬문, 쇄창(鎖窓)
	판문	통판문, 널판문, 우리판문, 빈지널문

자료 : 김왕직, 앞의 책, 219쪽.

〈그림 2-4〉 문의 각 부분별 명칭

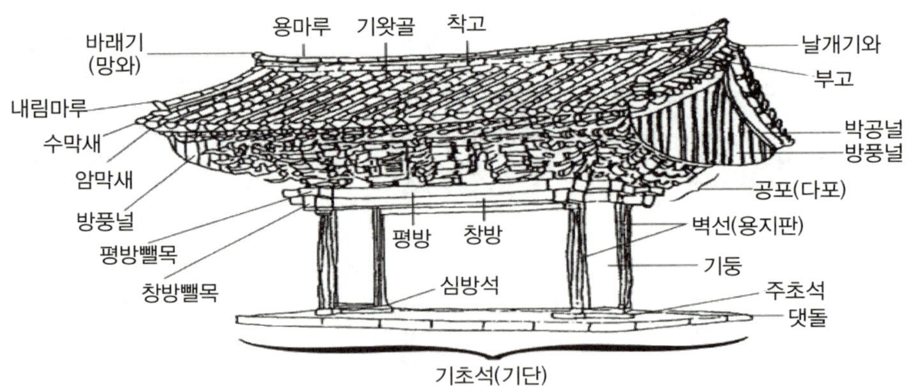

자료 : 신남주, 앞의 책, 112쪽.

〈그림 2-5〉 각종 창호 무늬

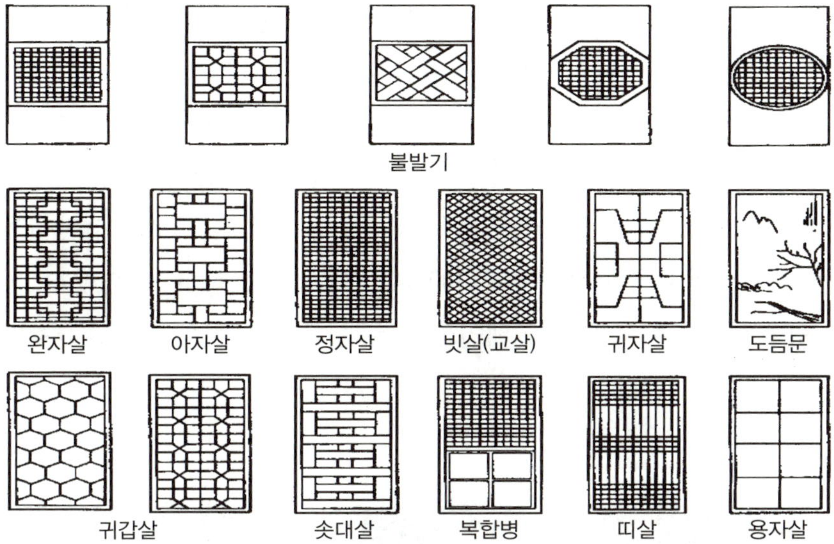

(10) 단청

단청은 목조건축을 아름답게 장식하는 의장기법(意匠技法)으로서 청색·적색·황색·백색·흑색 등 다섯 가지 색을 기본으로 하여, 건축물에 여러 가지 무늬와 그림을 그려 구조물을 보호하는 동시에 외관상의 미(美)를 돋보이게 하려는 것이다. 단청하는 대상물은 목조건축뿐만 아니라 석조(石造)·전조(塼造)의 고분, 기명(器皿)·공예품·조상(造像) 등에도 채화(彩畵)하였으나 목조건물에 가장 많이 사용되었다.

〈표 2-5〉 음양오행 사상에 따른 색채

색상	오행	방위	절기	의미
청(靑)	목(木)	동(東)	춘(春)	평화, 발전
적(赤)	화(火)	남(南)	하(夏)	행복, 희열
황(黃)	토(土)	중(中)	토용(土用)	권력, 황제
백(白)	금(金)	서(西)	추(秋)	평화, 비애
흑(黑)	수(水)	북(北)	동(冬)	파괴, 유현

① 무늬

단청의 무늬는 한 채의 건물에도 부재에 따라 서로 다르게 하므로 그 종류가 다양하다. 단청무늬의 체계는 무늬의 구성상 특징과 장식구성에서 차지하는 위치에 따라서 크게 모루초 · 별지화(別枝畵) · 비단무늬 · 단독무늬로 나뉜다. 이 가운데 모루초는 머리초라고도 하며 평방 · 창방 · 도리 · 대들보 등 부재의 양쪽 끝과 기둥머리, 서까래 및 부연 끝 등 부재의 귀퉁이에 놓는 무늬이다. 모루초의 무늬는 시대와 건물에 따라 조금씩 다르기는 하지만 녹화무늬 · 연꽃무늬 · 석류무늬 · 방울무늬를 순서에 따라 배열한 다음 휘무늬를 붙인 것이 기본형식이다.

〈그림 2-6〉 **무늬의 구성**

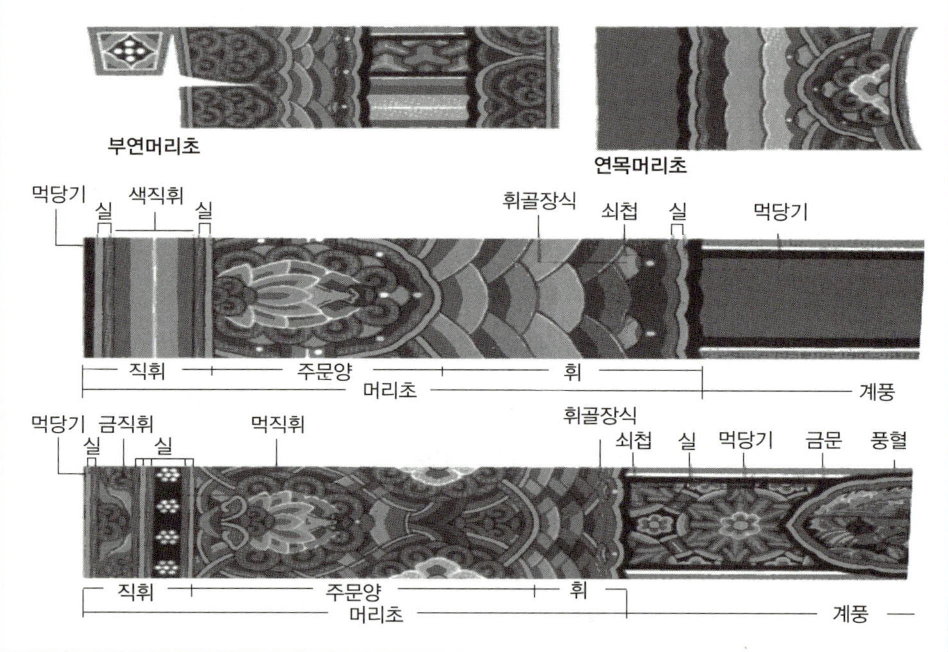

자료 : 김왕직, 앞의 책, 290쪽.

② 색조(色調)

단청의 색조는 시대성을 반영하여, 고려시대에는 외광(外光)을 강하게 받는 부재인 기둥과 같은 곳에는 붉은색을 칠하였고, 외광을 받지 않는 추녀나 천장부분에는 녹청색을 칠함으로써 장식의 명도를 높여 상록하단(上綠下丹)의 원칙을 지켰다. 조선시대의 경우 색조는 주로 장단(長丹) · 주홍(朱紅) · 양청(洋靑) · 황(黃) · 양록(洋綠) · 석간주 등을 많이 사용하였고, 이들 색채들을 흰색과 먹색 및 기타 색깔과 배합하여 여러 가지 다른 색깔을 만들어 썼는데, 색계열(색띠)과 색계열 사이에는 하나하나 백분으로 구획선을 그어 무늬의 윤곽과 색조를 두드러지게 하였다.

③ 안료(顔料)

단청에 쓰이는 착색제인 단청안료(丹靑顔料)는 색상이 선명하고 안정된 것이 쓰인다. 기존의 안료에는 좋은 빛깔의 천연산 희귀광석을 분쇄하여 얻는 암채(岩彩)와 자연산 색토분(色土粉)을 수비(水飛)하여 얻는 이채(泥彩), 그리고 광석이나 금속 또는 자연산물을 소성하거나 화학처리하여 얻는 무기질(無機質) 안료가 있다.

색 이름(色名) 가운데 석(石)자가 붙은 것, 즉 석황(石黃) · 석청(石靑) · 석록(石綠) · 석간주 등은 암채이고, 토(土)자가 붙은 것, 즉 황토(黃土) · 주토(朱土) 등은 이채이다. 그리고 중국에서 온 것은 당홍(唐紅)이나 당청(唐靑)처럼 시대에 관계없이 당(唐)자를 붙이고, 근래 서양에서 온 것은 양홍(洋紅) · 양청(洋靑)처럼 양(洋)자를 붙여서 색명을 쓰게 되었다. 오늘날에는 암채가 너무 비싸고 구하기 어려워서 주로 화공처리(化工處理)하여 생산되는 합성무기질(合成無機質) 안료를 사용하고 있다.

(11) 장엄장식(莊嚴裝飾)

장엄장식이란 치장하고 장식하는 것이다. 즉 건축물의 어떤 의미나 상징성을 갖도록 하기 위한 것이라고 할 수 있다. 여기에는 〈표 2-6〉처럼 여러 형태의 장엄장식이 있다.

〈표 2-6〉 장엄장식에 사용되는 것들

종류	내용
닫집	불전이나 궁전의 좌대 위에 지은 작은 집. 한자로는 당가(唐家)라고 한다.
어탑(御榻)	불단처럼 궁궐의 정전에 임금이 앉는 자리의 단을 높여 놓은 시설
사자(獅子)	부처 및 왕권의 권위를 상징하는 의미
용(龍)	상상의 동물로 불법을 수호하는 호법신, 임금을 상징하는 동물
해태와 사신	상상의 동물. 물을 상징함으로써 화재를 막는다는 의미
드무	궁궐 정전건물 네 모서리에 방화수를 담아놓는 그릇
풍경	풍탁(風鐸)이라고도 하며, 추녀 끝에 달린 경쇠
주련	기둥에 세로로 건 현판
편액	건물이름을 써 붙인 현판
만(卍)자	태양을 상징하는 십자(十)로부터 나왔음. 태양신 숭배를 의미
태극	성리학에 뿌리를 둔 것으로 이태극, 삼태극 등 여러 문양이 있다.
귀면	물고기나 연꽃 등을 입에 문 형태로 화반이나 문, 청반, 보머리, 닫집 조각장식에 쓰임
십이지신상	잡귀의 침입을 막는 벽사(辟邪)의 의미로 사용
사물	목어, 운판, 법고, 범종을 말하는 것으로 중생을 제도하는 법성(法性)의 소리를 뜻함

(12) 담장

담장은 집터 등의 경계선에 설치되는 연속된 벽으로서 틈새가 적고, 출입을 막는 것이 목적이다. 울·울타리라고도 한다. 담장의 기본조건은 외부와의 시각적·음향적 차단, 건물과 환경의 조화, 경계의 표시 등이다. 담장의 종류로는 돌담장을 비롯하여 토담 등 여러 형태가 있으며 구체적으로 설명하면 다음 표와 같다.

종류	내용
흙벽(토담)	기왓장을 평평하게 놓고 그 위에 점토(粘土)를 7~8cm 정도의 두께로 얹어서 구조체(構造體)를 형성한 것이다. 진흙에 지푸라기와 석회를 섞어서 쌓은 담으로서 틈새에 잔돌을 넣으며, 농촌주택에서 많이 쓰인다.
돌담	농·어촌 주택에서 많다. 중·상류층의 주택이나 궁궐, 그 밖에 사찰·분묘 등의 건축에는 네모반듯한 돌(사고석, 四塊石(사괴석이라고도 함))을 바로 쌓아올리는 사고석담이 이용된다.
연와담	빨간 연와나 지나치게 타버린 연와로 쌓는다. 영국식·네덜란드식·프랑스식 등 여러 가지 형식이 있다.

종류	내용
콘크리트담	거푸집을 만들고 그 속에 콘크리트를 집어넣어서 만든다. 보통은 철근 콘크리트로 만든다.
생울/생원(生垣)	농촌 또는 산간지방의 주택에 널리 이용되는 생나무 울타리로 탱자나무・가시나무・개나리・찔레나무・대나무 등이 사용된다.
판장(板墻)	일정한 간격으로 세운 나무기둥 사이를 상・중・하 3곳에 인방(引枋)을 가로지른 다음 여기에 널빤지를 대어서 만든 담으로서 서민주택에 사용된다.
벽돌담	벽돌을 쌓아서 만들며 중・상류 주택이나 궁궐에서 쓰인다. 윗면에는 암키와와 수키와로 지붕을 만들고 처마는 막새기와나 수키와로 마무리한다.
영롱담/영롱장(玲瓏牆)	벽돌을 쌓아올린 담의 중간중간에 벽돌을 빼내어 구멍을 낸 담이다.
화초담/화초장(花草牆)	담벽에 꽃이나 여러 가지 장식무늬를 만든 것으로서 화문담(또는 화문장(花文墻))이라고 한다. 무늬는 주로 글씨나 사슴・학 등 상서로운 동물을 새겨 넣는다.

〈그림 2-7〉 **창덕궁 인정전**

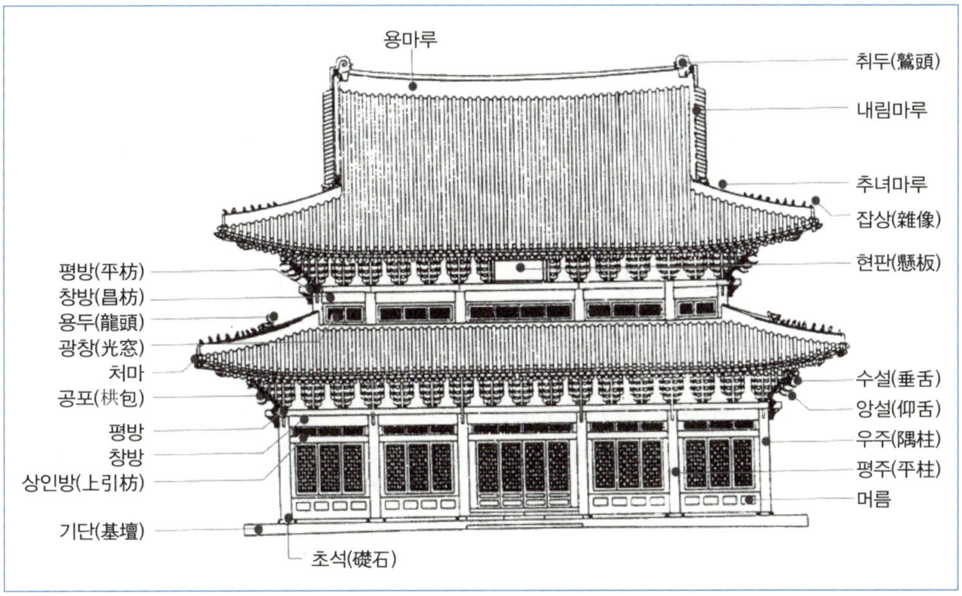

자료 : 김동현, 서울의 궁궐건축, 시공사, 2002, 294쪽.

3. 사찰(寺刹, Temple)

사찰이란 승려들이 거주하면서 불도(佛道)를 닦고 교법을 설하기 위해 세운 건축물이다. 절을 한자로 사(寺)라 하고 가람(伽藍)이라고도 하는데, 이는 범어의 상가라마(Saňghārāma)를 한자로 음역한 것이다. 이는 중원(衆院) 또는 정사(精舍)라는 뜻으로 남자승려(비구, 比丘), 여자승려(비구니, 比丘尼), 남자신도(청신남, 淸信男), 여자신도(청신녀, 淸信女)와 같은 4중(四衆)이 모여 사는 집이라는 뜻이다.

한국 사찰을 해설하기 위해서는 불교의 일반적 기초지식을 쌓지 않으면 안 된다.

1) 사찰의 문

일주문(一柱門)	사찰 영역의 입구에 있는 문이다. 기둥이 한 줄로 서 있다는 데서 일주문(一柱門)이란 이름이 유래하였는데, 한마음(一心)을 가다듬으라는 뜻도 담겨 있다. '○○산(山) ○○사(寺)'와 같은 사찰의 이름을 적은 현판이 걸려 있다.
금강문(金剛門)	금강역사가 서 있는 문으로 인왕문이라고도 한다. 인왕이라고도 불리는 금강역사는 부처님과 사찰을 수호하는 신으로 보통 둘이 서 있다. '아' 하고 입을 벌린 밀적역사(密迹力士)는 나쁜 세력을 공격하는 자세이고 '음' 하고 입을 다무는 나라 연역사는 적의 공격을 방어하는 자세이다.
천왕문(天王門)	사천왕을 모시는 문이다. 원래 동서남북의 세계를 주관하는 사천왕은 불교에 귀의하여 불법을 지키는 수호신이 되었다. 동쪽의 지국천왕(持國天王)은 비파, 남쪽의 증장천왕(增長天王)은 칼, 서쪽의 광목천왕(廣目天王)은 용과 여의주, 북쪽의 다문천왕(多聞天王)은 탑과 깃대를 들고 있다.
해탈문(解脫門)	사찰의 중심부인 법당 구역 입구에 있는 문이다. 앞의 문들을 거치며 번뇌를 잊고 깨달음의 세계에 들어왔음을 나타낸다. 깨달음의 세계에서는 부처의 세계와 중생의 세계가 둘이 아니라는 의미에서 '불이문(不二門)'이라고도 한다.

주 : 사찰의 구성요소를 모두 갖추고 있는 절이라고 가정할 때 대웅전 앞마당에 이르기까지 차례로 통과해야 할 4개의 문을 순서대로 정리하면 일주문-금강문-천왕문-해탈문 순이다.

2) 사찰의 전각

전각 이름	내용
대웅전(大雄殿)	'석가모니불'을 주불로 모신 법당
대적광전(大寂光殿)	'비로자나불'을 주불로 모신 법당
극락전(極樂殿)	극락정토의 주재자인 '아미타불'을 모신 법당(아미타불의 전생 : 법장비구) = 무량수전 = 미타전(예 : 부석사)
미륵전(彌勒殿)	미래의 부처님인 '미륵불'을 모신 법당 = 용화전(龍華殿) = 자씨전(慈氏殿)

전각 이름	내용
원통전(圓通殿)	'관세음보살'을 모신 곳 = 관음전 = 대비전(大悲殿)
약사전(藥師殿)	'약사유리광여래'를 모신 곳 = 만월보전 = 유리광전 = 보광전
팔상전(八相殿)	석가모니불의 일생을 8가지로 나누어 그린 그림을 봉안한 곳 = 영산전(靈山殿)
나한전(羅漢殿)	석가모니불의 제자로 아라한과를 성취한 성인, 즉 나한을 모신 건물. 석가모니불이 주불로, 그 좌우에 16 또는 500명의 나한이 배치됨 = 응진전(應眞殿)
명부전(冥府殿)	'지장보살'을 모신 법당 = 지장전 = 시왕전(十王殿) ※ 시왕(十王) : 1. 진광왕 2. 초강왕 3. 송제왕 4. 오관왕 5. 염라왕 6. 변성왕 7. 태산왕 8. 평등왕 9. 도시왕 10. 오도전륜왕
대장전(大藏殿)	대장경을 보관하기 위해 만든 전각(예 : 금산사 대장전)
적멸보궁(寂滅寶宮)	석가모니불의 진신사리를 봉안한 불전 ※ 한국의 5대 적멸보궁 : 영취산 통도사 적멸보궁, 태백산 정암사, 사자산 법흥사, 오대산 중대암, 설악산 봉정암
조사당(祖師堂)	조사의 영정을 모신 곳 ※ 국사전 : 국사(國師)가 배출된 절에서 모신 전각(예 : 송광사 국사전)
삼성각(三聖閣)	1. 산신 2. 독성 3. 칠성의 세 분을 모신 곳(불교유입 이전의 우리나라 토속신을 그대로 수용하여 모신 곳)
(범)종각(鐘閣)	범종을 달아 놓은 곳
요사(療舍)채	스님들의 생활과 관련된 대부분의 조형물

전각명칭	별칭	본존	전각명칭	별칭	본존
적멸보궁	금강계단	진신사리	정경각	법보전 대장전	경전 경판
대웅전	각황전	석가모니불	영산전		석가모니불
팔상전		석가모니불	천불전		과거칠불 현겁천불
비로전	대적광전 화엄전	비로자나불	극락전	무량수전 아미타전	무량수불 아미타불
미륵전	내원궁	미륵보살 미륵불	약사전	유리전	약사불
관음전	원통전 보타전	관음보살	명부전	지장전 시왕전	지장보살
나한전	응진전	16나한 500나한	조사당	영각 국사전	고승대덕
삼성각	산신각	산신	삼성각	독성각	나반존자
삼성각	칠성각	칠여래, 칠성			

자료 : 김봉렬, 불교건축, 솔출판사, 2004, 227-232쪽.

3) 사물(四物)

범종(梵鐘)	범종의 소리는 땅속으로 가라앉기 때문에 땅속에 있는 동물과 지옥의 중생들에게 부처님의 가르침을 전한다. 아침에 28번, 저녁에 33번 타종한다.
법고(法鼓)	법고의 소리는 사방으로 울려 퍼지며 숲과 들판을 뛰어다니는 동물들에게 가르침을 전한다. 법고를 울릴 때에는 마음 '심(心)'자를 그리며 두드린다.
목어(木魚)	나무를 물고기 모양으로 깎아 만든 목어는 물속에 사는 여러 중생들에게 가르침을 전한다.
운판(雲板)	구름 모양의 운판은 쇠로 만들며 소리가 공중으로 날아올라 가기 때문에 하늘을 날아다니는 새나 허공을 헤매는 영혼들에게 가르침을 전한다.

4) 불상의 명칭

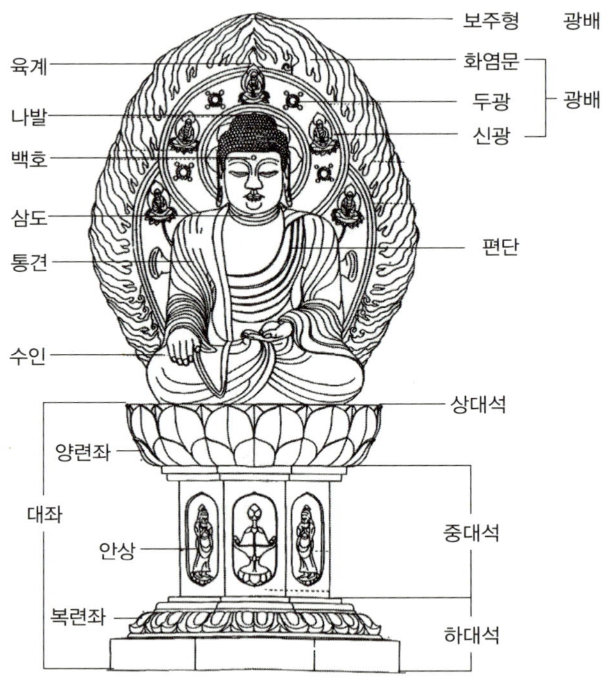

5) 수인(手印) = 인상(印相)

수인이란 구체적인 표상을 상징적으로 나타내는 것으로 인계(印契)·밀인(密印)·인상(印相)이라고도 하며, 그냥 인(印)이라고도 한다. 즉 부처나 보살의 손 또는 손가락으로 이루는 특정한 동작을 말하는데, 두 손만으로 상징적인 모양을 나타내는 경우(手印)와 손에 연화(蓮華)·검(劍)·정병(淨甁)·보주(寶珠)·석장(錫丈) 등의 지물을 잡은 모습, 즉 계인(契印)의 구별이 있다. 불교도상학(佛敎圖像學)에서 이들 인상은 교리적인 의미나 특정한 일화를 상기시키므로 불의 신원(종류)을 밝히는 데 중요한 단서가 되기도 한다.[11] 주요 수인은 다음과 같다.

선정인 (禪定印)	참선(선정)할 때 짓는 수인으로 결가부좌로 앉아 삼매(三昧)에 드는 경지를 말하므로 삼마지인(三摩地印)이라고도 하며, 석가가 수도할 때 지은 손가짐이다. 결가부좌한 다리 위로 왼손을, 그 위에 오른손을 포개어 놓고 양 엄지를 맞대는 모습이다.	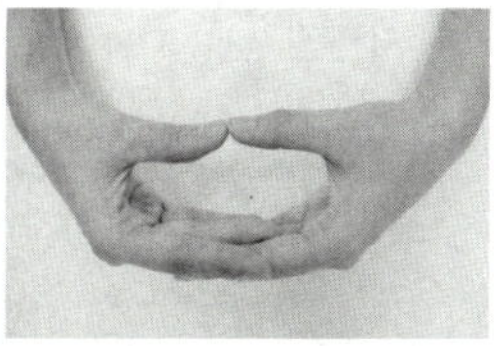
항마촉지인 (降魔觸地印)	정각(正覺)에 이르기 직전 악마의 유혹을 받음에 지신(地神)을 가리키며 깨달음을 증명하라고 했을 때 지은 동작이다. 오른손을 무릎 아래로 향하게 하여 손가락으로 땅을 가리키거나 손을 땅에 대는 모습에서 촉지인 또는 지지인(指地印)이라고도 한다.	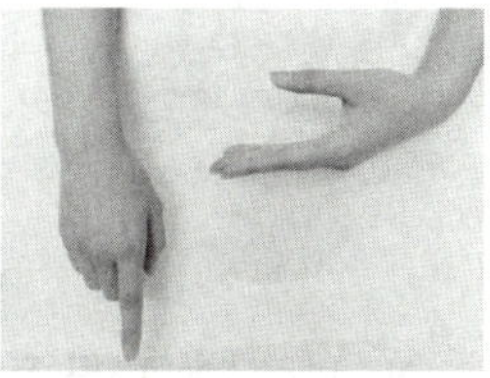
전법륜인 (轉法輪印)	불타가 설법할 때의 손가짐을 말한다. 양 엄지와 검지의 끝을 맞대어 2개의 원을 그리고 나머지 손가락을 펴는 동작인데, 이때의 2원이 불법의 수레바퀴, 즉 법륜을 상징하는 것이다. 이 법륜은 마치 우주의 수레바퀴처럼 세계를 두루 돌며 모든 악을 분쇄하고 무수히 존재하는 불법을 모든 중생에게 영원히 전파한다는 의미를 갖고 있다.	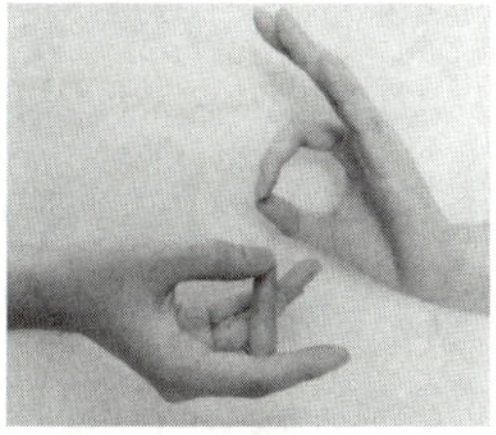
시무외인 · 여원인 (施無畏印 · 與願印)	시무외인(Abhayamudra)은 오른손을 위로 들어 손바닥을 펴서 밖으로 향한(外掌) 모습으로 모든 중생에게 두려움을 없애주고 평정을 주는 힘을 가진다는 것을 의미한다. 여원인은 시원인(施願印)이라고도 하는데, 왼손을 아래로 내려 손바닥을 밖으로 향한 모습으로 중생의 어떠한 소원이라도 모두 들어주는, 자비를 베푼다는 것을 상징한다.	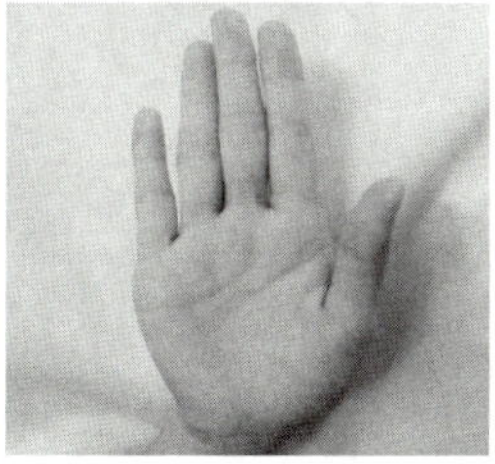

11 佐和隆研, 仏像案内, 古川弘文館, 1978, 15-16쪽.

아미타정인 (定印) 9품인(九品印)	아미타불이 짓는 수인인데 아미타정인은 무릎 위에 놓고 양 엄지의 끝을 맞대고 다른 손가락들은 펴서 깍지를 낀 모습이다. 아미타 9품인은 설법의 이해 정도에 따라 중생을 3등급(三品)으로 나누고 이를 다시 3으로 세분하여 모두 9등급으로 나누어 각기 그에 알맞게 교화한다는 것을 의미한다. 9품인은 상품상생(上品上生)・상품중생・상품하생・중품상생・중품중생・중품하생・하품상생・하품중생・하품하생인(印)이다.	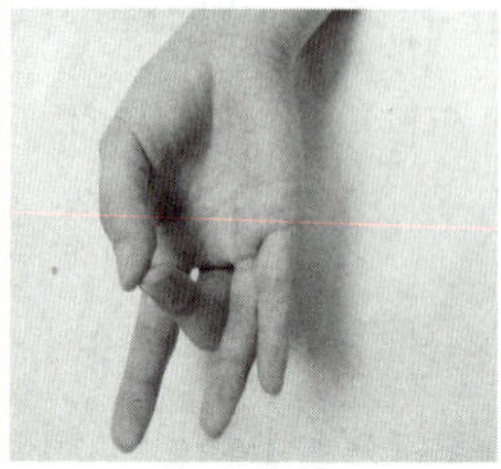
지권인 (智拳印)	두 손을 가슴 앞에 모아서 각 엄지를 손바닥으로 감추고 주먹을 쥔다. 이런 주먹 쥔 손을 아래위로 겹쳐놓고 왼손의 검지를 세워 오른손의 주먹 속으로 넣은 모습이다. 이것은 이(理)와 지(智), 중생과 불(佛), 미(迷)와 오(悟)가 원래는 하나라는 것을 상징하는데, 이 손 모양을 봄으로써 그런 진리를 깨우치게 하려는 것이다.	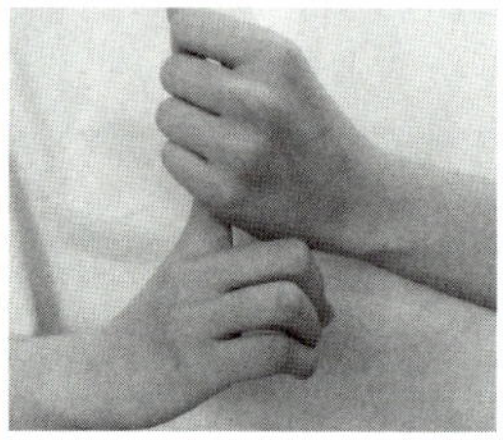

* 삼법인(三法印) : 세 가지 진실한 가르침으로 '① 제행무상(諸行無常) : 모든 것은 변화한다. ② 제법무아(諸法無我) : 모든 변화하는 것에는 '나'라는 실체가 없다. ③ 일체개고(一切皆苦) : 모든 변화하는 것은 괴로움을 발생시킨다'의 세 가지를 뜻한다. 여기에 '열반적정(涅槃寂靜) : 모든 괴로움의 불을 불어 끈 상태'를 포함시켜 '사법인'이라고도 한다.

6) 사성제(四聖諦) : 네 가지 성스러운 진리, 즉 고집멸도(苦集滅道)

(1) 고(苦) : 인간의 현실적 존재는 괴로움(예 : 현재 환자의 증세)

가. 사고(四苦) : 생로병사(生老病死)

나. 팔고(八苦)

사고(四苦) + ⑤ 원증회고(怨憎會苦) – 미워하는 것을 만나는 괴로움
⑥ 애별리고(愛別離苦) – 사랑하는 것과 헤어지는 괴로움
⑦ 구불득고(求不得苦) – 구하는 바를 얻지 못하는 괴로움
⑧ 오음성고(五陰盛苦) – 육체의 본능에 의한 괴로움

(2) 집(集) : 괴로움의 원인인 집착(예 : 병이 나게 된 원인)

(3) 멸(滅) : 번뇌와 고통이 모두 없어진 해탈, 열반의 세계
(예 : 병이 없는 상태)

(4) 도(道) : 괴로움을 없애는 방법(예 : 병을 치료하기 위한 방법)

가. 팔정도(八正道)

① 정견(正見) – 편견 없이 바로 보는 것

② 정사유(正思惟) – 바른 생각

③ 정어(正語) – 바른 말

④ 정업(正業) – 바른 행동

⑤ 정명(正命) – 바른 생활

⑥ 정정진(正精進) – 바른 노력

⑦ 정념(正念) – 바른 마음의 수행

⑧ 정정(正定) – 바른 집중

7) 사무량심(四無量心) : 남을 대할 때의 올바른 네 가지 마음가짐

① 자무량심(慈) : 남을 평등하게 사랑하여 언제나 밝은 모습으로 대하는 마음

② 비무량심(悲) : 남의 고통을 함께 슬퍼하며 그 고통을 덜어주고자 하는 마음

③ 희무량심(喜) : 남의 기쁨을 진정한 자신의 기쁨으로 생각하는 마음

④ 사무량심(捨) : 남을 대할 때 아무런 치우침 없이 평등하게 대하는 마음

8) 사섭법(四攝法) : 중생을 교화하기 위한 네 가지 실천덕목

① 보시(布施)섭 : 모든 중생들에게 베푸는 것

② 애어(愛語)섭 : 진실되고 사랑스런 말로 대하는 것

③ 이행(利行)섭 : 모든 중생에게 이익이 되는 행동을 하는 것

④ 동사(同事)섭 : 모든 중생들과 함께 일하며 즐거워하고 고통도 함께 나누는 것

* 보살(菩薩) : 보리살타(보제살타)의 준말. 범어로는 Bodhisattva. 상구보리 하화중생(上求菩提下化衆生 : 위로는 보리(깨달음)를 구하고 아래로는 중생을 교화)하는 자이며, 깨달음(菩)을 구하는 중생(薩)이다.
* 자비(慈悲) : 자(慈)–적극적으로 상대방에게 이익과 기쁨을 주는 것
  비(悲)–고통받는 이의 불이익과 고통을 덜어주는 것
* 바라밀(波羅密, Paramita) : 한자로는 도피안(到彼岸), 즉 피안(열반)에 이른 상태

9) 육바라밀(六波羅密) : 불도를 닦는 이가 수행에서 열반에 이르는 6가지 방편

① 보시(布施) : 베풂

㉠ 재보시(財布施) : 재물로 하는 보시

㉡ 법보시(法布施) : 부처님 법을 전해주는 보시

㉢ 무외시(無畏施) : 공포를 없애 마음의 평안을 주는 보시

✲ 무주상보시(無住相布施) : 베풀고도 베풀었다는 상이 없는 최상의 보시

② 지계(持戒) : 계율을 지킴

③ 인욕(忍辱) : 욕됨을 참음

④ 정진(精進) : 부지런히 노력함

⑤ 선정(禪定) : 마음을 가라앉힘

⑥ 지혜(智慧) : 모든 존재의 비어 있음을 보는 지혜

10) 십바라밀

육바라밀 + ⑦ 방편(方便), ⑧ 원(願), ⑨ 역(力), ⑩ 지(智)

11) 12연기(緣起)

① 무명(無明)	② 행(行)	③ 식(識)
④ 명색(名色)	⑤ 육입(六入, 六處)	⑥ 촉(觸)
⑦ 수(受)	⑧ 애(愛)	⑨ 취(取)
⑩ 유(有)	⑪ 생(生)	⑫ 노사(老死)

12) 인과(因果)의 진행

(因; 직접원인) → 연(緣; 보조원인) → 과(果; 결과)

예 : 씨 + 햇빛, 수분, 온도 등 → 열매

13) 삼독(三毒) : 성불에 장애가 되는 세 가지 무서운 독

① 탐(貪 : 탐욕)　② 진(瞋 : 성냄)　③ 치(痴 : 어리석음)

14) 삼계(三界)

① 욕계(欲界) : 욕망으로 가득 찬 세계('탐진치'가 넘침)
② 색계(色界) : 욕망은 끊었으나 육체가 남아 있는 세계('진치'가 있음)
③ 무색계(無色界) : 육체를 가지지 않고 정신적 요소만 있는 세계('치'가 있음)

15) 삼학(三學) : 성불하고자 하는 이가 닦아야 할 세 가지

① 계(戒 ; 계율)　② 정(定 ; 선정)　③ 혜(慧 ; 지혜)

16) 사대(四大)

만물을 이루는 4가지 요소 즉 ① 지(地), ② 수(水), ③ 화(火), ④ 풍(風)

17) 시방(十方)

① 동　② 서　③ 남
④ 북　⑤ 동남　⑥ 동북
⑦ 서남　⑧ 서북　⑨ 상
⑩ 하

18) 삼업(三業)

① 신업(身業) : 몸으로 짓는 죄
② 구업(口業) : 입으로 짓는 죄
③ 의업(意業) : 뜻으로 짓는 죄

19) 삼시업(三時業) : 업이 결과를 가져오는 세 가지 시기

① 순현업(順現業) : 현생에서 지은 업의 과보를 현생에서 받는 업
② 순생업(順生業) : 현생에서 지은 업의 과보를 다음생에서 받는 업
③ 순후업(順後業) : 현생에서 지은 업의 과보를 차후생에서 받는 업

20) 십업(十業)

① 살생(殺生)
② 투도(偸盜; 도둑질)
③ 사음(邪淫; 삿된 음행)
④ 망어(妄語 ; 거짓말)
⑤ 양설(兩舌 ; 이간하는 말)
⑥ 악구(惡口 ; 욕설)
⑦ 기어(綺語 ; 발림 말)
⑧ 탐(貪)
⑨ 진(瞋)
⑩ 치(痴)

21) 사생(四生)

① 태(胎) ② 난(卵) ③ 습(濕) ④ 화(化)

22) 사유(四有) : 윤회의 네 가지 과정

① 사유(死有) : 죽는 순간
② 중유(中有) : 죽어서 다음생을 받기까지의 기간(10～49일)
③ 생유(生有) : 태어나는 순간
④ 본유(本有) : 생애를 누리는 기간

23) 삼귀례(三歸禮)

① 귀의불 양족존(歸依佛 兩足尊)
② 귀의법 이욕존(歸依法 離欲尊)
③ 귀의승 중중존(歸依僧 衆中尊)

24) 오계(五戒) : 수계한 재가자가 지켜야 할 5가지 계율

① 불살생(不殺生) : 생명을 죽이지 마라

② 불투도(不偸盜) : 남의 물건을 훔치지 마라

③ 불사음(不邪淫) : 삿된 음행을 하지 마라

④ 불망어(不妄語) : 거짓말을 하지 마라

⑤ 불음주(不飮酒) : 술을 마시지 마라

25) 육도(六道) : 중생이 머무는 6가지 세계

① 지옥 ② 아귀 ③ 축생 ---- 삼악도(三惡道)

④ 수라 ⑤ 인간 ⑥ 천도 ---- 삼선도(三善道)

26) 육근(六根)

① 안(眼; 눈) ② 이(耳; 귀) ③ 비(鼻; 코)

④ 설(舌; 혀) ⑤ 신(身; 몸) ⑥ 의(意; 의식)

27) 육경(六境)

① 색(色) ② 성(聲) ③ 향(香)

④ 미(味) ⑤ 촉(觸) ⑥ 법(法)

28) 육식(六識)

① 안식(眼識) ② 이식(耳識) ③ 비식(鼻識)

④ 설식(舌識) ⑤ 신식(身識) ⑥ 의식(意識)

∗ 육근 + 육경 = 12처(處), 12처 + 육식 = 18界

29) 오온(五蘊) : 인연에 의해서 생긴 5가지 정신과 물질

① 색(色) : 물질

② 수(受) : 외부의 자극에 대하여 감각 등을 받아들이는 작용

③ 상(想) : 대상을 인식하는 표상작용

④ 행(行) : 스스로의 의지에 의하여 적극적으로 활동하는 작용

⑤ 식(識) : 판단이나 추리에 의한 식별작용, 일반적으로 마음이라 함

30) 팔상록(八相錄) : 부처님의 생애를 크게 8가지로 나누어 기록한 것

① 도솔래의상(兜率來衣相) : 도솔천에서 내려오심

② 비람강생상(毘藍降生相) : 룸비니동산의 무우수(無憂樹) 아래에서 마야부인에 의해 태어나심

③ 사문유관상(四門遊觀相) : 東(늙음), 南(병듦), 西(죽음), 北(수행자)의 네 성문을 둘러봄

④ 유성출가상(踰城出家相) : 태자의 나이 29세 2월 8일(음력)에 성 밖으로 출가함

⑤ 설산수도상(雪山修道相) : 깨달음을 위해서 6년간 설산(히말라야산)에서 수도고행하심

⑥ 수하항마상(樹下降魔相) : 35세 되던 해 12월 8일(음) 보리수 아래서 모든 번뇌, 즉 마왕파순(갖가지 욕망, 애착 등)의 항복을 받고 결국 성도(成道)

⑦ 녹원전법상(鹿苑轉法相) : 범천의 청을 받아들여 같이 수행했던 녹야원의 다섯 수행자들에게 최초로 법을 설하심

⑧ 쌍림열반상(雙林涅槃相) : 자등명 법등명(自燈明 法燈明)의 마지막 가르침과 함께 쿠시나가라의 사라쌍수 아래에서 열반에 드심(음력 2월 15일)

31) 불교의 4대 성지(聖地)

① 탄생지 : 룸비니동산

② 성도지 : 부다가야

③ 초전법륜지 : 사르나트(녹야원)

④ 열반지 : 쿠시나가라

32) 불교의 4대 기념일

① 불탄일 : 음 4월 8일(BC 624년경)

② 출가일 : 음 2월 8일

③ 성도일 : 음 12월 8일

④ 열반일 : 음 2월 15일

* 우란분재일(백중) : 음 7월 15일 → 5대 기념일

33) 사부대중

① 비구(比丘) : 20세 이상으로서 구족계(250계)를 받은 남자스님

② 비구니(比丘尼) : 20세 이상으로서 구족계(348계)를 받은 여자스님

③ 우바새(優婆塞) : 5계 혹은 보살계를 받은 남자신도 = 거사, 청신남

④ 우바이(優婆夷) : 5계 혹은 보살계를 받은 여자신도 = 보살, 청신녀

✲ 행자 : 아직 스님이 되지 않고 절에 있으면서 여러 일을 돕는 사람

34) 7부대중

4부대중 + ⑤ 사미(沙彌) : 20세 이전의 나이로 사미 10계를 받은 남자스님

⑥ 사미니(沙彌尼) : 20세 이전의 나이로 사미니계를 받은 여자스님

⑦ 식차마나(式叉摩那) : 사미니로서 비구니에 이르는 2년 동안 특별수행을 받는 예비여승. 보통 18~20세의 2년간

35) 육신통(六神通)

줄여서 육통(六通)이라고도 한다. 신(神)은 불가사의, 통(通)은 무애(無礙)를 뜻하므로, 신묘하고도 거칠 것 없는 신통력을 발휘하는 지혜를 말한다.

① 신족통(神足通 · 여의통(如意通)) : 원하는 장소에 자유로이 출현할 수 있는 능력
② 천안통(天眼通) : 이 세상의 모든 색채와 형체에 대해 공간을 초월하여 볼 수 있는 능력
③ 천이통(天耳通) : 천상에서 지옥의 소리까지 모든 소리를 다 들을 수 있는 능력
④ 타심통(他心通) : 독심술로 남의 마음을 들여다보는 능력
⑤ 숙명통(宿命通) : 자신이나 남의 과거 전생 모습을 아는 능력
⑥ 누진통(漏盡通) : 진리를 깨달은 상태

36) 부처님의 10대 제자

① 사리불존자 – 지혜(智慧) 제일
② 목련존자 – 신통(神通) 제일
③ 마하가섭존자 – 두타(頭陀) 제일
④ 아나율존자 – 천안(天眼) 제일
⑤ 수보리존자 – 해공(解空) 제일
⑥ 부루나존자 – 설법(說法) 제일
⑦ 가전연존자 – 논의(論議) 제일
⑧ 우바리존자 – 지계(持戒) 제일
⑨ 라훌라존자 – 밀행(密行) 제일
⑩ 아난존자 – 다문(多聞) 제일

37) 삼처전심(三處傳心) : 부처님이 세 곳에서 가섭을 통해 이심전심으로 법을 전했다는 뜻

① 염화미소(拈華微笑) : 석존이 가섭존자에게 법을 전할 때 말씀 없이 다만 연꽃 한 송이를 들어 보이심
② 분반좌(分半座) : 늦게 도착한 가섭에게 석존께서 자리의 반을 내어주심
③ 곽시쌍부(槨示雙趺) : 석존이 열반하시고도 늦게 도착한 가섭을 위해 관 밖으로 양 발을 내어 보이심

38) 삼신불(三身佛)

① 법신불(法身佛, 청정법신 비로자나불) : 진리 본체

② 보신불(報身佛, 원만보신 노사나불) : 과거생의 수행의 결과로 나타난 부처님(예 : 아미타불, 약사여래불)

③ 화신불(化身佛, 천백억화신 석가모니불) : 인간의 몸으로 화하여 나타난 부처님

39) 여래십호(如來十號) : 석가모니 부처님을 표현하는 열 가지 거룩한 칭호

① 여래(如來) : 진리를 여실히 깨닫고 가셨다는 뜻(그렇게 온)

② 응공(應供) : 응당 하늘과 사람의 공양을 받을 만하다는 뜻

③ 정변지(正遍知) : 우주와 인생의 모든 원리를 요달하였다는 뜻(바르고 평등하게 깨달은)

④ 명행족(明行足) : 삼명(三明)과 행업(行業)을 두루 갖추어 중생을 어여삐 여기고 구제한다는 뜻(明과 行을 완성한)

✱ 三明 : 숙명명, 천안명, 누진명

⑤ 선서(善逝) : 다시는 생사윤회에 빠지지 않는다는 뜻(여여하게 가신)

⑥ 세간해(世間解) : 세상의 모든 원리를 알아서 중생을 구제한다는 뜻(세간을 완전히 안)

⑦ 무상사(無上士) : 복덕, 지혜, 계행을 완전히 갖춰 이보다 더 위가 없다는 뜻

⑧ 조어장부(調御丈夫) : 지혜, 자비를 갖춰서 적절한 말과 방편으로 중생을 제도한다는 뜻(사람을 길들이는)

⑨ 천인사(天人師) : 하늘(天神)과 사람의 위대한 스승

⑩ 불세존(佛世尊) : 깨달은 이

40) 삼보(三寶)

① 불(佛)

② 법(法)

③ 승(僧)의 사부대중을 말하며, 재가신도도 포함됨(=승가)

41) 사홍서원

① 중생무변서원도(衆生無邊誓願度) : 중생이 가없지만 기어이 다 건지오리다.

② 번뇌무진서원단(煩惱無盡誓願斷) : 번뇌가 끝없지만 기어이 다 끊으오리다.

③ 법문무량서원학(法門無量誓願學) : 법문이 가없지만 기어이 다 배우오리다.

④ 불도무상서원성(佛道無上誓願成) : 불도가 가장 존귀하여 그 이상 뛰어날 수 없지만 기어이 다 이루오리다.

42) 불교의 신앙

(1) 부처님의 힘에 의한 구제방법(他力門) : 관음신앙/ 아미타신앙(정토신앙)/ 미륵신앙/ 지장신앙

가. 지장보살의 특징

① 성불(成佛)을 포기한 보살

② 무불시대(無佛時代)의 구세주

③ 업(業)을 소멸시켜 주는 보살

④ 몸을 낮추는 보살

⑤ 성문(聲聞)의 모습을 한 보살

⑥ 대승보살 가운데 가장 탁월한 구제력을 지닌 보살

나. 지장보살이 대중들에게 신앙된 까닭

① 말법사상의 출현과 파지옥 사상

② 본원사상(本願思想)

③ 회향사상(廻向思想)

다. 지장신앙의 대중적인 수행법 : ① 염불, ② 참회, ③ 회향

라. 지장보살과 관련된 의례 : 지장십재일(1, 8, 14, 15, 18, 23, 24, 28, 29, 30일)

(2) 수행에 의한 구제방법(자력문, 自力門)

(가) 불교 수행법의 종류 : 참선, 간경, 사경, 염불, 주력, 정근, 기도, 자자와 포살 등

가. 참선(參禪)

① 위파사나(Vipassana) : 동남아시아의 남방불교권에서 행해지고 있는 수행법

② 간화선(看話禪) : 북방아시아권에서 행해지며, 화두(話頭)를 참구하는 수행법

* 참선할 때의 3요소

① 조신(調身) : 참선의 몸자세

② 조식(調息) : 참선 시의 호흡법으로 수식관(數息觀 : 참선 시 호흡을 관찰하며 공부하는 법)이라 한다. 또한 부정관(不淨觀)이 있는데 이는 육체의 부정한 모습을 떠올리며 탐욕과 애욕을 조절하도록 하는 수행법이다.

③ 조심(調心) : 화두 드는 방법

나. 간경(看經) : 경전을 보고 읽는 수행법

다. 사경(寫經) : 경전을 정성들여 쓰면서 이해하고 외우면서 세상에 전하는 일(현대적 의미 : 과거에는 경전의 유통보급을 중시했으나, 현대는 서사(書寫)의 공덕을 강조한 신앙적인 면을 더욱 중시함)

① 사경의 종류 :
- 묵서경(墨書經) – 먹으로 쓴 경전
- 금자경(金字經) – 금가루로 쓴 경전
- 은자경(銀字經) – 은가루로 쓴 경전
- 수예경(手藝經) – 바늘로 수를 놓아 쓴 경전

② 제본형태에 따라 : • 권자본(卷子本) – 두루마리 형태
• 절첩본(=첩장본) – 병풍 형태
• 선장본 – 족보책 형태

라. 염불(念佛) : 부처님(또는 보살님)을 마음속으로 항상 생각하는 수행법 (예 : 나무아미타불)

① 법신염불 : 부처님이 깨달으신 진리를 생각하는 염불
② 관념염불 : 부처님의 공덕이나 모습을 마음에 그려보는 염불
③ 칭명염불 : 부처님의 명호를 부르는 염불 → 흔히 쓰이는 염불임

마. 주력(呪力) : 주문의 힘, 즉 주문을 한 수행법

① 다라니(陀羅尼) : 긴 주문 = 총지
② 진언(眞言) : 짧은 주문 = 만트라(Mantra)

바. 정근(正勤) : 선법(善法)을 더욱 자라게 하고 악법을 멀리 여의려고 부지런히 수행하는 정진

사. 기도 : 불보살님의 위신력을 찬탄하고 다생에 지은 모든 업장을 참회하며 감사하는 마음으로 일체중생과 함께하기를 발원하고 회향하는 수행

아. 자자와 포살

① 자자(自恣) : 스님들이 안거를 끝내는 마지막 날, 함께 공부하던 대중들이 모인 가운데 자신의 죄를 고백하고 참회하여 꾸중 듣기를 청하는 것
② 포살(布薩) : 보름과 그믐에 대중들이 한곳에 모여 계경(戒經)을 다시 한 번 들어가며 잘 지켰는가를 대중 앞에서 고백하는 의식

(나) 불교에서 절(拜)을 하는 의미

① 삼보에 대한 예경과 상대방에 대한 존경을 표하고자
② 하심(下心 : 자신을 낮추는 마음)을 하고자
③ 참회하고자
④ 기도발원 하고자
⑤ 무아(無我)의 경지에 들고자

가. 절의 공덕

① 절을 많이 하면 아름답고 건강한 신체를 얻는다.

② 남들로부터 신뢰를 받는다.

③ 스스로 두려움이 없어진다.

④ 불보살님이 항상 보호해 주신다.

⑤ 훌륭한 위엄을 갖추게 된다.

⑥ 모든 사람에게 호감을 주게 된다.

⑦ 죽어서는 극락에 태어난다.

⑧ 마침내는 깨달음을 얻는다.

나. 오체투지(五體投地) : 양 팔꿈치, 양 무릎, 이마의 5부분이 땅에 닿게 하여 자신을 무한히 낮추면서 상대방에게 최대의 존경을 표하는 가장 경건한 예법

다. 고두례(叩頭禮 = 유원반배) : 세 번째 절을 하고 일어서기 전에 한다. 부처님에 대해 무수히 예경하고픈 간절한 마음을 여기서 마치게 되는 아쉬움을 하는 방법으로, 이 순간 발원을 한다.

(다) 우슬착지법 : 법당 밖이나 야외에서의 예배법

(라) 합장(合掌) : 두 손바닥을 마주 합치는 불교의 예법. 두 손을 통해서 나의 마음을 모으고 나아가서 나와 남이 둘이 아니라 하나의 진리 위에 합쳐진 동일한 생명이라는 의미

(마) 차수(叉手) : 도량에서 평상시 손을 쓰지 않을 때 하는 자세. '손을 교차한다'는 뜻

(바) 불교의 삼종가피 : ① 현증가피, ② 몽중가피, ③ 명훈가피

(사) 죽비(竹篦) : 목탁과 같이 선방에서 앉고 일어서고, 입선(入禪)과 방선(放禪) 그리고 공양할 때 행동통일을 알리는 도구

43) 법당 내 구조

법당은 통상 상단, 중단, 영단의 삼단구조로 이루어져 있다.

① 상단(上壇) : 부처님과 보살상을 모심 = 불보살단 = 불단
② 중단(中壇) : 불법을 수호하는 호법선신들을 모심 = 신중단
③ 영단(靈壇) : 영가의 위패를 모셔놓은 단상 = 하단

44) 불교탱화

① 탱화 : 비단 또는 베의 바탕에 불보살의 모습이나 경전내용을 그려 벽 같은 곳에 걸 수 있도록 그린 그림
② 경화(經畵) : 불경에 그린 그림 = 변상도
③ 심우도(尋牛圖) : 수행자가 정진을 통해 불성을 깨달아가는 과정을 잃어버린 소를 찾는 일에 비유해서 그린 선화(禪畵) = 십우도(十牛圖) = 목우도(牧牛圖)
④ 괘불(掛佛) : 법당 밖에서 불교의식을 행할 때 걸어놓는 예배용 그림. 괘불은 국가에 천재지변이 생겼을 때나 기우제(祈雨祭), 영산재(靈山齋 : 죽은 사람의 극락왕생을 기원하는 제), 예수재(豫修齋 : 죽은 뒤에 행할 불사를 미리 닦는 제), 수륙재(水陸齋 : 물이나 육지에 있는 외로운 혼령과 마귀에게 법식을 공양하는 법회)같이 신도들이 야외에서 큰 법회나 의식을 할 때 모시는 신앙의 대상불이다.

45) 염주(念珠, Japmala)의 종류

① 단주(短珠) : 짧은 염주. 염주알이 14개, 27개
② 중주(中珠) : 중간 염주. 염주알이 54개
③ 백팔염주 : 염주 알이 108개
④ 장주(長珠) : 긴 염주. 염주알이 1,080개

46) 불상의 종류

석가모니불	탄생상	룸비니 동산에서 탄생 직후 사방으로 일곱 걸음을 옮긴 다음 한 손은 하늘을, 한 손은 땅을 가리키며 "이 우주에 나만이 존귀하다"라고 외치는 모습이다.
	반가사유상	10대 중반 태자 시절의 어느 봄날, 밭갈이하는 것을 지켜보다가 살고 죽는 것이 괴로움임을 목격하고 깊이 고뇌하는 모습이다.
	성도상	5세 때 보리수 아래에서 악마의 유혹을 물리치고 깨달음을 이루는 모습이다. 오른손이 항마촉지인이다.
	설법상	35세에서 80세 사이 사방을 돌아다니며 대중을 상대로 설법하는 모습이다.
	열반상	80세에 사라쌍수 아래에서 입적하는 모습이다. 모로 누운 것은 등에 종기가 나서 똑바로 누울 수 없었기 때문이다.
우량수불 · 아미타불	서방정토를 주재하는 보신불이다. 협시로는 관음보살과 대세지(또는 지장)보살이 있다. 선정인 또는 구품인을 한다.	
비로자나불	여래형	화엄경의 주존불로서 진리 자체를 상징하는 법신불이다. 지권인을 한다.
	보살형	대일여해(마하비로자나불)라고도 한다. 금강계 밀교에서는 머리에 보관을 쓴 보살형에 지권인, 태장계 밀교에서는 보살형에 법계정인(선정인)을 한다.
약사불	대의왕불이라고도 한다. 동방 유리광세계를 주재하는 보신불이다. 질병과 무지까지 지켜 주는 부처이다. 손에 둥근 약단지나 약병을 들고 있다.	
미륵불	석가모니로부터 56억 7천만 년 후 이 땅에 내려와 용화수 아래에서 부처가 된 다음, 세 차례의 설법을 통해 중생을 구원한다는 미래의 부처이다.	

〈그림 2-8〉 사찰건물 내부

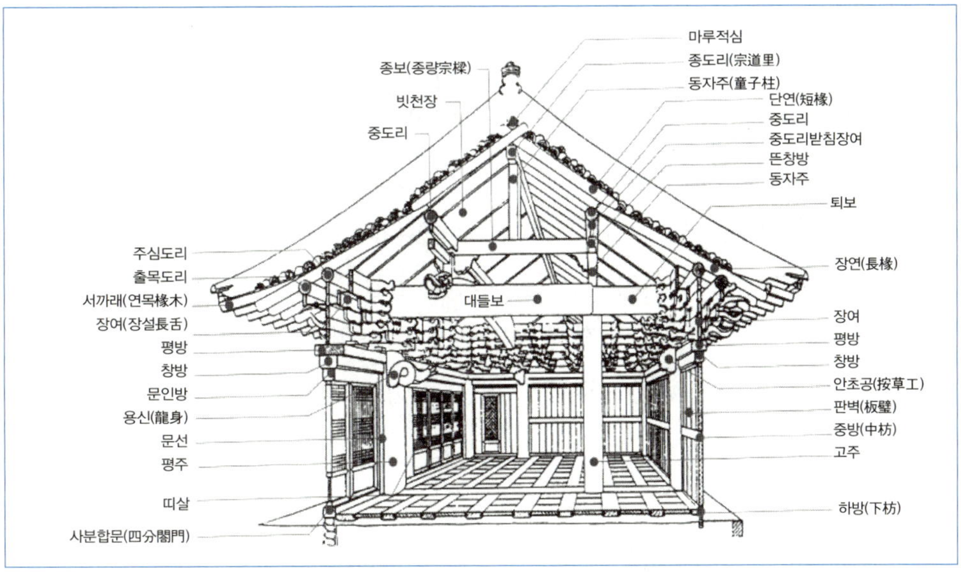

자료 : 김동현, 서울의 궁궐건축, 시공사, 2002, 294쪽.

4. 성(城, Castle)

▲ 중국의 만리장성

성이란 보루(堡壘) · 토벽(土壁) · 석벽(石壁) · 목책(木柵) · 해자(垓子) 등 외적의 침입을 막기 위하여 만들어진 군사적 구축물을 말한다.12 성곽(城郭)이라는 말도 성과 같은 뜻으로 쓰인다. 그러나 화기가 발달된 근대에 와서 지어진 군사적 방위시설은 성이라 하지 않고 요새라 한다. 처음에는 자연적 지형을 이용하여 방위를 위해서만 성을 쌓았으나, 시대가 지남에 따라 군사목적만이 아니라 국왕 및 영주의 거주 · 권세표시 · 영내통치를 위하여 축조하게 되었다. 또한 중국의 대부분과 서양의 일부에서 볼 수 있듯이 도시 전체를 성벽으로 둘러싼 성곽도시도 나타났다. 성은 현재도 세계 여러 곳에 남아 있으며, 명소 · 고적지로서 중요한 관광자원이 되고 있다.13

서양에서는 선사시대부터 10세기 무렵까지 축성의 본질적 특색은 지역 주민 전체의 보호를 목적으로 한 것이었으며, 축성형식은 토성(土城) → 석성(石城) → 저택성(邸宅城) → 요새축성으로 발전하고 있다.

한편 성은 고대부터 근세에 이르기까지 동양에서도 널리 행해졌다. 중국어로 성(城)이라 하면, 넓은 뜻으로는 전원과 구별된 도시를 말하고, 좁은 뜻으로는 천자가 사는 왕궁을 뜻하는 때가 많다.

동양에서 성의 기원은 적어도 메소포타미아의 초기 왕조시대(BC 3000년대)까지 거슬러 올라간다. 당시의 도시는 시가의 바깥 둘레를 성벽(城壁 ; 市壁)으로 둘러싸고, 그 내부에 신전 · 궁전 및 부속시설을 포함하는 성역(聖域 ; 內城)을 마련하고 이를 내성벽(內城壁)으로 둘러싸는 것이 보통이었다.

12 동아출판사편집부, 동아원색세계대백과사전, 제17권, 동아출판사, 1986, 190쪽.

13 http://kr.dic.yahoo.com/search/enc/

〈표 2-7〉 **성의 분류 및 내용**

분류	명칭	내용		
지위 및 기능	도성(都城)	수도를 둘러싼 것이다(예 : 평양성(平壤城), 국내성(國內城), 풍납동토성(風納洞土城)·몽촌토성(夢村土城), 남산산성, 선도산성(仙桃山城)·명활산성(明活山城) 등).		
	읍성(邑城)	지방 고을의 행정 중심지를 둘러싼 것이다(예 : 순천(順天) 낙안읍성(樂安邑城), 서산(瑞山) 해미읍성(海美邑城), 경주읍성과 경남의 언양읍성(彦陽邑城) 등).		
	장성(長城)	적군이 넘어오지 못하게 국경선을 따라 길게 쌓은 것이다(예 : 중국 랴오둥(遼東)지방의 천리장성(千里長城))		
	관문성(關門城)	주요한 교통로를 차단할 목적으로 쌓은 것이다.		
	진성(鎭城)	군대 주둔지인 진을 둘러싼 것이다.		
	창성(倉城)	주요한 창고를 보호할 목적으로 쌓은 것이다.		
입지조건	산성	산 위에 쌓은 것	퇴메식	산꼭대기 주위를 둘러싼 것
			포곡식	계곡을 낀 몇 개 봉우리를 둘러싼 것
	평지성(平地城)	평지에 쌓은 것이다.		
	평산성(平山城)	배후에 산을 끼고 쌓은 것이다.		
성벽재료	토성(土城)	흙을 다져서 쌓은 것이다(예 : 서울 풍납토성, 임진강의 적성면(積城面)에 있는 육계토성(六溪土城) 등).		
	석성(石城)	돌로 쌓은 것이다.		
	토석혼축성	흙과 돌을 섞어 쌓은 것이다.		
	전성(塼城)	벽돌로 쌓은 것이다. 중국에는 많으나 우리나라에는 수원 화성의 일부 시설물에 벽돌을 사용한 것을 제외하면 없다.		

자료 : http://kr.dictionary.search.yahoo.com/에 의거 재구성.

한국의 성은 자연적인 지형을 이용하여 복잡한 평면을 이룬다. 평지의 경우는 물을 이용한 천연의 저지선을, 산의 경우는 산의 능선을 최대로 활용하여 축조하였고, 각종 재료도 부근 산의 돌을 이용하거나 돌이 없는 산은 흙으로 성벽을 구성하였다.

삼국시대 성은 대부분 간단한 목책(木柵)이었고, 본격적인 석축에 의한 성은 삼국이 고대국가로 발전하기 시작한 3세기 이후부터이며 차츰 토성 및 석성으로 발전해 갔다.

현존하는 이들 산성으로는 임진왜란 때의 행주산성(幸州山城), 병자호란 때의 백마산성(白馬山城)·남한산성 등을 비롯하여 부여의 성흥산성(聖興山城)·부소산성(扶蘇山城) · 청마산성(青馬山城) · 청산성(青山城) · 석성산성(石城山城) · 건지산성(乾芝山城), 공주 공산성(公山城), 경주 남산성 · 부산성(富山城) · 명활산성, 주산산성(主山山城), 물금증산성(勿禁甑山城), 화왕산성(火旺山城) · 목마산성(牧馬山城), 김해 분산성(盆山城), 함안 성산산성(城山山城), 성주 성산성(星山城), 양산 신기리산성(新基里山城) · 북부동산성(北部洞山城) 등을 들 수 있다.

성곽의 구성은 성문, 암문, 수문, 옹성, 체성, 적대, 현안, 여장, 치, 각루, 용도, 해자, 장대, 봉수대 등으로 구성되며, 각각의 용도는 다음 표와 같다.

〈표 2-8〉 성곽의 구성

이름	내용	예
성문(城門)	성내/외를 연결하는 통로로서 공격이나 방어에 필요한 시설을 갖춘다.	
암문(暗門)	눈에 잘 띄지 않는 은밀한 곳에 내는 작은 성문	
수문(水門)	배수를 위한 문	
옹성(甕城)	성문 앞에 설치되는 시설물로 모양이 마치 항아리와 같다고 해서 붙은 이름	
체성(體城)	원성(元城)이라고도 한다. 바닥에서 여장 아래 미석(楣石)까지의 성벽	

이름	내용	예
적대(敵臺)	성문 좌우에 설치하는 치(雉)를 체성에 설치하는 것과 특별히 구분하여 적대라고 한다.	
현안(懸眼)	성벽의 외벽 면을 수직에 가깝게 뚫어 성벽에 붙어 적을 공격하는 시설	
여장(女墻)	성벽 위에 설치하는 낮은 담장. 적으로부터 몸을 보호하고 적을 효과적으로 공격하기 위한 구조물	
치(鴙)	성벽의 일부를 돌출시켜 적의 접근을 조기에 관찰하고 성벽에 접근한 적을 정면이나 측면에서 공격할 수 있는 시설물	
각루(刻鏤)	성벽 모서리에 설치된 치	
용도(甬道)	양쪽에 담을 쌓은 길	
해자(垓字)	성벽 주변에 인공적으로 땅을 파서 고랑을 내거나 자연 하천을 이용하여 적의 접근을 막는 성곽시설	

이름	내용	예
장대(將臺)	전쟁 시 군사지휘에 용이한 곳에 지은 장군의 지휘소	
봉수대 (烽燧臺)	봉(烽)은 밤에 봉화를 올려 연락하는 곳. 수(燧)는 낮에 연기를 올려 전달하는 것	

봉수의 봉은 밤에는 불로써, 수는 낮에는 연기로써 알리는 방법이다.

해상의 봉수	1개 거화	아무런 이상이 없을 때
	2개 거화	먼 바다에 외적이 나타났을 때
	3개 거화	외적이 해안가 가까이에 접근할 때
	4개 거화	해상에서 외적과 접전하여 싸울 때
	5개 거화	육지에 상륙하여 접전할 때
육상의 봉수	1개 거화	아무런 이상이 없을 때
	2개 거화	외적이 국경 멀리 나타났을 때
	3개 거화	외적이 국경 가까이 접근할 때
	4개 거화	외적이 국경을 침범하여 넘어올 때
	5개 거화	침입한 외적과 전투가 벌어졌을 때

5. 전묘(殿廟, House of Tomb)

전묘란 조상의 신주(神主)를 모시고, 제사를 지내는 곳인 사당(祠堂)을 말한다. 즉 옛날부터 조상의 신주를 모시고 제사를 지내던 집이다.[14] 가묘라고도 하며, 왕실의 사당은 종묘라고 한다. 우리나라에서는 삼국시대에 들어와 고려시대에

14 동아출판사편집부, 동아원색세계대백과사전, 제24권, 동아출판사, 1986, 420쪽.

보급된 뒤 조선시대에는 이를 철저히 지켰다. 하지만 지금은 드물어 이를 찾아보기 힘들다.

전묘의 성립은 고려 말기 정몽주(鄭夢周, 1337~1392)가 향교를 신설하고 주자가례(朱子家禮)에 따라 사서(士庶)로 하여금 가묘(家廟)를 세우게 한 데서 시작된다. 조선시대 주택에서는 가묘를 따로 건축하였으나, 서민은 대청에서 제사 때만 신위(神位)를 모셨고, 중인 주택 일부에서는 제실(祭室)로 사당을 삼았다. 물론 양반주택에서는 따로 사당을 건축하였다. 가묘(사당, 祠堂)는 주택 내의 가장 안쪽으로 담장을 따로 둘러싼 곳에 건축한다.

조선 초기에는 사당을 설치하지 않은 사대부는 문책을 당하기도 하고, 또 이것이 시빗거리가 되기도 하였다. 선조 이후부터는 사대부 양반층에 일반화되었고 서인(庶人)들도 이에 따랐으며, 가난한 사람들은 대청 모퉁이나 기타 적당한 곳에 부설하였다. 사당에는 삼년상을 마친 신주를 모시는데, 옛날에는 집을 지으려면 반드시 먼저 사당을 세워야 했다.[15]

6. 사우(祠宇, Shrine/사당, 祠堂)

사우는 조상의 신주(神主)를 모셔 놓은 집이다. 즉 사당과 같은 뜻이다. 조선시대 주택 안에 세워 조상의 위패를 모시고 제사를 지내던 집을 일컫는다.[16]

서민은 대청에서 제사 때만 신위(神位)를 모셨고, 중인 주택 일부에서는 제실(祭室)로 사당을 삼았다. 물론 양반주택에서는 따로 사당을 건축하였다.

사당의 정문은 일각대문이나 삼문으로 건축하고 대개 정면 3칸, 측면 1칸 또는 1칸 반의 직사각형 평면으로 단층맞배집으로 건축되는 것이 일반적이다.

7. 서원(書院, Lecture Hall)

서원은 우리나라의 선현을 배향하고 유생들을 가르치던 조선의 대표적인 사

15 http://100.naver.com/에 의거 재구성.
16 동아출판사편집부, 동아원색세계대백과사전, 제15권, 동아출판사, 1986, 157쪽.

▲ 경북 안동의 도산서원

학교육기관이다. 서원의 명칭은 중국 당나라 때 궁중에 설치되어 서적을 편찬하고 보관하던 집현전서원(集賢殿書院)에서 유래되었으나, 오늘날 서원의 개념인 '선현을 배향하고 유생들을 가르치던 사학교육기관'으로서의 서원은 송나라에서 시작되었다.[17]

우리나라에서는 1542년(중종 37년) 풍기군수 주세붕(周世鵬, 1495~1554)[18]이 고려 말에 처음으로 성리학을 소개한 안향(安珦, 1243~1306)[19]의 옛 집터에 설립된 백운동서원이 최초라고 알려져 있다.[20]

초기의 서원은 인재를 키우고 선현·향현을 제사지내며 유교적 향촌 질서를 유지, 시정(時政)을 비판하는 사림(士林)의 공론(公論)을 형성하는 구실을 하는 등 긍정적인 기능을 발휘하였으나 증설되어 감에 따라 혈연(血緣)·지연(地緣)관계나 학벌(學閥)·사제(師弟)·당파(黨派)관계 등과 연결되어 지방 양반층의 이익집단화(利益集團化)하는 경향을 띠게 되어 1738년(영조 14년) 서원의 철폐 및 대대적인 서원 정비를 단행하기도 하였다.

교육은 원장·강장(講長)·훈장 등 원임(院任)이 수행하였다. 입학자격은 일반적으로 생원·진사를 대상으로 하였다. 교육내용은 이황(李滉, 1501~1570)의 '이산서원원규(伊山書院院規)'에서 제시한 교재의 범위와 학습 순서가 정형이 되었다. 즉 성리학·도학적인 것이 중심을 이루는데, 사서오경(四書五經)[21]을 본원(本

17 동아출판사편집부, 동아원색세계대백과사전, 제17권, 동아출판사, 1986, 616쪽.

18 조선 중기의 문신·학자. 사림자제들의 교육기관으로 백운동서원을 세워 서원의 시초를 이루었다.

19 고려시대의 유학자로 좌부승지·판밀직사사·도첨의중찬 등을 지냈으며, 한국 성리학의 시조라고 불린다.

20 한국관광공사, 문화관광자원답사, 2005, 7쪽.

21 사서(四書)란 논어(論語), 맹자(孟子), 대학(大学), 중용(中庸)을 말하는데, 그중 대학, 중용은 원래 예기(礼記) 중의 두 편(編)을 각각 독립시켜 별책으로 한 것이다. 송학(宋学)에서는 모든 경서류에 앞서서 배워야 하는 것으로 규정되다시피 하여, 주희(朱熹)의 사서집주(四書集注)에 의해 그 지위가 확정되었다. 오경(五経)이란 한대(漢代)에 중시된 시(詩), 서(書), 역(易), 예기

源)으로 삼고 '소학(小學)', '가례(家禮)'를 문호(門戶)로 삼았다.

전통적 교수방법은 배운 글을 소리 높여 읽고 의리를 문답하는 강(講)이 있다. 조선왕조에서 서원의 성립은 일반적으로 서재(書齋), 정사(精舍)류의 사학(私學)과 사묘(祠廟)와의 전통 결합으로 파악하는 경향이 있기도 하다. 그러나 서원의 남설기(濫設期)에는 사우가 서원으로 발전하고 그에 따라 서원과 사우가 혼동되어 동일시되는 경향이 있어 서원의 개념설정에 있어서 어려운 점이 있다.[22]

사액서원이란 왕의 친필로 쓴 액(현판)과 서적, 노비, 학전을 하사받은 서원을 말한다.

1) 서원건축물의 구성

교육과 관련한 시설물로는 강당(講堂), 동·서 서재(書齋), 장판각(藏板閣), 경각(經閣) 부속서당 등이 있으며, 제향(祭享)과 관련한 시설물로는 사당, 전사청(典祀廳), 영정실 등이 있다. 이외에 부속건물로는 누각, 정자, 고사(庫舍), 비각 등이 있다.

〈표 2-9〉 건축물의 명칭과 용도

명칭	용도
강당	유생들이 모여 강(講)하는 곳. 원장이 거처하는 곳
재사(齋舍)	원생들이 숙식과 독서를 하던 곳
장판각(藏板閣)	선현들의 문집을 판각(板刻)하여 서적을 펴내는 곳. 판본이나 서적을 수장(受贓)한다.
사당	~사(祠), ~묘(廟), ~사우(祠宇), ~서원(書院) 등의 어미를 붙여 부른다. 제향공간의 중심으로서 선현·선조 등의 위패를 모시고 춘·추로 제향을 베푸는 건물이다.
전사청(典祀廳)	제기고(祭器庫), 전사고(典祀庫) 등으로 불리며, 제향(祭享)할 때 제를 마련하는 곳이다.
영정실	선현들의 영정을 보관하는 곳
누각/정자	유생들이 풍수를 즐기며, 시작(詩作), 사색, 여가를 보내는 곳이다.
고사(庫舍)	서원을 관리하는 원노(院奴)들이 거처하는 곳. 제향 시에는 제수 및 식사 준비를 하기도 한다.

(禮), 춘추(春秋) 등 5서에서 기원된 것이다.

22 김은중, 한국의 서원건축, 문운당, 1996, 10쪽.

2) 서원건축물의 배치유형

서원건축물의 배치유형은 다양하게 나타나고 있으나, 그 기본골격은 중국의 공자(孔子, BC 551~BC 479)묘나 서원건축 등 유교 교육시설 등에서 유래한 것으로 보이며, 특히 성균관이나 향교건축 등을 통해 제도화된 기본개념을 토대로 지역별, 시대별로 변천·수정된 것으로 생각한다.

〈표 2-10〉 서원의 유형과 특징

<table>
<tr><th colspan="2">유형</th><th>특징</th></tr>
<tr><td colspan="2">초기형</td><td>소수서원에 유일하게 나타난 형태. 평탄지에 가까우며, 사당구역이 다소 좁고 강학공간과 아주 약한 기울기의 경사를 이룸. 강당과 사당은 거의 직각축을 이루며, 동/서재가 분리되지 않은 채 한 동으로서 강당 후면에 직각축을 이루어 배치되어 있다.</td></tr>
<tr><td rowspan="2">전학후묘형-1
(前學後廟型-1)</td><td>전재사후강당형
(前齋舍後講堂型)</td><td>서원건축 전성기의 대표적인 배치형태. 전저후고(前低後高)의 대지조건과 전학후묘(前學後廟)의 배치형태로서 사당이 가장 후변의 고지대에 위치하고, 전면 저지대에 강당과 재사가 위치하되 재사가 강당보다 전면에 위치하는 형태</td></tr>
<tr><td>전강당후재사형
(前講堂後齋舍型)</td><td>서원건축 전성기의 대표적인 배치형태로서 주로 호남지방에 많음. 전저후고(前低後高)의 대지조건 또는 평지에 주로 건축</td></tr>
<tr><td rowspan="2">병렬형</td><td>전재사후강당형
(前齋舍後講堂型)</td><td>강학공간과 제향공간이 서로 병렬로 배치된 형태로서 강당과 전면 좌우에 동/서재가 있는 형태. 경북지방의 서원에 많음</td></tr>
<tr><td>전강당후재사형
(前講堂後齋舍型)</td><td>강학공간과 제향공간이 서로 병렬로 배치되되 강학공간의 형태는 강당과 강당 후면에 동/서재가 있는 형태. 전남지방에서 유일하게 발견됨</td></tr>
<tr><td rowspan="2">전학후묘형-2
(前學後廟型-2)</td><td>재사생략형
(齋舍省略型)</td><td>서원 남설기(藍設期)에 많이 나타나는 형식. 16세기 중기 이후~19세기 초에 많이 나타남</td></tr>
<tr><td>강당생략형
(講堂省略型)</td><td>사당과 동/서재로 구성된 형태로서 강학공간의 주사(主舍)인 강당이 생략된 형태</td></tr>
<tr><td colspan="2">기타형</td><td>위의 형태를 벗어난 형태. 16~19세기에 걸쳐 고르게 분포</td></tr>
</table>

자료 : 김은중, 한국의 서원건축, 문운당, 1996, 30-42쪽에 의거 재구성.

〈그림 2-9〉 서원건축의 배치사례

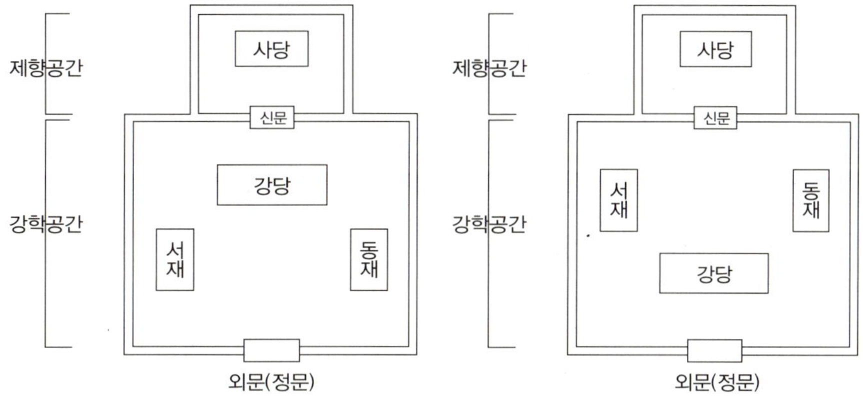

▲ 전재사후강당형(前齋舍後講堂型) ▲ 전강당후재사형(前講堂後齋舍型)

3) 서원건축물의 구조

서원건축은 익공(翼工)구조를 중심으로 주심포 또는 민도리 양식으로 되어 있으며, 부속건물 또한 전반적으로 사찰 또는 궁궐건축에 비하여 소박한 형태를 띠고 있다.

기단은 거의 석축기단으로서 대개 단층기단이다. 초석은 다듬돌초석에 비해 막돌초석이 2배 많고 다듬돌초석 중 원형(圓形)이 방형(方形)에 비해 많은 것이 특징이다.

기둥은 방주(方柱)보다 원주(圓柱)가 다소 많이 쓰였으며, 바닥은 온돌 및 마루구조가 병용되었으나, 온돌방 없이 마루구조로만 된 경우도 있다. 대청이 천장은 연등천장을 하였고, 온돌방은 종이반자를 댄 우물천장으로서 일부 서원에서는 장반자나 격자형(格子型) 우물반자를 대기도 하였다. 창호(窓戶)는 대개 띠살창호가 많이 사용되었으며, 외부는 띠살 내부는 용자(用字)창살, 아자(亞字)창살 등이 설치되는 경우가 종종 있고, 대청과 온돌방 사이에는 불발기[23]나 들어열개

23 문짝의 가운데 부분만을 살창으로 한 사분합(四分閤)을 말하는데, 보통 때에는 네 짝 가운데 두 개 문만 당길문으로 열어서 쓰나, 많은 사람들이 드나들 때에는, 문 전체를 들어올려 긴 갈고리(들쇠)에 달아매어서 고정시켰다.

문이 자주 사용되었다. 창호에는 그 외에도 판장문(板藏門), 띠살문[24], 정자창살, 빗살창도 일부 나타난다.

4) 서원의 발달

서원에는 도학을 기준으로 성리학 발달에 크게 기여한 인물을 배향하였다. 초기에는 안향(安珦, 1243~1306), 최충(崔沖, 984~1068), 정몽주(鄭夢周, 1337~1392) 등 거국적으로 명망 있는 인물들을 모셨다. 이 원칙은 17세기 전반까지 잘 지켜져, 사화기의 인물을 비롯하여 이황(李滉, 1501~1570), 조식(曺植, 1501~1572), 이이(李珥, 1536~1584) 등 성리학 발전에 크게 기여한 인물이 사액서원에 망라되었다.

그 후 붕당의 대립이 심해지면서 자기 당의 정치적 입장을 강화하기 위해 그 대표적 인물을 주로 배향하게 되었다. 남인계 서원에서는 이황 · 조식 · 류성룡(柳成龍, 1542~1607) 등을, 서인계 서원에는 이이 · 성혼(成渾, 1535~1598) · 송시열(宋時烈, 1607~1689) · 윤증(尹拯, 1629~1714) 등을 배향하였으며, 이와 함께 임진왜란[25] · 병자호란[26] 등 양난 때 순절한 지역에 집중되는 현상이 나타났다. 예컨대 이황과 정구(鄭逑, 1543~1620)의 경우 경상도에서, 이이는 황해도에서, 송시열은 충청도에서 집중적으로 배향하였다.

이후 서원은 국가의 공인을 받는 사액(賜額)으로 제도화되었고, 과거 준비기구라는 성격을 벗어나 사족의 자율적 기구로서 조선의 서원이 성립하였다. 즉 사립대학이 생겨난 것이다.

24 문 울거미에 가는 살을 똑같이 좁은 간격으로 수직으로 짜 넣고 수평 방향으로 5줄씩 상 · 중 · 하 3곳에 보낸 창호(窓戶)인데 세전문(細箭門)이라고도 한다.

25 1592년(선조 25)부터 1598년까지 2차에 걸친 왜군의 침략으로 일어난 전쟁.

26 1636년(인조 14) 12월~1637년 1월에 청나라의 제2차 침구(侵寇)로 일어난 조선 · 청나라의 싸움.

8. 누정(樓亭, Pavilion)

누정은 한국건축의 두드러진 양식 중 하나인 동시에 자연과의 융합을 잘 보여주고 있는 건축물이다. 우리나라 누의 대표적 건물은 경복궁의 경회루이다.

▲ 경복궁 경회루

누정은 종류에 따라 누(樓), 정(亭), 각(閣), 대(臺), 당(堂), 헌(軒,) 사(榭)로 나뉘며, 용도에 따라 관용과 민용으로 나뉜다. 관용에는 왕관용과 관청용이 있으며, 관청용은 다시 행정관서용과 군사용으로 나뉜다.

그 밖에도 궁궐의 전각에 누를 세워 휴식을 취하기도 하고, 절에도 누를 지어 종과 북, 목어, 운판 등의 사물을 매달아 예불을 인도하기도 하는데 이를 종루(鐘樓), 고루(鼓樓) 등으로 부르고 있다.[27]

〈표 2-11〉 **누정의 개념**

종류	개념
누	중층의 집 모양으로 1층 바닥은 자연상태, 상층은 마룻바닥이나 온돌바닥으로 만든 건물. 자연경관이 수려한 곳에 지어 누마루에 올라 자연경관을 감상하면서 쉬는 건물. 산꼭대기, 냇가, 강가, 계곡, 연못가 궁궐의 전각 등에 건립함
정	사방이 확 트인 드러난 건물. 네모, 육모, 팔모 등의 평면에 기둥을 세워 사방에 벽채를 설치하지 않고 트이게 지은 건물. 작은 건물이라 하여 일명 정자라고도 한다.
각	누와 비슷하나 그 모양이 사모정(사각형)처럼 날렵하면서 누처럼 바닥이 높게 자리하고 있다.
대	어떤 지면에 돌이나 흙으로 높고 평평한 바닥을 형성하여 누처럼 세운 건물. 누처럼 장방형 평면이 일반적이다.
당	흙을 높이 돋우고 그 위에 지은 집. 대개는 기단 위에 짓거나 지붕을 높이거나 하여 입면상으로는 높은 형태를 취하는 건물
헌	당처럼 주택, 궁궐, 관아, 향교, 서원 등에서 주 건축 기능을 다하도록 건립하고 또한 정원 속에 지어 주변 경관을 관상하는 건물
사	높은 대 위에 지은 집. 물가나 꽃밭 주변 등 경관이 수려한 곳에 지음. 장방형이 일반적임

자료 : 신남주, 관광문화재의 탐구, 도서출판 신정, 2008, 142-145쪽에 의거 재구성.

27 동아출판사편집부, 동아원색세계대백과사전, 제7권, 동아출판사, 1986, 634쪽.

〈그림 2-10〉 **창덕궁 부용정**

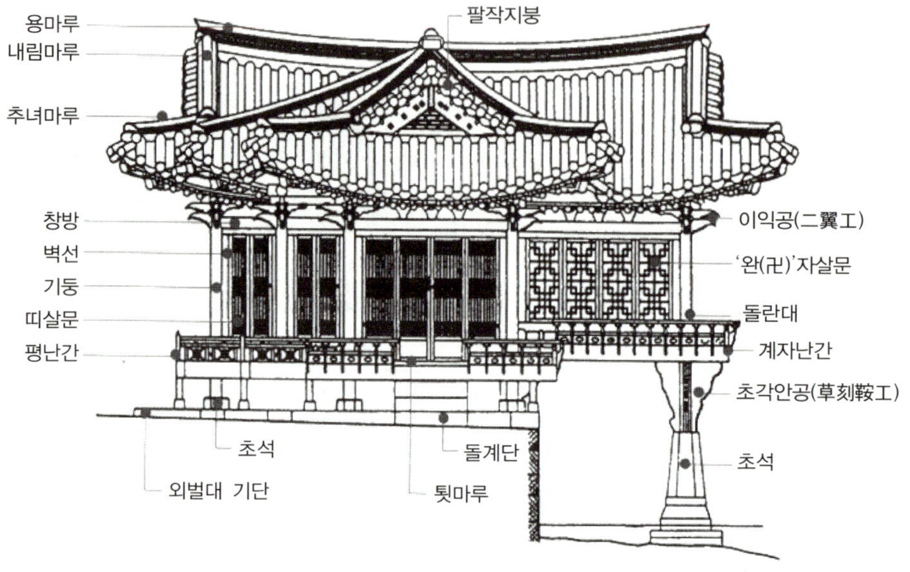

자료 : 김동현, 서울의 궁궐건축, 시공사, 2002.

9. 향교(鄕校, Confucian Temple)

▲ 전주향교

지방 교육기관으로서 국립 교육기관이다. 일명 교궁(校宮)·재궁(齋宮)이며, 고려시대에 처음 생겼을 때에는 향학이라 불렀다. 향교는 지방의 문묘와 그에 속한 학교로 구성된다.[28]

국도(國都)를 제외한 각 지방에 관학이 설치된 것은 고려 이후로서 1127년(인종 5)에 인종이 여러 주(州)에 학교를 세우도록 조서를 내렸다는 기록으로 보아 이때부터 향교가 세워진 것으로 볼 수 있다.

28 동아출판사편집부, 동아원색세계대백과사전, 제30권, 동아출판사, 1986, 90쪽.

〈그림 2-11〉 **향교배치도**

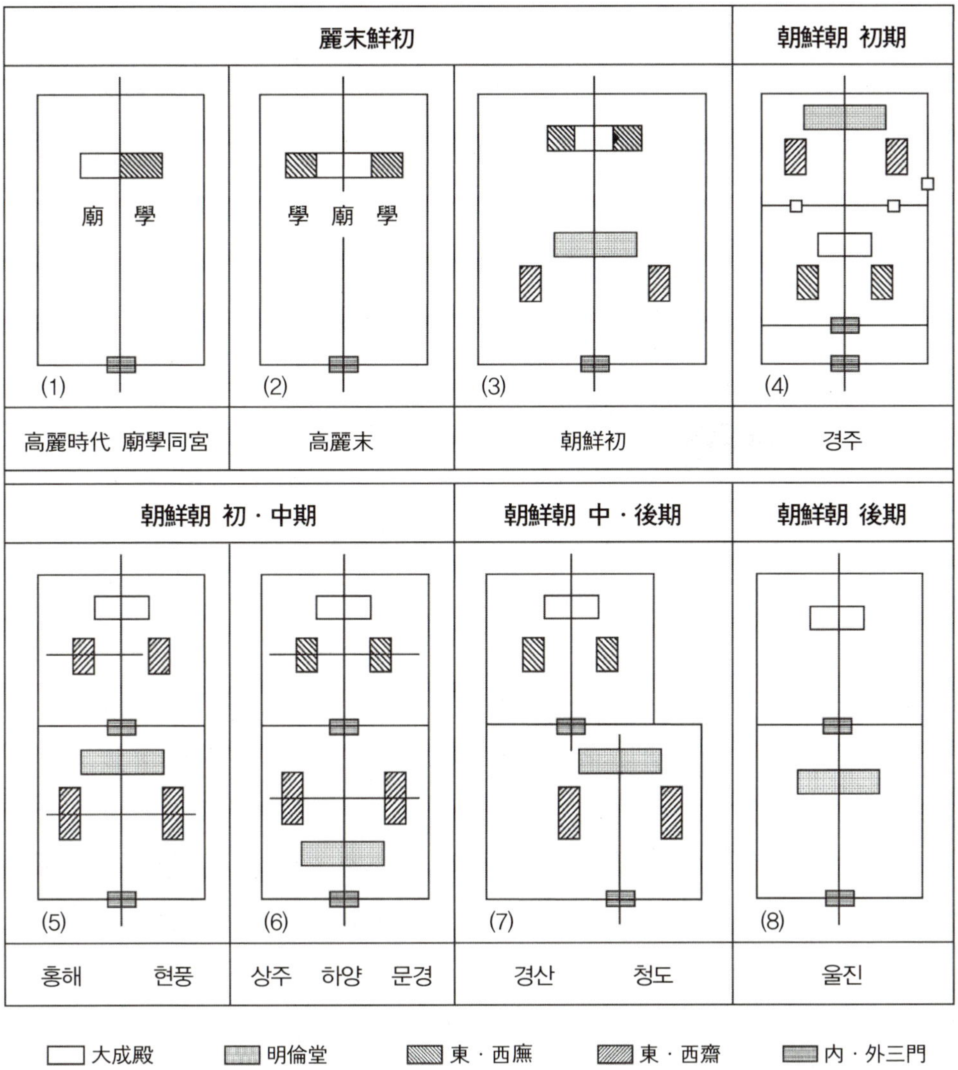

자료 : 김무섭, 향교건축의 공간구성에 관한 연구, 계명대학교 산업대학원 석사학위논문, 2000, 21쪽.

향교는 고려·조선시대 유교교육을 위해 지방에 설립한 관학교육기관으로 '교궁(校宮)' 또는 '재궁(齋宮)'이라고도 하였다. 따라서 향교는 공자(孔子)와 선현의 위패(位牌)를 봉안하고 제례를 위해 마련된 대성전(大成殿)·동무·서무 등 문묘, 학생들이 공부하고 기숙하는 명륜당(明倫堂)·동재(東齋)·서재(西齋)가 기본구조로 되어 있다. 이는 향교의 두 기능인 제례와 교육을 나타내는 것이다.

그러나 향교는 과거시험의 준비장소가 되고, 서원(書院)이 발흥하게 되자 점차 쇠미하여졌다. 1894년(고종 31년) 말에 과거제도의 폐지와 함께 완전히 이름만이 남아 문묘를 향사(享祀)만 하는 처지가 되었다.

10. 관아(官衙, Government Office)

▲충남 해미읍성

예전에, 벼슬아치들이 모여 나랏일을 처리하던 곳이다. 조선의 지방행정기구의 청사가 위치한 마을로 읍치(邑治)라고도 불렀다.[29] 관아에는 수령의 정청인 동헌, 국왕의 위패를 모시는 객사, 고을 양반들의 대표자인 좌수와 별감이 있는 향청, 아전들의 근무처인 질청, 기생과 노비들이 사용하는 관노청, 그리고 군사를 관장하는 군기청이 포함되어 있었다.

일반적으로 관아는 공서(公署), 공아(公衙), 관부(官府), 공해(公廨) 등으로 불린다.

중앙 관아로는 의정부를 중심으로 승정원, 의금부, 삼사, 한성부가 있다. 이외에도 육조에 속한 각 속아문과 군영들을 합해 10여 개의 관아가 한성부 내에 있었다. 조선시대에는 팔도 아래에 부, 목, 군, 현으로 나누어 통치했으며, 팔도에는 중앙에서 관찰사를 파견하여 집무를 수행케 했는데, 이를 감영이라고 한다. 그리고 각 읍치에는 중앙에서 파견된 지방관이 집무를 보는 동헌이 있으며, 동헌은 객사가 결합된 형태로 나타나는 것이 보통이다.[30]

현재 읍성과 관아의 옛 모습을 보존하고 있는 곳은 강화, 수원, 해미, 청풍, 충주, 김제, 고창, 무장, 낙안, 경주, 부산 등이다.

29 동아출판사편집부, 동아원색세계대백과사전, 제4권, 동아출판사, 1986, 78쪽.
30 김왕직, 알기 쉬운 한국건축용어사전, 동녘, 2007, 24쪽.

조선시대에는 중앙관아와 지방관아로 나뉘어 있었으며, 관아의 건축물에는 향청, 질청, 교방 등이 있었다.

〈표 2-12〉 **조선시대 관아와 건축물**

구분		내용
중앙관아		의정부(議政府), 육조(六曹), 사헌부(司憲府), 한성부(漢城府), 중추부(中樞府)
지방관아		감영(監營), 아사(衙舍)
건축물	동헌	관아 안의 객사에 버금가는 규모의 건물로 수령이 다스리는 곳이다.
	향청	조선시대의 지방자치기관이다. 향소(혹은 留鄕所)는 수령 다음가는 관아라 하여 이아(貳衙)라고 하며, 그 임원이 향임(鄕任·鄕正·監官)이다. 고을의 수령은 외지 출신이었으므로 고을 사정을 속속들이 알기 어려웠기 때문에 한곳에 오래 살면서 지역 사정에 밝은 아전들을 장악해서 다스렸다.
	질청	고을마다 지방관이 내려오지 않던 고려에는 토호들의 자치기구로 사(司)가 있었다. 이를 주사, 현사, 읍사로 불렀는데 이 조직이 조선 초기에 지방제도에 편입되어 질청이 되었다. 질청에서 관아의 문서가 주로 기록되었고, 이두문자를 사용하여 왔다.
	교방	교방(敎房)은 기생들의 처소로 객사나 군인들의 근무지였던 장청 옆에 자리 잡고 있었다. 교방에서는 글쓰기와 음악을 배우고 무용을 전수받았다.

자료 : http://ko.wikipedia.org를 토대로 재구성.

11. 객사(客舍, Inn)

관사(館舍)·객관(客館)이라고도 한다. 문자적인 의미로 객사는 여관이라는 뜻도 있지만 조선에서는 왕의 궐패를 모시고 있는 시설을 가리키므로 역로에 있던 객관과는 다르다. 즉 객사는 관아 시설 중에서 규모가 제일 크고 화려하였다. 이것이 발전하여 오늘날 호텔이 된다.[31]

▲ 밀양 영남루

고려시대에는 외국사신이 객사에 묵으면서 연회를 가졌고, 조선시대에는 객사에 궐패(闕牌)를 모시고, 초하루와 보름날 향망궐배(向望闕拜)하는 한편, 사신

31 동아출판사편집부, 동아원색세계대백과사전, 제2권, 동아출판사, 1986, 40쪽.

의 숙소로도 사용하였다.

건축양식은 익공식(翼工式)이 주류를 이루고 있다. 주관아에는 임금이 계시다는 표시로 궐패를 두고, 양 익사에는 중앙에서 내려온 관원들이나 외국의 사신들이 머물렀다.

객사는 주로 전주(全州)객사처럼 도성의 중앙부나 밀양(密陽)객사처럼 경치 좋은 강변에 두었으며, 흔히 경치 좋은 곳에 자리 잡은 객사에는 누(樓)를 크게 지어 주위 경치를 감상하였다.

오늘날 남아 있는 객사로는 전주객사 · 다대포객사(多大浦各舍) · 흥덕객사(興德客舍) · 순창객사(淳昌客舍)가 있고 객사에 딸린 누(樓)로는 밀양객사 밀주관의 영남루(嶺南樓)와 제천객사의 한벽루(寒碧樓)가 있다. 객사는 관아 내의 다른 건물보다 중요한 건물이었기 때문에 위치나 거리를 나타낼 때 기준점이었다.

2.1.2. 석조건조물

석조물은 돌로 만든 것으로 건물에 부수되거나 독립된 조형물로 만들어진 것이다. 여기에는 석탑, 석등, 부도, 당간, 부도비(浮屠碑), 하마비(河馬碑), 석조, 석누조(石漏槽), 노둣돌, 품계석(品階石), 정료대(庭燎臺/불우리)[32], 망료위(望燎位)[33], 관세위(盥洗位)[34], 봉발대(奉鉢臺)[35], 계단 등이 있다.

1. 석굴(石窟, Stone Cave)

석굴은 바위에 뚫린 굴이며, 비슷한 말로는 석동(石洞) · 암굴(巖窟) · 암수(巖岫) · 암학(巖壑) · 암혈(巖穴) 등의 용어가 있다. 본래는 수행자가 은둔하는 간단한 동굴에서 발전한 것이다. 주로 인도의 3대 종교인 불교 · 힌두교 · 자이나교에

32 서원이나 향교의사당이나 강당에 관솔불을 피우기 위해 설치하는 석조물.
33 제향을 지내고 축문을 불사르는 곳.
34 향사 때 헌관이 사당에 들어가 제향의식을 행하기 위해 손 씻을 대야를 받쳐놓은 대.
35 승려가 사용하는 발우(鉢盂/밥그릇)를 받치는 대.

서 비롯되었으며 중앙아시아 · 중국 · 한국에도 전래되었다. 중국에서는 둔황막고굴(敦煌莫高窟) 제17호 굴을 장경동(藏經洞)이라 하는 것과 같이 개개의 굴을 동(洞)으로 부르는 일도 있다. 현재 가장 오래된 석굴은 인도의 비하르주(州)에 있는 아지비카파(派) 승려의 굴로 BC 3세기에 만들어진 것이다. 한국에는 군위삼존석굴(軍威三尊石窟)과 경주의 석굴암이 있다.

2. 석탑(石塔)

한 · 중 · 일이 모두 초기에는 누각식 목탑을 지었으나, 목탑은 수명이 길지 않기 때문에 중국에서는 주변에서 쉽게 구할 수 있는 전탐으로 바뀌었고 한국은 석탑으로 바뀌었다.

석탑은 원래 석조탑파(石造塔婆)를 줄여서 일컫는 말이다. 한국에는 목탑(木塔) · 전탑(塼塔) · 석탑 · 모전석탑(模塼石塔) · 청동탑(青銅塔) · 금동탑(金銅塔) 등이 있으며, 이 가운데 1,300기가 넘는 대부분의 불탑이 석탑으로서, 한국 불탑의 중심을 이룬다. 이렇듯 석탑이 그 주류를 이루게 된 까닭은 질 좋은 화강암이 풍부한 자연적 조건과 일찍부터 돌을 다루는 기술이 발달되었기 때문이다. 그러므로 인도나 중국을 '전탑의 나라', 일본을 '목탑의 나라'라고 한다면 한국은 '석탑의 나라'라고 할 수 있다.

원래는 탑 속에 부처님의 사리를 봉안하였으나, 이후에는 경전, 다라니를 넣어 경배하게 되었고, 함 · 탑은 홀수 층으로만 형성하는 것이 특징이다.

한국의 석탑발생기는 삼국시대 말기인 600년 무렵으로 추정된다. 불교를 받아들인 4세기 후반부터 약 200년간은 목탑의 건립시기로서, 목탑의 건조에서 오랫동안 축적된 기술과 전통의 연마가 석탑을 발생하게 하였다.

부처님의 사리를 봉안하는 것은 탑이라고 하며, 일반 스님들의 사리와 유골을 봉안하는 구조물을 부도(浮屠)라고 한다. 따라서 불교 조형물은 대부분이 부처와 관련된 내용임에 비해 부도는 불교 조형물이지만 승려의 묘탑으로서의 성격을 갖고 있어 석탑이나 불상이 부처님의 공양을 위해 건립되는 것과는 차이가 있다.

〈표 2-13〉 **탑의 시대별 특징**

시대	특징	예
신라	삼국통일을 계기로 마침내 한국석탑의 전형이 성립됨. 새로운 계기를 맞아 집약·정돈된 형식으로 건조된 석탑 가운데 가장 시원적인 양식의 표본을 보임	
백제	가장 먼저 석탑이 건조되었으며, 그 양식은 당시 유행하던 목탑을 본뜬 것이다. 미륵사지석탑은 그 양식이 목탑과 가장 흡사하다는 점에서 한국석탑의 시원으로 보고 있다.	
고려	신라시대의 전통성을 계승하면서도 세부적으로 변형된 지방적 특색을 잘 나타내어 다양한 조형을 이루었고, 특히 11세기에 이르러 양식상으로 현저한 변화를 보이고 있는데, 전대에 비해 부분적으로 간략화되고 둔중해진 것이 특징	
조선	조선 초기에는 고려시대의 여운이 남아 있어 불교미술의 조형양식이나 수법에서 고려적 색채를 간직한 작품이 다소 출현하였으나, 후기에는 전혀 다른 모습으로 나타난다.	

3. 부도(浮屠)

부도는 승려의 사리를 안치한 묘탑(墓塔)으로, 부도(浮圖)·부두(浮頭)·포도(砲圖)·불도(佛圖)라고도 한다. 부도는 원래 붓다(Buddha)의 음역으로 불(佛) 또는 불교를 의미하였고, 뒤에 가람탑이나 승려의 묘탑이라는 뜻으로 쓰였다. 부도는 사리를 안치하는 곳이므로 탑신을 받치는 기단부와 탑신을 얹고 있는 옥개석(屋蓋石), 그리고 상륜부(上輪部)로 이루어져 있다.[36]

부도와 관련하여 부도비도 있는데, 부도비는 부조와 한 조로 놓여 부도 주인의 행적과 업적을 기록하나 비석을 말한다. 일병 탑비(塔碑)라고도 한다.

비석에 따라 공덕비, 위령비(慰靈碑), 대첩비, 하마비(河馬碑) 등 다양한 형태가 있다. 불탑은 대개 가람의 중심에 위치하여 법당과 대치하고 있다. 그러나 부도는 그 승려와 인연이 깊은 사찰에 건립하게 되는데, 그 위치는 경내이거나 그 변두리 아니면 멀리 떨어진 곳에 세워지게 된다.

4. 석조(石槽)

석조는 돌로 만든 물통을 말한다. 주로 사찰에서 물을 받아 놓고 사용할 때 쓰였다. 때로는 목욕을 위한 욕조로도 쓰였으나 공양이나 찻물을 받아놓고 사용하기도 하였다.

5. 비각(碑閣)

비각이란 비(碑)를 안치하기 위해 지은 건축물이다.[37] 비의 보존을 위한 비각이 세워지기 시작한 것은 중국 송(宋)나라 이후라고 짐작된다. 한국에서는 신라 이후 조선시대까지 많은 비가 세워졌으나 비각을 세우지는 않았다.

가장 일반적인 석비의 형태는, 대좌·비신·뚜껑돌의 세 부분으로 짜여진다. 대좌는 비석을 받치는 부분으로, 거북모양을 조각한 귀부와 네모지게 깎은 방부

36 동아출판사편집부, 동아원색세계대백과사전, 제14권, 동아출판사, 1986, 534쪽.
37 위의 책, 제15권, 193쪽.

가 있다. 비신은 비문을 새기는 부분이고, 뚜껑돌은 비신을 덮는 부분으로 그 형상에 따라 이수 · 가첨석 · 화관석 등으로 분류한다.

영조에 이르러 선왕의 능표(陵表)가 일시에 세워졌고, 정자각(丁字閣) 등 능묘의 부속건축물과 함께 비각이 세워졌다. 비각은 보존의 기능뿐만 아니라 능묘 부속건축물과 조화를 이루는 형태로 발전하였다.

6. 석등(石燈)

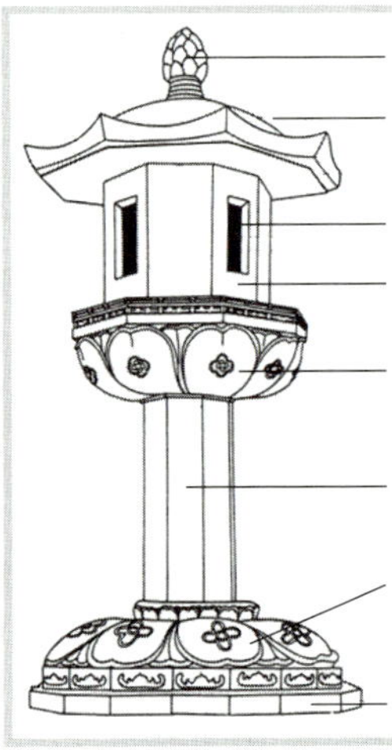

등불을 밝히기 위한 석조 등기(燈器)를 석등이라 하는데 주로 사찰의 법당이나 불탑 앞에 설치하여 부처님의 광명을 상징하는 뜻에서 광명등(光明燈)이라 부르기도 한다. 즉 돌로 만든 등기(燈器)이다. 사원이나 궁궐, 사가(私家)의 정원, 능묘(陵墓) 등을 장식하는 간결한 조명시설물로서 다분히 건축적인 성격을 띤다. 돌로 만든 등이지만 기능보다는 부처에게 불을 공양한다는 의미가 강하다. 대개 불전(佛殿)이나 부도전, 부도 앞에 놓인다.[38]

이에 비해 능묘(임금 또는 정승의 무덤) 앞이나 불교가 쇠퇴한 조선시대에는 무덤 앞에 주로 석등을 세워 장명등(長明燈)이라고 했다.

7. 석교(石橋) · 석계(石階) · 석단(石壇)

석교는 돌다리, 돌계단, 돌로 쌓은 단을 말한다. 다리는 강이나 내를 건널 수 있는 구조물로서 다음과 같은 형태가 있다.

38 위의 책, 제17권, 31쪽.

재료 및 형식	종류
재료	나무다리(목교, 木橋), 돌다리(석교, 石橋), 쇠다리(철교, 鐵橋)
형식	징검다리(도강, 徒杠), 평교(平橋), 홍예교(虹霓橋), 배다리(주교, 舟橋), 누교(樓橋)

돌계단은 불국사 국보로 지정된 청운교, 백운교가 대표적이다. 불교의 금강계단(金剛戒壇)처럼 계단의 의미가 달리 사용되기도 하는데, 통도사의 계단처럼 고려·조선시대에 여러 차례 중수를 거친 것이나, 불사리를 봉안한 중앙의 석종형(石鐘形) 부도와 사방 평면에 2단의 석단(石壇)을 형성하고 있어서 전통적인 금강계단의 형태를 그대로 간직한 구조이다.

▲ 용연사 석조계단

널리 알려진 금강계단(金剛戒壇 : 수계의식을 집행하는 장소)으로는 고려시대에 만들어진 금산사(金山寺)의 방등계단(方等戒壇)과 개성 불일사(佛日寺)의 계단, 조선시대에 만들어진 비슬산(琵瑟山) 용연사(龍淵寺)의 계단 등이 있다.

〈그림 2-12〉 **경복궁 근정전의 돌계단**

자료 : 김동현, 서울의 궁궐건축, 시공사, 2002, 294쪽.

8. 석빙고

▲ 현풍 석빙고

석빙고는 얼음을 저장하기 위하여 만든 석조창고이다.[39] 기록에 의하면 얼음을 채취하여 저장하는 일은 신라 때부터 있었고, 이 일을 맡아보는 관직은 빙고전(氷庫典)이라 하였다. 조선시대에는 건국 초기부터 장빙제도(藏氷制度)가 있어 고종 때까지 지속되었으며, 빙고(氷庫)라는 직제를 두어 5품 제조(提調) 이하의 많은 관원을 두어 관리하였다.

현재 남아 있는 석빙고는 경주 석빙고를 비롯하여 안동 석빙고, 창녕 석빙고, 청도 석빙고, 현풍 석빙고, 영산 석빙고 등이다.

9. 첨성대(瞻星臺)

첨성대는 별자리를 관측하는 구조물이다. 경주 첨성대는 동아시아에서 현존하는 가장 오래된 천문대로 여겨진다. 지대석과 기단(基壇)은 사각형으로 8석과 12석(1년 12개월을 의미)으로 되어 있고, 그 위에 석재(石材) 362(일 년의 태음력 날수를 의미)개가 사용된 27단(신라 27대 왕을 의미)의 술병모양의 주체부가 있다.[40]

1단의 높이는 약 30cm이며 최하단의 원둘레는 16m, 최상부인 제27단의 원둘레는 9.2m이다. 제13단에서 15단에 걸쳐서 1변이 약 95cm인 정사각형의 창구(窓口)가 있는데 그 하부 양쪽에 사다리를 걸었으리라고 추정되는 흔적이 남아 있다.

39 앞의 책, 제17권, 35쪽.
40 앞의 책, 제26권, 358쪽.

10. 당간지주(幢竿支柱)

▲ 강릉 수문리 당간지주

당간지주는 사찰 입구의 당간(幢竿)을 세우는 기둥이다. 당이라는 좁고 긴 깃발을 걸어서 사찰의 행사를 알렸다. 오늘날 플래카드인 셈이다. 일명 찰간(刹竿)이라고도 한다.[41]

본래 당은 보당(寶幢) 또는 천당(天幢)이라 하는 깃발의 일종이다. 그 형태는 깃발을 사용하여 간두(竿頭)에 용머리 모양을 놓고 그 아래에는 비단이나 천에 불·보살을 수놓거나 그림을 그리고 가장자리에는 여러 개의 가닥을 늘어뜨린다.

당간은 파사현정(破邪顯正)의 의미를 지니고 있으며, 때로는 불교 종파를 나타내는 기치(旗幟)로서 사찰의 문전에 세워진다. 보통 당(幢)은 없고, 드물게는 당간이 있으나 현존하는 것은 대부분 당간을 세웠던 지주뿐이다.

당간의 재료로는 철재 또는 석재가 전해지고 있으나 대부분의 경우 목재를 사용하였다. 거대한 당간 아래 보통 연화문을 새긴 받침돌을 놓고 그 좌우에 양쪽의 지주가 기둥을 받치는 형태로 되어 있다.

11. 석표(石標)

다른 마을과의 경계를 표시하기 위하여 마을의 사방에 세우던 돌로 만든 팻말이다. 처음엔 나무를 쓰다가 17세기 말부터 돌을 사용하였다. 국내에서는 양산 통도사 국장생 석표가 유명하다.

41 앞의 책, 제8권, 387쪽.

12. 석정(石井)

▲ 금정산의 돌우물

석정이란 돌로 만든 우물을 말한다. 우리나라에서는 예로부터 맨땅을 얕게 또는 깊게 파서 물이 괴게 한 토정(土井)과 바위틈 사이로 솟거나 흐르는 물을 괴게 한 석정(石井)이 있었다.

넓은 의미의 우물이라 하면, 땅속에서 구하고자 하는 자원에 따라 물우물 · 온천정 · 유정(油井) · 천연가스정 등과 사용 목적에 따라 생산정 · 주수정(注水井) · 관측정 등을 포괄하지만, 일반적으로 우물이라 할 때는 물우물을 가리킨다.

2.1.3. 분묘(墳墓)건조물

1. 유구(遺構)

유구란 과거의 건축물, 공작물(工作物), 토목구조물 등이 후세에 남겨진 상태, 다시 말하면 과거 인류의 활동 흔적 중 부동산적인 것을 가리킨다. 현재까지 잔존하는 부분만을 말하거나, 이전 건조물 구조의 흔적이 확인된 전체를 칭하기도 한다.

고고학에서 말하는 유구에는 다음과 같은 것이 있다.[42]

42 http://ja.wikipedia.org/wikI

종류	내용
생활에 관련된 유구	수혈(竪穴)주거흔적, 건물흔적, 주형(柱穴)/초석(礎石), 초판(礎板), 우물흔적, 취사장흔적, 화로흔적, 가마흔적, 화장실흔적 등
생업에 관련된 유구	수렵의 함정, 어로(漁撈)의 어구 등
생산에 관련된 유구	벼 재배지 흔적, 토기/석기 제작흔적, 철제유구, 제강유구, 제염유구, 요업유구 등
정치/군사에 관련된 유구	궁도(宮都)유적, 관아흔적, 성책흔적, 누각흔적, 성곽흔적 및 그와 관련된 수로(水路), 토루(土壘), 요새흔적, 미장(馬場)흔적
교역/교통에 관련된 유구	도로흔적, 항만흔적, 다리흔적, 이정표흔적
신앙에 관련된 유구	사원흔적, 신전흔적, 경총(經冢)[43]흔적, 제사유구, 신앙과 관련된 무덤이나 사우, 석비, 판비(板碑) 등
장송(葬送)에 관련된 유구	토갱묘(土坑墓), 배석묘(配石墓), 환상열석(環狀列石), 고분, 화장묘 등
구획시설에 관련된 유구	울타리흔적, 도랑흔적 등
기타	학교흔적, 각종 기념비 등

그러나 고고학 대상이 되지 않는 주로 근현대에 속하는 가까운 과거의 건축물, 공작물, 토목구조물 등의 잔존부분이나 종종 그 건축물, 공작물, 토목구조물의 구조 전체를 유구라고 부르는 경우도 있다.

2. 고분(古墳)

무덤은 죽은 사람의 시체를 묻은 곳으로 한자로는 묘(墓), 혹은 분묘(墳墓)라고 하며, 옛 무덤을 고분이라고 한다.[44] 무덤 또는 뫼를 나타내는 한자어(漢字語)로는 묘(墓)·총(塚)·영(塋)·분(墳) 등이 있다. 묘의 주인을 알 수 있을 때 능, 원, 묘로 나뉘며, 주인을 알 수 없을 때는 총이나 분으로 구별된다. '능'은 왕이나 왕비, '원'은 세자와 세자비·왕의 부모, '묘'는 그 외 모든 이들의 무덤을 뜻한다. '총'은 다른 유적에서는 발견되지 않은 특이한 유물이 발견된다든지 다른 무덤과 차별화되는 점이 있을 때 붙이는 이름이며, 당시 지배세력의 무덤일 가능성이 높다. '분'은 특징이 없는 평범한 무덤을 말한다. 보통 이런 무덤의 경우 고분군

43 필사한 경문을 경통(経筒)에 넣어 땅속에 묻은 흙무더기.
44 김원룡, 한국의 고분, 세종대왕기념사업회, 1999, 41쪽.

을 형성하는 경우가 많아서 대체로 노동동 몇 호분, 복천동 몇 호분 하는 식으로 무덤이 위치한 동네와 고유번호로 이름을 정한다.

고분은 흙을 높이 쌓아올린 고대의 묘(墓)로 고총(高塚)이라고도 한다. 일반적으로 고분이라 부를 수 있는 분묘는 세계 각국의 국가적 통일기 초에 나타난다. 중국에서는 고분이라는 말을 사용하지 않고 고묘(古墓 : 오래된 무덤)라고 하여, 연대에 따라 은묘(殷墓) · 전국묘(戰國墓) · 한묘(漢墓) · 당묘(唐墓) 등으로 부른다.

침향은 시체의 방향을 말한다. 시체를 묻을 때, 머리를 어느 방향으로 두느냐 하는 것은 매우 중요한 일로서 민족 · 지방 · 종교 등에 따라서 각각 다르다.

선사시대에는 머리를 동쪽으로 동침(東枕)과 남침(南枕)이 기본이었으나, 동침이 압도적이었는데, 이는 해가 뜨는 방향과 햇볕이 뜨겁게 비춰주는 방향이 생명을 부활시킨다는 사상에서 비롯된 것이다.

그 후 7세기경 백제에서 일시적으로 서침(西枕)이 있었으나, 중국의 한(漢)나라에서 시작되는 북침의 영향을 받아 북침(北枕)으로 바뀌기 시작하여 고려, 조선을 거쳐 오늘날까지 이어져 내려오고 있다.

무덤의 종류는 시대에 따라 다음 표와 같이 정리할 수 있다.

시대	무덤	내용
선사	토장묘 (土葬墓 : 구덩무덤)	물가나 동굴 속에 땅을 약간 판 후 시신의 발을 뻗게 하여 몸을 수평으로 눕힌 채 묻은 무덤
	지석묘(支石墓)	고인돌이라 불리는 무덤
	석관묘 (石棺墓 : 돌널무덤)	판석(板石)과 괴석(塊石)으로 관을 만들어 흙 속에 묻은 무덤
	석관총 (積石塚 : 돌무지무덤)	판석으로 만든 관 위에 흙 대신 돌을 쌓아올린 무덤
	토광묘 (土壙墓 : 널무덤)	지하에 수직으로 직사각형의 구덩이를 파고 시체를 묻은 무덤
	옹관묘 (甕棺墓 : 독무덤)	2개의 항아리를 맞붙여 관을 만든 무덤

시대	무덤	내용
삼국	석총(石塚)	땅 위에 냇가의 돌을 네모지게 깔고 그 중심부를 평편하게 만든 뒤 판석으로 돌방(석곽, 石槨)을 만들어 널을 안에 넣고, 다시 그 위에 단을 만들어 피라미드 모양으로 돌을 쌓아올린 형식의 분묘(예 : 평안남도 용강군의 쌍영총(雙楹塚))
	토총(土塚)	돌로 널방을 만든 후에 흙을 덮어서 산봉우리와 같은 봉분을 만든 무덤(예 : 중국 지린성 퉁거우(通溝)의 장군총(將軍塚))
	토광묘(土壙墓)	토광목관묘(土壙木棺墓)와 토광목곽묘(土壙木槨墓)가 있다.
	석실분(石室墳)	석관묘보다 규모가 크고 묘실에 출입할 수 있는 입구가 있다. 출입시설 형태에 따라 횡구식(橫口式)과 횡혈식(橫穴式)이 있다.
	봉토석실분(封土石室墳 : 봉토돌방무덤)	석실 위에 흙으로 덮은 무덤
	굴식돌무지덧널무덤	목관(木棺)을 넣은 목곽의 주위에 돌을 채우고 다시 진흙으로 덮은 다음 흙과 자갈을 교대로 쌓아서 커다란 봉분을 만든 무덤(예 : 금관총(金冠塚)·금령총(金鈴塚)·천마총(天馬塚) 등)
고려	신라의 묘제 계승	풍수설(風水說)을 중시하여 방위(方位)를 엄격히 가려서 묘지를 정하였다. 능묘 앞에 문무(文武)의 석상 또는 망석(望石)·석등(石燈)·정자각(丁字閣)을 두거나 묘지(墓誌)를 새겨 넣었다.
조선	고려의 묘제 계승	유교의 영향으로 승려 외에는 화장을 하지 않고, 모두 토장(土葬)한 것이 고려시대와 다르다.
현대	조선의 묘제 계승	대부분의 서민들은 시(市)·도(道)에서 관리하는 공동묘지와 단체·개인이 운영하는 공원묘지(公園墓地)를 이용한다.

2.2. 전적(典籍)·서적(書籍)·고문서(古文書)

2.2.1. 전적류

문화재보호법상 동산문화재로 분류되고 있는 전적(典籍)문화재란 '문자나 기호 등에 의해 전달되는 모든 기록정보'를 말하며, 좁게는 기록정보 가운데 각 학문분야의 학술적·예술적 가치가 있는 기록자료를 말한다.

우리나라에는 삼국시대 이래 역사적 가치를 지닌 많은 전적문화재들이 전해 내려오고 있으며, 이것은 전적, 고문서, 서적 등으로 구분된다.

그중 적(籍)은 책을 의미하는바, 직접 붓으로 써서 엮은 사본(寫本)과 목판 및 활자로 찍어서 만든 인쇄본(印刷本)의 두 가지로 분류한다. 일반적으로 사본은 고본(稿本)과 전사본(傳寫本), 사경(寫經), 일기 등으로 나누어지며, 인쇄본은 목판본(木版本)과 활자본(活字本) 등으로 구분한다. 목판본은 다시 관판본(官版本), 사찰본, 국왕 및 왕실판본, 서원판본, 사가판본, 방각본(傍刻本)으로 나뉜다. 판본 각각의 구체적 설명은 다음 표와 같다.

판본명	내용
관판본	관판본은 중앙이나 지방의 관청에서 간행한 책으로 중앙관본, 지방관본으로 구분하기도 하고 기관명에 따라 비서성본, 대장도감본으로 구분하기도 한다. 조선전기에 관판본은 목판인쇄를 담당한 중앙관서, 즉 교서관 및 전교서를 비롯하여 주자소, 언문청, 책방, 간경도감 등에서 인출하였는데 판각이 정교하고 깨끗하다.
사찰본	사찰본은 사찰(절)에서 간행한 책을 총칭하며, 사원판, 사철판본, 사찰판이라고도 한다. 조선시대의 사찰본은 고려시대와 달리 크게 위축되었는데, 인쇄기술 또한 관판본에 못 미치지만 민중의 시주에 의한 사찰본 간행은 끊이지 않는다.
국왕 및 왕실판본	조선시대는 유교를 국시로 하였으나 국왕이나 왕실에서 불서를 간행하는 사례가 많았다. 이를 국왕 및 왕실판본이라 하며 주로 15세기에 많이 이루어졌다.
서원판본	유학의 교육기관 중 사학인 서원에서 간행한 책. 서원판의 출현은 서원이 생겨나기 시작한 16세기 중기 이후부터이며, 초기에는 종수가 극히 적었으나 서원의 발달과 더불어 판종도 점차로 증가하였다.
사가판본	사가판본을 개인이 자비로 간행하여 대가를 받지 않고 기증한 책을 말한다. 고려시대에는 불서와 문집류가 많았고, 조선시대에는 시문집, 전기, 족보류가 많았다.
방각본	민간의 서사에서 영리를 목적으로 목판에 새겨 찍어낸 책을 말한다. 조선시대 후기에는 목판 외에 목활자와 주자로 인쇄하는 경우도 있었다. 이를 각각 방각자본, 방주자본이라고 한다.

한편 서적은 필자가 직접 쓴 글로서 예술과 사상을 표현한 것으로 서화(書畵), 시문(詩文), 서간(書簡) 등이 포함되며, 고문서는 일정한 목적을 표현하기 위해 전달한 글과 도장, 수결(手決, Sign)이 담겨져 있는 것을 말하며, 사료로서의 가치를 지니고 있다. 여기에는 공문서, 사문서, 외교문서 등이 있다.

2.2.2. 서적류(書籍類)

1. 사경(寫經)

사경이란 불교 경전(經典)의 내용을 필사(筆寫)하는 일을 말한다. 석가의 입멸 후 제자들이 모여 결집한 불교 경전은 처음에는 구송(口誦)으로 전해지다가 문자화되었는데, 사경은 경전이 문자화된 이후에 시작된 것이다.[45]

처음에는 경전의 내용을 배우거나 널리 전파하거나 보존하는 등의 현실적인 목적에서 시작되었을 것이나 뒤에는 그 공덕을 중요시하게 되었다. 사경을 하는 행위가 신앙심과 정진력이 없으면 안 되는 것이기 때문이다.

2. 어필(御筆)

어필이란 임금이 손수 글씨를 쓰거나 쓴 글씨를 뜻한다. 왕의 글씨인 어필(御筆)은 왕실에서 민간에 이르기까지 비장(秘藏)의 진보(眞寶)로 여겨졌다. 더욱이 유교적 체제(體制)와 이념(理念)이 국가의 기틀과 생활의 근간을 점유하던 조선왕조시대에 있어서 어필의 의미는 어느 시대 못지않게 컸다.[46]

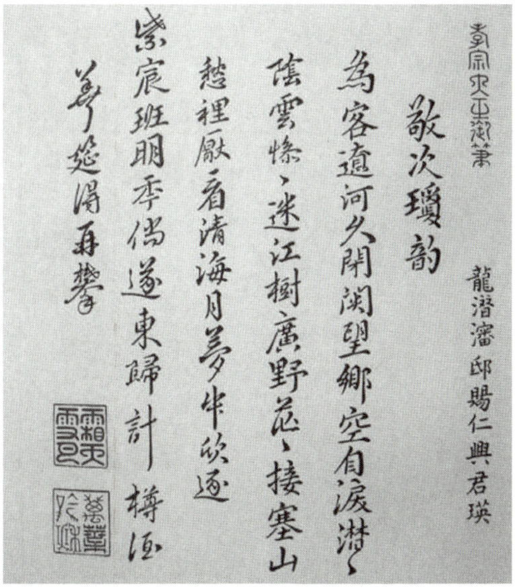

▲ 효종의 어필

어필은 오랜 세월과 전란 등으로 인하여 많은 수가 없어졌고, 더욱이 임진왜란(1592~1598) 이후에 와서는 임진왜란 이전의 어필진적은 매우 드물게 되었다.

서적류에는 이외에도 명가필적(名家筆跡)이라 해서 유명한 가문에서 전해 내

45 동아출판사편집부, 동아원색세계대백과사전, 제15권, 동아출판사, 1986, 470쪽.
46 이완우, 조선왕조의 열성어필, 간행, 출처 및 연도 불명, 2쪽.

려오는 필적이라든지, 고필(古筆)이라 해서 옛사람의 필적, 묵적(墨跡)이라 해서 먹으로 쓴 흔적(痕跡 · 痕迹), 건물이나 문루 중앙 윗부분에 거는 액자(편액이라고도 함) 등이 있는데, 편(扁)은 서(署)의 뜻으로 문호 위에 제목을 붙인다는 말이며, 액(額)은 이마 또는 형태를 뜻한다. 즉 건물 정면의 문과 처마 사이에 붙여서 건물에 관련된 사항을 알려주는 것이다. 중국 진(秦)나라 때 건물 명칭을 표시한 것을 서서(署書)라고 한 것이 편액에 대한 최초의 기록이며, 우리나라에서는 삼국시대부터 쓰기 시작하여 조선시대에는 사찰 건물은 물론 도성과 문루, 궁궐 전각, 지방관아와 향교 · 서원 · 일반주택에까지 붙여졌다. 한편 주련(柱聯)은 기둥이나 바람벽 같은 데 장식으로 써서 붙이는 글씨를 뜻하는 것으로서 사찰의 대웅전 등에서 많이 볼 수 있다.

2.2.3. 고문서(古文書)

고문서란 인간생활의 관계에서 해결해야 될 일 및 인간의 사고와 의식 등이 문자로 정리되어 전해지는 오래된 문헌 자료를 말한다. 즉 고문서는 발급자(갑)와 수취자(을) 간에 일정한 목적을 달성하기 위하여 주고받은 글로서 옛날 것을 의미한다. 문서를 주고받는 목적이 되는 것은 명령 · 훈유(訓諭) · 임명 · 건의 · 청원 · 소송 · 통지 · 계약 · 증여 · 공증(公證) 등등 사람이 살면서 일어날 수 있는 다양한 것들이 된다.

연도는 대개 대한제국이 망한 1910년까지로 보는 것이 적당하다. 고문서의 종류로는 ▲원본(原本)과 원본을 작성하기 위하여 초를 잡은 ▲초본(草本)과 뒤에 참고하기 위하여 원본에서 베낀 ▲사본(寫本)이 있다.

그러나 문서라고 할 때는 원본 문서를 의미한다. 원본 문서는 대부분의 경우 1통만 작성되는 단문서(單文書)이지만 중외(中外)에 내리는 교서(敎書) · 윤음(綸音), 대중에게 알리는 방(榜) · 격문(檄文), 형제자매들이 재산을 나누는 화회문기(和會文記) 등은 2통 이상을 작성하는 복문서(複文書)이다.

또한 원종공신(原從功臣)에게 내리는 녹권(錄券)은 공신의 수효에 따라 몇 백 부에서 많으면 수천 부까지 인간(印刊)하여 발급해 주기도 했다. 또한 중국에 보내는 외교문서인 표문(表文)과 전문(箋文)은 정본(正本)과 부본(副本)이 있다.

현재 전해지는 고문서는 단문서 · 복문서 · 정본문서 · 부본문서로 남아 있는 것들이다. 그러나 원본은 없어지고 초본이나 사본이 전해지는 경우도 있고, 문서는 작성했으나 목적을 달성하지 못한 불발문서(不發文書)도 있다.

초본 · 사본 · 불발문서는 엄밀한 의미에서 문서가 아니며, 자료가치 또한 원본에 미치지 못하지만 원본이 없는 경우에는 원본에 다음가는 준고문서(準古文書)로 취급될 수 있다.

2.3. 과학 · 문화

2.3.1. 천문

천문학은 우주 전체에 관한 연구 및 우주 안에 있는 여러 천체에 관한 연구를 하는 자연과학의 한 분야를 말한다. 천체의 관측으로 지구 위에서의 위치가 알려지는 원리는 항해하는 데 이용되었기에 이런 목적 때문에 천문학은 크게 발달되어 17세기에 망원경이 발명된 후 프랑스의 파리천문대, 영국의 그리니치천문대 등의 큰 천문대가 창설되었다.

우리나라에서도 일찍이 하늘은 길흉화복(吉凶禍福)을 관장하는 신적인 존재로서 숭배의 대상인 동시에 관측의 대상이기도 하였다.[47] 고구려 고분에 나타난 별자리 모양을 비롯하여 신라시대의 경주첨성대나 고려시대에 세워진 개성만월대는 대표적인 천문관측시설이다. 그 구조와 형태가 당시의 우주관과 천문역법의 수준을 잘 보여줄 뿐 아니라 붕괴에 대비한 구조 · 역학적 측면까지 고려하여 설계한 점이 높이 평가된다.

47 김인덕 · 서성호 · 노상학 · 오영선, 과학문화, 2004, 22쪽.

문헌에 전하는 관측시설로는 조선시대의 관상감관천대 및 창경궁 안에 있는 관천대가 있다.

경주첨성대의 건립은 신라의 천문학 발전을 상징한다. 삼국유사의 기록에 의하면 360여 개의 돌을 정성들여 쌓아 만든 첨성대는 높이가 9미터 정도로 병 모양을 하고 있다. 지대석과 기단은 4각형(동서남북을 의미)으로 8석과 12석(12달을 의미)으로 되어 있고, 그 위에 27단(신라 27대 선덕여왕을 의미)의 아래가 넓은 원통형 주체부가 있는데, 여기에 쓰인 돌은 362개(1년을 의미)이고, 1단의 높이는 약 30cm이다. 제13단에서 제15단에 걸쳐 남쪽으로 면한 곳에 조그마한 출입구가 나 있는데, 그 아랫부분 양쪽에 사다리를 걸었으리라고 추정되는 흔적이 있다. 천문과 관련하여 자료를 정리하면 다음과 같다.

자료명	시기	내용
천상열차분야지도각석 (天象列次分野之圖刻石)	조선 태조 4년 (1395)	천체(天體)의 현상을 차(次)와 분야(分野)에 따라 배열하여 그린 그림을 새긴 돌(서울특별시 중구 정동 5-1 궁중유물전시관 소장. 국보 제228호)
보루각자격루 (報漏閣自擊漏)	조선 중종 31년 (1536년)	물의 증가량 또는 감소량으로 시간을 측정하는 장치(서울 중구 정동 5-1 궁중유물전시관 소장. 국보 제229호)
혼천의 (渾天儀)	조선 세종 15년 (1433)	천체의 운행과 그 위치를 측정하여 천문시계의 구실을 하였던 기구로 선기옥형, 혼의, 혼의기라고도 한다.
앙부일구 (仰釜日晷)	조선 세종 16년 (1434)	일구(日晷)는 해시계란 뜻이고, 솥과 같은 모양이므로 앙부(仰俯)라고 수식어를 붙인 것이다. 오목판 해시계를 뜻하는 이름이다.

2.3.2. 지도

지도는 지구 표면의 일부나 전부의 상태를 기호나 문자를 사용하여 실제보다 축소해서 평면상에 나타낸 것이다. 우리나라 지도제작의 역사는 삼국시대로 거슬러 올라간다. 즉 고구려 고분벽화의 요동성(遼東城)을 비롯하여 조선의 건국초기(1402년)에 제작된 세계지도인 혼일강리역대국도지도(混一疆理歷代國都之圖), 정척(鄭陟, 1390~1475)이 1415년에 함경도와 평안도지방을 그린 양계(兩界)지도,

양성지(梁誠之, 1414~1482)의 동국지도(東國地圖), 국가적 사업으로 제작한 신증동국여지승람(新增東國輿地勝覽)이 대표적인 것들이다.

지도명	제작자	내용
혼일강리역대국도지도(混一疆理歷代國都之圖)	김사형(金士衡)·이무(李茂)·이회(李薈) 등	이 지도는 조선시대의 학자들에 의하여 제작된 거의 유일한 세계지도로서 조선 전기 세계지리학의 지식을 결집한 것이라 할 수 있으며, 17세기에 마테오리치의 '곤여만국전도(坤輿萬國全圖)'가 한국에 들어오기 전까지는 가장 훌륭하고 사실상 유일한 세계지도였다.
동국지도(東國地圖)	양성지(梁誠之)	1463년(세조 9) 정척과 양성지가 만들어 조정에 바친 지도이다. 당시의 원도는 전하지 않으나 조선 전기 지도 제작기술 발달의 성과를 종합한 지도로서 의의가 있다. 정척은 1451년(문종 1)에 양계 지방을 그린 대도(大圖)와 소도(小圖)를 바쳤다.
신증동국여지승람(新增東國輿地勝覽)	이행·홍언필	조선시대의 인문지리서(人文地理書). 내용은 권1~2는 경도(京都), 권3은 한성(漢城), 권4~5는 개성(開城), 권6~13은 경기도, 권14~20은 충청도, 권21~32는 경상도, 권33~40은 전라도, 권41~43은 황해도, 권44~47은 강원도, 권48~50은 함경도, 권51~55는 평안도로 되어 있다.
요계관방지도(遼薊關防地圖)	이이명(李頤命)	요동에서 북경지방까지의 군사형세도를 그린 지도이다. 이이명(李頤命)이 비단에 그린 채색필사 관방도로, 가로 600cm, 세로 135cm 크기의 10첩 병풍으로 제작되었다.
서북피아양계만리일람지도(西北彼我兩界萬里一覽之圖)	미상	2007년 12월 31일 보물 제1537호로 지정되었다. 조선시대 우리나라와 청나라의 양쪽 경계 만 리를 한눈에 볼 수 있는 지도로, 18세기 중기인 영조 때 제작된 것으로 알려져 있다. 채색필사본으로, 크기는 세로 91.5cm, 가로 130cm이다.
대동여지도(大東輿地圖)	김정호(金正浩)	조선 후기 김정호(金正浩)가 제작한 한국지도. 대동여지도는 우리나라에서 가장 큰 전국지도이면서도 보기 쉽고 가지고 다니기 쉽게 만든 지도이다. 전체를 펼쳐 이으면 세로 6.6m, 가로 4.0m나 된다. 현재 남아 전하는 것 가운데 성신여대박물관 소장본이 1985년 8월 9일 보물 제850호로 지정되었다.

2.3.3. 인쇄

인쇄는 문자·그림·사진 등을 종이나 기타 물체의 표면에 일정한 방법으로 옮겨 찍어서 여러 벌의 복제물을 만드는 일이다. 다시 말해서 인쇄물을 만들기 위한 복제기술 및 행위를 말한다.

인쇄물 본래의 기능은 시각적 전달매체이므로 인쇄는 커뮤니케이션 수단의 하나이며, 최근에는 감각 · 정서의 반응을 목적으로 하는 장식의 수단으로도 이용되고 있다. 인쇄물을 생산하는 데는 인쇄술, 즉 인쇄물을 만들어내기 위한 복제기술이 사용된다.

우리나라의 인쇄문화는 세계적으로도 일찍 발달하였다. 즉 751년경 세계 최초로 목판으로 인쇄된 무구정광대다라니경(無垢淨光大陀羅尼經)이 그것이다.[48]

인쇄는 등사판인쇄로부터 신문 등의 제작 시 사용되는 고속윤전인쇄에 이르기까지 그 범위가 매우 넓다. 인쇄술 또한 발달하여 예전에는 일정한 판면(版面)에 잉크를 묻혀서 그 잉크를 다른 재료(주로 종이가 사용되지만, 최근에는 셀로판 · 폴리에틸렌 · 비닐 · 목재 · 유리 · 도자기 · 알루미늄 · 함석판 등)에 옮겨 문자나 그림 등을 다수 복제하는 기술에 이르기까지 매우 다양하다.

또한 비닐이나 옷감의 프린트무늬, 식기나 가구의 표면 장식 등 생활용품에 이르기까지 인쇄물이 진출하였다. 인쇄방식으로는 종래의 볼록판[凸版] · 평판(平版) · 오목판[凹版] 등 세 가지 판식이 이용되는 외에 공판인쇄의 이용이 증대되고 있으며, 또 누르는 힘이 없어도 인쇄되는 정전인쇄(靜電印刷) 방법이 발명되어 활발히 실용화되고 있다. 역사적으로 중요한 인쇄물은 다음 표와 같다.

인쇄물명	제작연도	내용
무구정광대다라니경 (無垢淨光大陀羅尼經)	751년	경주 불국사 삼층석탑(석가탑) 탑신부에서 발견된 세계 최고(最古)의 통일신라 때 불경인쇄본(佛經印刷本). 두루마리 1축(軸)으로 너비 약 8cm, 전체길이 약 620cm이다. 불교중앙박물관에 소장되어 있다. 국보 126호
보협인다라니경 (寶篋印陀羅尼經)	1007년	총지사(摠持寺)에서 간행한 목판으로 찍은 경전으로, 32×45cm 크기의 23장이다. 또 범서총지집은 산스크리트어 진언집으로, 1150년 평양 광제포에서 선사 사원(思遠)이 교정하여 개판한 것이다. 이 유물들은 서지학 · 밀교사상 · 다라니 연구에 중요한 가치가 있을 뿐 아니라 고려 인쇄문화의 특징을 보여주는 자료이다. 보물 1571호
초조대장경 (初雕大藏經)	1087년	고려 현종 때 판각한 고려 최초의 대장경이다. 거란의 침입을 불력으로 물리치고자 만들어졌으며, 또한 목판인쇄술의 발전에 기여하였다.

48 김인덕, 앞의 책, 229쪽.

인쇄물명	제작연도	내용
교장 (敎藏)	1090년	초조대장경이 완간된 뒤 대각국사 의천이 중심이 되어 만든 소위 속장경(續藏經)을 말한다. 속장경은 경(經)·율(律)·론(論) 삼장(三藏)이 아니라 그 주석서인 장소(章疏)를 모아 간행한 것이다.
삼국사기 (三國史記)	1145년	고려시대 김부식(金富軾) 등이 기전체(紀傳體)로 편찬한 삼국의 역사서
남명천화상송증도가 (南明泉和尙頌證道歌)	1239년	고려 고종 때 남명선사 법천(法泉)이 편저한 증도가를 복각(覆刻)한 책
직지심체요절 (直指心體要節)	1372년	1372년(공민왕 21) 경한(景閑, 1299~1374)이 부처와 조사(祖師)의 게송(偈頌)·법어(法語) 등에서 선(禪)의 요체를 깨닫는 데 필요한 내용을 뽑아 엮은 책
심지백개국원종공신녹권 (沈之伯開國原從功臣錄券)	1397년	1397년(태조 6) 10월 왕명에 따라 공신도감(功臣都監)에서 개국원종공신 사재부령(司宰副令) 심지백(沈之伯)에게 발행한 녹권(錄券). 국보 제69호
조선왕조실록 (朝鮮王朝實錄)	1413년	조선 태조에서 철종까지 472년간의 역사적 사실을 각 왕별로 기록한 편년체사서(編年體史書). 국보 151호
성리대전서절요 (性理大典書節要)	1538년	송나라의 성리대전(性理大典)을 요약하여 간행한 고문서. 보물 1157호
고금상정예문 (古今詳定禮文)	1234년	고려시대에 고금의 예문을 모아 편찬한 책. 고려 인종(仁宗) 때의 학자로 문하시랑평장사(門下侍郎平章事)를 지낸 최윤의(崔允儀)가 왕명을 받아 고금(古今)의 예문을 모아 편찬하였다. 모두 50권으로 되었다고 하나 지금은 전하지 않는다.
고려대장경 (高麗大藏經)	1236년	고려시대에 불경(佛經)과 장소(章疏)를 집대성하여 인간(印刊)한 불경. 불교를 흥왕(興旺)시키려는 목적도 있었지만 문화국으로서의 위력을 이웃나라에 선양하고, 불력(佛力)으로 국난을 타개함으로써 호국(護國)하겠다는 대발원(大發願)에서 이룩된 것이다.

2.3.4. 의학

의학은 인류의 역사와 더불어 경험의료로서 존재해 왔으며, 일반과학이 진보함에 따라 독자성을 지닌 과학으로 발전하여 인체에 관한 연구와 질병의 예방 및 치료를 연구하는 학문이다.

의학과 관련된 관광문화재로는 신주무원록(新註無冤錄)을 비롯하여 약연(藥硯), 너무나도 유명한 동의보감, 태산요록, 언해태산집요, 우두신설, 의방유취, 향약집성방 등을 들 수 있다.

문화재명	제작연도	내용
신주무원록(新註無寃錄)	1419년	조선시대 최치운(崔致雲) 등이 원나라의 왕여(王與)가 쓴 무원록(無寃錄)을 저본으로 하여 편찬한 의학서. 상, 하 2권 1책. 목활자본. 규장각도서. 세종의 명으로 편찬한 전문적인 검험서(檢驗書)이다.
동의보감(東醫寶鑑)	1610년	허준(許浚)이 저술한 의학서적으로서 동아시아 의학을 집대성한 것으로 평가받는다. 2009년 7월 31일 세계기록유산으로 등재되었다.
태산요록(胎産要錄)	1434년	노중례(盧重禮)가 편찬한 태산(胎産)과 영아의 질병치료에 관한 의서(醫書). 보물 1179호
의방유취(醫方類聚)	1445년	조선 세종 때 왕명으로 편찬된 동양 최대의 의학사전
언해태산집요(諺解胎産集要)	1608년	허준(許浚)이 왕명을 받아 내의원(內醫院)에서 편찬한 책. 보물 1088호
우두신설(牛痘新說)	1885년	지석영(池錫永, 1855~1935)이 쓴 한국 최초의 우두종서(牛痘種書). 활자본으로서 2권 1책. 지석영이 일본인 기쿠치 고안(菊池康庵) 등으로부터 종두법을 익혀 오랫동안 경험해 온 지식을 종합하여 간행하였다.
향약집성방(鄕藥集成方)	1433년	향약(鄕藥)과 한방(韓方)에 관한 책. 활자본이며 85권 30책으로, 국립중앙도서관에 소장되어 있다. 1431년(세종 13)에 권채(權採)·유효통(俞孝通)·노중례(盧重禮)·박윤덕(朴允德) 등이 재래의 여러 의서를 참고하여 편찬하였다.

2.3.5. 무기

무기는 사용목적에 따라 전략무기·전술무기·대공무기·대잠무기·대전차무기 등으로 나누어지고, 사용 장소에 따라 육전·해전·항공전·수중전·해저·우주무기 등으로 분류된다. 이용하는 에너지나 형상에 따라서는 광학무기·전자무기·전기무기·음향무기·자기무기·음파무기·통신무기·핵무기·방사능무기·화학무기·생물무기 등으로 구분된다.

관광문화재로서의 무기에는 망우당칼, 운검, 환도, 당파, 승자총통, 조총, 삼안총, 가정을묘명천자총통, 지자총통, 불랑기포, 대완구, 비격진천뢰, 화차, 응원필비, 신기비결, 화포식언해 등이 있다.

문화재명	내용
망우당칼	의병장 곽재우(1552~1617)의 장검(長劍)으로 운검이라고도 한다.
운검(雲劒)	정식명칭은 별운검(別雲劍)이다. 임금을 호위하던 운검무사들이 차던 칼을 말한다.
환도(還刀)	조선시대에 사용하던 전통 무기로 고리를 사용하여 패용(佩用)하였던 도검(刀劍)을 일컫는다.
당파	일명 삼지창이다.
승자총통(勝字銃筒)	조선시대에 만들어진 휴대용 소화기(小火器). 선조 초기에 김지(金遲)가 전라좌수사로 재임 시 창안하여 만든 것으로 세종 때 만들어진 우리나라의 독창적인 소총의 단점을 개량하여 발전시킨 총통이다.
조총(鳥銃)	조선시대의 휴대용 소화기(小火器). 후에 화승식(火繩式) 점화법을 이용하게 되면서 화승총이라고 하였다.
삼안총(三眼銃)	조선 중기에 제조된 화기(火器). 1986년 11월 29일 보물 제884호로 지정되었다. 삼혈총(三穴銃)이라고도 한다.
가정을묘명천자총통(嘉靖乙卯銘天字銃筒)	전체 길이 131cm, 통 길이 121.3cm, 총구지름 17.5cm이다. 죽절수(竹節數) 8개의 화포이다.
지자총통(地字銃筒)	조선시대에 사용되었던 유통식(有筒式) 화포(火砲). 1986년 보물 제863호로 지정되었다.
불랑기포(佛郎機砲)	중국 명나라 시대에 도입한 서양식 박격포이다. 마카오의 포르투갈인들에 의해 전해져, 이후 일본과 조선에서도 사용되었다.
대완구(大碗口)	조선 후기에 사용된 불씨를 손으로 선혈(線穴)에 점화하여 발사하는 유통식 청동제 화기. 1986년 3월 14일 보물 제857호로 지정되었다.
비격진천뢰(飛擊震天雷)	조선 중기에 사용되었던 화기(火器). 1986년 3월 14일 보물 제860호로 지정되었다. 진천뢰라고도 한다.
화차(火車)	1409년(태종 9) 1월 군기소감(軍器少監) 이도(李韜)와 군기감승(軍器監丞) 최해산(崔海山) 등에 의하여 제작·시험되어 성공을 거두었다. 이 화차는 '철령전(鐵翎箭) 수십 개를 장탄한 동통을 소차(小車)에 싣고 달리면서 화약을 사용하여 발사'하는 일종의 장갑차라고 태종실록(太宗實錄)에 전하고 있다.
융원필비(戎垣必備)	조선 후기에 편찬된 군사교범(軍事敎範). 활자본. 1권 1책. 연세대학교 도서관 소장. 1813년(순조 13) 박종경(朴宗慶)이 편찬하여 간행된 군사기술에 관한 것으로 각종 무기를 도해(圖解)하고 그 규격과 용법(用法) 등의 설명을 붙인 책이다.
신기비결(神器秘訣)	1603년(선조 36) 한효순(韓孝純, 1543~1621)이 함경도순찰사(咸鏡道巡察使)로 재임 중일 때 각종 화약병기의 제작 및 사용법과 고금의 여러 병가(兵家)의 요어(要語)를 수록한 책
화포식언해(火砲式諺解)	1635년(인조 13) 이서(李曙)가 화포식(火砲式)이란 책을 한글로 번역한 것. 활자본. 2권 1책. 신전자취염초방언해(新傳煮取焰硝方諺解)와 함께 1책으로 되어 있다.

제3장

무형문화재

제3장 무형문화재

무형문화재(無形文化財)는 일정한 형태가 없는 문화재를 말한다. 예컨대 역사적으로나 예술적으로 높은 가치와 문화적 기능을 지닌 사람을 인간문화재로 지정하여, 그 기능을 후계자에게 전수할 수 있도록 하며, 그 비용은 국가가 부담한다. 무형문화재의 종류로는 연극 · 음악 · 무용 · 공예 · 무예 · 의식 · 놀이 등이 있다.

중요무형문화재의 지정은 문화재를 지정할 때 그 문화재의 보유자를 인정해야 하며 또 추가로 인정할 수 있다.[1] 즉 보존가치가 크다고 인정되는 문화적 소산 가운데 국가에서 문화재로서 지정한 것을 말한다. 2007년 현재 119호까지가 지정되어 있으며, 1호는 종묘제례악, 2호는 양주 별산대놀이, 3호는 남사당놀이(꼭두각시놀음) 등이다.

중요 무형문화재의 지정기준은 인형극, 가면극, 음악, 탈춤, 바라춤, 도자기공예, 금속공예 등 역사상 · 예술상 · 학술상 가치가 크고 향토색이 현저한 것이다.[2]

1 문화재보호법, 제5조.
2 채예병, 관광자원론, 새로미, 2010, 84쪽.

3.1. 연극

연극에는 인형극인 꼭두각시놀음과 가면극이 지정되어 있다. 가면극은 양주별산대놀이 · 송파산대놀이 · 하회별신굿탈놀이 · 봉산탈춤 · 강령탈춤 · 북청사자놀음 · 통영오광대 등이다.[3]

3.1.1. 인형극

인형극(人形劇)은 넓게는 살아 있는 배우가 아닌 물체를 이용하는 모든 공연형태를, 좁게는 꼭두를 사람이 직접 조종하여 연출하는 공연형태를 일컫는다. 인형극인 꼭두각시놀음은 1964년 12월 7일 중요무형문화재 제3호로 지정되었다. 지방에 따라서 '박첨지(朴僉知)놀음' 또는 '홍동지(洪同知)놀음'이라고도 한다. 이 명칭은 이 극에 나오는 주요 등장인물들이며, 모두 인형의 이름에서 나온 것이다.[4]

▲ 인형극

3 동아원색세계대백과사전, 제20권, 1986, 594쪽.
4 꼭두각시놀음, 두산백과사전, http://www.doopedia.co.kr

3.1.2. 가면극

가면극은 출현하는 연기자의 일부 또는 전원이 얼굴에 가면을 쓰고 등장하여 연출하는 극으로, '가면희(假面戲)', '탈놀음'이라고도 한다. 가면극 중 유명한 강릉의 관노가면극은 관노들이 가면을 쓰고 추는 성황신제 계통의 탈춤을 중심으로 강릉단오제 때 행하는 민속극이다.[5]

강릉관노가면극은 연희자들이 구한말까지 강릉부에 속했던 관노들에 의해 전승되었다. 매년 단오 때마다 관노들이 놀이판에 직접 참가하여 탈놀이를 하였다. 무언극의 형식으로 진행되는 이 '강릉관노가면극'은 조선시대의 다른 가면극처럼 풍자가 혹독하지 않고 춤과 동작위주로 이루어져 있다.

내용은 양반광대와 소매각시를 통한 화해와 사랑, 시시딱딱이를 통한 벽사의식, 장자마리의 풍요추구 등 성황신제 계통극의 전형성을 갖추고 있다.

▲ 관노가면놀이

5 강릉시, 디지털강릉문화대전, http://gangneung.grandculture.net/Contents/Index?contents_id=GC00300080

3.1.3. 탈춤

탈춤은 한국의 각 지방에서 전해지는 탈을 쓰고 벌이는 전통 가면극을 말한다.[6] 고구려의 무악, 백제의 기악, 신라의 처용무와 5기 등 삼국시대 이래로 대륙 전래의 산악백희(散樂百戲)와 고려의 산대잡극 등 조선조 전대까지의 각종 가면희가 선행예능(先行藝能)으로서 참여하여 조선조 후기에 산대도감극(山臺都監劇)이 정립하기에 이르렀다.[7]

이 산대도감극 계통의 놀이로서 현전하는 것에는 중부지방의 양주별산대놀이와 송파산대놀이, 서북지방의 봉산탈춤과 강령탈춤, 영남지방의 통영오광대와 고성오광대, 그리고 수영야유와 동래야유가 있다. 이 밖에 하회별신굿탈놀이와 북청사자놀음은 계통을 달리하는 탈놀이이다.

▲ 탈춤

6 탈춤, 위키백과, Wikimedia, http://ko.wikipedia.org/wiki/
7 동아출판사편집부, 동아원색세계대백과사전, 제28권, 1986, 29쪽.

3.2. 음악

우리 민족은 예로부터 가무(歌舞)라 하여 음악과 무용이 같이 존재한다고 보았다. 음악으로는 종묘제례악을 비롯하여 판소리 · 가곡 · 가사 · 범패 · 대취타 · 산조 등 무용으로는 진주검무를 비롯하여 처용무 · 승무 · 승전무 · 학무 · 살풀이춤 등이 무형문화재로 지정되어 있다.[8]

3.2.1. 제례악(祭禮樂)

천신(天神) · 인신(人神) · 지신(地神)의 제향(祭享)에 쓰이는 음악으로 조선 후기까지 원구제(圜丘祭) · 사직제(社稷祭) · 종묘제(宗廟祭) · 문묘제(文廟祭) · 선농(先農) · 선잠(先蠶) 등의 제향이 있어 거기에 따른 음악이 연주되었으나 지금 전해지는 것은 문묘제례악(文廟祭禮樂)과 종묘제례악(宗廟祭禮樂) 두 가지뿐이다.[9]

종묘제례악은 조선시대 왕과 왕비의 신위를 모신 종묘를 지낼 때 무용과 노래 및 악기를 사용하여 연주하는 음악을 말하며, '종묘악'이라고도 한다. 세계문화유산으로 지정되어 관광객들의 각광을 받고 있다.

▲ 제례악

8 동아원색세계대백과사전, 제22권, 1986, 611쪽.
9 제례악(祭礼楽), 네이버 백과사전, http://100.naver.com/100.nhn?docid=137448

3.2.2. 연례악(宴禮樂)

▲ 연례악

조선 전기에 정비 제정되어 궁중의 조회 및 연회 때 연주되던 음악. 가곡 · 가사 · 시조 등 정악(正樂)을 궁중무에 맞추어 연주하였는데, 여기에는 고려시대의 향악정재(鄕樂呈才) · 속악 등도 포함되었다. 연회음악은 ① 국왕이 사신(使臣)을 위하여 베푸는 연회음악, ② 국왕이 종친(宗親) 형제를 위하여 베푸는 연회음악, ③ 국왕이 군신을 위하여 베푸는 연회음악, ④ 의정부가 조정사신을 위하여 베푸는 연회음악 등으로 구분되고, 이 밖에 일품(一品) 이하대부(大夫) · 사(士)의 공사(公私) 연회음악, 서인들이 부모 형제를 위하여 베푸는 연회음악도 정하여 이를 연주하도록 권장했다. 여민락(與民樂), 영산회상(靈山會上), 만년장탄지곡(萬年長嘆之曲) 등 193곡과 처용무(處容舞), 가인전목단(佳人剪牧丹), 포구악(抛毬樂) 등 54종이 전해지고 있다.[10]

3.2.3. 대취타(大吹打)

대취타는 호적(胡笛) · 나발(喇叭) · 소라(螺角) · 태평소(太平簫) 등 관악기와 징 · 북(龍鼓) · 바라 · 장고 같은 타악기로 편성되어 왕의 거둥이나 귀인의 행차, 그리고 군대행진에서 선전관청(宣傳官廳)과 영문(營門)에 소속된 취타수(吹打手)에 의하여 연주되던 행진곡풍 군례악(軍禮樂)이다.[11]

아명(雅名)으로는 무령지곡(武寧之曲), 속명으로는 대취타, 세칭 구군악(舊軍樂)이라고도 한다. 취타와 세악으로 구성된 대취타와 악수 중 황의초립(黃衣草笠)

10 연례악(宴礼楽), 네이버 백과사전, http://100.naver.com/

11 동아원색세계대백과사전, 제8권, 1986, 618쪽.

차림의 취악내취는 호적 · 나발 · 나각 · 대각 · 발라(鈸鑼) · 장고 · 용고(龍鼓) · 징(鉦) · 나(鑼) 등의 악기로 한 조(組)를 이루어 군중(軍中)의 행진곡 · 승전곡의 취타를 주로 연주하고 세악수 연주에도 합주하였다.[12]

중요무형문화재 제46호로 1971년 6월 10일 지정되었으며, 보유자는 정재국(鄭在國), 피리정악 및 대취타보존회 소속으로 전승지는 서울특별시이다.

▲ 나발

▲ 용고

3.2.4. 가곡(歌曲)

가곡은 관현악 반주에 맞추어 시조시를 노래하는 한국의 전통 성악곡으로 중요무형문화재 제30호로 1969년 11월 10일에 지정되었다. 만년장환지곡(萬年長歡之曲)이라고도 하며, 조선시대 상류사회에서 애창된 시조 및 가사와 함께 정가(正歌)에 드는 성악곡으로서 판소리 · 민요 · 잡가와 같이 하류사회에서 불린 성악곡과 구별된다. 시조의 시를 5장 형식에 얹어서 부르는 가곡은 피리 · 젓대 · 가야금 · 거문고 · 해금의 관현 반주에 맞추어 불리며, 그 예술성은 시조와 가사에 비하여 아주 뛰어났다.[13]

1989년 6월 15일 대구광역시무형문화재 제5호로 지정되었으며, 대구광역시 동구 신암동(新岩洞)에 사는 기능보유자 권측이(權側伊)는 하규일(河圭一), 하순일

12 대취타, 위키백과, Wikimedia, http://ko.wikipedia.org/wiki/

13 가곡(歌曲), 네이버 백과사전, http://100.naver.com/100.nhn?docid=141

(河順一)에서 시작하여 이병성(李炳星), 이주환(李珠煥)을 거쳐 정경태로 이어지는 전통가곡의 계보를 계승하고 있다. 여창 15곡을 연속하여 완창하는 뛰어난 가창력을 보유하고 있으며, 23세 때 시조와 가곡을 부르기 시작하여 지금에 이르고 있다.[14]

3.2.5. 가사(歌辭)

가사는 고려 말기에서 조선 초기에 걸쳐 발생한 시가 형식으로 가사(歌詞)와 가사(歌辭)라는 2가지 명칭이 있으며, 조선 전기에 지어진 100행 내외의 것을 가사(歌詞)라 하고, 조선 후기에 지어진 장편의 것을 가사(歌辭)라 하여 그 둘을 구별하자는 견해도 있으나, 보통 구별하지 않으며, 그중 가사(歌辭)라는 용어가 보편적으로 사용된다.[15]

형식은 4음보 연속체로 된 율문(律文)으로 한 음보를 이루는 음절의 수는 3·4음절이 많고, 행수에는 제한이 없다. 마지막 행이 시조의 종장처럼 되어 있는 것을 정격(正格)이라 하고, 그렇지 않은 것을 변격(變格)이라 하기도 하는데, 정격은 조선 전기에, 변격은 조선 후기에 많이 나타났다.[16]

3.2.6. 산조(散調)

산조는 한국의 전통음악에 속하는 기악독주곡의 하나이며, 느린 장단으로부터 빠른 장단으로 연주하는 기악독주의 민속음악이다. 장구 반주가 따르며 무속음악과 시나위에 기교가 확대되어 19세기 무렵에 만들어졌다.

산조에는 가야금산조가 가장 많이 연주되며, 바디(流)가 그 다음으로 많다. 그 다음은 거문고 산조와 대금 산조가 흔히 연주되고, 그 밖에 해금 산조와 피리

14 가곡(歌曲), 두산백과사전, http://www.doopedia.co.kr
15 동아원색세계대백과사전, 제1권, 1986, 138쪽.
16 가사(歌辭), 두산백과사전, http://www.doopedia.co.kr

산조는 매우 드물게 연주되며, 아쟁 산조는 최근에 짜여진 것이다. 호적이나 통소는 시나위 가락을 연주하지만 산조를 연주하는 일은 별로 없고, 양금과 같이 미분음을 낼 수 없는 악기는 원칙적으로 산조형 가락을 연주할 수 없다.[17]

▲ 가야금산조

3.2.7. 농악(農樂)

농악은 농촌에서 집단노동이나 명절 때 등에 흥을 돋우기 위해서 연주되는 음악[18]으로, 풍물놀이 혹은 풍물굿(간단히 풍물(風物), 풍악(風樂))으로 불리며, 꽹과리, 장고, 북, 징의 네 가지 악기(사물)와 나발, 태평소, 소고(버꾸라고도 함) 등의 악기를 기본 구성으로 하여 악기 연주와 몸동작 그리고 진을 구성하며 하는 놀이와 연희를 모두 가리키는 말이다.

가장 대표적인 풍물놀이로는 예전에 농촌뿐만 아니라 마을에서 하던 마당놀이를 꼽을 수 있다. 한국 농촌의 가장 대표적이고 보편적 놀이인 풍물놀이는 전국적인 분포를 보이고 있으나 특히 중부 이남이 성하다. 풍물놀이는 제초 · 이앙 등의 노역 시에 베풀어질 뿐 아니라 정초 · 단오 · 백중 · 추석, 기타의 명절날에도 거행되었으며, 풍물에 사용되는 악기에는 주로 4물(四物)인 꽹과리 · 징 · 장고 · 북과 소고(법고) · 호적(태평소, 날라리) 등이 있고, 악곡으로는 진군악(행진악) · 무용악 · 답중악(畓中樂) · 축악(祝樂) · 제신악(祭神樂) 등이 있으며, 가락은 주로 자진모리를 쓴다.[19]

17 산조(散調), 위키백과, Wikimedia, http://ko.wikipedia.org/wiki/
18 농악(農楽), 네이버 백과사전, http://100.naver.com/100.nhn?docid=39713
19 동아원색세계대백과사전, 제7권, 1986, 554쪽.

▲ 농악

3.2.8. 잡가(雜歌)

잡가는 조선 후기 서민층에서 불리던 민속악으로 가사체의 긴 사설을 얹어 부르는 민속적인 성악곡의 하나이다. 가곡 · 가사와 같은 노래에 대한 말로 속요(俗謠)라는 뜻에서 잡가라 부르게 되었으며, 잡가 · 선소리(立唱) · 민요 등을 총칭하기도 하나, 현재 민요는 후렴이 붙는 짧은 사설의 장절(章節)형식이 많고, 잡가는 긴 사설의 통장(通章)형식이 많아 이를 구분하는 것이 통례이다.

긴 사설을 얹어 부르는 노래로는 가사 · 잡가 · 선소리 · 단가 · 화청(和請) 등이 있는데, 가사는 정악(正樂)에 속하여 우아하고 유장(悠長)한 가락이고, 선소리는 씩씩한 가락에 무용이 따르며, 단가는 가락이 판소리조로 판소리를 부르기 전에 창자(唱者)가 목을 풀기 위하여 부르며, 화청은 민속적인 가락이지만 범패(梵唄)와 아울러 불교음악이라는 점에서 잡가와 각각 구별된다. 사설은 대개 4 · 4조가 주가 되나 파격이 심한 것이 특징이다.

잡가는 그것이 불리는 지역과 지방적인 가락토리(鄕調)에 따라 경기잡가 · 남도잡가 · 서도잡가로 구분되며, 경기잡가는 다시 십이잡가(十二雜歌)와 휘몰이잡가로 나뉜다.[20]

20 잡가(雜歌), 두산백과사전, http://www.doopedia.co.kr

3.2.9. 민요(民謠)

▲ 판소리

민요는 민족적 감정이나 기호를 자연발생적인 멜로디로써 나타낸 것이다. 음악을 직업으로 하지 않는 서민이 만들어 내는 것이므로 최초의 멜로디는 목소리에 의존하며, 악기로 연주되는 것은 아니다. 따라서 가락의 원형은 악보에 기재돼 있지 않으며, 기보는 뒤에 음악적 지식이 있는 사람이 기보한 것이다. 악보에 기재되어 있지 않은 가락은 구전되는 동안 다듬어진다. 따라서 민요는 작사자도 작곡자도 불명인 것이 대부분이며, 작가가 분명한 것은 극히 일부에 지나지 않는다.[21]

원시적인 민요는 단순한 악상이나 짧은 악구(樂句)를 단조롭게 반복하는 것이 많으나, 문화가 향상됨에 따라 음악의 구성은 복잡해지고 악구는 길어져 악곡 전체의 형이 정돈되고 악구와 악구가 대조적으로 배치되어 스스로 예술적 작품의 향상을 나타낸다. 또한 원시적인 민요는 무반주로 부르는 것이었으나, 지금 우리가 노래하는 외국민요에는 반주가 붙어 있고, 때로는 그 가락을 기악곡으로 연주하기도 한다. 이와 같이 민요는 여러 가지 변화를 겪었고, 각 민족의 장점과 특색을 나타내고 있다.[22]

21 동아원색세계대백과사전, 제12권, 1986, 313쪽.
22 민요(民謠), 위키백과, Wikimedia, http://ko.wikipedia.org/wiki/

3.2.10. 무악(巫樂)

무악은 일반적으로 '굿'이라고 하는 무속의식(巫俗儀式)에 쓰이는 음악[23]으로 무속의식에서 빼놓을 수 없는 요소이며, 세계 각처에 이와 유사한 음악이 산재해 있다. 한국의 무악은 넓은 의미로는 무당의 굿음악, 판수의 독경소리, 걸립패와 초라니패의 고사소리 등이 포함된다. 하지만 좁은 의미로는 무당의 '굿'에 쓰이는 음악만을 가리킨다.

좀 더 구체적으로 말하면, 한강을 중심으로 하여 중부 이남지방에서는 세습무(世襲巫)인 '단골무당'의 음악을 가리킨다. 그리고 중부 이북에서는 '강신무(降神巫)'의 음악을 가리킨다.

즉 무악은 무가가 중심이 되며, 여기에 사설의 내용 · 선율(가락) · 반주음악 등이 따른다. 그 밖에 무무(巫舞)의 반주음악 및 기타 의식의 반주음악도 무악에 포함된다. 이 무악의 성격은 굿의 성격에 따라 달라지지만 지방에 따라서도 차이를 보인다.[24]

▲ 승무

▲ 씻김굿

▲ 무당굿

23 무악(巫楽), 네이버 백과사전, http://100.naver.com/100.nhn?docid=64798

24 무악(巫楽), 두산백과사전, http://www.doopedia.co.kr

3.2.11. 범패(梵唄)

범패는 절에서 주로 재(齋)를 올릴 때 부르는 노래로 중요무형문화재 제50호로 지정되어 있으며, 부처님의 공덕을 찬양하는 노래이다.[25] 범패는 '인도(梵)의 소리(唄)'라는 뜻이며, 범음(梵音) · 어산(魚山)이라고도 한다. 즉 부처님의 공덕을 찬양하는 노래로서 불교 이전의 브라만교에서 비롯되었다고 한다.

▲ 범패

한국의 범패에 관해서는 830년(太和 4) 당나라에서 돌아온 진감선사(眞鑑禪師)가 많은 제자들에게 범패를 가르쳤다는 기록이 있고, 삼국유사 권5의 월명사(月明師) 도솔가조(兜率歌條)에는 이보다 앞선 시기인 760년(경덕왕 19년)에 범패를 언급한 내용이 보인다. 또 진감선사와 동시대 일본 승려가 쓴 입당구법순례행기(入唐求法巡禮行記)에 중국 범패를 당풍(唐風), 신라 범패를 향풍(鄕風), 중국에서 우리나라를 거쳐 일본으로 건너간 범패를 고풍(古風)으로 언급한 것으로 미루어 8세기 무렵 이미 한국에 범패가 존재하였음을 알 수 있다.

절에서 각종 재(齋)를 올릴 때 써왔으며, 가곡 · 판소리와 함께 오늘날 전해지고 있는 불가는 절에서 재를 올릴 때 부르는 노래와 절 밖에서 시주를 걷으며 축원하는 노래로 나뉘는데, 재를 올릴 때 부르는 노래는 다시 안채비소리와 겉채비소리로 나뉜다. 안채비소리는 절 안의 병법(秉法)이나 법주(法主)와 같은 학식이 많은 승려가 부르는 노래로, 유치(由致)나 청사(請詞) 같은 축원문을 요령(搖鈴)을 흔들며 낭송한다. 흔히 염불이라고도 하며 착어성(着語聲), 창혼(唱魂), 유치성(由致聲), 청문성(請文聲), 편계성(偏界聲), 소성(疏聲), 축원성(祝願聲) 등이 있다.[26]

25 동아출판사편집부, 동아원색세계대백과사전, 동아출판사, 제14권, 1986, 54쪽.
26 범패(梵唄), 네이버 백과사전, http://100.naver.com/100.nhn?docid=73756

3.3. 무용(舞踊)

▲ 화관무

무용은 시간과 공간 속에 존재하는 육체의 율동적인 예술활동이다.[27] 부여 · 고구려 · 예(濊) · 마한 등의 부족국가에서는 봄 · 가을에 신에게 제사지내고 가무음주(歌舞飮酒)하면서 며칠을 지냈다는 옛 기록에서 부족국가시대의 춤을 연상할 수 있다.

왕권정치가 확립되면서부터는 오늘날과 같은 무용 본래의 개념으로 인식되기 시작, 궁중에서는 전문 무용가를 두어 국가적 행사와 의식 경축 때 춤을 추게 하였으며 이를 궁궐의 연례용(宴禮用)으로 사용하였다.

특히 삼국~조선시대에 외국과의 교류에 따라 이입(移入)된 수십 종에 이르는 외국 무용은 한국의 것에 맞도록 재구성(再構成)되어, 궁궐에서 추는 궁중무용과 민간에서 즐겨 추는 민속무용 등으로 분파되었다.

1900년 이후 밀려온 서양의 모던댄스의 영향을 받은 우리의 전통무용은, 한편에서는 새로운 무용의 자연주의적 사상을 흡수하여 이를 한국 춤에 도입하기도 하였다. 한국의 무용이 현대적 의미의 무대무용으로 발전하기 시작한 것도 역시 1900년 이후 서울에 원각사(圓覺社)라는 현대식 극장이 생기면서부터이며, 이것을 효시로 한국의 춤도 세계적인 흐름과 맥을 같이하면서 발전, 오늘에 이르게 되었다.[28]

27 동아원색세계대백과사전, 제12권, 1986, 325쪽.

28 무용(舞踊), 네이버 백과사전, http://100.naver.com/100.nhn?docid=64924

3.3.1. 의식무(儀式舞)

의식무는 모든 의식(儀式)에 따르는 무용을 말한다. 즉 불교 · 기독교 · 회교 등의 종교 의식에 수반되는 무용이나 고대(古代)의 전쟁 · 수렵 · 농경 전후에 있었던 의식 행사에 포함되는 무용, 그리고 국가가 주관하는 모든 행사에 따르는 무용이 이에 포함된다.

개별적인 개념으로는 삼국시대 전후(前後)의 각 왕조가 궁중에서 벌였던 의식에 수반하는 궁중무용과 고구려 이후 조선에 이르기까지 각 왕조가 환구단(圜丘壇 : 天神) · 사직단(社稷壇 : 地神)을 세우고 제사지낼 때 추게 했던 무용이 포함된다. 또한 우리나라 불교무용인 나비춤 · 바라춤 · 법고춤 · 목어 · 타주(打柱)가 의식무용에 속한다.

신라시대 이전의 제천의식에 들어 있던 무용과 가무백회(歌舞百戲)가 신라 의식무(儀式舞)의 원형이라고 볼 수 있다. 검무(劍舞) · 무애무(無㝵舞) · 처용무(處容舞) · 도솔가무(兜率歌舞) 등이 있는데 고려 · 조선의 궁중무용에 그대로 이어져 내려왔다.

고려시대의 궁중무용은 향악무(鄕樂舞)와 당악무(唐樂舞)의 두 계통으로 나눌 수가 있다. 향악무(俗樂呈才)는 우리나라에서 비롯된 우리의 춤이고 당악무(唐樂呈才)는 외국(당나라 포함)에서 수입된 춤이다. 향악무로는 무고(舞鼓) · 무애무(無㝵舞) · 동동무(動動舞) · 향발무(鄕鈸舞) · 아박무(牙拍舞) · 학무(鶴舞) 등의 6종류가 고려사와 악학궤범에 기록되어 있다. 당악무로는 수연장무(壽延長舞) · 포구락(抛毬樂) · 헌선도무(獻仙桃舞) · 오양선(五洋仙) · 육화대무(六花隊舞) · 연화대무(蓮花臺舞) 등의 6종류가 있는데, 고려사와 악학궤범에 기록되어 있다.

조선시대에는 신라 · 고려의 무용을 그대로 수용했으며, 36종에 달하는 궁중무를 창작해 낸 전성기였다. 금척무(金尺舞) · 수보록무(受寶籙舞) · 근천정무(覲天庭舞) · 수명명무(受明命舞) · 하황은무(荷皇恩舞) · 하성명무(賀聖明舞) · 성택무(聖澤舞) · 곡파무(曲破舞) · 보상무(寶相舞) · 만수무(萬壽舞) · 헌천화무(獻天花舞) · 박접무(撲蝶舞) · 심향춘(沈香春) · 춘앵전(春鶯轉) · 연백복지무(演百福之舞) 등 53종이 있다.

그리고 문묘제례(文廟祭禮 : 공자를 비롯하여 우리나라와 중국의 뛰어난 유학자를 모신 문묘에 드리는 제사)와 종묘제례(宗廟祭禮 : 왕조의 선대에 드리는 제사)에 포함되는 문묘일무(文廟佾舞) · 종묘일무(宗廟佾班)도 의식무(儀式舞)에 속한다.[29]

▲ 의식무

3.3.2. 민속무

▲ 민속무

민속무는 민간에 전하여 내려오는 춤으로 백성들의 소박한 감정과 각 지방의 생활과 풍속이 잘 나타나 있다.[30]

29 http://terms.naver.com/entry.nhn?docid=453177
30 동아원색세계대백과사전, 제13권, 1986, 33쪽.

3.4. 공예기술

공예기술은 우리 문화의 생활양식이라든가 독특한 면을 보여주는 민속공예품들로서 중요무형문화재로 지정되어 있다. 나전칠기장을 비롯하여 한산 모시짜기 · 옹기장 등이 있다.

3.4.1. 도자공예(陶瓷工藝)

도자기를 본래의 기능을 살리거나 향상시키고 거기에 조형미를 가미하는 것을 말한다. 즉 도자기를 가공한 공예품이다.31

도자기란 질그릇 · 오지그릇 · 사기그릇의 통칭이며, 양질의 흙을 성형하여 불에 구워 만든 생활용기나 장식기물을 말한다. 남원지역의 도자공예에 관한 역사는 멀리는 가야시대로 거슬러 올라갈 수 있으며, 조선 초기에 이르러서는 지금의 남원시 왕정동 만복사지(萬福寺址) 뒤 기린산록에 있던 백자 가마가 유명하였던 것으로 보인다.32

31 동아원색세계대백과사전, 제9권, 1986, 356쪽.
32 남원시, 디지털남원문화대전, http://namwon.grandculture.net/Contents/Index?contents_id=GC00601805

한반도에서는 기원전 5000년경부터 인간이 음식을 만들어 담아 먹을 수 있는 토기가 만들어졌다. 최초의 토기는 흙으로 빚은 단순한 것에서 출발하였으나, 고구려 4세기, 백제 6세기경 유약을 입힌 도자기가 발견되듯이 도자기의 역사는 토기→저화도 도기→고화도 자기로 발전하고 있다.[33]

도기(陶器, earthernware/pottery)와 자기(磁器, porcelain)는 일반적으로 소성(燒成) 온도에 따라 분류한다. 즉 도기는 1,200~1,300℃에서 일단 소지(素地)를 소결시킨 다음, 다시 1,050~1,100℃에서 숙성하는 프릿 유약을 시유하고, 자기는 배합한 소지를 1,300~1,500℃의 높은 온도로 소성하여 소결시킨다. 즉 도기는 자기에 비하여 경도와 기계적 강도가 낮으며, 소지는 다공질이고 흡수성이 있으며 두드리면 탁음을 내며 투광성도 거의 없다. 이에 반해 자기의 소지는 대개 백색이고 유리질이어서 흡수성이 거의 없고 투광성이 있으며, 두드리면 금속성을 내며 기계적 강도가 크고 파단면은 조개껍데기 모양이 된다.

1. 도자기 이름 짓는 법

종류 + 문양방법 + 문양 + 형태로 짓는다(예 : 청자상감운학문매병).

2. 청자의 종류

종류	내용	
순청자	채색이나 상감을 하지 않은 청자이다.	
상감청자	그릇이 마르기 전에 문양을 음각하고 초벌구이를 한 다음 거기에 백토(白土), 흑토(黑土)를 메우고 청자유약을 발라서 구워낸 청자이다.	
화(畵)청자	태토 위에 안료로 문양을 그린 다음 청자 유약을 발라서 구워낸 청자이다.	
	철화(鐵畵)청자	철분이 많은 자토를 물에 개어 태토 위에 문양을 그린 청자이다. 흑색이나 적갈색을 띤다.
	동화(銅畵)청자	적색계통의 산화동으로 문양을 그리거나 양각, 음각, 상감문양 등에 일부 칠한 청자이다.
	화금(畵金)청자	상감된 문양 일부에 금을 칠한 청자이다.
퇴화(堆花)청자	백토 또는 자토로 그릇 표면에 점을 찍거나 선을 그려 문양을 나타낸 것으로 문양 부분이 약간 도드라지는 것이 특색이다.	

33 강대규 · 김영원, 도자공예, 저자의 말 중, 솔출판사, 1990.

3. 백자의 종류

종류	내용
순백자	문양을 넣지 않은 순백의 백자이다.
청화(靑華)백자	그릇 표면에 코발트계의 청색 안료로 그림을 그리고 구워낸 백자이다.
상감백자	표면에 음각으로 문양을 새기고 자토로 메워 검은색으로 나타낸 백자이다.
철화백자	철분 안료로 문양을 그려 다갈색으로 나타낸 백자이다.
진사(辰砂)백자	산화동으로 문양을 그려 붉은색으로 나타낸 백자이다.

4. 분청사기

조선시대 전기를 대표하는 자기. 회색 또는 회흑색의 바탕흙(태토, 胎土) 위에 정선(精選)된 백토(白土)로 표면을 입힌 뒤 유약(釉藥)을 씌워 환원염(還元焰)에서 구워낸 도자기이다.

5. 분청사기의 종류

종류	내용
상감분청사기	문양의 음각선에 백토와 자토를 메워 넣고 유약을 발라서 구워낸 분청사기이다.
인화(印花)분청사기	원하는 문양을 양각한 도장 같은 도구로 그릇 표면을 찍은 후 백토를 메워 넣는 기법을 사용한 분청사기이다.
박지(剝地)분청사기	회색의 태토로 된 그릇 표면에 백토를 바르고 문양을 그린 다음 문양 이외 여백의 백토를 모두 다시 긁어내어 문양은 백토색이 되고 여백은 회색의 태토색으로 나타나 대비를 이루는 분청사기이다.
선각(線刻)분청사기	그릇을 백토로 분장한 다음에 원하는 문양을 새겨 넣은 분청사기이다.
철화(鐵畵)분청사기	철분 안료로 자유분방한 문양을 빠른 운필로 나타내고 얇게 유약을 바른 분청사기이다.
귀얄분청사기	돼지털 또는 말총을 넓적하게 묶어 만든 귀얄이라는 붓으로 백토를 묻혀 그릇 표면에 칠한 분청사기이다.
분장(粉粧)분청사기	백토물에 그릇을 덤벙 담갔다가 꺼내어 표면이 백토로 분장된 분청사기이다.

3.4.2. 금속공예

▲ 금제관식

금속공예는 금, 은, 동, 철 등의 금속을 주재료로 하여 생활용품이나 장식품을 만드는 공예를 가리키며, 재료에 따라 귀금속공예와 보통금속공예로 나눈다.[34] 금 · 은 또는 백금과 같은 것을 사용하는 귀금속공예는 주로 장식품을 만드는 공예이고, 구리나 철을 쓰는 보통금속공예는 일용품이나 도구, 기계류를 만드는 공예로 금속공예의 주종을 이룬다.

이들 재료에 열을 가하여 용해된 쇳물을 틀에 부어 빼낸 것이 주물(鑄物)이고, 쇠의 신축성을 이용하여 두드려서 성형한 것은 단조물(鍛造物)이라 한다.

종, 솥, 쟁기, 삽 등은 주물에 속하고 낫, 칼, 꽹과리, 담뱃대 등은 단조물에 속한다. 남원지역에는 전통적으로 전승되어 오고 있는 금속공예가 많은데, 그중 담뱃대와 유기그릇 그리고 부엌칼의 제조는 금속공예의 대표적인 물품들이다.

금속공예품을 제작하는 데 사용되는 여러 가지 기법 중 가장 기본적인 것으로 주금(鑄金), 기법, 단금(鍛金)기법, 조금(彫金)기법이 있다. 즉 주금은 금 · 은 · 철 · 동 · 주석 등의 금속이나 그것의 합금을 가열하여 녹인 후, 어떤 종류의 흙이나 모래, 돌 등 불연성(不燃性) 물질로 만든 틀에 주입하여 불상이나 불구류(佛具類), 청동거울, 꽃병 등의 여러 가지 작품을 만드는 방법이고, 단금기법은 금, 은, 동, 철 등의 합금의 소성을 이용하여 두들겨서 늘이거나, 축소시켜 항아리, 접시, 꽃병 등의 작품을 만드는 방법이고, 조금기법은 여러 종류의 끌을 사용하여 금속에 문자나 문양을 조각하여 만드는 기법을 말한다.[35]

34 금속공예, 두산백과사전, http://www.doopedia.co.kr
35 최응천 · 김연수, 금속공예, 솔출판사, 1990, 2003, 17쪽.

1. 범음구(梵音具)

범음이란 범자(梵字)의 음(音) 또는 맑고 깨끗한 음성이란 뜻으로 불보살(佛菩薩)의 음성을 말하며, 범음구란 범음을 만들어내는 불교용구이다. 여기에는 범종(梵鐘)을 비롯하여 큰북, 목어(木魚), 운판(雲版), 장판(長板 또는 판종(板鐘)으로 부름) 등이 있는데 불가에서는 이를 사물(四物)로 부르고 있다. 또한 사찰의 법당이나 식당에서 불교의식이나 공양 때 치는 금고(金鼓 : 쇠북)도 범음구의 일종이다.

2. 공양 · 의식구

공양 · 의식구에는 사찰의 불단 앞에 놓이는 공양물을 담는 정병(淨甁), 발우(鉢盂), 항아리(壺), 합(盒) 등의 식기류와 향로, 화병, 촛대 등 의식구가 있다.

3. 장엄구

장엄구란 부처님의 숭고한 정신, 지극한 덕을 중생들에게 보다 효과적으로 알리기 위한 방편으로 불상 주위를 아름답게 장식하는 것들을 말한다.[36]

여기에는 불 · 보살상을 장식하는 각종 장신구와 광배(光背)를 비롯하여 수미단(須彌壇)에 설치하는 보개(寶蓋), 불전(佛殿) 안에 놓이는 금속제불탑, 사리함 등이 있다.

4. 유기(鍮器)

유기(鍮器)란 유석으로 만든 모든 그릇이나 도구를 말한다. 유석(鍮石)이란 향로감석, 황동 또는 진유라고도 하는데, 자연적으로 출토된 광물질이 아니고 구리에 여러 가지를 합금하여 인위적으로 만든 것이다. 유기의 종류로는 밥그릇과 국그릇 등의 식기류와 요강 · 세숫대야 등의 혼사용구, 향로 · 촛대 등의 제사용구, 바라 · 범종 등의 불기류(佛器類), 청동화로, 부삽 등의 난방용구, 나비촛대 ·

36 최응천 · 김연수, 금속공예, 솔출판사, 2003, 193쪽.

유경 등잔 등의 등잔류(燈盞類) 등이 있다.

조선시대에는 각 지방의 시장에 유기점이 따로 설치되어 각종 식기와 풍물류의 유기물을 서민들에게 판매하였다. 유기공예는 8 · 15해방 뒤까지 각 지역에서 성행하였는데, 특히 경기도 안성을 비롯하여 경상도 금천, 전라도 남원, 특히 운봉 등지에서 계속 제작되었다.

운봉유기가 전국적으로 이름이 나게 된 것은 조선 중기부터라 생각된다. 이곳에서 제작된 유기는 색채가 뛰어나 마치 황금과 같고 질이 매우 우수하여 한국적인 고전미를 느낄 수 있었다고 한다.

3.4.3. 화각공예

화각공예는 쇠뿔을 이용하여 목질 세공품을 곱게 하는 장식공예로 채색 그림 위에 쇠뿔 종이를 붙이는 장식공예로 채색 그림이 은은히 비쳐 보이며 부드럽고 고상한 장식적 효과를 나타낸다.[37]

즉 채색 그림이 은은하게 비쳐 보이며 부드럽고 고상한 장식적 효과를 나타내는 공예방법이다. 화각(華角)은 쇠뿔을 얇게 갈아 투명하게 만든 판을 말하며, 이러한 화각을 이용해서 공예품을 만드는 사람을 화각장이라 한다.

화각공예는 재료가 귀하고 공정이 까다로워 생산이 많지 않았으므로, 특수 귀족층들의 기호품이나 애장품으로 이용되었고 일반 대중에게는 별로 알려지지 않은 분야이다. 따라서 이 화각공예는 나전칠기와 더불어 우리나라 고유의 왕실공예일 뿐 아니라 다른 나라에서는 찾아보기 어려운 민족적인 독특한 공예이다.[38]

37 네이버국어사전, http://krdic.naver.com/detail.nhn?docid=42931200

38 성남시, 디지털성남문화대전, http://seongnam.grandculture.net/Contents/Index?contents_id=GC00102341

3.4.4. 장식공예

장식공예는 수공으로 제작되며, 실용성을 거의 띠지 않고 감상이나 치레를 목적으로 하는 공예를 일컫는다.39

3.4.5. 나전칠공예

나전칠공예는 고려시대에 만들어진 나전칠기(螺鈿漆器) 즉 나전을 자개에 붙여서 장식하는 공예이다. 나전이란 자개를 무늬대로 잘라 목심(木心)이나 칠면(漆面)에 박아 넣거나 붙이는 칠을 말하며, 칠기는 옻나무의 수액(樹液)을 써서 가공·도장된 제품을 일컫는다.

한국에 나전칠기가 언제부터 있었는지는 확실하지 않지만, 칠공예(漆工藝)가 삼국시대에 있었던 것은 고분에서 출토된 유물을 보아 알 수 있다. 낙랑에서 이미 뛰어난 칠공예품을 사용하였으므로 삼국시대에도 그 영향을 받아 나전이 발달하였을 가능성이 높다.40

▲ 나전칠기

39 네이버 백과사전, http://krdic.naver.com/detail.nhn?docid=32309800
40 나전칠공예, 두산백과사전, http://www.doopedia.co.kr

3.4.6. 제지공예

▲ 전통한지

제지공예는 한지공예라고도 하며, 닥나무에서 추출한 식물성 섬유를 곱게 찧어서 물에 풀어 놓은 섬유질 점액으로 만들어 대나무를 정교하게 쪼개어 만든 대발로 얇게 떠서 종이를 가공해 내는 공예를 말한다.

전통적인 제지공예는 닥나무 껍질을 이용하여 한지를 만들고, 이 한지를 이용하여 기물을 만드는 것이다. 한지는 일명 조선지라고도 부르는데 우리나라 고유의 종이이다. 우리나라의 전통적인 한지는 특히 호남지역에서 가장 활발히 제작되었으며, 그중 전주, 남원, 순창, 장성이 특산지였다. 지금도 전주, 완주, 남원 등지에서는 닥나무 껍질로 한지를 만들고 있다.

중요무형문화재 제117호인 한지장(韓紙匠)[41]은 전통한지를 제작하는 장인을 일컫는다.

3.4.7. 목공예

목재로 여러 가지 생활기물을 만드는 공예를 목공예라 한다. 나무로 기물을 만드는 소목장은 장롱, 책상, 탁자, 반닫이, 경상, 소반 등을 만들어낸다. 중요무형문화재 목공예 분야 지정종목으로는 악기장, 소목장, 각자장, 목조각장, 윤도장, 화각장 등이 있다. 나무로 만든 기물을 오래 보관하기 위해 옻칠로 마감하는 것이 칠공예이다. 옻나무에서 채취한 진액은 방습, 방부, 방충에 뛰어난 효과가 있으며, 여기에는 죽공예도 포함된다.[42]

41 한국문화재보호재단, http://blog.naver.com/fpcp2010?Redirect=Log&logNo=110099222953
42 한국문화재보호재단, http://blog.naver.com/fpcp2010?Redirect=Log&logNo=110099222953

1. 목칠공예(木漆工藝)

목칠공예란 목물(木物)에 수액으로 다양한 칠(漆)을 하여 사용한다고 해서 붙여진 이름이다. 목칠공예는 크게 목각공예와 가구공예로 나누어진다. 이러한 의미의 목칠공예는 도자공예와 더불어 우리나라 공예사상 가장 두드러진 부분이다.

남원지역의 대표적인 목칠공예로는 운봉읍의 목기와 남원시 일원의 소반(小盤)이 전국적으로 유명하다. 운봉목기와 남원소반은 지리산 주변의 풍부한 산림자원을 바탕으로 5백 년 동안 그 명맥을 유지해 온 남원 유일의 특산품이다.

운봉목기와 남원소반은 제작과정이 섬세할 뿐만 아니라 원자재가 지리산의 고산지대에서 나오고 있어 특유의 향기와 함께 그 재질이 단단해 조선 초기부터 전국에 명성을 떨쳐왔다.

이 밖에 각종 목기나 화병, 주병, 항아리 등 기타 소품의 목공예품도 생산하고 있다. 원자재는 주로 오리목, 들뿌리, 물뿌리나무를 이용하고 있으며, 신축성이 있고 질긴 야막나무나 노각나무를 이용하기도 한다. 특히 향나무와 같은 특유의 향기를 내뿜는 박달나무는 고급 원자재로 각광받고 있다.

▲ 문갑

▲ 과기

목칠가구는 일반 생활에 널리 사용되는 것들이다. 일제강점기 동안 산내국민학교에 목공예 과목이 있어 한때 많은 기술인을 배출한 바 있다. 남원소반은 남원반인협회가 주축이 되어 남원목공예사업협동조합을 구성하여 대단위 목공예 단지를 조성 중에 있다.

〈표 3-1〉 시대별 목칠공예 품목 내용

시대	품목 내용
삼국·통일신라	평상(枰床), 소반(小盤), 칠반, 왕의 밑받침, 도깨비 얼굴 화살통장식, 새모양 칠기잔, 목제인물상과 목인형, 금은평탈 보상화문(寶相華文)경, 연꽃장식
고려	대장경판, 경패(經牌), 하회가면(河回假面)송, 나전국화문경함(螺鈿菊花文經函), 나전국당초문경함(螺鈿菊唐草文經函), 나전대모국당초문봉(螺鈿玳瑁菊唐草文棒), 나전대모국당초문합(螺鈿玳瑁菊唐草文盒)
조선	안방가구, 사랑방가구, 궤, 부엌가구, 제례용품, 일상용품, 고비, 연상(硯箱 : 벼룻집), 평상, 서안(書案), 농, 장, 좌경(座鏡 : 앉은뱅이거울), 좌등, 시전지판(詩箋紙板), 보판(褓板), 선추(扇錘), 인궤(印櫃), 영정함, 찬탁(饌卓), 함지, 약장, 목안(木雁 : 기러기), 반닫이, 감실(龕室), 교의(交椅), 초롱, 필통, 지통, 붓걸이, 경상(經床), 탁상, 문갑, 목침, 탁자, 책상, 책궤, 서류함 등

자료 : 박영규·김동우, 목칠공예, 솔출판사, 2005를 토대로 재구성.

2. 죽공예(竹工藝)

죽공예란 목공예의 하나로 대나무를 이용하여 생활용품을 만드는 공예를 말한다. 죽공예는 통대나무를 그대로 이용하여 평상(平床), 탁자(卓子), 의자(椅子) 등의 생활용구를 만드는 경우와 큰 대나무를 정교하게 쪼개어서 부엌살림에 요긴한 바구니, 소쿠리, 용수, 조리, 키 등을 만들거나 부채, 죽침(대나무베개), 죽립(대나무갓) 등의 장신구를 만들기도 한다.

대나무 표피에 낙죽(烙竹)을 하거나 오색 물감을 들여 부녀자용 가방, 반짇고리 등 화사한 무늬의 치장 용구를 만들기도 하며 이 밖에 담배설대나 단소, 퉁소 등의 악기를 만들기도 한다.

아주 가늘고 얇게 쪼갠 대오리를 가지고 발, 채상(彩箱), 부채, 갓양태 등 매우 공력이 들고 세련된 솜씨를 필요로 하는 죽세공품들이 만들어졌는데 이러한 작품들은 우리나라만의 특유한 것들이다.

죽공예로는 부채, 우산, 등(燈)이 대표적이다. 부채는 대부분 전주에서 생산되고 있기는 하지만 남원지역에서도 상당량이 생산되고 있다. 전주와 남원에서 부채가 생산되기 시작한 시기는 고려 초기로 알려져 있다. 당시 인근 지역인 운봉에서 한지의 원료인 닥나무가 다량으로 생산되어 좋은 품질의 한지가 많이 생산되었기 때문이라고 하며, 조선조에 들어와서는 전주감영에 선자청(扇子廳)까지 두었다 한다.

특히 합죽선(合竹扇)은 양반들의 의례용구나 그 위에 그려진 시화의 그윽한 묵향을 음미하는 필수적인 장신구로 등장한 소품으로, 지금도 전주와 남원 지역에서만 생산되고 있다.

▲ 부채

부채 제작업체에서는 순수 수공과정으로 연간 2,000~3,000개에서 많게는 수만 개를 생산하고 있으나 모두가 가족의 생계유지에 지나지 않는 극히 영세한 가업상태를 벗어나지 못하여 대부분 폐업하고 현재는 몇 집만이 남아 있는 실정이다.[43]

3.4.8. 건축공예

건축공예의 대표적인 것은 단청으로 주로 목조건물에 여러 가지 색으로 무늬를 그려 아름답게 장식하는 것을 말한다. 이렇게 건축물에 단청을 하는 이유는 여러 가지가 있지만, 건축물의 표면과 세부 구조물에 칠, 도장을 함으로써 목재의 부식을 방지하는 목적이 가장 크다고 할 수 있으며, 더불어 표면을 아름답게 장식하는 효과를 지닌다고 할 수 있다.

특히 단청이 발달된 가장 큰 요인은 동양 건축양식의 경우 주로 목조를 많이 이용하기 때문이다. 건축재로 많이 사용되었던 소나무는 특성상 건축재로는 매우 적합하지만, 표면이 거칠고 건조되면서 열상이 크게 나타난다는 단점이 있어서 이런 목재의 표면을 감추기 위해 표면을 도장하는 방법이 발달하게 되었다고 할 수 있다.

단청은 궁궐 건축, 사찰, 유교건축물에서 볼 수 있으며, 특히 궁궐의 단청은

43 남원시, 디지털남원문화대전, http://namwon.grandculture.net/Contents/Index?contents_id=GC00601805

독특한 권위적인 상징무늬와 색채가 호화로우면서도 은근히 기품을 주는 것이 사찰 건축과 다른 분위기를 나타낸다.[44]

▲ 단청

3.4.9. 피혁(피모)공예

피혁공예는 주로 동물의 가죽을 이용하여 수공으로 생산하는 공예기술 또는 그 제품이다. 피모공예는 쇠가죽, 말총, 초서피 등 동물의 가죽이나 털을 활용하여 만드는 공예기술을 말한다.

대표적인 것은 말총과 대나무를 이용한 망건, 탕건, 갓 등 조선시대 선비들의 모자를 만들기도 하며 쇠가죽으로 만드는 북메우기 등이 있다. 망건은 상투를 튼 남자들의 머리카락이 흘러내리지 않도록 이마에 두른 머리띠의 일종이며 편자를 짠 후 촘촘하기를 달리해 말총을 한 올 한 올 떠서 망건의 앞, 뒤 당까지 짜고, 편자는 명주천으로 감싸 당줄을 꿰고 관자를 달아매서 완성한다. 중요무형문화재 피모공예 분야 지정종목으로는 갓일, 망건장, 탕건장이 있다.[45]

삼국지 위지동이전에 의하면 "부여에서는 가죽신을 신고 담비가죽으로 옷을 만들어 입었다"라고 하며, "동예는 반어피(斑魚皮)와 문표(紋豹)가 특산품이었다"라고 한다.

44 한국문화재보호재단, http://blog.naver.com/fpcp2010?Redirect=Log&logNo=110099222953

45 한국문화재보호재단, http://blog.naver.com/fpcp2010?Redirect=Log&logNo=110099222953

당서(唐書)에 의하면 "고구려에서 동진에 담비가죽 · 갈계가죽 · 곰가죽 등을 수출했다"라 하므로 우리나라에서 일찍부터 피혁공예가 발달했음을 알 수 있다.

용도에 따라서 복식 · 악기 · 장신구 · 수장구 등으로 구분되며, 복식으로는 부드러운 가죽인 담비나 사슴가죽으로 만든 겉저고리(貂鹿裘), 양반과 사대부들의 신발인 태사혜나 부녀자들의 운혜 · 당혜, 두텁고 탄탄한 소 · 말 · 개 가죽으로 만든 진신 등이 있다.

악기로는 나무통을 가죽으로 메워 소리를 내는 북과 장고가 있는데, 특히 북 메우기는 가죽의 유화처리가 중요하다.

그 기술은 생가죽을 석회수에 넣고 7, 8일간 담가두었다가 표면이 뿌옇게 되면 맑은 물에 헹구고 가죽의 안쪽을 대패로 깎은 후 닭똥가루를 푼 물에 30시간 정도 담가 부드럽게 한 다음 헹구어 응달에 펼쳐서 말리는 것이다.

그 밖에도 안경집 · 담배쌈지 · 주머니 · 장도끈 · 도장집과 같은 남성용 장신구를 비롯하여 문서함 · 망건통 · 안롱(鞍籠) · 예물함 등의 가구 표면에 가죽을 씌워 만들기도 했다.[46]

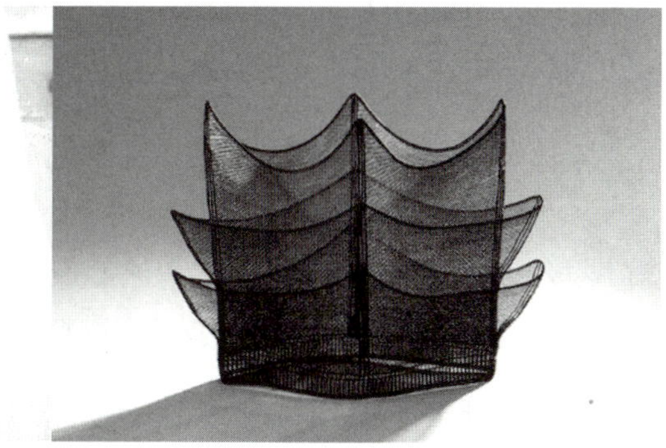

▲ 정자관(중요무형문화재 제67호 탕건장)

46 http://kr.blog.yahoo.com/jyonjyon@ymail.com/11

3.4.10. 지물(채묵)공예

▲ 관음도

지물공예는 종이를 이용하여 기물을 만들거나 장식하는 기예 및 그 제품의 총칭을 말한다. 즉 얇고 부드럽고 질기며 물들기 쉬운 종이를 이용하여 오리고 잘라 붙이고 꼬고 엮는 등 다양한 방법으로 행해졌다. 장, 농, 함, 연상, 방석과 같은 가정용품과 안경집, 표주박, 화살통과 같은 휴대품, 지의, 갓모 등의 복식류, 지화, 연등과 같은 연희, 의례용품 전반에 고루 이용되었다. 중요무형문화재 지물공예 분야 지정종목으로는 배첩장이 있다.

채묵공예는 단청과 같이 칠을 하거나 그림을 그리는 분야를 아울러 말한다. 단청은 나무로 지은 건물을 오래 보존하기 위해 칠을 한 위에 전통문양과 오방색으로 칠하고 화려하게 장식하는 것이다. 탱화, 민화도 채묵공예로 분류할 수 있는데 탱화는 철저히 불교 교리대로 도상에 따라 불화를 그리는 것이다. 채묵공예분야 지정종목에는 단청장이 있다.[47]

3.4.11. 직물공예

직물공예는 목화풀이나 삼풀 및 모시풀에서 솜을 따고 줄기를 갈라 실을 잣고 무명베, 삼베, 모시베와 같은 옷감을 짜는 것이다.[48] 그리고 만들어낸 옷감을 재고 마르고 바느질하여 옷으로 만드는 것이 침선공예이다. 남정네의 두루마기나 철릭이며 시집 갈 아이의 치마, 저고리와 함께 입을 속속곳이며 어린 아기의 타래버선까지 만들어내었다.

또한 옷감 위에 오색으로 물들인 색실로 그림이나 글씨를 장식하여 치레거리

47 한국문화재보호재단, http://blog.naver.com/fpcp2010?Redirect=Log&logNo=110099222953

48 동아원색세계대백과사전, 제26권, 1986, 92쪽.

를 만드는 것이 자수공예이다. 작게는 주머니, 수저집, 모자, 돌띠부터 크게는 사찰의 수불, 가리개, 병풍까지 영역을 넓혀갔다. 실이나 천을 자연의 꽃이나 풀을 사용해서 색색가지로 물들이는 것이 염색공예이다. 쪽, 홍화, 치자, 황벽, 울금 등 자연에서 나고 자란 식물들은 잿물, 명반, 석회 등을 만나 우리의 옷 위에 아름다운 색깔을 내었다.

중요무형문화재 직물공예 분야 지정종목으로는 실을 합치고 엮어내며 자연의 형상을 맺어내는 매듭장, 자수장, 침선장, 나주의 샛골나이, 한산, 모시짜기 등이 있다.[49]

▲ 쪽염색원단

▲ 고전의상

3.4.12. 옥석공예

옥석공예는 옥이나 여러 종류의 돌로 공예품을 만드는 것이다. 중요무형문화재 옥장, 석장이 여기에 속한다.[50]

▲ 기와

49 한국문화재보호재단, http://blog.naver.com/fpcp2010?Redirect=Log&logNo=110099222953

50 한국문화재보호재단, http://blog.naver.com/fpcp2010?Redirect=Log&logNo=110099222953

3.4.13. 죽 · 초고(草藁)공예

대나무는 원통형의 모양에 속이 비어 있으나 표면이 매끈하고 가늘게 쪼개지는 성질을 가지고 있어 이러한 특성을 이용하여 생활용품을 만드는 것이 죽세공예이다. 대나무통이 굵은 것은 필통, 전통 등을, 얇은 것으로는 붓대, 담뱃대, 화살 등을 만드는 데 활용된다.

중요무형문화재 죽공예 분야 지정종목으로는 대올을 이용하는 갓일, 대나무의 표면을 인두로 지져 무늬를 그리는 낙죽장, 대나무로 활과 화살을 만드는 궁시장, 얇게 떠낸 대오리로 색색의 무늬를 놓아가며 고리를 엮는 채상장, 대죽으로 화살통을 만드는 전통장 등이 있다. 초고공예는 우리 주위에서 쉽게 재료를 구할 수 있는 식물의 줄기를 이용하여 공예품을 만드는 것을 말한다. 중요무형문화재 완초장이 여기에 속한다.[51]

▲ 전통장

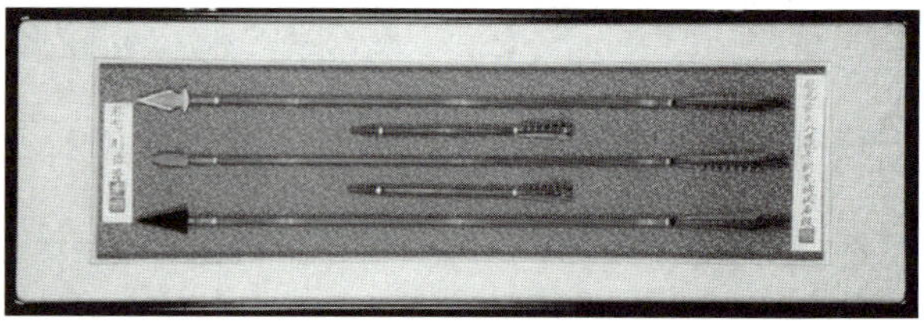

▲ 화살액자

51 한국문화재보호재단, http://blog.naver.com/fpcp2010?Redirect=Log&logNo=110099222953

3.5. 기타

3.5.1. 의식(儀式)

의식은 의례 또는 제의라고도 하며, 신이 설정된 공간에서 일정한 예식을 갖추고 행하는 법식 행사를 말한다. 음력 5월 5일 단옷날 강릉 시내에서 제사를 모시고 굿을 하는 강릉단오제 등이 있다.

▲ 강릉단오제

3.5.2. 놀이

남사당패라 불리는 전문적인 유랑 연예인들이 농어촌 등지를 돌아다니며 놀던 남사당놀이, 추석을 전후로 달밤에 부녀자들이 뛰노는 강강술래, 안동 차전놀이, 고싸움놀이, 밀양 백중놀이, 줄타기 등이 있다.

▲ 쌍용놀이

▲ 밀양 백중놀이

3.5.3. 무예

우리나라의 전통무술인 택견이 있다. 택견은 몸동작이 유연하며 마치 춤을 추듯 리듬을 타는 가운데 예술성마저 갖추고 있다.

3.5.4. 음식제조

오랜 역사를 지닌 궁중음식을 보면 우리의 전통성이 잘 나타나 있다. 더구나 좋은 재료를 써서 한껏 솜씨를 발휘한 만큼 맛깔스럽기도 하다. 일상적으로는 12첩 반상을 차려 올렸으며, 잔칫상은 음식을 높이 괴어 올렸다. 이러한 잔치음식이 사대부 집안을 거쳐 일반 서민의 상차림에까지 영향을 준 것으로 보인다.

조선왕조 궁중음식이 중요무형문화재로 지정되어 있으며, 보유자는 한복려, 정길자이다.

궁중요리

한정식 상차림

3.6. 중요무형문화재

3.6.1. 중요무형문화재 목록(지정 호별)

1. 제1호~제30호

제 1 호 종묘제례악(宗廟祭禮樂) : 종묘에 봉안된 조선시대 역대 임금의 제사를 지내는 데 필요한 음악 · 노래 · 춤 일체를 일컫는 말. 세조 10년(1464년)－서울 종묘

제 2 호 양주별산대놀이(楊州別山臺놀이) : 경기지방에서 연희되어 온 산대도감극(山臺都監劇)의 한 분파. 경기 양주별산대놀이보존회－양주시

제 3 호 남사당덧보기(男寺黨놀이) : 1964년 12월 7일 중요무형문화재 제3호로 지정되었고, 2009년 9월 30일 유네스코 세계무형문화유산으로 등재되었다. 남사당은 대개 농어촌이나 성곽 밖의 서민층 마을을 대상으로 하여 모심는 계절부터 추수가 끝나는 늦은 가을까지를 공연시기로 하였다.

제 4 호 갓일장 : 1991년 갓은 조선시대 사대부의 대표적인 관모(官帽)의 하나로 통영 정춘모-삼성동 문화재전수회관 3층

제 5 호 판소리 : 부채를 든 한 사람의 창자(소리꾼)가 고수 한 사람의 북장단에 맞추어, 창(소리, 노래) · 아니리(말, 白) · 너름새(몸짓)를 섞어가며 긴 이야기를 엮어가는 극적인 음악. 출처로 여러 설이 있다.

제 6 호 통영오광대(統營五廣大) : 1964년 조선조 후기의 가면극. 경상남도 통영오광대보존회－경남 통영

제 7 호 고성오광대(固城五廣大) : 1964년 고성오광대는 경남 고성지방에서 전해 내려오는 가면극. 고성오광대보존회－경남 고성군

제 8 호 강강술래 : 1965년 영 · 호남 해안일대와 섬 등에서 전승되는 민속놀이 혹은 민요. 강강수월래(江江水越來)라고도 부름. 여러 설이 있음. 진도무형문화재전수교육관

제9호 은산별신제(恩山別神祭) : 1966년 충청남도 부여군 은산면 은산리 마을 사당인 별신당에서 열리는 제사로 백제 군사들의 넋을 위로하고, 마을의 풍요와 평화를 기원하는 향토축제. 유상렬(1898년생)-부여군 은산면 은산리 은산별신제보존회, 차진룡-부여군 은산면 은산리

제10호 나전장(螺鈿匠) : 나전을 만드는 기술자를 말한다. 1995년 나전칠기장(중요무형문화재 제10호, 1966년 지정) · 끊음질(중요무형문화재 제54호, 1975년 지정) · 주름질이 합쳐져 나전장으로 지정되었다.

제11호 농악(農樂) : 풍물 · 두레 · 풍장 · 굿이라고도 한다. 김매기 · 논매기 · 모심기 등의 힘든 일을 할 때 일의 능률을 올리고 피로를 덜며 나아가서는 협동심을 불러일으키려는 데서 비롯되었다. 지금은 각종 명절이나 동제(洞祭) · 걸립굿 · 두레굿과 같은 의식에서도 빼놓을 수 없는 요소가 되고 있다.

이름	내용
진주 · 삼천포농악	경상남도 진주시와 사천시의 옛 삼천포 지역에 전해오는 영남농악이다. 영기 · 농기 · 나발 · 꽹과리 · 징 · 북 · 장고 · 버꾸 · 양반 · 포수 · 집사 · 농군 · 가장녀 · 무동 등으로 편성되며 치배들은 흰색 바지저고리에 삼색띠를 매고 전립을 쓴다. 쇠가락은 흩다드래기 · 겹다드래기 · 삼채다드래기 · 영산다드래기 · 잔다드래기 · 덧뵈기 · 판굿길군악 · 길군악 · 오방진가락 · 호호굿가락 등이 있다.
평택농악	경기도 평택시 팽성읍 평궁리를 중심으로 전해오는 웃다리농악이다. 경기도 평택시 팽성읍 평궁리를 중심으로 충청도와 경기도 지역 전문 연희패의 웃다리농악과 평궁리 두레농악이 결합된 형태의 농악이다. 두레농악은 정초나 대보름에 지신밟기를 하거나 농사철에 두레풍물을 치던 놀이이다.
이리(현 익산)농악	전라북도 익산지역을 중심으로 전승되는 전통음악이다. 호남우도농악에 속한다. 현 이리농악단의 역사는 김형순(金炯淳, 1933년 출생, 익산시 남중동)이 1952년에 부안에서 이주해 온 뒤 풍물계를 조직하면서부터 시작된다. 이후 김제 · 정읍 · 부안의 전문적 우도굿잽이들을 받아들이면서 높은 수준의 농악단을 양성해 왔다.
강릉농악	강원도 강릉지역을 중심으로 전승되는 농악이다. 태백산맥 동쪽에 전승되는 영동농악의 하나로, 농경생활을 흉내내어 재현하는 농사풀이가 있어서 농사풀이농악이라고도 부른다. 농기, 쇄납(날라리), 꽹과리, 징, 북, 장구, 소고, 법고 및 무동으로 편성된다.
임실필봉농악	1988년 임실필봉농악은 전라북도 임실군 강진면 필봉리에서 마을굿의 형태로 전승되어 온 풍물놀이이다.

제12호 진주검무(晋州劍舞) : 1967년 1월 16일 중요무형문화재 제12호로 지정되었다. 검무는 본래 궁중무용의 하나였는데 이것이 각 지방의 관아에 전해져 연희의 범위가 넓어진 춤이다. 진주검무는 춤의 연출형식 · 춤가락 · 칼 쓰는 법 등이 옛 궁중의 그것을 그대로 보존하고 있어 주목된다. 다른 검무와의 차이점은, 대부분의 검무가 4명으로 추어지는 데 반하여 진주검무는 8명으로 연희되며, 대부분의 검무가 타령장단으로 시작하여 타령곡 일색인 데 반하여 진주검무는 도드리장단으로 시작하여 타령곡 및 타령곡의 속도로 변화시킨 여러 곡이 사용된다. 특히 다른 검무에는 없는 독특한 춤사위가 많다.

제13호 강릉단오제(江陵端午祭) : 1967년 1월 16일 중요무형문화재 제13호로 지정되었다. 예능보유자는 김종군이다. 범일국사(泛日國師)가 죽어서 대관령 서낭이 되었다는 전설이 있는데, 범일국사와 관련이 있는 여러 서낭당에서 차례로 제사를 지낸다.

제14호 한산모시짜기(韓山모시짜기) : 1967년 1월 16일 중요무형문화재 제14호로 지정되었다. 모시(紵, 苧)는 마(痲)에 속하는 다년생 초본(草本)으로 삼을 가늘게 하여 만든 베를 전(絟)이라 하고 전이 가늘고 하얀 것을 저(紵)라고 한다. 그러나 통상 우리가 사용하는 모시는 모시풀의 껍질을 벗겨 삼베와 같은 과정으로 만든 것이다. 그것을 모시 베(絟布)라 하고 날을 아주 가늘게 짠 모시베를 세모시베(細紵布)라 한다.

제15호 북청사자놀음(北青獅子놀음) : 1967년 3월 31일 중요무형문화재 제15호로 지정되었다. 놀이의 목적은 벽사진경(辟邪進慶)에 있는데, 벽사할 능력을 가진 백수(百獸)의 왕 사자로 잡귀를 몰아내어 마을의 평안을 유지한다는 것이다. 놀이의 비용은 집집마다 돌아다니면서 벽사를 해준 후에 받는 돈과 곡식으로 충당하였다.

제16호 거문고산조(거문고散調) : 1984년 9월 20일 전라북도무형문화재 제3호로 지정되었다. 산조(散調)를 거문고로 연주한 음악으로 장단의 빠르기에 따라 4~6개의 악장으로 구분된다. 느린 장단인 진양조, 보통 빠른 장단인 중모리, 좀 빠른 장단인 중중모리, 절름거리는 박자인 엇모리, 빠른 장단인 자진모리 등 5개의 장단이 있다.

제17호 봉산탈춤(鳳山탈춤) : 황해도 봉산(鳳山)지방에 전승되어 오던 가면극. 1967년 6월 16일 중요무형문화재 제17호로 지정되었다. 해서(海西 : 황해도 일대) 탈춤에 속하며 산대도감(山臺都監) 계통의 극이다.

제18호 동래야유(東萊野遊) : 부산광역시 동래구 온천동(溫泉洞)에 전승되어 오는 탈춤. 1967년 12월 21일 중요무형문화재 제18호로 지정되었다. '동래들놀음'이라고도 부르며 외지에서는 '동래야유'라고 알려져 있는데 현지에서는 야유(野遊)를 야류라고 부른다. 해마다 음력 정월 보름을 전후하여 장터나 타작마당 · 시냇가 같은 야외에서 연희되며, 그해의 연중무사(年中無事) 및 풍년을 기원한다.

제19호 선소리산타령(선소리山打令) : 경기도를 비롯하여 서도(西道) · 남도(南道)지방의 잡가(雜歌) 가운데 서서 부르는 선소리(立唱)의 대표적 곡목이다.

제20호 대금정악(大금正樂) : 정악으로 연주하는 대금곡의 총칭이다. 1968년 12월 21일 중 요무형문화재 제20호로 지정되었다. 예능보유자는 조창훈(趙昌勳)이다. 정악이란 내용과 형식이 고상하고 우아하여 속되지 않은 음악이라는 뜻으로, 좁게는 여민락(與民樂), 영산회상(靈山會相)을 가리키나 넓게는 아악(雅樂) 전반을 말한다.

제21호 승전무(勝戰舞) : 통영북춤이라고도 한다. 고려사(高麗史)에는 고려 충렬왕 때 시중(侍中) 이혼(李混)이 영해섬에서 귀양살이를 하던 중 바다위로 떠내려 온 나무토막으로 북을 만들고 지은 춤이라고 기록되어 있다.

제22호 매듭장(매듭匠) : 실 · 노끈 등을 다양하게 맺거나 술을 다는 전통매듭의 기술이 있는 장인. 1968년 12월 21일 중요무형문화재 제22호로 지정되었다. 기술습득의 순서는 실을 풀어서 오색물감으로 염색하고 부속을 만드는 일에 능숙해진 다음에 다양하게 매듭 맺는 기법을 배운다.

제23호 가야금산조 및 병창(伽倻琴散調 및 倂唱) : 가야금으로 연주하도록 짜여진 산조 및 병창이다. 1968년 12월 21일 중요무형문화재 제23호로 지정되었다. 가야금산조란 가야금으로 연주하는 기악독주곡이다. 판소리에서 보이는 남도향토가락이 4~6개의 장단으로 구분되는 악장으로 짜인 것인데, 느린 장단에서 빠른 장단 순으로 구성된다. 곡은 느린 진양조, 보통 빠른 중모리, 좀 빠른 중중모리, 빠른 자진모리, 매우 빠른 휘모리장단으로 짠다.

제24호 안동차전놀이(安東車戰놀이) : 경상북도 안동지역에서 정월 대보름에 행해졌던 편싸움 형식의 대동놀이. 안동차전놀이는 동서로 편을 갈라 수백 명의 장정이 서로 '동채'를 밀어붙여 상대방을 땅에 닿게 하여 승패를 겨루는 놀이이다. 동채싸움, 동태싸움 등이라고도 한다. 동채싸움이라는 이름은 나무로 만든 놀이기구가 동채(동태)인 데서 연유한다. 안동시내뿐만 아니라 임하면 금소리(금소동채싸움)와 북후면 옹천리 등에서도 행해졌다.

제25호 영산쇠머리대기(靈山쇠머리대기) : 경남 창녕군 영산면(靈山面)에 전승되어 오는 민속놀이. 중요무형문화재 제25호로 지정되었다. 목우전(木牛戰) · 나무쇠싸움 · 나무소싸움이라고도 한다. 속설에 따르면 영산읍을 가운데 두고 마주서 있는 영취산(靈鷲山)과 함박산의 모양은 두 마리의 소가 마주 겨누고 있는 형상으로 둘 사이에 산살(山煞)이 끼어 있다고 하여, 산살을 풀어주기 위하여 이 놀이가 시작되었다고 한다.

제26호 영산줄다리기(靈山줄다리기) : 경남 창녕군 영산면(靈山面)에 전승되는 민속놀이. 한국에서는 오래전부터 중부 이남지방에서 널리 행하였다고 하며, 오늘날에도 가장 많이 하는 민속놀이이다. 영산 이외에도 경남 의령지방, 전남 장흥지방, 충남 아산지방 등에서 특히 성행하는데 보통 정월 보름 이후에 한다.

제27호 승무(僧舞) : 1969년 7월 4일 중요무형문화재 제27호로 지정되었다. 불교적인 색채가 강한 독무(獨舞)로, 한국무용 특유의 '정중동(靜中

動) · 동중정(動中靜)'의 정수가 잘 표현되어 민속무용 중 가장 예술성이 높다는 평가를 받는다.

제28호 나주의 샛골나이(羅州의 샛골나이) : 전라남도 나주시 다시면(多侍面) 신풍리(新楓里) 샛골의 무명 길쌈을 말한다. 1969년 7월 4일 중요무형문화재 제28호로 지정되었다. 이 고장은 예로부터 무명길쌈이 유명하여 한산모시나 곡성의 돌실나이와 같이 널리 알려져 있는 곳이며, 샛골나이는 무명베의 대명사처럼 불렸다.

제29호 서도소리(西道소리) : 1969년 9월 27일 중요무형문화재 제29호로 지정되었다. 짧은 장절형식(章節形式)으로 된 민요와, 좀 긴 통절형식(通節形式)으로 된 잡가, 길게 뻗으며 한시(漢詩)를 읊는 시창(詩唱)에 경기도선소리가 옮아간 선소리(立唱)가 포함되며, 민요는 평안도민요와 황해도민요로 나뉜다.

제30호 가곡(歌曲) : 관현악 반주에 맞추어 시조시를 노래하는 한국의 전통 성악곡이다. 만년장환지곡(萬年長歡之曲)이라고도 한다. 1969년 11월 10일 중요무형문화재 제30호로 지정되었다. 조선시대 상류사회에서 애창된 시조 및 가사와 함께 정가(正歌)에 드는 성악곡으로 판소리 · 민요 · 잡가와 같이 하류사회에서 불린 성악곡과 구별된다.

2. 중요무형문화재 제31호~제60호

제31호 낙죽장(烙竹匠) : 인두를 대나무나 나무에 지져서 무늬 · 그림 · 글씨를 그려 새기는 전통적 기법을 지닌 장인. 1969년 중요무형문화재 제31호로 지정되었다. 종이 · 비단 · 가죽에도 인두를 달구어서 낙죽과 같이 그리고 새기는 기법이 있어, 넓게는 낙화(烙畵)라고도 한다.

제32호 곡성의 돌실나이(谷城의 돌실나이) : 전라남도 곡성군 석곡면(石谷面)에 전승되는 극세(極細)의 삼베(麻布)를 짜는 기술이다. 1970년 7월 22일 중요무형문화재 제32호로 지정되었다. 삼은 음력 3월 하순에

파종하며 소서(小暑)가 지나서 벤다. 냇가에서 삼솥에 넣어 삼을 쪄서, 냉수를 끼얹어 식혀 삼껍질을 벗긴 후 상·하품을 골라서 따로 묶어둔다.

제33호 광주칠석고싸움놀이 : 광주광역시 남구 칠석동 옻돌마을에서 정월 초순경부터 2월 초하루까지 하는 놀이이다. 1970년 7월 22일 중요무형문화재 제33호로 지정되었다. 짚을 주재료로 하여 만든 '고'를 놀이기구로 하여 승부를 겨루는 놀이이다. '고'는 옷고름·고맺음 등에서 온 말로, 한 가닥을 길게 빼어서 둥그런 모양으로 맺은 것을 뜻한다.

제34호 강령탈춤(康翎탈춤) : 황해도 강령지방에 전승되어 오던 해서(海西) 탈춤의 하나로 일종의 가면극(假面劇)이다. 1970년 7월 22일 중요무형문화재 제34호로 지정되었다. 봉산탈춤과 더불어 해서탈춤의 쌍벽을 이룬다. 이 놀이는 해마다 5월 단오 때 단오놀이의 하나로 행하여지던 민속연희(民俗演戲)인데, 그 기원을 삼한시대에 두기도 한다.

제35호 조각장(彫刻匠) : 금속의 기면(器面)에 무늬·글씨 등을 새기는 일을 담당한 장인을 말한다. 조이장(彫伊匠)이라고도 한다. 1970년 7월 22일 중요무형문화재 제35호로 지정되었다. 금속조각은 금속장신구 등 고분에서 출토된 유물을 통하여 그것이 삼국시대 이래 오랜 전통을 지닌 의장기술임을 알 수 있으며, 고려·조선시대에는 이들 기술자를 은장(銀匠)·조각장의 이름으로 관에 예속시켜 관수품을 제조하게 하는 한편 기술 전수도 꾀하였다.

제36호 해제됨

제37호 해제됨

제38호 조선왕조궁중음식(朝鮮王朝宮中飮食) : 한국음식을 대표하는 전통적인 궁중요리이다. 1970년 12월 30일 중요무형문화재 제38호로 지정되었다. 조선을 세운 태조가 개성에서 한양으로 도읍을 옮길 때 함께 옮겨온 고려시대 개성의 전통음식으로, 한국의 전통음식을 대표하는 요리라고 할 수 있다.

제39호 처용무(處容舞) : 궁중 '나례(儺禮)'나 중요 연례(宴禮)에 처용의 가면을 쓰고 추던 탈춤이다. 1971년 1월 8일 중요무형문화재 제39호로 지정되었고, 2009년 9월 30일 유네스코 세계무형문화유산으로 등재되었다. 신라 헌강왕(憲康王) 때 '처용설화(處容說話)'에서 유래된 가면무용(假面舞踊)이다.

제40호 학연화대합설무(鶴蓮花臺合設舞) : 고려시대부터 전해오는 향악정재(鄕樂呈才)를 말한다. 1971년 1월 중요무형문화재 제40호로 지정될 당시에는 학무(鶴舞)라 하였으나, 93년 12월 학연화대합설무로 이름을 고쳤다. 학춤이라고도 한다.

제41호 가사(歌詞) : 고려 말기에서 조선 초기에 걸쳐 발생한 시가 형식을 말한다. 가사(歌詞)와 가사(歌辭)라는 2가지 명칭이 있으며, 조선 전기에 지어진 100행 내외의 것을 가사(歌詞)라 하고, 조선 후기에 지어진 장편의 것을 가사(歌辭)라 하여 그 둘을 구별하자는 견해도 있으나, 보통 구별하지 않으며, 그중 가사(歌辭)라는 용어가 보편적으로 사용된다.

제42호 악기장(樂器匠) : 한국 전통 악기를 제작할 수 있는 장인을 말한다. 1971년 2월 24일 중요무형문화재 제42호로 지정되었다. 악기 제작에 소용되는 필수적 중요재료로는 금, 돌, 실, 대나무, 포, 흙, 가죽, 나무의 여덟 가지가 있다. 이를 팔음(八音)이라고 한다.

제43호 수영야류(水營野遊) : 부산광역시 수영구 수영동(水營洞)에 전승되어 오는 민속극이다. 1971년 2월 24일 중요무형문화재 제43호로 지정되었다. 현지에서는 야유(野遊)를 야류라고 부르며, '넓은 들판에서 노는 놀음', 즉 '들놀음'의 한자어로, '안(內)놀음', '자리판놀음'과 대치되는 말이다.

제44호 한장군놀이(韓將軍놀이) : 옛날 왜구가 경상북도 경산·자인에 침입하여 도천산(到天山)에 진을 치고 있을 때 한종유란 장군이 있어 적을 유인하여 모조리 격멸시켰다는 데서 유래된 놀이이다.

제45호 대금산조(大笒散調) : 대금을 위한 산조독주곡이다. 1971년 3월 16일 중요무형문화재 제45호로 지정되었다. 산조는 느린 장단에서 빠른 장단의 순으로 된 4~6개의 장단에 판소리형의 선율을 도입하여 만든 순수한 기악독주곡으로, 가야금산조로부터 비롯되었다.

제46호 피리정악및대취타(피리정악및大吹打) : 왕이나 귀인의 행차, 군대의 행진에서 취고수들이 연주하는 행진음악을 말한다. 1971년 6월 10일 중요무형문화재 제46호로 지정되었다. 취타(吹打)란 취악기(부는 악기)와 타악기(치는 악기)를 함께 연주하는 것을 말한다. 무령지곡(武寧之曲)이라고도 하는 대취타는 태평소(湖笛), 나발(喇叭), 나각(螺角 : 소라), 바라, 징, 북(龍鼓)과 같이 음량이 큰 악기들로 편성된다.

제47호 궁시장(弓矢匠) : 활과 화살을 만드는 사람이다. 1971년 9월 13일 중요무형문화재 제47호로 지정되었다. 오늘날 국궁(國弓)이라고 하는 각궁(角弓)과 그것에 쓰이는 화살을 보편적으로 제작한다. 활의 재료는 통대나무를 쪼갠 죽편(竹片), 뽕나무조각, 참나무조각, 근, 부레풀 등이 쓰인다.

제48호 단청장(丹青匠) : 모든 회사(繪事)를 총칭하는 단청의 일을 업으로 하는 사람을 말한다. 1972년 8월 1일 중요무형문화재 제48호로 지정되었다. 한국에서 단청이라 하면 일반적으로 목조건물을 장식하는 것을 뜻한다.

제49호 송파산대놀이(松坡山臺놀이) : 서울특별시 송파구 송파동(松坡洞)에 전승되어 온 산대(山臺)놀이이다. 중요무형문화재 제49호. 송파는 지금의 송파동이 아니고 한강변 언덕 위에 있던 구(舊)송파진(송파나루)을 말한다. 이곳은 1925년 대홍수가 나기 전까지만 해도 객주집이 270호나 되는 국내에서 손꼽히는 장터였다. 이곳에 약 200년 전 송파산대놀이가 창설되어 중간에 잠시 쇠퇴하였다가 1900년 초 다시 부활되어 활기를 띠었다.

제50호 영산재(靈山齋) : 불교의식의 하나로서 1973년 11월 5일 중요무형문화재 제50호로 지정되었고, 2009년 9월 30일 유네스코 세계무형문화유산으로 등재되었다. 49재 가운데 하나로 사람이 죽은 지 49일 만에 영혼을 천도하는 의식이다. 이 의식에는 상주권공재 · 시왕각배재 · 영산재 등이 있다.

제51호 남도들노래(南道들노래) : 전라남도 진도 · 나주지방에서 논일이나 밭일을 할 때 부르는 노동요의 총칭으로서 중요무형문화재 제51호. 크게 진도들노래와 나주들노래로 구분되며, 가사의 내용이나 가락에 있어 다른 지방과 그 유형이 다르다.

제52호 해제됨

제53호 채상장(彩箱匠) : 대(竹)나 버들 · 갈대 · 왕골 등으로 상자 모양의 기물을 제작하는 기술 또는 기술자로서 1975년 1월 29일 중요무형문화재 제53호로 지정되었다. 채상(彩箱)의 역사는 오래되었으나 어느 때부터 사용된 것인지 정확하지 않다.

제54호 해제됨

제55호 소목장(小木匠) : 나무로 전통가구를 제작하는 기능이 뛰어난 장인을 말한다. 1996년 5월 27일 대구광역시무형문화재 제10호로 지정되었다. 소목장은 목재로 세간을 만드는 기능보유자를 가리킨다. 소목이란 장롱, 궤함 등을 비롯하여 문방구 등의 세간과 때로는 나무로 된 각종 물건, 가마, 수레, 농기구, 기타 도구류 등을 포함하며, 건축을 주로 하는 대목(大木)에 대칭되는 용어이다.

제56호 종묘제례(宗廟祭禮) : 조선시대 역대의 왕과 왕비 및 추존된 왕과 왕비의 신위를 모 시는 종묘의 제향예절로서 1975년 5월 3일 중요무형문화재 제56호로 지정되었으며, 2001년 5월 18일 종묘제례악과 함께 유네스코 '인류구전 및 무형유산걸작'으로 선정되어 세계무형유산으로 지정되었다.

제57호 경기민요(京畿民謠) : 서울 · 경기 지방에 전승되어 오는 민요로서 1975년 중요무형문화재 제57호로 지정되었다. 장단은 주로 굿거리 · 자진타령 · 세마치장단 등이 쓰이며, 5음 음계의 평조선법(平調旋法)에 장 · 단 3도 진행이 많다.

제58호 줄타기 : 줄 위에서 재주꾼이 걸어다니며 노래하고 춤추고 재담을 하는 재주놀이를 말한다. 1976년 6월 30일 중요무형문화재 제58호로 지정되었다. '줄어름타기'라고도 한다. 한문으로는 고환(高絙) · 무환(舞絙) · 환희(絙戲)라고도 한다.

제59호 제15호 판소리에 통합되었다.

제60호 장도장(粧刀匠) : 호신과 장신구를 겸한 장도의 제작을 담당하여 온 장인을 말한다. 조선시대에는 도자장(刀子匠)이라 하여 상의원(尙衣院)에 경공장(京工匠)의 장인 6명이 배치되어 궁중의 장도를 제작하였으며 민간에서는 광양을 비롯한 곡성 등 전라도 지역과 울산 · 영주 · 울진 등지에서 사장(私匠)들에 의한 장도제작이 성행하였다.

3. 중요무형문화재 제61호~제90호

제61호 은율탈춤(殷栗탈춤) : 황해도 은율지방에 전승되어 온 가면무용극이다. 내용은 다른 탈놀이와 마찬가지로 반주음악에 춤과 몸짓, 재담(才談)과 노래를 섞어 파계승에 대한 풍자, 양반에 대한 모욕과 조롱, 일부처첩(一夫妻妾)의 가정파탄을 담았다.

제62호 좌수영어방놀이(左水營漁坊놀이) : 경상좌도(慶尙左道) 수군절도사영(水軍節度使營)이 있던 지금의 부산 수영지방에 전승되는 놀이이다. 1978년 5월 9일 중요무형문화재 제62호로 지정되었다. 어업의 작업과정과 노동요를 놀이화한 것이다. 새해를 맞아 바다에 나가기 전에 굿을 하고 놀이를 벌여 많은 고기를 잡아 만선(滿船)으로 돌아오기를 기원하였다.

제63호 북메우기 : 고장북, 쐐기북

제64호 두석장(豆錫匠) : 놋쇠나 백통장식을 만드는 기능공이다. 두석장은 원래 조선시대에 공조(工曹)·상의원(尙衣院)에 딸렸던 경공장(京工匠)으로, 구리와 주석의 합금으로 장식을 만드는 장인이다.

제65호 백동연죽장(白銅煙竹匠) : 담뱃대 만드는 기술자를 말한다. 연죽은 담뱃대를 말하는 것으로, 재떨이·부싯돌·쌈지와 함께 끽연사우(喫煙四友)로 끽연가에게 사랑받아 왔다. 조선시대에 연죽(煙竹)·연관(煙管)이라 불렸던 담뱃대는 재료와 형태에 따라 송학죽, 육모죽, 임앵죽, 고달죽, 문맹죽, 애기죽으로 나눈다.

제66호 망건장(網巾匠) : 망건을 만드는 일을 업으로 하는 사람을 말한다. 망건이란 남자들이 상투를 틀고 머리카락을 여며서 매는 머리띠로 갓을 쓰기 전에 머리카락이 흘러내리는 것을 막기 위해 썼다.

제67호 탕건장(宕巾匠) : 탕건의 전통적인 제조기법을 가지고 있는 장인을 말한다. 외출할 때 의관을 정하는 데 쓰는 갓과 달리 탕건은 집안에서 맨 상투로 둘 수 없기 때문에 간편하게 쓰는 것으로, 그 형태로 보아 복두(幞頭)·사모(紗帽) 등의 영향을 받아 생긴 것으로 짐작된다.

제68호 밀양백중놀이(密陽百中놀이) : 경상남도 밀양지방에 전승되는 민속놀이이다. 한국 중 부 이남, 벼농사를 주로 하는 지방의 '호미씻이놀이'의 일종으로, 밀양에서는 백중날에 논다 하여 백중놀이, 혹은 꼼배기참놀이라고도 한다.

제69호 하회별신굿탈놀이(河回別神굿탈놀이) : 경상북도 안동시 풍천면(豊川面) 하회리(河回里)에 전승되어 오는 민속가면극이다. '하회가면극'이라고도 한다. 약 500년 전부터 음력 정초마다 동민들의 무병과 안녕을 위하여 마을의 서낭신에게 제사지낸 동제였다. 10년마다 대제(大祭), 마을에 액이 있거나 특별한 신탁(神託)이 있을 때는 임시제를 올렸다 한다.

제70호 양주소놀이굿 : 경기도 양주지방에서 전수되어 온 굿 형식의 연희적 성격을 갖춘 놀이이다. 단독으로 연희되지 않고 경사(慶事) 굿의 한 거리로 놀며, 제석(帝釋)거리에 이어서 행하여진다.

제71호 제주칠머리당굿(濟州칠머리당굿) : 해마다 음력 2월 1일~14일 제주시 건입동(健入洞)의 본향당(本鄕堂)인 칠머리당에서 하는 굿이다. 2009년 9월 30일 유네스코 세계무형문화유산으로 등재되었다.

제72호 진도씻김굿(珍島씻김굿) : 전남 진도에 전승되는 무속 사자(死者) 의례이다. 씻김굿은 죽은 사람의 영혼이 극락에 가도록 인도하는 무제(巫祭)이다. 타지방에서 하는 씻김굿은 무당이 불 위, 또는 작두의 날 위를 걷는 등 다분히 사술적(詐術的)이며, 보통 궁중복을 입고 무당 자신이 직접 죽은 사람과 접한다. 그러나 진도씻김굿은 춤과 노래로써 신에게 빌고, 소복(素服)차림이며 죽은 자의 후손으로 하여금 죽은 자와 접하게 한다는 점이 특징이다.

제73호 가산오광대(駕山五廣大) : 경남 사천시 축동면 가산리(駕山里)에 전승되어 오는 가면극이다. 진주(晋州)오광대의 한 분파로 여겨지며, 통영(統營)이나 고성(固城)의 것보다 고형(古形)으로 알려진다. 해마다 음력 정월 대보름날 밤 9시경부터 자정까지 연희(演戲)되며 그해의 안녕과 행운을 비는 일종의 동제의식(洞祭儀式)이다.

제74호 대목장(大木匠) : 건축물을 짓는 대목(大木)일에 능한 장인을 가리키며, 소목(小木)이 가구 꾸미는 일이라면, 대목은 건축물 짓는 일을 말하며 현대의 건축가에 해당한다. 건축물은 궁궐이나 사찰 같은 대규모의 건축물을 비롯하여 비각 · 종각 · 문루 · 기타 주택 등의 독립 건축물 등을 들 수 있다. 일반적으로 목수라고 부르지만, 지금은 건축양식이나 건축기술이 달라 옛날의 목수와는 많이 달라졌다.

제75호 기지시줄다리기(機池市줄다리기) : 충청남도 당진군 송악읍(松嶽邑) 기지시리(機池市理)에서 윤년이 드는 음력 3월 초에 하는 줄다리기이다. 참가 인원은 15~17만 명이며, 줄의 규모는 길이 200m, 지름 1m로 볏짚만 수만 뭇이 든다. 기지시리의 줄다리기는 지형에 따른 풍수지리설에 유래한다. 조선 선조 초에 당진지방은 한나루(牙山灣)가 터져 하룻밤 사이에 17개 면 가운데 5개 면이 바다에 매몰되고, 남은 지역에는 전염병이 퍼지는 등 재난이 겹쳐 민심이 흉흉하였다. 이때 이곳을 지나던 풍수지리학자가 이곳의 지형은 옥녀가 베틀을 놓고 베를 짜는 형상이기 때문에 윤년마다 지역 주민들이 극진한 정성으로 줄을 당겨야 모든 재난이 물러가고 또 예방되며, 안정된다고 하여 생겨났다고 한다.

제76호 택견 : 한국의 전통무예로서 인류의 원시적인 호신술에서 나온 맨손 겨루기 무예이다. 발을 많이 쓰기 때문에 발로 하는 놀이라 하여 각희라고도 하며, 차고 때리는 격술보다는 상대의 힘이나 허점을 이용하여 차거나 걸어서 넘어뜨리는 동작을 기본으로 한다.

제77호 유기장(鍮器匠) : 전통적인 기법으로 놋쇠를 다루어 여러 기물을 만드는 장인이다. 유기의 제작은 청동기시대부터 이루어져 그 제작기법이 오늘날까지 면면히 이어져 왔다. 신라시대에는 관에서 유전(鍮典)이라는 전문기구를 설치하여 유기제작 기술자와 유기생산을 관장하였고, 조선시대에도 경공장(京工匠) · 외공장(外工匠)에 속한 유장(鍮匠)을 두고 관수유기를 제작하여 공급하였다.

제78호 입사장(入絲匠) : 흑철(黑鐵) · 백동(白銅) 등의 기물 표면을 정으로 쪼아 은 · 금 · 오동(烏銅)을 끼워 넣거나 덧씌워 무늬를 놓는 전통기술의 기능보유자를 말한다. 입사기술은 BC 1, 2세기경의 낙랑출토유물, 고신라 고분(古墳)의 입사화문두대도(入絲花紋頭大刀)를 통하여 오래된 전통이 있는 기술임을 짐작할 수 있다.

제79호 발탈(족가면, 足假面) : 발에 탈을 씌우고 갖가지 동작을 연출하는 민속연희(民俗演戲)이다. 일종의 탈놀이로 광무대(光武臺 : 광무연간에 지금의 서울 을지로 근처에 세워진 구극 전문극장)시절에 명창 박춘재(朴春載)의 장기였다. 기원은 확실하지 않으나 꼭두각시놀음과 비슷한 시기에 비롯한 것으로 추정된다.

제80호 자수장(刺繡匠) : 한국 전통의 수를 놓는 기술자를 말한다. 자수는 염색방법이 아직 알려지지 않아 착색되지 않은 천, 또는 무늬를 넣어

제직할 줄 몰랐던 무늬 없는 천의 단조로움을 덜고 모양을 내기 위하여 각 지방에서 발달되었다.

제81호 진도다시래기(珍島다시래기) : 전라남도 진도지방에서 출상(出喪)하기 전날 밤 초상집에서 상두꾼들이 벌이는 민속놀이이다. 출상 전날 밤에 상두꾼들이 놀이판을 벌이는 것은 전국 어느 고장에서나 볼 수 있으나, 진도지방에서는 상두꾼뿐만 아니라 놀이패까지 불러들여 놀이를 벌인다.

제82호 풍어제(豊漁祭) : 어민들이 풍어와 어로의 안전을 비는 축제이다. 동해안 지역 어민들의 풍어를 비는 축제이다.

제82-가호 동해안별신굿

제82-나호 서해안배연신굿 및 대동굿 : 서해안 지방에서 벌이는 굿이다. 배연신·신연잔치·배 내리우기 고사라고도 한다. 해주·옹진·연평도 지방에 전승되어 온 배굿으로 배와 선원의 무사 귀항과 풍어를 비는 제의(祭儀)이다. 대부분 선장실 앞에 제물을 진설하며 배의 고물·이물·화정 등에 제물을 차려놓기도 한다. 배의 이물에는 이서낭, 고물에는 고서낭, 허릿간에는 화장아, 기계실에는 몫 등의 신을 섬긴다.

제82-다호 위도띠뱃놀이 : 마을의 태평과 풍어(豊魚)를 비는 놀이이다.

제82-라호 남해안별신굿 : 남해안 지역에서 벌이는 마을 풍어제의 하나이다. 남해안별신굿보존회에서 보존, 관리하고 있다. 예능보유자는 정영만이다. 경상남도 통영과 거제도를 중심으로 하여 한산도·사량도·갈도 등 남해안 지역에서 벌이는 마을굿이다.

제83호 향제줄풍류(鄕制줄風流) : 지방에 전승되는 현악영산회상(絃樂靈山會相)이다. 구례(求禮)향제줄풍류(중요무형문화재 제83-1호)는 전남 구례군 구례읍 김무규(金茂圭 : 남, 1908년생)가 단소 예능보유자로, 이리(裡理)향제줄풍류(중요무형문화재 제83-2호)는 전북 이리시 모현동(慕縣洞) 강낙승(姜洛昇 : 남, 1916년생)이 가야금 예능보유자로 인정받고 있다.

제83-가호 구례향제줄풍류

제83-나호 이리향제줄풍류

제84호 농요(農謠) : 논이나 밭에서 농사일을 하면서 부르는 노래이다. 들노래 · 농사짓기소리라고도 한다. 노동의 피로를 덜고 능률을 높이는 데 중요한 구실을 한다. 농사의 절차와 밀접한 관련이 있으며, 봄에 못자리에서 자란 모를 쪄내면서 부르는 모찌는 소리, 찐 모를 1포기씩 심으면서 부르는 모내기노래, 김을 매면서 부르는 김매기소리 등 수십 종이다.

이름	내용
고성농요	경상남도 고성군 고성읍에 전승되고 있는 농부의 들노래이다. 등지라고도 하며, 모찌기 · 모심기 · 타작 · 삼삼기 · 논매기 · 물레질의 순으로 진행된다.
예천통명농요	경상북도 예천군 예천읍 통명동에 전승되어 오는 농요이다. ① 모심기소리, ② 모심고 나오면서 부르는 소리, ③ 논매기소리, ④ 논매고 나오면서 부르는 소리, ⑤ 집에 들어가면서 부르는 소리로 이루어졌으며, 유절형식에 가락은 메나리토리, 12/8박자이다.

제85호 석전대제(釋奠大祭) : 문묘에서 지내는 큰 제사를 말한다. 석전제 · 석채(釋菜) · 상정제(上丁祭) · 정제(丁祭)라고도 한다. 석전이란 채(菜)를 놓고(釋) 폐(幣)를 올린다(奠)는 데서 나온 이름이다. 원래는 산천(山川), 묘사(廟祀), 선성(先聖 : 공자. 739년에 문선왕으로 추존됨) 등 여러 제향에서 이 말이 사용되었으나, 다른 제사는 모두 사라지고 오직 문묘의 석전만 남아 있기 때문에 지금은 문묘제향을 뜻하는 것으로 굳어졌다.

제86호 향토술담그기 : 문배주 · 면천두견주(沔川杜鵑酒) · 경주교동법주(慶州校洞法酒) 등 3종의 술담그기이다. 여기에는 다음에 열거하는 문배주, 면천두견주, 경주교동법주 등이 있다.

술 이름	지역	내용
문배주	서울	술이 익으면 문배나무의 향기가 난다고 하여 문배주라는 이름이 붙었다. 향기와 감미가 있고, 알코올 성분이 40도 정도이다. 술을 담그는 데 사용하는 물은 샘물이나 우물물을 쓰며, 재료와 배합비율은 좁쌀 40%, 수수 30%, 물 25%, 종곡 5%이다. 제조시기는 4~5월이 적기이며 약 4개월이 걸린다.
면천두견주	충남	술을 담그는 데 사용하는 물은 당진군 면천면(沔川面) 성상리(城上里)에 있는 안샘 우물물이다. 재료와 배합비율은, 밑술은 멥쌀 2말, 탕수 2말, 가루누룩 1되 3홉, 밀가루 7홉이고, 덧술은 멥쌀 3말, 찹쌀 3말, 물 6말, 두견화 1말이다. 제조시기는 음력 정월 첫 해일(亥日)에 밑술을 담그고, 3월에 두견화가 피면 덧술을 담가 밑술과 혼합하는데, 100일 이상 소요된다. 현재 기능보유자는 지정되어 있지 않다.
경주교동법주	경북	생산지는 경주시내에 있지만 전국 관광명소에 고루 보급되어 있다. 술을 담그는 데 사용하는 물은 끓인 우물물이고, 재료와 배합비율은, 밑술은 찹쌀 1되 분량의 흰죽에 누룩 분말만 2되를 배합하고, 본술(本酒)은 밑술에 찹쌀고두밥 1말과 물 6되로 배합한다. 기능보유자는 최경이다.

제87호 명주(明紬)짜기 : 전통적인 길쌈으로 명주를 생산하는 일이다. 누에치기가 끝나면 실을 뽑기 위해 솥에 많은 물과 누에고치를 넣고 끓인다. 젓가락으로 물속의 누에고치를 저어 고치의 실 끝이 젓가락에 감기면 10개 이상의 고치실을 모아 자위의 쇠고리에 건 다음 위 대롱과 아래 대롱 사이를 갈지(之)자형으로 통과시키고 이 실을 왕쳉이(물레)에 묶으며, 왕쳉이의 손잡이를 잡고 힘껏 왼쪽으로 돌리면 실이 계속 풀려나온다. 이렇게 해서 한 타래(젖)의 생사(生絲)를 얻게 되면 이 실을 말려 다시 대롱에 감는 실내리기(解絲)작업을 한다.

제88호 바디장 : 바디를 만드는 기술 또는 그 기술자를 말한다. 베틀의 한 부분인 바디는 베틀의 굵기를 결정하는 중요한 공구로서, 예로부터 사람들의 의생활에 있어서 가장 중요한 부분이었다.

제89호 침선장(針線匠) : 바늘에 실을 꿰어 옷을 짓거나 꿰매는 기술과 그 기술을 가진 사람을 가리킨다. 침선은 넓은 의미로 해석할 때 복식 전반을 만드는 일을 뜻한다. 즉 바늘에 실을 꿰어 바느질로써 만들 수 있는 모든 복식이 포함된다. 따라서 그것은 옷을 말라서 바느질하는 봉제, 옷에 어울리는 무늬를 수놓는 자수, 옷에 곁들여 장식하기 위하여 만드는 장신구공예 등이다.

제90호 황해도 평산 소놀음굿(黃海道平山소놀음굿) : 황해도 평산지방 경사굿의 제석굿에서 무당이 소 모양으로 꾸미고 노는 굿놀음이다. 평산지방의 경사굿은 농사의 풍년과 장사의 번창, 자손의 번영을 비는 굿으로, 제석굿을 마루에서 마치면 굿판을 앞마당으로 옮겨서 소놀음을 벌인다.

4. 중요무형문화재 제91호~제119호

제91호 제와장(製瓦匠) : 재래식 전통기와를 만드는 기술 또는 기술자를 말한다. 기왓일은 흙과 물을 가지고 하기 때문에 습기가 많은 우기와 한랭한 겨울철에는 작업을 중단하며, 봄과 가을에 일을 하였다. 작업공정은 입춘이 지나면 흙일을 준비하면서 서서히 시작하여, 춘분 때까지 흙일은 크게 3분야로 구분하는데, 흙일 · 기와통작업 · 기와밭작업 등으로 나뉜다. 흙일, 즉 기와움작업을 마치고 나면 대장작업에 들어간다.

제92호 태평무(太平舞) : 왕과 왕비, 그리고 태평성대를 축원하기 위하여 추는 춤이다. 장단이 복잡하므로 가락을 알지 못하고는 춤을 만들 수도, 또 출 수도 없다. 동작이 섬세하고 우아하며, 동작 하나하나에 절도가 있다. 특히, 발디듬이 다양하고 발을 구르는 동작은 이 춤만이 지닌 멋이라고 할 수 있다.

제93호 전통장(箭筒匠) : 화살 넣는 통을 만드는 기술 또는 기술자를 말한다. 전통은 일명 전실(箭室) · 시통(矢筒)이라고 부른다. 전통은 수렵용과 전쟁용 2가지가 있다. 조선시대의 전통은 오늘날 각 박물관에 남아 있어 그 모양을 알 수 있으며, 한량(閑良)들이 운동 삼아 취미로 활을 쏘는 데 쓰던 화살통과 전쟁용 화살통이 다르다.

제94호 벼루장 : 벼루공예의 맥을 잇는 우리나라 전통 석공예이다. 구봉 이

창호 선생이었으나, 1990년 작고하여 해제됨.

제95호 제주민요(濟州民謠) : 제주지방에서 불리는 토속·통속민요로서 농사짓기소리·고기잡기소리, 기타의 일하기소리 등의 노동요와 의식요(儀式謠)·부녀요와 통속민요인 잡요(창민요) 등이 포함된다.

제96호 옹기장(甕器匠) : 옹기 굽는 전통적인 기술을 전수받아 이 일에 종사해 온 장인을 일컫는 말로 옹기장은 중요무형문화재 제96호로 지정되어 있다. 옹기는 식기·솥 등 그릇으로 사용되어 그만큼 수요가 많았기 때문에 신라시대에는 기와와 그릇을 굽는 일을 관장한 와기전(瓦器典)을 두고 여기에 그릇을 굽는 일을 담당하는 관원을 두었다. 조선시대에도 경공장(京工匠)의 옹기장이 100여 명 있었고, 지방에도 비슷한 수의 옹기장을 두어 관수용 옹기를 생산하게 하였다.

제97호 살풀이춤 : 남도(南道) 무무(巫舞) 계통의 춤으로 살, 즉 액(厄)을 푼다(제거한다)는 뜻을 가진 민속무용이다. 수건춤·즉흥무라고도 한다. 일반적으로 흰 치마·저고리에 가볍고 부드러운 흰 수건을 들고 추는데, 한국무용의 특징인 정중동(靜中動)·동중정(動中靜)의 의미가 극치를 이루는 신비스럽고 환상적인 춤사위로 구성된다.

제98호 경기도도당굿(京畿道都堂굿) : 경기지역에서 전승되는 마을굿이다. 북부에서는 큰 산을 의지하고 사는 아랫마을들이 공동으로 굿을 하는데 강신무가 주관하고, 남부에서는 전역에 걸쳐 세습무가 주관한다.

제99호 소반장(小盤匠) : 소반을 만드는 전통적 기법을 전수받은 장인을 말한다. 소반은 지방색을 띠며 발달하여 그 특징에 따라 만든 고장의 이름이 소반의 고유명으로 붙어 나주반·통영반·해주반·기호반·안주반 등이 두각을 나타냈다. 따라서 이들 지방만의 특징에 따라 제작기법도 달랐으며 이 가운데 특히 제작기교가 뛰어난 나주반·통영반·해주반이 오늘까지 명맥을 이어왔다.

제100호 옥장(玉匠) : 옥을 갈고 다듬는 공예기술이다. 옥은 동양문화권에서 발달된 보석류로, 예로부터 음양오행의 5덕인 인(仁)·의(義)·지(智)·

용(勇) · 각(角)을 상징하는 장신구로 쓰여왔다.

제101호 금속활자장(金屬活字匠) : 금속으로 활자를 만들어서 각종 서적을 인쇄하는 기술 또는 그 기술을 가진 사람이다. 금속활자 인쇄기술은 고려시대에 세계에서 처음으로 창안되었다.

제102호 배첩장(褙貼匠) : 서화에 종이 · 비단 등을 붙여 족자 · 액자 · 병풍 등을 만드는 공예기술 또는 기능보유자를 말한다. 배첩(褙貼)은 서화에 종이 · 비단 등을 붙여 족자 · 액자 · 병풍 등을 만들어 미적 가치를 높임과 동시에 실용성과 보존성을 높여주는 전통적 서화처리법을 뜻하는 한국의 전통용어이다.

제103호 완초장(莞草匠) : 왕골로 돗자리 등의 기물을 만드는 공예기술 또는 장인을 말한다. 왕골은 이미 신라 때부터 사용되었다. 고려 때에는 사직신인 후토씨(后土氏)와 후직씨(后稷氏)의 신위에 왕골자리를 깔았으며 왕실에서는 문석(文席), 채석(彩席), 화문대석(花文大席)을 사용했다고 한다.

제104호 서울새남굿 : 서울지역의 전통적인 망자 천도굿이다. 상류층이나 부유층을 위해 베풀어지던 망자 천도굿으로, 지노귀굿이라고도 한다. 새남굿은 불교의 저승신앙 내용이나 망자에 대한 유교적 예(禮)를 포함하고 있어, 무교(巫敎) · 불교 · 유교의 관념과 의례가 적절하게 혼합된 것이 특징이다.

제105호 사기장(沙器匠) : 사토(沙土) 등으로 그릇을 만드는 기술 또는 그 기능을 가진 사람을 말한다. 사기장이란 예전에는 국가기관인 사옹원(司饔院)에 소속되어 사기를 만드는 장인(匠人)을 이르는 말이었다.

제106호 각자장(刻字匠) : 목판에 글자를 새기는 기능을 가진 장인을 말한다. 각자란 목판(木板)에 글씨를 새기는 공예를 말하고, 그러한 기능을 가진 장인을 각자장 또는 각수(刻手)라고 한다. 각자는 크게 정서각(正書刻)과 반서각(反書刻)의 두 가지로 나뉜다. 정서각은 공공건물이나 사찰 또는 재실에 거는 현판 등 글자를 목판에 그대로 새기는 것이고, 반서각은 인쇄하기 위하여 글자를 뒤집어 새기는 것이다.

제107호 누비장 : 누비기술을 전수받아 이 일에 종사해 온 기술자이다. 일반적으로 누비란 옷감의 보강과 보온을 위해 사용된 재봉기법으로 거죽과 안을 맞춘 옷감 사이에 솜을 넣고 함께 홈질하여 맞붙이는 바느질법이다. 누비란 말은 승복(僧服)인 납의(衲衣)에서 비롯되었다고 하며 '납'은 기웠다는 뜻이다. 바느질된 옷감은 의복을 비롯해서 침구류, 각종 보자기와 주머니류 등 다양한 생활용품에 이용되었다.

제108호 목조각장(木彫刻匠) : 불교 목조각의 전통적인 기술을 전수받아 이 일에 종사해 온 장인 또는 그 기능을 가리키며, 1996년 중요무형문화재 제108호로 지정되었다. 목조각의 기법은 음각 · 부조 · 양각 · 투조 · 환조 · 음양각 등에 따라 각각 달라지고 사용되는 칼은 창칼 · 평칼 · 삼각칼 · 반원칼 · 원칼(둥근칼) 등이 있다. 모든 나무가 목조각의 재료가 될 수는 있지만 향나무 · 전단 향나무 · 침향목 · 피나무 등이 주로 사용되며 작품의 소재에 따라 목재 의 선택도 다르다.

제109호 화각장(華角匠) : 화각공예 기능 및 그 전승자를 말한다. 화각은 얇게 깎은 쇠뿔 위에 다양한 그림을 그리고 색칠을 한 뒤 나무로 짠 함이나 장 · 궤 · 농 따위의 목판 표면에 붙이고 옻칠을 하여 아름답게 장식한 것을 말한다.

제110호 윤도장(輪圖匠) : 풍수가나 지관이 사용하던 나침반을 만드는 기술 또는 기술자를 말한다. 윤도란 일정한 방향을 가리키는 자침(바늘)을 활용하여 지관들이 음택(무덤)과 양택(사람이 사는 집) 등 풍수를 보거나 여행자들이 방향을 알기 위하여 사용하는 나침반이다. 지관이나 여행객들이 항상 몸에 차고 다닌다고 하여 패철 또는 자침이 남쪽을 가리킨다고 하여 지남철이라고도 부른다.

제111호 사직대제(社稷大祭) : 토지와 곡식의 신에게 지내는 조선시대의 국가제례(祭禮)이다. 조선시대에는 천(天) · 지(地) · 인(人)에 대한 국가의 제례로 원구제(圓丘祭) · 사직제 · 종 묘제(宗廟祭)가 있었다. 그중 사직제는 토지를 관장하는 사신(社神)과 농작의 풍년을 좌우하는 곡식의 신인 직신(稷神)에게 드리는 제례로, 궁중제사(宮中祭祀) 중 대사(大祀)에 속하여 사직대제라고 한다.

제112호 주철장(鑄鐵匠) : 일정한 틀에 쇳물을 부어 여러 기물(器物)을 만드는 기술이나 그 장인(匠人)을 말한다. 3대에 걸친 장인 집안 출신으로 40여 년간 범종을 제작해 온 기능보유자 원광식(元光植)은 신라의 성덕대왕 신종(국보 29)이나 상원사 동종(국보 36)을 만들어낸 전통적인 범종 제작방식인 '밀랍주조기법'을 재현하였다.

제113호 칠장(漆匠) : 옻나무의 수액인 칠(漆)을 다루는 장인(匠人)을 말한다. 칠장은 넓은 뜻으로 옻나무의 수액인 칠을 다루는 장인으로 과정에 따라 크게 채취(採取) · 정제(精製) · 도장(塗裝) 등의 세 부분으로 나누어진다.

제114호 염장(簾匠) : 전통 발을 만드는 장인이다. 발은 갈대나 가늘게 쪼갠 대나무로 만든 가리개로 햇빛을 가리거나 실내장식 등에 사용하는데, 재료에 따라 대나무발 · 갈대발 · 겨릅발 등이 있다. 전통 한옥(韓屋)에서 주로 쓰이고 통풍이 잘 되므로 보통 여름철에 창문이나 마루 끝에 드리운다.

제115호 염색장(染色匠) : 천연염료로 옷감을 물들이는 장인(匠人)이다. 쪽이라는 식물에서 추출한 염료를 가지고 옷감을 물들이는 쪽염색은 천연염색법 가운데 가장 어렵고 숙련된 기술이 필요하다. 쪽은 일년생 풀로 봄에 씨를 뿌려 음력 8월 무렵 새벽이슬이 내리기 전에 쪽을 베어 사용한다. 천연염료는 식물 · 광물 · 동물에서 채취한 원료를 그대로 쓰거나 가공하여 옷감을 물들일 수 있는 염료로 여러 가지 염색법이 있다.

제116호 화혜장(靴鞋匠) : 한국 전통의 가죽신을 만드는 장인 또는 전문 기술자이다. 전통 가죽신을 만드는 장인이나 기술자를 말한다. 원래는 목이 있는 신발인 화(靴)를 만드는 장인을 화장(靴匠), 목이 없는 신발인 혜(鞋)를 만드는 장인을 혜장(鞋匠)이라 하여 별도의 장인으로 구분하였다.

제117호 한지장(韓紙匠) : 전통 한지를 제작하는 기능을 지닌 사람으로, 우리나라의 전통적인 제조법으로 종이 만드는 기능을 지닌 사람을 말한다.

제118호 불화장(佛畵匠) : 불교 교리를 알기 쉽게 회화적으로 표현하는 예배용·교화용 탱화를 주로 제작하는 장인(匠人)을 말한다. 불화는 불교의 신앙 대상으로, 제작 형태에 따라 탱화·경화(經畵)·벽화(壁畵) 등으로 나뉜다. 특히 불화의 주류인 탱화는 복장식(服裝式)·점안식(點眼式) 등 신앙의식절차를 거쳐 봉안되는 불단(佛壇)의 주요 신앙물이다.

제119호 금박장(金箔匠) : 고려시대와 조선시대에 금박(金箔)을 만들던 장인(匠人)을 말한다. 고려시대에는 장야서(掌冶署)에 금박장이 딸려 있었고, 조선시대에는 상의원(尙衣院)에 4명의 금박장이 소속되어 있었다. 장야서는 철공(鐵工)·야금(冶金)에 관한 일을 맡아보던 관아였고, 상의원은 임금의 의복과 궁중에서 소요되는 각종 생활용품, 일용품, 금은·보화(寶貨) 등을 공급하던 관아였다.

3.6.2. 중요무형문화재(지역별)

1. 서울특별시

1) 전통생활민속

서울시 용산구의 특징적인 축제로는 용산구의 남이장군대제와 백송문화제 등이 있다. 성동구에는 중요무형문화재들이 많은 것이 특징이다. 특히, 황해도에서 연희되던 탈춤의 하나로서 해서탈춤의 대표적인 탈춤인 봉산탈춤은 중요무형문화재 제17호로 지정되어 있다. 또한 서울지역의 전통적인 망자천도굿으로 유교와 불교적 내용이 특징인 서울새남굿은 중요무형문화재 제104호로 지정되어 있다. 음력 3월 3일과 6월 1일 두 차례 지내는 봉화산 도당제는 마을의 안녕과 평안을 기원하는 400여 년 전통을 이어오는 대동제로 지금도 행해지고 있다. 이 밖에도 매년 10월 1일에는 조선시대 통신수단의 하나였던 은평구 구파발에서 파발의식을 재현하는 통일로파발제 축제, 중구 명동축제 등이 행해지고 있다.

2) 구전설화

서울시에는 옛날 아홉 명의 장수한 노인이 살았다고 해서 구로(九老)라는 이름이 붙여졌다는 명칭 유래와 조선 정조가 왕위에 오른 뒤 아버지 사도세자의 묘소인 현륭원에 자주 참배 다니던 중 장승백이에는 인가도 없고 통행인도 드물어 장승을 세우라고 명했다는 장승백이 이야기가 있다.

3) 주민의 생활권역

서울시의 인구는 광복 이후 40년간 10배 이상 증가하였다. 제주도의 3분의 1이 조금 넘는 면적을 가진 서울의 인구는 1,000만 명으로 전 국민의 4분의 1이 살고 있다. 이제 서울은 한국의 모든 면에서 중심지가 되었고, 발달된 교통·통신망을 통하여 전국은 일일 생활권이 되었다. 서울의 도로망은 처음에 성문 안이 바둑판 형태였으나, 강남·강동·강서 쪽으로 확장되면서 방사선 형태로 변했고, 지하철이 시민들의 중요한 대중교통 수단이 되었다. 옛날 서울이 가졌던 자연지형적인 의미는 상실되었고, 1988년 서울올림픽 개최 이후 국제적인 도시로 성장하였다. 교육 도시로서 명문대학이 몰려 있어 매년 지방의 우수한 학생들이 입학한다. 그러나 서울의 비대화를 우려하는 목소리들이 높아지고 있는 실정이다.

4) 지역의 별미음식

별미음식으로 강동구는 북한식 손만두전골과 녹두지짐, 홍어회가 일품이고, 중구는 함흥냉면과 족발, 명동칼국수가 유명하고, 강서구는 아바이왕순대와 순대탕이 별미이다. 양천구는 낙지볶음과 양구이로 유명하며, 창전동의 복어탕과 대편동의 설렁탕도 서울시의 별미음식으로 이름나 있다.

5) 지역의 토산품과 특산품

서울시에는 회춘이 된다 하여 일명 춘주라고도 하는 노원구의 삼해주가 있는데, 멥쌀 · 찹쌀 · 누룩과 자연의 맑은 물로 저온에서 오랫동안 발효시켜 만든 민속명주이다. 중랑구의 토산품으로 1930년대 봉화산 기슭에서 재배되기 시작한 먹골배가 있는데 유달리 달고 수분이 많아 맛이 좋다.

6) 서울의 예술문화자원

(1) 서울시민의 날

매년 10월 28일 시민의 날을 전후하여 10월 23일~29일(7일간)을 시민 주간으로 설정하여 행사 개최/ 주최 · 주관 : 시민의 날 행사추진위원회(각계 시민대표 40여 명으로 구성) 주최, 서울시청의 관련 국 · 과에서 주관/ 행사내용 : 주행사(시민의 날을 상징하는 행사), 주요 거점지역 행사(각 거점별 지역특성에 맞는 행사), 사이버 공간행사(인터넷과 컴퓨터를 통한 실험적 시도), 관련행사(시민주간 및 문화의 달 행사 등) 등으로 구성된다. 2000년도의 경우 'Media-City Seoul 2000축제' 등 크고 작은 31개 행사가 치러졌다.

(2) 정월대보름 민속놀이

매년 음력 1월 15일, 남산골 한옥마을에서 달집태우기 · 지신밟기 · 소원촛불 행진 · 부럼깨기 · 강강수월래 · 지게짐 져보기 등이 펼쳐진다.

(3) 명동축제

매년 6월(약 20일간), 명동 일대에서 명동상가연합회가 주최하고 중구 문화공보과에서 주관하는 명동축제가 열린다. 주요 행사내용은 개막퍼레이드, 패션쇼, 메이크업 쇼, 헤어 쇼, 전통혼례식, 미스 명동 선발대회, 사물놀이 및 국악공연 등이다.

(4) 고종 · 명성황후 가례

매년 4월 22일과 10월 28일(2회), 운현궁에서 가례행사가 재현된다. 대원군의 사저인 운현궁에서 1866년(고종 3) 고종과 명성황후의 가례가 진행되었다. 절차는 납채(納采) · 납징(納徵) · 고기(告期) · 책비(册妃) · 친영(親迎) · 동뢰(同牢)의 육례로 진행된다.

2. 부산광역시

1) 전통생활민속

부산광역시는 한국 제일의 항구도시로 아주 오랜 역사를 지니고 있는 곳이다. 이곳은 바닷가에 인접해 있어 다양한 풍어제가 행해져 오고 있는데, 특히 하리방파제에서 열리는 풍어제가 유명하다. 또한 동래야류와 같은 민속극과 구포지역의 장터놀이, 지신밟기 등이 있다. 부산시의 향토축제로는 서면한마당축제, 자갈치시장축제, 사하구구민 대축제, 최영장군 향사, 부산국제영화제 축제, 동래충렬제 등이 있다.

2) 구전설화

이 지역의 구전설화로는 동래온천과 인생문 같은 지명전설이 많이 전해져 온다. 그 밖에도 신선대 이야기, 구포동 유래담, 신평동 망후촌, 신선암과 같은 이야기들도 전해지고 있다.

3) 주민의 생활권역

부산광역시는 조선 말엽부터 국제항으로 개항하여 문물교류의 중심 역할을 하고 있다. 특히 1925년에는 경남도청 소재지가 되었고 한국전쟁 당시에는 대한민국 임시수도였던 곳이다. 이곳은 우리나라의 경제발전을 선도하는 곳일 뿐만 아니라 해양관광의 도시, 부산국제영화제와 같은 세계적인 문화의 고장으로 발돋움하고 있는 지역이다.

4) 지역의 별미음식

부산광역시의 별미음식으로는 추어탕, 소갈비, 재첩국, 복국, 다양한 해산물, 염소불고기, 오리탕, 곱창요리, 기장미역 등이 있다.

5) 지역의 토산품과 특산품

부산광역시의 특산품으로는 부전시장의 부전인삼, 조내기 고구마 등과 일명 '쫄쫄이'라 불리는 송정지역의 미역이 유명하다.

6) 지역문화예술행사

(1) 국제문화행사

부산광역시에는 부산국제영화제(10월)를 비롯하여 부산국제아트페스티벌(10월), 국제친선연날리기대회(2월), 아시아 · 태평양 도시서미트(5월), 부산국제락페스티벌(7월), 부산오륙도유엔축제(10월) 등의 국제문화행사가 개최되고 있다.

(2) 관광 · 해양축제

부산광역시에는 국제적인 해양도시의 이미지를 고양시키기 위한 관광 · 해양축제가 많다. 북극곰 수영대회(1월), 해운대달맞이온천축제(2월), 남천동 벚꽃축제(4월), 기장대변멸치축제(4월), 광복로축제(5월), 바다의 날 기념행사(5월), 모래작품전(6월), 해운대축제(7월), 기장해변축제(7월), 부산바다축제(8월), 해운대달맞이언덕 문화관광축제(8월), 부산섬유패션대축제(9월), 광안리해변문화관광축제(10월), 부산자갈치문화관광축제(10월), 절영축제(10월) 등이 있다.

(3) 전통 · 문화축제

정월대보름 달집놀이축제(2월), 광안리문화관광대축제(4월), 동래전통민속공연(5월), 구덕골문화예술제(5월), 수영전통민속제(6월), 기장갯마을마당골축제(8월),

강서축제(10월), 동래충렬제(10월), 차성문화제(10월), 서면한마당문화예술제(10월), 낙동민속예술제(10월), 다대포몰운대축제(10월) 등이 있다.

3. 대구광역시

1) 전통생활민속

대구광역시는 미인과 사과로 유명한 곳이다. 이곳에는 칠곡동 농악과 지신밟기, 검단동 풍계, 비슬산 산신제와 그 밖에 정월대보름에 행해지는 다양한 민속들이 전해지고 있다. 이 지역은 특히 단청장(丹青匠)과 대고장(大鼓匠)과 같은 인물들이 남아 있는 고장이다. 대구광역시의 향토축제에는 두류축제, 비슬산참꽃축제, 침산동줄다리기, 날뫼축제, 팔공축제, 달구벌축제, 섬유축제 등이 있다.

2) 구전설화

이 지역의 구전설화로는 달성공원과 잉어샘 이야기, 내당동 지명 유래담, 소가 된 스님 이야기, 팔달교 지명담, 배자못 이야기, 사효자굴과 땀나는 신도비 이야기 등이 있다.

3) 주민의 생활권역

대구광역시는 구릉성 분지지역으로 산업발달과 함께 지정학적으로 매우 중요한 곳이다. 특히 경상도의 중심지로 자리 잡고 있는 지역이기도 하다. 이곳은 일찍부터 섬유와 관련된 산업이 발달해 왔으며 근래에는 인근 구미와 함께 최첨단 과학도시로서 21세기의 한국을 대표하는 고장으로 발돋움하고 있는 지역이다.

4) 지역의 별미음식

대구광역시의 별미음식은 따로국밥과 막창이다. 또한 동인동 갈비, 자연산 송이버섯요리, 달성 서씨의 종가음식, 참갈비, 덕암청둥오리 불고기, 선지국, 현풍

할매곰탕, 복어불고기, 헛제사밥, 해물냉채, 곰탕, 매운탕, 하향주 등이 있다.

5) 지역토산품과 특산품

대구광역시의 특산품으로는 천명약수, 하양주, 둔산동 복숭아와 팔공산 일대의 천연송이버섯, 장미와 국화 같은 원예작물이 있다.

6) 지역문화예술행사

(1) 달구벌축제

매년 10월(3일간), 대구 중심가 동성로 일대에서 열린다.

(2) 약령시축제

매년 5월과 9월(2회)에 대구 중구 남성로 일대에서 개최, 주최기관은 약령시보존회(☎ 053-253-4729)

(3) 섬유축제

매년 5월, 대구·경북지역의 섬유산업관련축제

(4) 기타

팔공축제(동구), 날뫼축제(서구), 대덕제(남구), 동성로축제(중구), 두류축제(달서구), 구민한마음축제(북구, 수성구)

4. 인천광역시

1) 전통생활민속

인천광역시는 서해안시대의 중심 항구로서 다양한 문화가 있는 곳이다. 이곳은 민속신앙으로 도당굿과 안관당제, 그리고 외포리도당굿, 서해안 풍어제가 있는 지역이다. 또한 소금받일놀이와 시선뱃노래, 용두레질노래 등도 있다. 인천광역시의 향토축제에는 강화고인돌문화축제, 참성단축제, 월미축제, 용유도해양축제, 수봉산벚꽃축제, 학산대동제, 2030거리축제, 남동제 등이 있다.

2) 구전설화

이 지역의 구전설화로는 오닭이의 곧은 딸 이야기, 논고개와 청량산의 지명담, 청학동마을에 관한 이야기, 원통이 고개 이야기, 벌대총 이야기, 임경업 장군에 관한 이야기가 있다.

3) 주민의 생활권역

인천광역시는 인근 옹진군과 강화군을 통합해 인천광역시로 개칭되었다. 이곳은 서울의 관문 역할을 하고 있을 뿐만 아니라 영종도 국제공항과 국제항만, 경인운하, 지하철공사 등의 기반시설을 갖추어 세계의 관문으로 발돋움하고 있는 곳이다. 또한 환태평양시대의 주역이기도 하다.

4) 지역의 별미음식

인천광역시의 별미음식으로는 송용볶음, 약돼지, 생갈비, 한진물텀벙이, 복매운탕, 순대골목의 순대, 대하찜, 새우튀김, 장어구이, 꽃게탕, 양념갈비, 메밀냉면, 굴순두부, 곱창, 짠지두부 등이 있다.

5) 지역의 토산품 및 특산품

이곳의 특산품으로는 옹진섬포도, 해삼, 화문석, 인삼, 밴댕이, 소금, 무의도 청정김과 오리농법으로 재배한 쌀 등이 유명하다.

6) 지역문화예술행사

(1) 인천시민의 날 행사

매년 10월 15일 시민의 날을 맞이하여 전야제(14일) 행사인 길놀이 한마당을 비롯하여 시민위안 공연, 민요 경창, 개화불꽃놀이, 국제자매도시 초청 등 문화행사와 시민생활체육대회를 개최한다.

(2) 제물포예술제

매년 6월, 종합문화예술회관, 문화회관, 월미도 문화의 거리 등에서 예총인천광역시지회 주최로 개최한다. 행사는 미술대전, 사진대전, 국악의 향연, 주부백일장, 관악제, 청소년교향악단 연주회, 생활비디오 한마당, 인천상생굿, 문화가족음악향연 등으로 꾸며진다.

(3) 인천세계춤축제

2000년 10월 14일~22일(9일간) 인천대공원 및 시내 일원에서 인천광역시가 주최하여 '황해로! 세계로! 미래로! – 민족의 화해와 평화를 위한 희망의 몸짓'이라는 주제로 세계춤축제가 펼쳐졌다. 세계 유명무용단 초청공연을 비롯하여 공연행사, 어린이 · 가족공연, 청소년축제, 시민참여행사, 춤워크숍 등으로 진행된다.

5. 광주광역시

1) 전통생활민속

광주광역시는 유명한 무등산이 있는 곳이다. 이곳의 민속에는 덕흥마을의 당산제, 광산의 고싸움놀이, 용전들노래, 남도판소리, 광산농악 지신밟기, 옥동의 탑돌이 등이 전해져 온다. 향토축제는 광주비엔날레, 자미축제, 광주김치축제, 서창동 만도리행사, 무등산 춘설다향제 등이 있다. 그리고 입석과 같은 중요민속자료들도 전해지는 곳이다.

2) 구전설화

이 지역 구전설화로는 양동의 유래담, 광천동의 지세 이야기, 후백제를 세운 견훤의 탄생설화, 무정산이라 불렸던 무등산 이야기, 용소에 얽힌 이야기, 풍영제 애화 등 매우 다양한 지명전설들이 있다.

3) 주민의 생활권역

광주광역시는 호남 제일의 도시로 서남권 전역의 발전과 개발의 중추도시 역할을 해오고 있는 지역이다. 또한 광주학생운동이나 5 · 18과 같은 자유민주주의를 위해 피를 흘렸던 곳이기도 하다.

4) 지역의 별미음식

별미음식으로는 전복죽이나 잣죽 등이 있다. 또한 애저찜, 연포탕, 궁중전골, 흑염소탕, 오리요리, 홍어탕, 개두보체, 우삼탕, 낙삼탕 등이 있다.

5) 지역의 토산품과 특산품

광주광역시의 특산품으로는 도자기, 배추김치, 광산 가을향토무, 무등산수박, 진다리붓, 멜론, 춘설차 등이 유명하다.

6) 지역문화예술행사

예술 · 문화의 중심도시로서 학덕이 높은 선비와 시인 · 묵객을 많이 배출했고 남종화와 판소리의 고장이기도 하다.

(1) 광주비엔날레

1995년에 창설된 광주비엔날레는 현대미술의 인류공유를 위하여 마련된 페스티벌로 1995년 제1회 '경계를 넘어서', 1997년 제2회 '지구의 여백', 2000년 제3회

'人 + 間'을 개최하였다.

(2) 전통관혼상제 페스티벌

2000년 10월 19일~21일까지 3일간 광주시립민속박물관(비엔날레행사장)에서 광주광역시 주최로 문화공연행사와 함께 개최했다(☎ 062-606-3333).

(3) 고싸움놀이

매년 음력 1월 15일, 광주광역시 남구 칠석동에서 개최된다. 고싸움놀이(중요무형문화재 제33호)는 우리 민속놀이 가운데서 가장 격렬하고 남성적인 놀이로서 일사불란한 통제력과 협동심을 필요로 한다(☎ 062-374-3839).

(4) 광주김치대축제

한국 고유의 김치문화를 만끽할 수 있는 이색적인 체험과 신명나는 놀이마당이 펼쳐진다.

(5) 기타 행사

도심 속의 작은 예술축제(4월~10월)/ 광주오페라공연(4월)/ 전국시조경창대회(7월)/ 청소년음악회(8월)/ 한 · 중미술교류전(9월)/ 호 · 영남 무용교류전(9월)/ 전국사진공모전(10월)/ 호 · 영남미술교류전(10월)/ 문화예술시상 및 기념전시회(10월)/ 광주국악대전 전국경연대회(10월)/ 호 · 영남시인가요제(10월)/ 광주사단합동전(11월)/ 호 · 영남서법교류전(11월)/ 한국화공모전(12월) 등의 행사가 있다.

6. 대전광역시

1) 전통생활민속

대전의 가장 큰 특징은 다른 지역에 비해 민속놀이가 많이 남아 있는 것이다.

농사와 관련된 놀이로는 가락리 두레농악놀이, 도안동 농요, 우명동 두레농악, 평촌 지경다지기놀이 등이 서구에서, 대덕구에서는 목상동 들말두레놀이가 전해오고 있으며, 중구에서는 부사칠석놀이, 목달미 디딜방아 액막이놀이, 문창동 엿장수놀이가 전해온다. 그 밖에 유성구에서는 온천동 착정놀이가, 동구에서는 추동지구 대보름제와 산내 들돌놀이가 전해온다.

2) 구전설화

구전설화는 주로 산·방죽·바위 등 자연물에 관한 이야기가 많이 전해오는데, 소제동의 장자정 이야기와 같이 장자못 설화류의 이야기나 유등천 아들바위 이야기 등이 대표적인 이야기들이다. 한편 민요는 상대적으로 적은 수가 전해지나 이제는 잘 불리지 않으며, '모내기노래', '시집살이노래', '나물노래', '파랑새노래', '흥타령' 등이 전해지는 정도이다.

3) 주민의 생활권역

대전의 생활권역은 유성온천이 있어 숙박업소와 관광시설이 몰려 있는 유성구 봉명동 일대가 있으며, 대덕구는 국내 최대의 과학연구단지가 조성되어 있기도 하다. 한편 시 중심부는 20세기 들어서부터 상업지역으로 현재는 백화점과 상설시장이 중동, 원동, 은행동, 인동 등을 중심으로 밀집해 있다. 전통시장으로는 매 4일과 9일에 열리는 유성장이 유명하고, 동구에는 전국에서 세 번째로 큰 한약거리가 있기도 하다.

4) 지역의 토산품과 특산품

① 공예품 닥종이인형, 대덕구 비래동 129-8, 한국수공업협회(☎ 042-625-9647)
② 목기(제기), 대덕구 덕암동 226, 고려공예사(☎ 042-932-5837)
③ 농산물 동구 산내동 일대에서 재배되는 산내포도가 유명하다.
④ 전통국악기(북·장구) 유성구 원촌동 62 금성공예사

5) 지역문화예술행사

(1) 한밭문화제

매년 10월 중 5일간 펼쳐지는 대전시민의 축제로 대전시내의 각종 유적지와 문화시설에서 행해진다. 또 행사기간 동안에 대전의 토산품도 판매하며 각종 학술축제와 한밭음식축제도 개최된다(☎ 042-600-2114).

(2) 대전 유우머축제

매년 6월경 '으능정이 젊음의 거리'를 중심으로 대전시 전역에서 이루어지는 축제로 각종 거리행사와 공연, 전시회, 강연회 등 다채로운 볼거리가 많다.

(3) 기타 문화제

유성구의 동춘당문화제 · 신탄진봄꽃축제, 동구의 식장산 진달래꽃축제 · 산내디딜방아뱅이제 · 우암문화제, 서구의 정월대보름제 · 갑천문화제, 유성구의 유성온천 과학문화제 · 유성온천 단오절 국악축제, 중구의 으능정이 문화제 · 민속문화제 등이 있다.

7. 울산광역시

1) 전통생활민속

울산광역시는 예로부터 농경과 해양활동을 통해 풍요로운 문화를 꽃피운 살기 좋은 고장이다. 이곳은 석전제와 전통관례, 달집살이, 울산매귀악 지신밟기, 쇠부리놀이, 별신굿, 제념자놀이 같은 민속이 전해져 온다. 특히 처용과 관련된 곳이기도 하다. 이 지역 향토축제로는 울산태화강축제, 장생포고래축제, 처용문화제, 방어진축제, 강동해변 해맞이축제, 해변영화제 등이 있다.

2) 구전설화

이 지역 구전설화로는 계변천신전설, 치술신모와 망부석 이야기, 대마도주 전설과 유명한 처용전설, 헐수정과 무고동 전설 등이 전해지고 있다.

3) 주민의 생활권역

울산광역시는 태화강을 사이에 두고 울주군에 에워싸여 있는 지역이다. 울산은 미포조선과 현대조선 같은 세계 제일의 조선소들이 모여 있는 우리나라 최대의 공업도시이다. 또한 해안을 따라 다양한 명승지나 유적 등지들이 많이 있어 관광지로도 손색이 없는 곳이다. 울산은 또한 인근지역인 경주와 포항 등과 함께 동해안의 대표적인 항구도시이기도 하다.

4) 지역의 별미음식

울산광역시의 별미음식으로는 대구볼찜, 양곱창구이, 고래고기, 암소생고기와 소금구이, 다양한 종류의 회가 유명하다.

5) 지역의 토산품 및 특산품

울산광역시의 특산품에는 온양면의 옹기, 강동멸치젓갈과 돌미역, 고래고기와 우리나라에서 몇 개 안 되는 먹의 하나인 태화먹이 있다.

6) 지역문화예술행사

(1) 처용문화제

매년 10월(5일간), 처용문화제추진위원회 주최 · 주관으로 열린다. 개 · 폐막식, 메인이벤트, 상설행사, 부대행사 등으로 나뉘어 각종 문화예술 및 민속행사가 펼쳐진다.

(2) 울산예술제

매년 11월(15일간) 울산예총 주관으로 개최된다.

(3) 울산바다문학제

매년 7~8월 중(3일간) 울산문인협회 주관으로 울산시 동구 일원에서 시화작품전 · 바다백일장 등 종합문학축제가 열린다.

(4) 울산공단문화제

매년 10월(4일간) 울산상공회의소 주최 · 주관으로 개최되며 공단가요제, 작품공모전, 뮤지컬공연 등 근로자 및 그 가족들을 위한 행사로 진행된다.

(5) 배꽃축제

매년 4월 중순, KBS 및 MBC 울산방송국 주최, 울산배원예농협 주관으로 울산배를 널리 알리기 위한 축제

(6) 고복수가요제

매년 11월 울산예총과 울산 MBC 주최, 울산 연예협회 주관으로 이곳 출신 가수 고복수 선생의 업적을 기리는 가요행사

(7) 울산태화강축제

매년 8월 하순(3~5일간) 울산중앙발전협의회 주최 · 주관으로 중구 일원에서 개최되는 주민화합축제

(8) 장생포고래축제

매년 4월 장생포고래축제 추진위원회 주최로 남구 장생포 일원에서 고래로 명성을 떨쳤던 지역의 자랑거리를 알리는 축제

8. 경기도

1) 전통생활민속

경기도는 한반도의 중심부로서 오래전부터 사람이 거주해 온 곳이다. 이곳에는 평동마을고사, 격구놀이, 줄다리기, 장말도당굿, 엄미리 장승제, 석전대제와, 양주의 소놀이굿 같은 농경에 기반을 둔 다양한 민속이 전해오고 있다. 경기도의 대표적인 향토축제로는 이천도자기축제, 과천인형극축제, 수원의 화성문화제, 다산문화제, 율곡문화제, 안성민속투우대회, 남한산성문화제 등이 있다.

2) 구전설화

경기도의 구전설화로는 재인폭포 이야기, 가평군의 사모바위에 얽힌 이야기, 아산이 무너지나 평택이 깨지나 이야기, 뺏골이야기 등 다양한 이야기가 있다.

3) 주민의 생활권역

경기도는 서울을 에워싸고 있는 지역으로 군사와 행정, 문화의 중심지이다. 또한 대부분이 서울과의 통근권인 관계로 교통시설 등이 잘 정비되어 있는 곳이다. 산업화의 시작과 함께 이 지역은 수많은 사람들이 몰려와 인구 과밀에 따른 다양한 문제점들이 많이 나타나고 있는 지역이기도 하다.

4) 지역의 별미음식

경기도의 별미음식으로는 바지락칼국수, 돌솥밥, 굴소스볶음밥, 수원의 갈비, 설농탕, 해물탕, 굴회덮밥, 아구찜, 복탕, 이천쌀밥, 영양밥, 장국밥, 원골순대, 진서리막국수 등이 있으며 그 밖에 먹을거리가 다양하고 풍부하다.

5) 지역의 토산품 및 특산품

경기도의 특산품은 도자기, 참외, 고구마, 솔부추, 문배주, 쌀눈, 안성유기와

포도, 이천쌀, 황기, 산수유, 복숭아, 한과 등으로 매우 다양하다.

6) 지역문화예술행사

(1) 시군별 대표축제

화성문화제(수원시, 10월)/ 성남문화예술제(성남시, 10월)/ 회룡문화제(의정부시, 10월 10일)/ 만안문화제(안양시, 10월 1일)/ 복사골예술제(부천시, 4월 말)/ 오리문화제(광명시, 5월)/ 소사벌단오민속놀이(평택시, 음력 5월 5일)/ 소요산문화제(동두천시 10월 6일)/ 성호문화제(안산시, 5월 셋째주)/ 행주대첩제(고양시, 3월 14일)/ 과천축제(과천시, 시민의 날)/ 구리문화예술제(구리시, 10월)/ 다산문화제(남양주시, 10월 초)/ 독산성문화예술제(오산시, 9월 15일)/ 연성문화제(시흥시, 10월 5일)/ 옷내골문화제(군포시, 시민의 날)/ 의왕시민의 날 축제(의왕시, 10월)/ 이성문화제(하남시, 9월 말)/ 용구문화예술제(용인시, 10~11월)/ 율곡문화제(파주시, 가을)/ 이천도자기축제(이천시, 9월)/ 안성포도·배축제(안성시, 10월)/ 금파문화축제(김포시, 9월)/ 양주별산대놀이(양주군 5월 5일)/ 여주도자기축제(여주군, 5월)/ 매홀문화제(화성군, 9월 28일)/ 남한산성문화제(광주군, 10월)/ 정월대보름맞이 민속놀이(연천군, 음 1월 15일)/ 반월문화제(포천군)/ 가평군민의 날(가평군, 10월 9일)/ 백운문화제(양평군, 9월 20일) 등이 있다.

(2) 경기도의 국제문화행사

고양세계꽃박람회(4~5월 중)/ 수원화성국제연극제(6월)/ 이천국제조각심포지엄(8월)/ 부천국제판타스틱영화제(PIFAN, 7월)/ 부천국제대학애니메이션페스티벌(PISAF, 12월)/ 과천세계마당극큰잔치(9월) 등이 있다.

9. 강원도

1) 전통생활민속

강원도는 순박하면서도 독특한 멋을 지닌 곳이다. 이 고을에는 다양한 산신제를 비롯하여 강릉농악과 오리현농악, 속초뱃소리, 만천광대놀이, 삼척기줄다리기와 같은 민속이 전해오는 곳이다. 강원도의 대표적인 향토축제로는 강릉단오제가 있으며, 그 밖에 양록제, 죽서문화제, 영월단종제, 태풍문화제, 동강뗏목축제, 정선아리랑제, 눈꽃축제, 태백산제, 경포 여름바다 축제, 치악제, 한치문화제 등이 있다.

2) 구전설화

이 지역의 구전설화로는 치악산전설, 범일국사신화, 대관령산신 이야기, 형제의 혼이 변한 형제봉 이야기, 검룡소 이무기, 거북바위와 같은 인물과 지명에 관련된 이야기가 많이 전해지고 있다.

3) 주민의 생활권역

강원도는 지리적으로 한반도에서 매우 중요한 곳이다. 그리고 북한과 바로 인접해 있어 국방상으로 매우 중요한 곳이다. 요즘 북한의 개방에 따른 금강산 관광 등이 이루어지면서 주목받고 있는 곳이기도 하다. 또한 과거의 석탄을 캐던 태백이나 정선 등지는 근래에 관광지로 발돋움하기 위해 카지노 같은 관광단지를 마련해 새로운 도약을 모색하고 있는 지역이기도 하다.

4) 지역의 별미음식

강원도는 예전부터 독특한 먹을거리가 풍부한 곳으로 이름나 있다. 다양한 생선회는 물론 산에서 나는 각종 산나물, 밭에서 나는 감자는 일품이다. 그 밖에도 도루묵찜, 안흥찐빵, 강림토종순대, 더덕술, 메밀막국수, 향어백숙 등이 있다.

5) 지역의 토산품 및 특산품

강원도의 특산품으로는 황기, 고랭지 여름배추, 영지버섯, 삼지구엽초, 철원오대쌀, 양구쌀, 향어, 조롱박공예, 주루목, 황태, 오징어 등 헤아릴 수 없을 정도로 많다.

6) 지역문화예술행사

(1) 시 · 군별 대표적 축제

춘천인형극제(춘천시, 8월)/ 치악제(원주시, 10월)/ 강릉단오제(강릉시, 단오절)/ 동해무릉제(동해시, 10월 초)/ 태백제(태백시, 10월 3일)/ 설악문화제(속초시, 10월)/ 죽서문화제(삼척시, 정월보름)/ 한서문화제(홍천군, 10월 초)/ 태풍문화제(횡성군, 10월)/ 단종문화제(영월군, 4월 5일)/ 노성제 및 군민의 날(평창군, 10월)/ 정선아리랑제(정선군, 10월 초)/ 태봉문화제(철원군, 10월)/ 용화축전(화천군, 10월 6일)/ 양록제(양구군, 10월 10일)/ 합강문화제(인제군, 10월)/ 수성문화제(고성군, 9월 21일)/ 현산문화제(양양군, 음 5월 5일) 등이 있다.

(2) 국제문화행사

춘천국제마임축제(춘천시, 봄)/ 춘천국제아마추어연극제(춘천시, 가을) 등이 있다.

10. 충청북도

1) 전통생활민속

괴산에서는 괴산문화제, 전국가족등산대회가 열리고 청천면 강평리에서 산신제인 동제가 행해지며, 정월에 볼 수 있는 횃불싸움 · 쥐불놀이가 있다. 그 밖에 백중날에는 백중놀이를 하는데 지금은 농악놀이로 대체되었다. 음성지역에는 설성문화제, 농민문학가 이무영의 업적을 기리기 위한 무영제, 감곡복숭아축제,

맹동수박축제, 대소수박축제, 생극참외축제 등 특산물 생산과 판매를 진작하기 위한 축제가 열린다. 또 충청북도 및 경기도 지방에서 행해지던 거북놀이가 설성문화제 행사 시에 시범공연을 하고 있다.

2) 구전설화

이곳에는 음성지역의 '자기 생업에 대한 비방은 부자지간이라도 말하지 않는다'는 속담에서 유래한 짚신장수 부자간의 비화 전설과 수정산 산마루의 공기바위 전설이 전해지고 있다. 또한 거북바위 전설과 아들을 낳게 하고 과거 급제하게 한다는 살구우물 전설이 진천군에 전해져 오며, 보은에는 검단산에 얽힌 전설로 금돼지와 부녀자 사이에서 태어난 최치원의 이야기가 전해지고 있다.

3) 주민의 생활권역

충청북도는 역사적 · 지리적 여건에서 예로부터 우리나라의 중심 구실을 해왔다. 따라서 정신적으로나 문화적으로 중립성을 띠고 있다. 또한 지역의 공간구조상의 제약이 있어 통합성이 약하기 때문에 국토종합개발계획에서도 2개의 중권(中圈)으로 분리되었다. 즉 제천 · 충주 · 단양 · 중원은 태백중권(太白中圈)으로, 영동 · 옥천은 대전중권(大田中圈)으로 속하게 되었다. 도의 지역개발은 수도권의 개발효과를 적극적으로 수용하고, 남북지향의 도로망 체계를 격자화(格子化)하며, 도시와 농촌을 통합한 도농적 개발을 지향해야 하며, 사회간접자본을 투자하여 직접 생산활동의 유치로 단계적 전략을 모색하고 있다.

4) 지역의 별미음식

충북의 청주는 올갱이국, 오골계탕, 밤묵 등이 있다. 충주시는 산채백반, 꿩전통요리, 손두부회, 오리백숙, 올갱이국밥, 송어 · 향어 비빔회가 유명하다. 옥천읍의 삼양리 올갱이국밥과 금강유원지 부근 도리뱅뱅이집이 별미이며, 영동감식초, 영동포도식초, 영동오징어 등도 꼭 맛보아야 할 음식이다.

5) 지역의 토산품과 특산품

충청북도는 세계 최고 수준의 청주 도자기와 상당산성 한옥마을에서 생산하는 청주대추술이 유명하다. 충주사과가 유명하며, 황기, 석회암질에 재배하는 홍화씨, 월악산과 금수산에서 생산되는 약초향기주머니, 고산지대에서 자생하는 회향, 오미자 등으로 한약재를 숙성시켜 만든 고본주가 대표적이다. 음성의 청결고추, 미백복숭아, 참외, 인삼 등도 유명하다.

6) 지역문화예술행사

(1) 시 · 군별 행사

충북예술제(10월 도내 일원)/ 청주시민의 날 행사(청주시, 4월 15일)/ 우륵문화제(충주시, 10월)/ 제천의병제(제천시, 10월)/ 난계예술제(영동군, 10월)/ 지용제(옥천군, 5월)/ 속리축전(보은군, 음력 4월 8일)/ 생거진천화랑제(진천군, 10월)/ 괴산문화제(괴산군, 10월)/ 설성문화제(음성군, 10월 초)/ 온달문화축제(단양군, 10월)/ 증평문화제(증평출장소, 10월 초) 등이 있다.

(2) 국제문화행사

청주국제공예비엔날레(짝수년 10월, 1개월간)/ 청주국제인쇄출판박람회(9~10월 1개월간)/ 대청호국제환경미술제(청원군, 4~5월 1개월간) 등이 있다.

(3) 기타 축제

단제문화예술제(청주시, 12월)/ 중봉충렬제(옥천군, 9월)/ 무영제(음성군, 4월)/ 수안보무술축제(충주시, 4월)/ 소백산철쭉제(단양군 5월)/ 박달가요제(제천시, 10월)/ 속리산 단풍제(보은군, 10월) 등이 있다.

11. 충청남도

1) 전통생활민속

백제의 도읍인 공주는 공주 달공소리와 탄천면 송학리 소라실 마을에 장승제가 전해져 온다. 향토축제로는 백제문화제와 탄천장승제가 있으며, 문화시설로는 국립공주박물관과 민속극박물관이 있다. 경기도와 인접해 있는 천안의 천안삼거리문화제, 입장거봉포도축제, 성환배축제, 병천봉화제가 있으며, 아산시의 온양문화제, 맹정승기념축제, 설화축제 등이 있다.

2) 구전설화

충남지역은 절개와 충효의 고장으로 이와 관련된 설화들이 많이 전한다. 천안삼거리와 만인사에 얽힌 전설, 어사 박문수와 산신령 이야기, 절개를 지킨 도미부인 이야기, 무학대사와 무춘산 옥녀봉 전설 등이 그것이다.

3) 주민의 생활권역

이곳의 지역 개발권은 차령산맥을 중심으로 남부권과 북부권으로 나뉘며, 수계(水系)와 생활권을 고려하여 대전 대도시지역 · 중부 고도문화지역(古都文化地域) · 천안 도시지역 · 북서부 해안지역 · 남서부 해안지역 등으로 구분하였다. 대전은 제2차 국토종합개발계획에서 1차 성장거점도시로 지정되어 수도권의 중추관리기능의 일부를 흡수하여 광역시로 승격되었다. 중부 고도 문화지역에서는 공주 · 부여 등지를 대단위 관광지로 개발하여 역사적 환경과 자연경관이 조화된 관광도시로 육성하고, 천안 도시지역은 경부축(京釜軸)과 서해안축을 연결하는 유통중심 도시로 개발하여 농수산물의 집산 · 중계 기능을, 북서부 해안지역은 간척을 통한 대단위농업개발을, 남서부 해안지역은 공업단지의 기반 조성 등 농외소득원 개발에 주력하고 있다.

4) 지역의 별미음식

이곳의 별미음식으로는 천안의 아우내장터 일원의 순대와 서산의 꽃게장이 일품이다. 논산에는 닭뼈가 검다는 오골계 백숙이 이름나 있으며, 인삼으로 유명한 금산에는 인삼어죽과 삼계탕이 알려져 있다. 이외에도 금강하구에서 잡히는 우어회(논산시 강경읍)와 태안의 대하구이도 먹어볼 만하다.

5) 지역의 토산품 및 특산품

충청남도의 신선주라 불리는 계룡백일주와 누에가루는 공주지역의 특산품이며, 송악농협의 사슴육골즙과 서산의 어리굴젓은 전국적으로 유명하다. 그 밖에 조치원의 복숭아와 신고배, 부여군의 토종홍화씨도 건강식품으로 각광받고 있으며, 광천토굴의 새우젓은 김장철에 인기가 많다.

6) 지역문화예술행사

(1) 시 · 군별 대표적 축제

천안삼거리문화제(천안시, 추석 전후 5일간)/ 백제문화제(공주시, 홀수년 10월)/ 만세보령문화제(보령시, 격년제 10월 1일)/ 온양 · 아산문화제(아산시, 4월 28일)/ 서산문화제(서산시, 격년제 10월 초)/ 놀뫼축제(논산시, 9월 하순)/ 금산인삼축제(금산군, 추석 2주 전)/ 도원문화제(연기군, 4월 중순)/ 백제문화제(부여군, 짝수년 10월)/ 서천모시문화제(서천군, 5월 초)/ 칠갑문화제(청양군, 격년제 10월)/ 만해제(홍성군, 8월 15일)/ 매헌문화제(예산군, 4월 말)/ 태안군민의 날 축제(5월 1일)/ 상록문화제(당진군, 10월 1일) 등이 있다.

(2) 기타 주요축제

아우내문화제(천안시, 3월 말)/ 보령머드축제(보령시, 7월)/ 딸기벚꽃축제(논산시)/ 황도붕기풍어제(태안군, 2월)/ 거봉포도축제(천안시, 9월)/ 예산능금축제

(예산군, 4월)/ 동학사봄꽃축제(공주시, 5월)/ 우금치 거리예술제(공주시, 10월) 등이 있다.

12. 전라북도

1) 전통생활민속

전라북도는 예향의 도시인 전주에 전주 기접놀이와 장승세우기 같은 정월 대보름놀이가 있다. 또한 향토축제로 풍남제와 전주대사습놀이, 전주종이축제, 완산골 연꽃축제 등이 있다. 서해안의 대표적 항구도시인 군산에는 채원병 고가와 단소장과 같은 민속이 전해 내려오며, 오성문화제전과 최호장군추모제 등의 축제가 있다. 도작문화가 발달한 김제는 농사와 관련된 전통이 많이 남아 있는데, 입석 줄다리기나 쌍룡줄다리기, 우도농악 등이 대표적이다. 여기에 남원의 춘향제와 흥부전축제는 전국에서도 이름난 축제이다.

2) 구전설화

이곳에는 정읍시의 의오비(義獒石, 개비석)전설과 각시다리 이야기 등이 있다. 그리고 마이산이 생긴 내력과 무주 안국사 극락전과 학대사에 관한 이야기가 전한다. 이 밖에 고창지역에는 늘아홉골이라는 명당자리에 얽힌 이야기가 있으며, 부안군의 거석리 여장사 이야기와 왜몰치와 팔장사 이야기가 있다.

3) 주민의 생활권역

전라북도는 경부축에서 지리적으로 원거리이고 산업도 논농사 위주로 편중되어 있어 고도성장의 이익을 충분히 받지 못하였다. 사회 · 경제 기반의 측면에서 불리한 이유로는 자연환경적 요소로 하천의 규모와 유량이 부족하여 수자원결핍현상을 가져오며, 사회간접자본의 부족과 함께 미작 위주의 농업구조 때문에 농외소득이 타 지역에 비하여 크게 뒤진다는 점 등을 들 수 있다. 따라서 이출인구를 지역 내로 정착시키고, 부족자원을 합리적으로 개발하는 방안과 지역주민의 복지수준을 향상시키는 것, 지역투자를 확대하여 지역주민의 생활안정을 꾀하여야 한다.

4) 지역의 별미음식

익산의 별미음식으로는 가물치 십전대보탕과 메기탕이 있으며, 김제의 산채백반과 백합죽도 먹을 만하다. 남원의 미꾸라지 숙회와 춘향주는 전국적으로 이름난 별미음식이다.

5) 지역의 토산품과 특산품

이 지역의 특산품으로는 무주의 머루와 순창 고추장, 고창의 산딸기술이 있으며, 전주의 특산품으로는 닥나무로 만든 전주 한지와 전통소주인 이강주가 있다. 군산은 보리고추장과 울외장아찌로 유명하다.

6) 지역문화예술행사

(1) 시 · 군별 대표적 축제행사

전주시 · 풍남제(6월)/ 군산시 · 군산종합예술제(10월)/ 익산시 · 마한민속예술제(5월)/ 정읍시 · 정읍사문화제(11월)/ 남원시 · 춘향제(5월 5일)/ 김제시 · 김제지평선축제(9월, 벽골제 중심)/ 완주군 · 대둔산축제(10월)/ 진안군 · 마이문화제(10월)/ 무주군 · 무주반딧불축제(여름)/ 장수군 · 의암주논개제전(음 9월 2일)/ 임실군 · 사선문화제(10월)/ 순창군 · 순창군민의 날 행사(5월 1일) 등이 있다.

(2) 국제문화예술행사

전주국제영화제/ 전주국제컴퓨터게임축제/ 세계거석문화축제(고창군)/ 세계소리축제/ 세계서예비날레 등이 있다.

13. 전라남도

1) 전통생활민속

전라남도는 목포를 비롯한 많은 항구도시들이 있어 해양과 관련된 문화들이 많이 나타나고 있다. 한려해상국립공원과 다도해국립공원이 교차하는 남해안 최남단의 여수시에는 거문도 뱃노래와 각종 어업요들이 전하며, 400여 년의 역사를 자랑하는 영당풍어굿이 있다. 순천시에는 송천의 달집태우기와 구산의 용수제 같은 다양한 전통생활문화가 이어져 오고 있다. 호남 곡창의 상징인 나주지역에는 봉추들노래를 비롯해 나주배축제가 유명하다.

2) 구전설화

순천지역에는 낙안읍성 축성에 관련된 이야기가 전해지고 있는데, 재미있는 것은 성의 축성과정에서 무속신화에서 나타난 임경업 장군이 지었다는 점이다. 곡성에는 심청전의 원류라 할 수 있는 관음사 연기설화와 옥과 목조신상 이야기, 석곡 석조여래입상에 관련된 불교적인 설화가 전해져 오고 있다.

3) 주민의 생활권역

전라남도의 지역개발은 광주시가 광역시로 분리됨에 따라 여러 문제가 발생하였다. 전국에서 최하위에 속하는 소득률을 높이는 방안과, 농업 · 수산업 중심의 취약산업구조를 개선하는 일, 전국 섬의 60%를 차지하는 섬들을 관할하기 위한 광역 행정의 문제가 그것이다. 따라서 이러한 문제를 해결하기 위해서 지역생활권의 중심도시를 성장거점도시로 개발하고 그 연계를 강화하는 방법을 모색 중이다. 개발 가능한 야산 및 간척지를 개발하여 농경지를 확대하고 다도해관광권 외에 내륙관광권과 제주관광권을 연결시키는 계획이 진척되고 있다. 실제로 광양만 제철소를 산업기지로 활용하고, 수자원 개발의 일환으로 주암댐 · 승평댐 등을 건설하였다.

4) 지역의 별미음식

보성군에는 양을 이용한 양탕과 짱뚱이탕이 유명하며, 무안군의 황가오리찜, 완도군의 전복죽, 목포의 세발낙지, 신안군의 홍어회와 홍어찜 등은 전라남도 지역에서만 맛볼 수 있는 별미음식이다.

5) 지역의 토산품과 특산품

전라남도의 특산품 영지버섯과 더덕으로 담는 사삼주, 나주 배술과 배와인 등이 유명하다. 담양의 죽제품과 지리산의 산수유차, 보성녹차도 그 수요가 전국적인 규모이다.

6) 지역문화예술행사

(1) 시 · 군별 대표적 축제행사

목포시 · 목포예술제 및 시민의 날(10월 1일)/ 여수시 · 진남제(5월 초)/ 순천시 · 팔마문화제 및 남도음식대축제(10월 중순)/ 나주시 · 시민의 날 축제(4월 15일)/ 광양시 · 백운산약수제(3월)/ 담양군 · 죽향축제(5월 10일)/ 곡성군 · 곡성군민의 날(10월)/ 구례군 · 지리산약수제(4월 하순)/ 고흥군 · 흥양문화제(10월 15일)/ 보성군 · 보성다향제(군민의 날, 5월 10일)/ 화순군 · 운주대축제(11월)/ 장흥군 · 보림문화제(4월 말)/ 강진군 · 군민의 날 및 청자문화제(9월)/ 해남군 · 강강술래 향토축제(추석)/ 영암군 · 왕인문화축제(4월 10일)/ 무안군 · 군민의 날(5월 7일), 함평군 · 함평나비대축제(5월 초)/ 영광군 · 법성단오제(6월)/ 장성군 · 백양대축제(10월 말)/ 완도군 · 장보고축제(8월 초)/ 진도군 · 영등제(5월)/ 신안군 · 군민의 날(4월 중순) 등이 있다.

(2) 국제행사

2000 목포 세계도예 프레엑스포(9~10월 초)

14. 경상북도

1) 전통생활민속

경상북도는 신라의 고도인 경주시와 경북 내륙지방에 위치한 전통문화의 메카인 안동시가 있어, 그 역사와 찬란한 문화유산으로 이름 높은 지역이다. 구미 역시 신라시대 불교가 처음으로 전해진 곳이며, 수점동제와 진가지 용왕제 등 바다축제도 다양하다. 문경새재로 유명한 문경지역은 소야기 동신제와 내화리 성화제, 교귀정 경상감사 교인행사 같은 민속이 전해져 온다.

2) 구전설화

경상북도의 구전설화는 울릉도의 태하동 성황신당 이야기와 풍미녀 이야기가 있으며, 성주군의 새월태자바위 지명 전설, 감응사의 약수설화가 구전되고 있다. 청도군의 이무기 이야기와 고령군의 대가야국 건국설화는 비교적 널리 알려진 이야기들이다.

3) 주민의 생활권역

경상북도는 교통구조와 산업 및 거점도시의 분포를 고려하여 구미 · 김천권, 포항 · 경주권, 안동 · 영주권의 3대 권역으로 구분하여 거점도시를 개발함으로써 지역의 균형적 발전을 꾀하고 있다. 즉 구미 · 김천권은 구미를 전자 및 반도체공업을 주축으로 하는 수출전략지로, 포항 · 경주권은 철강도시로 만들어 국제상업항으로 육성할 계획이며, 안동 · 영주권은 교통중심지인 것을 고려하여 관광과 유통 중심지로 개발하고 있다.

4) 지역의 별미음식

이곳에는 영덕군의 영덕게와 청도군의 추어탕, 봉화군의 봉성 돼지숯불갈비 요리는 이름난 별미이며, 경주시의 교동법주와 팔우정 해장국 또한 그 맛이 일품이다. 안동시의 헛제사밥과 식해, 낙동강에서 잡히는 잉어찜과 금오산의 닭백숙은 이 지역만의 독특한 음식이다.

5) 지역의 토산품과 특산품

안동의 토산품인 안동포는 그 품질을 전국적으로 알아주며, 풍기일대에서 나는 인삼은 세계적 명성을 가지고 있다. 영천시는 전통 목공예로 유명하며, 특히 황금배와 양파는 그 맛과 영양이 좋다.

6) 지역문화예술행사

(1) 시 · 군별 대표적 축제행사

포항시 · 영일만축제(10월)/ 경주시 · 신라문화제(10월 초)/ 김천시 · 김천예술제(10월)/ 안동시 · 안동민속축제(10월 1일)/ 구미시 · 구미축제(10월)/ 영주시 · 소백문화제(10월 초)/ 영천시 · 영천시민축제(10월 초)/ 상주시 · 상주문화제(10월)/ 문경시 · 문경문화제(10월)/ 경산시 · 시민의 날 기념축제(10월)/ 군위군 · 군위문화제(10월)/ 의성군 · 의성문화제(10월)/ 청송군 · 청송문화제(10월)/ 영양군 · 영양문화제(9월)/ 영덕군 · 복사꽃큰잔치(4월)/ 청도군 · 청도소싸움(3월 초)/ 고령군 · 대가야문화제(10월)/ 성주군 · 성주문화제(격년, 10월)/ 칠곡군 · 칠곡문화제(10월)/ 예천군 · 예천문화제(10월 16일)/ 봉화군 · 청량문화제(10월)/ 울진군 · 성류문화제(10월 20일)/ 울릉군 · 우산문화제(10월 초) 등이 있다.

(2) 국제문화예술행사

경주세계문화엑스포(격년, 짝수년 9월)/ 안동국제탈춤페스티벌(10월 초) 등이 있다.

15. 경상남도

1) 전통생활민속

경상남도는 삼한시대 '두레'의 유흥에서 전래되어 오는 풍물로 마산농청놀이가 있고, 숯끗놀이가 있다. 예로부터 우리 민족문화의 진원지라고 할 만한 진주시는 개천예술제가 열리며 이 기간 동안 소싸움이 열리고, 진주검무 등이 전해져 온다. 이외에도 한산대첩의 성지로 유명한 통영에서는 매년 정월 초하루에 삼덕리동제를 지낸다.

2) 구전설화

이 지역에 전해 내려오는 전설로는 무학대사와 진주의 지리에 대한 이야기가 있고, 이성계와 주원장의 탄생에 관한 천자봉 이야기와 김수로왕과 허황후에 대한 신화가 전해지고 있다.

3) 주민의 생활권역

현재 추진 중인 경상남도 개발계획은 제2차 국토종합계획에 입각해서, 서부의 중심도시인 진주시를 거점도시로 지정하여 자족적 기능도시로서의 개발을 추진하고 있다. 특히 북부지역은 거창읍이 농촌공업도시로 지정되어 농촌생활권의 중심지로 개발을 서두르고 있다. 마산 · 진해 · 창원을 중심으로 하는 도 중심권은 이 도의 행정 · 경제 · 사회의 중심지로 개발하고 있으며, 울산을 중심으로 하는 울산권은 중화학공업지역, 수산물집산지 및 동부의 생활중심지로, 김해 · 양산 · 밀양군 지역은 부산 배후권으로 부산의 위성도시기능, 대도시 농산물공급기능, 부산시 소산공업유치기능 등으로, 충무 · 거제 · 통영군 중심의 거제권은 공업기지기능 · 관광위락지기능 · 수산물공급기능 권역으로, 진주 · 진양 · 하동 · 고성군 등으로 구성되는 진주권은 문화 · 예술 교육의 중심지, 내륙 성장거점지, 농산물 집산가공지 등으로, 삼천포시 · 사천 · 남해군 중심의 삼천포권은 수산물 집산가공지 · 지방공업지역 등으로, 북서쪽의 거창권은 농산물 집산지역 · 농촌 중심도시지역 등으로 개발되고 있다.

4) 지역의 별미음식

경상남도의 대표적인 별미음식에는 마산시의 미더덕찜과 진해시의 싱싱한 회, 통영시의 복국과 장어탕이 있으며, 그 맛이 일품이다. 사천시의 백합죽이나 김해시의 민물장어구이는 이 지역에서만 맛볼 수 있는 음식이며, 거제시의 두텁떡도 다른 지역에서는 맛볼 수 없는 독특한 음식이다.

5) 지역의 토산품과 특산품

이 지역의 특산품에는 의령군의 전통한지와 남해군의 알로에, 고성군의 밤호박과 갯장어가 특산품으로 이름을 날리고 있다.

6) 지역문화예술행사

(1) 시 · 군별 대표적 축제행사

창원시 · 창원야철축제(4월 1일)/ 마산시 · 시민의 날 가고파 큰잔치(5월 1일)/ 진주시 · 개천예술제(10월)/ 진해시 · 진해군항제(4월)/ 통영시 · 한산대첩기념제(10월 초)/ 사천시 · 와룡문화제(10월)/ 김해시 · 가락문화제(음 3월 15일)/ 밀양시 · 밀양아랑제(5월 초)/ 거제시 · 옥포대첩기념제(6월 16일)/ 양산시 · 삽량문화제(10월)/ 의령군 · 의병제전(4월 20일)/ 함안군 · 아라제(11월 초)/ 창녕군 · 부곡온천제(9월)/ 고성군 · 소가야문화제(9월 말)/ 남해군 · 화전문화제(10월)/ 하동군 · 하동문화제(4월 15일)/ 산청군 · 지리산평화제(10월 11일)/ 함양군 · 천령문화제(10월)/ 거창군 · 아림예술제(9월 25일)/ 합천군 · 대야문화제(10월 10일) 등이 있다.

(2) 국제문화행사

경남국제조각심포지엄(9월 26일~10월 25일 : 경상남도 주최, 외국인 작가 10명, 내국인 작가 10명 참가, 제작된 작품은 도청 정원에 설치)

16. 제주도

1) 전통생활민속

제주시는 매년 양력 2월 초 제주 관아에서 목사를 비롯한 관리들과 무당들이 같이 연행하던 세시의례의 하나인 입춘춘경(입춘굿)이 전해지며, 매년 10월 초에 한라문화제가 열린다. 서귀포시의 칠선녀축제와 칠십리축제, 북제주군의 마을 포제는 전통적인 향토축제이고, 남제주군의 성산일출제는 매년 1월에 열려 전국 각지에서 관광객들이 몰려들고 있다. 또한 남제주군에는 농악의 일종으로 육지의 걸립에 해당하는 걸궁이 남아 있으며, 제주도 지역 여러 곳에서는 동제가 행해진다.

2) 구전설화

제주도에서 큰 인물이 나지 않는 이유가 얽혀 있는 아흔아홉골 이야기가 전해지며, 말머리 전설도 전한다. 서귀포지역의 전설로는 서귀포 지명전설과 진시황의 불로초와 서불 이야기가 전한다. 북제군의 절부암에는 제주 고씨 여인의 한이 담겨 전하며, 남제주군에는 설문대할망 이야기가 있다.

3) 주민의 생활권역

이곳에는 도의 개발이 본격화되면서 서귀포항을 보수, 확장하여 부산과의 정기항로를 개설하는 한편, 산지외항으로 부두시설을 확장하여 최단거리인 완도항로를 신설하였다. 항공노선은 제주국제공항을 중심으로 국내의 서울·부산·광주 및 일본의 대판 사이를 정기적으로 왕래한다. 1960년대 이후에 도입된 감귤·특용작물과 채소 재배가 둔화되고 있고, 1970년대 이 관광산업부분이 지속적인 성장을 유지하고 있다. 가옥의 밀집도는 해발고도 · 내륙도에 따라 점차 감소하나 전형적인 산촌(散村)은 감귤 재배지역에서 발견된다.

4) 지역의 별미음식

제주시는 메밀을 이용한 음식으로 빙떡과 옥돔미역국, 갈치호박국, 자리물회 그리고 말고기와 쇠고기 샤브샤브가 유명하다. 서귀포시의 차좁쌀로 만든 토속주 오메기술과 모자반국(몸국)이 유명하다. 북제주군을 찾는 사람이면 꿩요리와 빙떡은 꼭 먹어보아야 하며, 남제주군은 전복죽과 꿩불고기가 이름이 높다.

5) 지역의 토산품과 특산품

제주시의 감귤은 한국에서 유일하며, 레몬, 파인애플 등 각종 열대 및 아열대 실과류를 재배하고 있다. 서귀포는 방목을 하기에 좋아 조랑말이 유명하며, 감귤의 이미지를 살려 만든 북제주군의 수지공예품과 전복진주를 이용한 특산품이 관광상품으로 인기가 좋다. 특히 남제주의 으뜸 도야지는 신토불이의 모든 요소를 갖춘 토산물 중에 토산물이다.

6) 지역문화예술행사

(1) 제주도 주관행사

유채꽃큰잔치(4월 중순, 4일간)/ 한라문화제(10월, 9일간)/ 억새꽃큰잔치(10월 중순, 3일간)/ 감귤큰잔치(11월, 3일간)/ 제주시 한여름밤의 해변축제(7월)/ 서귀포시 칠십리축제(10월)/ 칠선녀축제(4월)/ 천지연 여름밤음악축제(8월)/ 북제주군 정월대보름 들불축제(1월)/ 북제주군 해변축제(7월)/ 남제주군 성산일출제(1월 1일)/ 정의골 민속한마당축제(10월) 등이 있다.

(2) 국제행사

제주 세계섬문화축제(2001년 5월 19일~6월 17일)

제4장

기념물

제4장 기념물

4.1. 사적

문화재 가운데 역사상 · 학술상 가치가 큰 유적지로 국가가 법적으로 특별히 지정한 것을 사적이라고 한다.[1] 우리나라에서 역사적 기념물, 즉 사적으로 지정된 것은 관광자원으로서 가치가 큰 것으로 사적 제1호인 경주 포석정지, 제2호 김해 봉황동 유정, 제3호 수원화성, 제4호 부여 성흥산성, 제5호 부여 부소산성, 제6호 황룡사지, 제7호 망덕사지, 제8호 사천와사지, 제9호 서울 성곽 등이다.[2]

사적은 기념물에 들어가며 기념물에는 사적 · 명승 · 천연기념물 등이 있다. 이 가운데 사적은 다시 크게 유사(有史) 이전의 유적, 제사 및 신앙에 관한 유적, 정치 · 국방에 관한 유적, 산업교통 · 토목에 관한 유적, 교육 · 사회 사업에 관한 유적, 분묘 · 비 등의 6가지로 나뉜다.

1 동아출판사편집부, 동아원색세계대백과사전, 제15권, 동아출판사, 1986, 637쪽.
2 채예병, 관광자원론, 새로미, 2010, 112-115쪽.

유적명	내용
유사 이전의 유적	조개더미유적 · 유물포함층 · 집자리유적 · 고인돌 · 선돌 · 고분 등
제사 및 신앙에 관한 유적	절터 · 제단 · 사고(史庫)터 · 전묘(典廟) · 향교터 등
정치 · 국방에 관한 유적	성곽 · 성터 · 수영(水營)터 · 봉수대(烽燧臺) · 궁터 · 고궁 등
산업교통 · 토목에 관한 유적	옛 길과 둑 · 제방 · 가마터 · 장터 · 식물재배지 등
교육 · 사회 사업에 관한 유적	서원(書院) · 사숙(私塾) · 석각(石刻) 등 교육과 학예에 관한 것
분묘 · 비	옛 집과 무덤 · 비 · 정원 · 중요 전설터 등

이들 유적지 가운데 학술상 · 역사상 가치가 큰 것은 문화체육관광부 장관이 문화재위원회의 심의를 거쳐 사적으로 지정할 수 있다. 사적 지정은 일제 때 조선보물고적명승천연기념물보존령에 따라 고적(古蹟)으로 지정되기 시작했는데, 해방 이후 남한에서는 1955년 국보고적명승천연기념물보존회에서 145점의 고적을 지정했고, 1962년 문화재보호법이 제정되면서 1963년에 사적으로 이름을 바꾸어 120점을 지정하기 시작하여 2009년 3월까지 지정된 사적은 478점이다.

▲ 토성

▲ 성덕왕릉

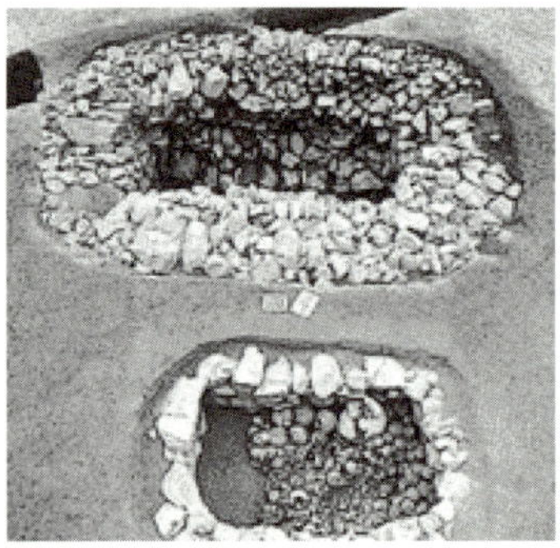
▲ 고분군

사적으로 지정되면 사적 둘레에 보호구역을 두어 훼손을 막도록 되어 있다. 사적의 보호구역은 규모에 따라 다른데 경계선으로부터 5~1,000m를 보호구역으로 한다. 사적의 정의, 사적지정 절차, 사적 관리 및 보호구역 등에 관한 규정은 문화재보호법(1983. 9. 19, 법률 제3644호)과 그에 따른 문화재보호법 시행령(1983. 8. 3, 대통령령 제11184호) 및 문화재보호법 시행규칙(1983. 9. 19, 문화공

보부령 제77호)에 명시되어 있다.[3]

4.1.1. 패총(貝塚)

해안·강변 등에 살던 선사시대 사람들이 버린 조개·굴 등의 껍데기가 쌓여서 무덤처럼 이루어진 유적을 말한다. 조개껍질이 지닌 석회질(石灰質)로 해서 그 안에 있는 토기(土器)·석기 및 짐승의 뼈·뿔 등이 잘 보전되어 고고학상 귀중한 연구자료가 된다. 조개무지가 이루어진 것은 농경(農耕)이 이루어지기 이전, 또는 원시농업의 단계나 수렵·어로 등 일종의 채집경제(採集經濟)의 단계이기 때문에 유럽에서는 농목(農牧)을 영위한 신석기시대의 것은 드물고, 이에 앞서 수렵·어로를 영위한 중석기시대의 것이 많으며, 한국에서는 신석기시대에 이루어졌다고 한다. 유럽의 경우 북해 연안 등의 조개무지가 유명한데, 그 가운데 특히 덴마크의 유틀란트반도에는 큰 조개무지가 많다.

현재까지 발견된 것으로는 1907년 일본인 학자 이마니시 류(今西龍)가 최초로 조사 발굴한 김해조개무지를 위시하여 함북 웅기, 함남 북청(北靑), 황해도 몽금포(夢金浦), 경기도 덕적도(德積島), 경남 웅천(熊川)·고성(固城)·양산(梁山)·마산(馬山)·동래(東萊)·부산 동삼동(東三洞), 경기도 옹진군(甕津郡) 시도(矢島) 등의 조개무지가 대표적이다.

이들 한국의 조개무지는 신석기시대에 형성되었다가 농경생활이 본격화된 청동기(靑銅期)시대에는 거의 형성되지 못한 것 같으며, 어업기술이 비약적으로 발달하기 시작한 철기시대에 들어와 김해·웅천·양산 등 경남지방에 그 유적을 남겼다.

이 가운데 김해에서는 왕망(王莽)의 화천(貨泉)과 유리로 만든 조옥(棗玉)이 발굴되어 대륙과 교역한 사실을 알려주었고, 탄화미(炭化米)가 출토되어 벼농사의 역사적 연구에 중요한 자료를 제공하기도 하였다. 또한 웅기조개무지에서는 온

3 위키백과, Wikimedia, http://ko.wikipedia.org/wiki/

▲ 패총

돌지(溫突址)가 발굴되어 고대인들의 난방 시설 형태를 알려주었으며, 매장된 인골(人骨)의 위치로 동침앙와신전장(東枕仰臥伸展葬)의 매장풍속을 알게 되었다.4

경기도 시흥시 정왕동 오이도에서 발견된 패총은 선사시대의 인류가 수렵, 어로 등을 채집하여 식료로서 먹은 조개껍데기가 쌓여 이루어진 퇴적층 유적이다.5

웅천조개무지와 양산조개무지는 바닷가에서 멀리 떨어진 곳에 형성되어 있어 당시 이 지역이 해안이었음을 알게 하여주는데, 특히 양산조개무지는 현재의 해안선과 40km나 떨어져 있다. 이 밖에 마산의 산성(山城)조개무지에서는 야철지(冶鐵址)도 발견되어 철기시대에도 조개무지가 형성되었음을 알려주고 있다.

4.1.2. 고분

고대의 무덤으로 과거 및 현재의 무덤 중에서 역사적 또는 고고학적 자료가 될 수 있는 분묘를 일컫는다.6 고분은 어의 그대로는 단순히 옛날 무덤 전체를 가리키는 것일 수도 있으나, 우리나라에서는 대체로 고대국가가 형성될 무렵을 전후하여 만들어진 지배계층의 무덤을 가리킨다. 과거 인간사회의 여러 측면을 밝히려는 고고학에서 무덤이 중시되는 이유는 인골과 무덤 구조 · 껴묻거리(副葬品) 속에 묻힌 사람의 성(性) · 연령 · 사회적 신분과 관계 등 각종 사회적 인성들이 잘 반영되어 있어 당시의 시대상과 사회상 등을 파악하는 데 좋은 자료를 제공해 주기 때문이다.

이러한 무덤을 지칭하는 포괄적 개념으로는 보통 분묘(墳墓)가 사용되는데,

4 패총(貝塚), 조개무지, 네이버 백과사전, http://100.naver.com/100.nhn?docid=138080
5 패총(貝塚), 두산백과사전, http://www.doopedia.co.kr
6 고분(古墳), 네이버 백과사전, http://100.naver.com/100.nhn?docid=13559

이를 나누어 지상 위에 높이 솟은 것을 '분', 편평한 것을 '묘'로 구분하거나 지상에 무덤의 표식적 시설이 있는 것을 '분'으로, 시신이나 관을 안치하는 매장주체 시설을 '묘'로 구분하기도 한다. 이에 의하면, 고분은 일단 묘를 보호하면서 그 존재를 보이기 위해 봉토와 같은 표식적인 시설이 있어야 함을 알 수 있다.

이와 함께 고분의 전제조건으로서 다른 무덤들에 비해 입지가 우월하고, 매장주체부가 훨씬 크며, 무기가 특정 개인에게 집중되어 있거나, 혹은 순장(殉葬)이 이루어진 점 등이 거론된다. 한편 고분보다 봉토가 높고 크며, 확정된 일정 규모의 묘역을 가지고 일정한 간격으로 배치되어 있고, 귀금속의 장신구와 무기·마구 등이 보다 많이 출토되는 것을 고총(高塚)고분이라 구분하기도 한다.

▲ 무령왕릉

그런데 무덤의 규모가 크고 복잡할수록 그 축조를 위해 더 많은 노동력을 동원해야 하고, 껴묻거리의 양과 질이 풍부한 것은 묻힌 사람과 그 사람이 속한 집단의 우월한 정치·경제·사회적 지위를 반영하는 것이므로 고분은 당시 지배계층의 무덤이라 할 수 있다.

이들은 그 포괄하는 내용에 의해 분묘→고분→고총고분 순으로 될 수 있으며, 사회 발전단계에 따라 역시 후자가 늦게 발생되었다고 할 수 있다. 실제 고분의 모습은 지역에 따라 매우 다양하여 위의 조건들을 모두 만족시키는 것은 아니며, 그 발생시기에도 차이가 있다. 그 시기를 보면 고구려에서는 대략 기원전후 무렵 백제와 신라 · 가야 지역에서는 2세기 후반~3세기 무렵 고분이 출현하는 것으로 생각되고 있다.

우리나라의 고분은 이러한 여러 요소들이 복합되어 지역에 따라 다양한 모습을 하고 있으며, 여러 속성들이 결집되어 정형화된 것을 묘제(墓制)라고 한다.[7]

▲ 미추왕릉

▲ 고분군

4.1.3. 성지

종교적 또는 전승적(傳承的)으로 신성시되는 구역으로 성역(聖域) · 성소(聖所)라고도 하며, 불교에서는 영장(靈場) 또는 영지(靈地)라고도 한다. 격리 또는 금기(禁忌)를 수반한다는 점에서 단순한 자연숭배 대상과는 구별된다. 성지는 자연의 산 · 숲 · 총림(叢林)인 경우도 있으며, 토지의 한 구획을 설정하여 인공적으로 무덤 · 토단(土壇) · 비석 등을 설치한 곳인 경우도 있다.[8]

우리나라 기독교의 대표적인 건물은 정동교회이며, 불교의 대표적인 성지로는 조계종 제22교구본사인 대흥사를 들 수 있고, 천주교의 14개 지역 교구 중 서울에는 명동성당 등이 있다. 또한 서울 용산구 청파동 71-3번지에 위치한 통일교의 발상지가 있다.

7 한국사기초사전, 한국학중앙연구원, 2011.

8 성지(聖地), 네이버 백과사전, http://100.naver.com/100.nhn?docid=92358

▲ 명동성당

▲ 마라도교회

▲ 대흥사

4.1.4. 궁궐

왕이나 왕족이 일을 보고 생활하던 건축물을 말한다.[9] 조선시대에 궁궐은 임금이 사는 집, 그리고 임금이 되기 전에 살던 집, 여행갈 때 머물렀던 집을 의미한다. 심지어 죽은 임금을 모신 사당을 '궁'이라고 부르는 경우도 있다. 조선시대에 임금이 평소에 거주하고 정치행위를 펼친 궁을 정식 궁궐로 볼 수 있는데, 경복궁, 창덕궁, 창경궁, 경희궁, 경운궁(덕수궁)의 다섯 궁궐이 남아 있다. 임진왜란 경계 이전에는 경복궁, 창덕궁, 창경궁이 사용되었고, 임진왜란 후에는 창덕궁, 창경궁, 경희궁이 사용되었다. 경운궁은 조선의 궁이기도 하고 대한제국의 궁이기도 하다. 조선의 궁궐은 성리학을 기반으로 하는 정치철학을 반영하여 규모가 작고 소박한 편이다. 궁궐이 크고 화려하다는 것은 백성들을 괴롭힌 흔적이기 때문에 바람직하지 않은 것으로 여겼다.[10]

덕수궁은 1582년 임진왜란이 일어나서 선조가 의주까지 피난 갔다가 서울로 돌아와 보니 경복궁, 창덕궁, 창경궁이 모두 불타버려서 왕이 거처할 왕궁이 없었다. 그래서 왕족의 집 중에서 가장 규모가 크고 완전했던 월산대군(성종(9대)의 형)의 집을 행궁으로 삼게 되었다. 그 후 1608년 2월에 선조는 행궁의 침전에

9 위키백과, Wikimedia, http://ko.wikipedia.org/wiki/
10 문화재청, 문화재사랑, 2010년 7월호, 35쪽.

서 돌아가시고 광해군이 행궁의 서청에서 왕위에 즉위하였으며 이후 1611년(광해 3), 광해군에 의해 정릉동 행궁으로 불리던 이곳에 '경운궁'이라는 정식 궁호를 붙이게 되었다.

그 후 광해군은 1615년(광해 7) 재건한 창덕궁으로 어가를 옮기고 경운궁은 별궁으로 남게 된다. 전성기 때의 경운궁은 현재 넓이의 3배에 달하는 큰 궁궐이었으며, 현재의 미국 대사관저 건너편 서쪽에는 중명전을 비롯해 황실생활을 위한 전각들이 있었고, 북쪽에는 역대 임금들을 제사지내는 선원전 일원이 있었으며, 동쪽에는 하늘에 제사지내는 환구단을 설치하여 황제국의 위세를 과시하였다.[11]

▲ 덕수궁

창덕궁은 1405년 태종 때 건립된 조선왕조의 왕궁이다. 처음에는 법궁인 경복궁에 이어 이궁으로 창건했지만 이후 임금들이 주로 창덕궁에 거주하면서 실질적인 법궁의 역할을 하였다. 임진왜란 때 한양의 궁궐들이 모두 불탄 후에 경복궁은 그 터가 불길하다는 이유로 재건되지 않았고, 1610년(광해군 2년)에 창덕궁이 재건된다. 그 후 창덕궁은 경복궁이 재건될 때까지 270여 년 동안 법궁으로 사용되었다.

11 문화재보호재단, 궁이야기-덕수궁의 유래, http://blog.naver.com/fpcp2010/

창덕궁은 인위적인 구조를 따르지 않고 주변 지형과 조화를 이루도록 자연스럽게 건축하여 가장 한국적인 궁궐이라는 평가를 받고 있으며, 왕가의 생활에 편리하면서도 친근감을 주는 창덕궁의 공간구성은 경희궁이나 경운궁 등 다른 궁궐의 건축에도 영향을 주었다.

조선시대에는 창덕궁의 동쪽에 세워진 창경궁(昌慶宮)과 경계 없이 사용하였으며, 두 궁궐을 '동궐'이라는 별칭으로 불렀다. 또 남쪽에는 왕가의 사당인 종묘(宗廟)가, 북쪽에는 왕실의 정원인 후원(後苑)이 붙어 있어서 조선왕조 최대의 공간을 형성하였다.

그러나 왕조의 상징이었던 궁궐은 여러 차례의 화재로 소실과 재건을 거치면서 많은 변형을 가져왔고 1991년부터 본격적인 복원사업이 시작되어 현재에 이르렀다. 또한 1997년 12월에는 유네스코(UNESCO)에 세계문화유산으로 등록되어 명실공히 한국을 대표하는 궁궐이 되었다.[12]

▲ 창덕궁

▲ 경복궁

▲ 창경궁

▲ 덕수궁

12 문화재보호재단, 궁이야기(2)-자연과 조화 이룬 가장 한국적인 궁궐, 창덕궁, http://blog.naver.com/fpcp 2010/

4.2. 명승

명승(名勝)은 지방지정문화재에 속하는 국가지정문화재로, 문화재청에서 경치가 뛰어난 지역을 대상으로 지정한다. 문화재보호법 시행규칙에 따르면 유명한 건물이나 꽃 · 나무 · 새 · 짐승 · 물고기 · 벌레 등의 서식지, 유명한 경승지 · 산악 · 협곡 · 해협 · 곶 · 심연 · 폭포 · 호수 · 급류 등 특색 있는 하천 · 고원 · 평원 · 구릉 · 온천지 등을 '명승'으로 규정하고 있다.[13]

문화재청에 '사적 및 명승'으로 지정되어 있는 경주 불국사 경내 등 6개소를 재분류하여 2009년 12월 15일 10개소로 구분하였다.

명승은 자연의 경과만으로 지정된 즉, 주위의 식물, 동물, 계곡 등만을 대상으로 하며, 국민관광지나 국립공원으로 지정되어 있다.[14]

▲ 대둔산

▲ 지리산

명승 제1호 소금강은 산수의 경치가 금강산을 축소했다고 하여 소금강이라 부르고, 오대산국립공원의 명승지이며, 명승 제8호 백령도 두무진은 서해에서 가장 북쪽에 위치한 섬으로 북서쪽에 있는 포구이다.

13 명승, 위키백과, Wikimedia, http://ko.wikipedia.org/wiki/

14 채예병, 관광자원론, 새로미, 2010, 72-75쪽.

▲ 명승 제1호 소금강

▲ 제8호 백령도 두무진

1. 대한민국의 명승목록

2010년 8월 18일 현재의 명승목록은 아래와 같다.

지정번호	등록명	소재지
1호	명주 청학동 소금강	강원 강릉시
2호	거제 해금강	경남 거제시
3호	완도 정도리 구계등	전남 완도군
4호	해남 대둔산 일원	전남 해남군
5호	승주 송광사 선암사 일원	전남 순천시
6호	울진 불영사 계곡 일원	경북 울진군
7호	여수 상백도 · 하백도 일원	전남 여수시
8호	옹진 백령도 두무진	인천 옹진군
9호	진도의 바닷길	전남 진도군
10호	삼각산	경기 고양시, 서울 강북구
11호	청송 주왕산 주왕계곡 일원	경북 청송군
12호	진안 마이산	전북 진안군
13호	부안 채석강 · 적벽강 일원	전북 부안군
14호	영월 어라연 일원	강원 영월군
15호	남해 가천마을 다랑이논	경남 남해군
16호	예천 회룡포	경북 예천군
17호	부산 영도 태종대	부산 영도구
18호	소매물도 등대섬	경남 통영시

지정번호	등록명	소재지
19호	예천 선몽대 일원	경북 예천군
20호	제천 의림지와 제림	충북 제천시
21호	공주 고마나루	충남 공주시
22호	영광 법성진 숲쟁이	전남 영광군
23호	봉화 청량산	경북 봉화군
24호	부산 오륙도	부산 남구
25호	순천 초연정 원림	전남 순천시
26호	안동 백운정 및 개호송숲 일원	경북 안동시
27호	양양 낙산사 의상대와 홍련암	강원 양양군
28호	삼척 죽서루와 오십천	강원 삼척시
29호	구룡령 옛길	강원 양양군
30호	죽령 옛길	경북 영주시
31호	문경 토끼비리	경북 문경시
32호	문경새재	경북 문경시
33호	광한루원	전북 남원시
34호	보길도 윤선도 원림	전남 완도군
35호	성락원	서울 성북구
36호	서울 부암동 백석동천	서울 종로구
37호	동해 무릉계곡	강원 동해시
38호	장성 백양사 백학봉	전남 장성군
39호	남해 금산	경남 남해군
40호	담양 소쇄원	전남 담양군
41호	순천만	전남 순천시
42호	충주 탄금대	충북 충주시
43호	제주 서귀포 정방폭포	제주 서귀포시
44호	단양 도담삼봉	충북 단양군
45호	단양 석문	충북 단양군
46호	단양 구담봉	충북 단양군
47호	단양 사인암	충북 단양군
48호	제천 옥순봉	충북 제천시
49호	충주 계립령로 하늘재	충북 충주시
50호	영월 청령포	강원 영월군
51호	예천 초간정 원림	경북 예천군
52호	구미 채미정	경북 구미시

지정번호	등록명	소재지
53호	거창 수승대	경남 거창군
54호	고창 선운산 도솔계곡 일원	전북 고창군
55호	무주구천동 일사대 일원	전북 무주군
56호	무주구천동 파회·수심대 일원	전북 무주군
57호	담양 식영정 일원	전남 담양군
58호	담양 명옥헌 원림	전남 담양군
59호	해남 달마산 미황사 일원	전남 해남군
60호	봉화 청암정과 석천계곡	경북 봉화군
61호	속리산 법주사 일원	충북 보은군
62호	가야산 해인사 일원	경남 합천군
63호	부여 구드래 일원	충남 부여군
64호	지리산 화엄사 일원	전남 구례군
65호	조계산 송광사·선암사 일원	전남 순천시
66호	두륜산 대흥사 일원	전남 해남군
67호	서울 백악산 일원	서울 종로구
68호	양양 하조대	강원 양양군
69호	안면도 꽃지 할미 할아비 바위	충남 태안군
70호	춘천 청평사 고려선원	강원 춘천시
71호	남해 지족해협 죽방렴	경남 남해군
72호	지리산 한신계곡 일원	경남 함양군
73호	태백 검룡소	강원 태백시

명승 제4호 해남 대둔산 일원은 사적 및 명승 제9호 대둔산대흥사일원으로 지정되어 명승에서 해제되었다(1998.12.23).

명승 제5호 승주 송광사 선암사 일원은 사적 및 명승 제8호 조계산송광사·선암사일원으로 지정되어 명승에서 해제되었다(1998.12.23).

4.2.1. 경승지

경치가 빼어난 지역으로 유사하게 쓰이는 명승지보다는 더욱 포괄적이고 넓은 의미를 가진다. 「문화재보호법」에는 명승지로 쓰이나 경승지와 같은 의미를 지닌다.

경승지는 명승지와 함께 기념물로도 대별된다. 정부는 역사적인 기념물과 천연적인 기념물을 구별하여 역사적으로 중요한 것을 사적(史蹟)으로, 자연적 경승지에 사적이 함께한 것이면 사적 및 명승으로, 그리고 사적을 갖지 않은 순수한 자연경관지는 명승으로 지정하였다. 또한 동물 · 식물 · 광물 가운데 역사적 · 학술적 · 예술적 · 감상적 가치가 큰 것을 천연기념물로 지정하여 법으로 보호하고 있다.

경승지는 시대에 따라 많은 변천을 겪어 왔다. 먼저 삼국 · 고려 · 조선 시대를 통하여 산과 물이 조화 있게 합친 곳이면 극히 작은 지역이라도 경승지가 되었으나 이제는 지리 지식의 발달과 교통 · 통신의 발달로 인간의 관광활동이 보다 넓어지고 다양해져서 국립공원과 도립공원 등 매우 넓은 지역으로 경승지가 확대되었다.

정감록(鄭鑑錄)에는 경승지를 도참설과 결부시켜 전란 때 피난할 수 있는 곳으로 10승지를 말하고 있다. 이들은 순전히 자연적인 경승지이기보다는 주로 인적이 드문 벽지로 자연을 벗하고 은둔생활을 하는 장소이다.

▲ 속리산

이 십승지지(十勝之地)는 술가(術家 : 음양, 점술에 정통한 사람)들이 말하는 기아, 싸움 등의 염려가 없는 극히 안전하다는 10군데의 지역으로 흔히 말하는 피난지를 가리킨다.

이들은 경상북도 풍기의 금계촌(金鷄村), 안동의 춘양면(春陽面 : 현재의 봉화군), 성주의 만수동(萬壽洞), 예천의 금당동(金堂

洞), 운봉의 두류산(頭流山), 충청북도 보은의 속리산, 충청남도 공주의 유구(維鳩)와 마곡(麻谷), 강원도 영월의 정동상류(正東上流), 전라북도 무주의 무풍동(茂豊洞), 부안의 변산(邊山) 등의 지역이다. 이 가운데 속리산과 무주의 무풍동, 부안의 변산반도는 국립공원으로 지정되었다.

경승지의 대부분이 국립공원이나 도립공원으로 지정 · 보호되고 있는데, 이들 대부분이 산이다. 산은 우리 조상들의 신앙의 대상이기도 하였다. 특히, 조선시대 이중환은 묘향산 · 금강산 · 설악산 · 오대산 · 태백산 · 청량산 · 칠보산 · 가야산 · 소백산 · 덕유산 · 지리산 · 속리산을 12명산으로 꼽았는데 이들은 산악신앙의 대상이 되었던 곳이다. 이 가운데 국립공원으로 7개, 도립공원으로 2개가 지정되었다.

▲ 덕유산

▲ 설악산

▲ 오대산

우리나라의 경승지는 산지가 중심이라고 하여도 과언이 아니며, 금수강산으로 일컬을 만큼 경치가 빼어나 곳곳에 절경과 경승지가 많다. 우리 조상들은 제아무리 빼어난 경치라도 하나 둘쯤으로는 거들떠보지도 않았던지 여럿을 한데 묶어 무슨무슨 12경 · 10경 · 8경 · 5경 · 3경 등으로 부르는 것이 많았다. 요샛말로는 이것이 하나의 관광단지가 되는데, 이들 경승지의 묶음은 특히 8경이 많다. 자주 불리는 대한8경 · 관동8경 · 단양8경만을 소개하면 다음과 같다.

1. 대한팔경(大韓八景 : 일명 조선팔경)

우리나라 전역을 대표하는 명소 여덟 곳이며 금강산 일만이천봉, 한라산 고봉, 석굴암 해돋이, 해운대 저녁달, 백두산 천지, 압록강 뗏목, 부전고원(북한 함남), 평양 부벽루(모란봉)를 8경으로 꼽으며, 다섯 곳이 북한에 위치하고 있다.

▲ 한라산

▲ 석굴암

2. 관동팔경(關東八景)

강원도 동해안에 있는 여덟 곳의 경승지로 통천의 총석정(叢石亭), 고성의 삼일포(三日浦), 간성의 청간정(淸澗亭), 양양의 낙산사(洛山寺), 강릉의 경포대(鏡浦臺), 삼척의 죽서루(竹西樓), 울진의 망양정(望洋亭), 평해의 월송정(越松亭)을 들어 관동팔경이라 이르나, 월송정 대신 흡곡의 시중대(侍中臺)를 넣기도 한다.

관동8경은 정철의 '관동별곡'으로 더욱 유명한데 관동지방, 즉 강원도를 중심으로 한 동해안 경승지들이다.

▲ 낙산사

▲ 망양정

3. 단양팔경

충주댐으로 8경 중 4경이 수몰로 인하여 모양이 바뀌고 있으나 오히려 새로운 모습으로 그 진가를 나타내고 있으며, 단양과 충주의 선상관광(船上觀光)으로 관광객이 날로 증가하고 있다.

▲ 월송정

▲ 경포대

이 밖에 관서8경, 규모는 작으나 충청북도 영동군의 양신8경, 월악산 국립공원의 월악8경, 충청남도 금산8경, 한 지역의 사찰내8경 혹은 강동8경, 강서8경 등 여러 곳이 있다.

관광에는 인상이 중요하다. 관광단지나 국립공원 · 도립공원 · 군립공원 등으로 지정만 해도 인상은 달라지게 마련이다. 이를 보면 우리 조상들은 경승지를 그냥 보고 즐기는 것이 아니라 8경 · 10경 등으로 지정하여 그곳 관광지의 인상을 높여 나갔으니, 관광의 지혜와 선견지명이 매우 높았음을 알 수 있다.

이제는 경승지가 옛날의 점적인 것과 선적인 것에서 집단적인 것으로 바뀌었다. 이것은 과학기술의 발달로 인간의 관광활동의 폭이 공간적으로 넓어졌고, 또 다양한 활동으로 관광의 모습이나 취향이 바뀌어가기 때문이다. 지금도 점적 · 선적인 경승지가 인기가 없는 것은 아니다. 이의 대표적인 것으로 최근에 여러 여행가들이 '한국의 10대 절경'을 공동으로 소개하였는데, 북한산의 능선, 설악산의 수렴동계곡, 설악산의 토왕성폭포, 한라산의 아열대숲, 북한산의 인수봉 기암, 마등령에서 외설악을 바라보는 전망, 한없이 펼쳐지는 만경평야, 영월 청랭포의 강 경치, 홍도의 섬 풍경, 삼척의 관음동굴을 들고 있다.

이들 10개 가운데 국립공원에 속하는 것이 7개 지역으로 역시 한국의 국립공원은 우리나라를 대표하는 빼어난 경승지임에 틀림없다. 이들 거대한 경승지는 자연적 경관이 원초적인 관광자원이 된다.[15]

대관령의 동쪽이라 하여 '관동'이라는 말이 붙여졌지만, 현재는 망양정과 월송정이 경상북도에 편입되었고, 삼일포 · 총석정 · 시중대는 북한지역에 들어 있다. 본래 강원도의 동해안 지방에는 명승지가 많기로 유명하지만, 특히 이들 팔경에는 정자나 누대가 있어 많은 사람들이 여기에서 풍류를 즐기고 빼어난 경치를 노래로 읊었으며, 또 오랜 세월을 내려오면서 많은 전설이 얽히게 되었다.

고려 말의 문인 안축(安軸)은 경기체가인 '관동별곡'에서 총석정 · 삼일포 · 낙산사 등의 경치를 읊었고, 조선 선조 때의 문인이자 시인인 정철(鄭澈)은 가사인 '관동별곡'에서 금강산 일대의 산수미와 더불어 관동팔경의 경치를 노래하였다. 또, 신라시대에 영랑(永郞) · 술랑(述郞) · 남석랑(南石郞) · 안상랑(安祥郞)이 삼일포와 월송정에서 놀았다는 전설도 전한다.[16]

15 경승지, 민족문화대백과, 한국학중앙연구원.

16 경승지, 민족문화대백과, 한국학중앙연구원.

4.2.2. 서식지

서식지는 생물의 개체 또는 개체군이 살고 있는 장소로, 생물의 생활에서 가장 근접적이며 직접적인 모든 생활조건을 제공하는 장소이다.[17]

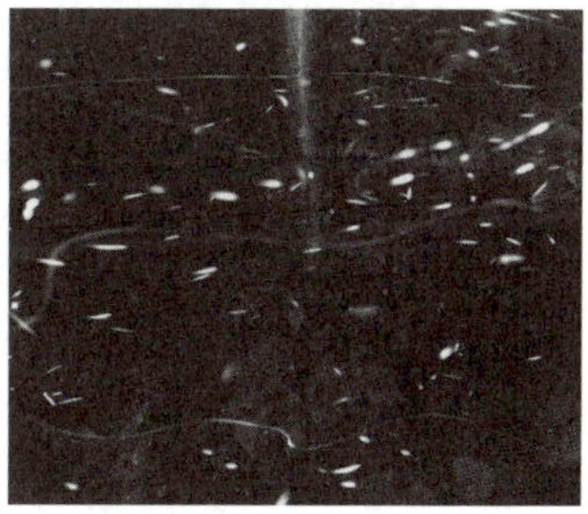

▲ 제주도 반딧불이 서식지

4.2.3. 도서(島嶼)

도서(島嶼)는 크고 작은 온갖 섬을 말한다.[18] 2000년대에 들어와 급격한 자가용의 보급에 따라 육지부의 관광은 점차 소그룹화되어 가는 경향에 있지만, 도서부는 선편 및 숙박예약 등의 어려움과 경비 면에서 비싼 편이기 때문인지 아직도 단체관광이 주류를 이루고 있다.

▲ 덕적도

▲ 마라도

▲ 백령도

▲ 오륙도

▲ 외도

▲ 울릉도

17 서식지, 네이버지식사전, http://terms.naver.com/entry.nhn?docId=428814
18 동아출판사편집부, 동아원색세계대백과사전, 제9권, 동아출판사, 1986, 32쪽.

▲ 한려수도

▲ 홍도

▲ 제부도

4.2.4. 협곡(峽谷)

양쪽의 곡벽이 급경사를 이루어 곡폭이 좁고 깊은 골짜기를 말하며, 이와 같은 지형은 횡단하는 데 곤란하여 교통에 장애를 준다. 대륙에 있는 대고원의 가운데에서 발달한 대규모의 절벽을 일컫는다.[19]

한국관광공사에서 추천하는 '바다 위의 협곡을 즐기다-강원 삼척'은 해안이 조금 다르다. 초곡, 용화, 장호, 갈남 등 들쑥날쑥 이어지는 해변이 기다리고 있어 동해안이면서도 거친 파도를 피해 바다를 즐길 수 있는 여름해변이 많다. 또한, 삼척시 근덕면 장호리는 모래사장과 항구, 갯바위 등이 어우러진 바닷가 마을이다. 육지를 향해 둥글게 파고 들어온 지형을 활용한 천혜의 항구가 일찍부터 발달됐다.

투명카누를 타고 바다생태탐험하기, 래프팅보트를 타고 바다래프팅 즐기기, 래프팅보트를 기차처럼 연결한 후 모터보트가 이끌고 다니는 바다기차체험하기 등이다.

짜릿한 손맛을 누릴 수 있는 바다낚시와 어부의 하루를 체험하는 어업생활체험도 할 수 있다. 이 중 많은 사람들이 즐겨

19 협곡(峽谷), 네이버 백과사전, http://100.naver.com/100.nhn?docid=189554

찾는 해양스포츠는 투명카누생태탐험이다.[20]

한탄강 대협곡은 용암이 흘러서 만들어진 것으로 옛 문헌이나 그림에도 영평8경이라 전할 정도로 경치가 뛰어난 곳이다. 세계적으로는 미국의 그랜드캐니언 등을 들 수 있다.

▲ 한탄강

▲ 대협곡 급류타기

4.2.5. 해협

해협은 육지 사이에 끼여 있는 좁고 긴 바다로 수도, 목, 도, 샛바다라고도 한다. 만과 외해와 연결되는 좁은 해협에서는 특히 조류가 빠르고 유향이나 유속이 변하기 쉬우며, 와류가 생기는 경우가 많다.[21]

보물섬 남해에는 명량해협(울돌목), 지족해협과 노량해협이 있다. 물살이 빠르고 수심이 낮은 지족해협의 자연조건을 활용한 죽방렴어업은 우리 전통어업 방식을 간직하고 있어 새로운 관광지원으로 각광받고 있다.

남해대교가 가로지른 노량해협의 거센 물살은 남해의 역사를 고스란히 간직한 산 증인이요, 역사의 마당이었다.[22]

20 한국관광공사, 한국관광공사 추천 7월 여행지 강원 삼척-바다 위의 협곡을 즐기다.
21 해협(海峽), 네이버 백과사전, http://100.naver.com/100.nhn?docid=188080
22 정종원 기자, 뉴스웨이, pressdot@newsway.kr

또한 한국과 일본 사이에는 대한해협(쓰시마해협)이 있다. 세계적으로 유명한 도버해협은 영국의 남동쪽과 프랑스의 북서쪽에 있다.

▲ 노량해협과 남해대교

4.2.6. 곶(串)

바다에 돌출한 육지로, 보다 규모가 크면 반도라 부른다. 육지가 침강하면 골짜기는 만(灣)이 되고 산줄기가 반도(半島)나 곶이 된다.[23] 즉 만은 육지 쪽으로 쑥 들어간 해안을 말하고, 곶은 바다 쪽으로 튀어나온 육지의 끝부분을 말하며, 그 규모가 크면 반도라고 부른다.

삼면이 바다로 둘러싸인 호미곶은 지도상 호랑이 꼬리에 해당한다. 영일만의 끝부분(포항에서 38km)인 호미곶 앞바다는 한류와 난류가 교차하는 해역으로 각종 물고기의 회유지이다.

한국의 대표적인 곶으로 간절곶, 등산곶, 장산곶, 호미곶 등이 있으며, 곶과 같은 의미의 단(端)이 있는데, 여기에는 무수단(舞水端), 어랑단(漁郎端), 수원단(水原端) 등이 있다.

23 곶(串), 네이버 백과사전, http://100.naver.com/100.nhn?docid=17153

이름	내용
간절	울산광역시 울주군 서생면 대송리에 있다. 대한민국에서 해가 가장 먼저 뜨는 곳으로 매년 열리는 새해 해맞이축제로 많은 관광객이 오는 곳이다. 다만 최동단을 두고 호미곶과 함께 논란이 있다.
등산	황해남도 강령군의 강령반도 등암리에 있는 곶
장산	황해도 장연군 해안면(海岸面 : 현 황남 용연군) 서단에서 황해로 돌출한 곶. 해주(海州) 서쪽 92km 지점에 위치하며, 해식애의 발달로 절벽이 병풍처럼 늘어서 있고, 송백(松柏)의 삼림이 아름답다. 앞면의 바다는 장산곶의 돌단(突端)으로 인하여 해류의 소용돌이가 심하고 항해의 난소로서 해난사고가 잦은 곳이다. 북쪽 13km 지점에는 몽금포(夢金浦)가 있고, 남쪽 30km 지점에는 구미포(九味浦)가 있으며, 모두 백사청송(白沙青松)의 해수욕장으로 유명하다. 앞바다에는 고래잡이로 유명하였던 대청도(大青島)와 소청도(小青島)·백령도(白翎島)가 있다.
호미	경상북도 포항시 장기반도 끝, 영일만을 이루면서 돌출한 곶. 동외곶(冬外串)·장기곶(長鬐串)이라고도 한다. 원래 생김새가 말갈기와 같다 하여 장기곶으로 불렸다. 1918년 일제강점기 때 일본식 표현인 갑(岬)으로 고쳐 장기갑으로 불리다가 1995년 장기곶으로 변경하여 불렸다. 2001년 12월 지금의 이름으로 변경하였다.
무수단	함경북도 무수단리에 있는 곶으로, 고려시대 최북단 국경지대였다. 높고 가파른 절벽의 해안으로 평균 78m의 높이이며 500m에 달하기도 한다. 북한 천연기념물 제312호이다. 부근은 수산자원이 풍부하고 질 좋은 미역이 나오며 한국 최대의 명태어장을 이룬다.
어랑단	함북 경성군(현 어랑군) 어랑면 북동단에 있는 곶(串)
수원단	고성 북동 4.5km 지점에 위치한다. 해금강(海金剛)의 한 명소로 해식에 의한 기암절벽으로 이루어져 있으며 등대가 있어 항로의 지표가 되고 있다. 주변이 심해(深海)로 이루어져 심해 탐사 실험을 하는 곳이기도 하다.

▲ 호미곶

▲ 상생의 손

간절곶은 동해안에서 맨 먼저 떠오르는 해를 볼 수 있는 곳으로 알려져 있다. 영일만의 호미곶보다 1분 빠르게, 강릉의 정동진보다도 5분 빨리 해돋이가 시작된다.

4.2.7. 폭포

강물이 수직으로 흐르는 상태로서, 유년곡에서 많이 볼 수 있다. 침식이 진행되면 폭포는 후퇴하여 결국 없어진다. 경암이 침식되지 않고 남아서 급사면이 되어 폭포를 이루거나, 본류와 지류의 합류점에서 형성되기도 하고, 지각 변동에 따른 경사의 변환부에 생기는 등 여러 형성원인이 있다.[24]

세계에서 유명한 폭포로는 나이아가라폭포 외에 아르헨티나와 브라질의 국경에 있는 이구아수폭포, 아프리카의 빅토리아폭포 등이 있으며, 세계에서 가장 높은 베네수엘라의 앙헬(angel)폭포는 약 970m, 미국의 요세미티폭포는 790m가량이다. 한국의 3대 폭포는 금강산의 구룡폭포(九龍瀑布), 개성의 박연폭포(朴淵瀑布), 설악산의 대승폭포(大乘瀑布)이다. 폭포의 웅장함과 경승미는 관광지로 개발되기 쉬우며, 에너지는 수력발전에 이용된다. 나이아가라폭포에서는 100만kw의 발전을 하고 있다.

▲ 오련폭포

▲ 용소폭포

▲ 재인폭포

24 폭포(瀑布), 네이버 백과사전, http://100.naver.com/100.nhn?docid=182471

▲ 천제연폭포

▲ 천지연폭포

▲ 정방폭포

4.2.8. 해안

바다에 접해 있는 육지의 한 부분을 말하며 세계의 해안을 보면 기후나 생물의 서로 다른 점을 현저하게 반영하여 지역적으로 다양한 차이를 보인다.[25] 해안관광자원은 해양자원 중에서 관광자원의 성격을 지닌 대상을 의미한다.[26]

해안의 종류로는 열대의 맹그로브가 무성한 해안, 산호초 해안, 비가 거의 없는 사막해안, 극지방에서 볼 수 있는 빙하 해안 등 매우 다양하다. 해안지형으로 보아도 낮고 평탄한 해안, 산과 작은 평지가 교차하는 굴곡이 많은 해안, 심한 파도에 씻겨 절벽이 이어지는 해안, 양항을 끼고 대도시가 발달한 해안 등 여러 가지가 있다.

이상과 같이 해안의 기후 · 식생 · 지형 등이 서로 복잡하게 얽혀서 해안의 산업, 교통에 미치는 가치나 관광 · 휴양 · 해수욕 등 레크리에이션의 가치가 발생하여 각기 그 특색을 나타낸다.

25 해안(海岸), 네이버 백과사전, http://100.naver.com/100.nhn?docid=187794

26 채예병, 관광자원론, 새로미, 2010, 48쪽.

▲ 서포리 해안

▲ 용머리 해안

4.2.9. 산악

산악(山岳)은 높고 험준한 산이 커다란 지역에 무리를 이룬 것이다.[27] 산악관광자원은 산지, 산림 · 문화 · 휴양, 산촌, 자연휴양림으로 유사하게 사용되고 있으며, 기암, 절벽과 계곡, 산림과 호수, 사계절의 변화, 토양, 동 · 식물 등의 생태가 가장 원천적인 관광자원으로 등산, 하이킹, 캠프, 스키, 피서, 경관감상 등의 목적으로 이용되는 자연관광자원이다.[28]

산악은 지구상의 육지 중에서 1,000m를 넘는 고지는 대략 육지의 1/4을 차지한다. 이 고지는 세계 각지에 산재하는 것이 아니라 몇 개의 커다란 지역으로 이루어진다.

우리나라도 전국토의 70%가 산악지역으로 이루어져 있다. 백두대간(白頭大幹)은 백두산 병사봉(장군봉)에서 시작해 지리산 천왕봉까지 이어지는 1,400km의 크고 긴 산줄기를 말한다. 백두산과 지리산 사이에 북쪽의 2,000m급 고봉들과 금강산, 설악산, 태백산, 속리산, 덕유산을 품고 있다.

27 산악, 위키백과, Wikimedia, http://ko.wikipedia.org/wiki/
28 채예병, 관광자원론, 새로미, 2010, 47쪽.

▲ 갓바위

▲ 권금성

▲ 무주구천동

4.2.10. 하천

육지 표면에서 대체로 일정한 유로를 가지는 유수의 계통을 말하며 우리나라에서는 큰 강을 강, 작은 강을 천 또는 수로 나타내고 있지만 오늘날에는 혼용하여 사용하는 경우가 많다.[29]

우리나라는 경동성 지형의 영향으로 대부분의 주요 하천이 서 · 남해로 흐르며, 이 하천들은 유역 면적이 넓고 유로가 길며, 유량이 풍부하다. 하천 중상류에는 곡저 평야와 침식분지가 발달해 있으며, 하류에는 평야가 발달해 있다. 반면 동해로 유입되는 하천은 소규모 급류천을 형성하고 있으며, 유로가 짧고 유역 면적이 좁아 평야 발달이 미약하다.

우리나라 하천의 유출량은 여름철 홍수 시에 많으며, 이때 연유출량의 60% 이상을 차지하고 있다. 한국의 4대강은 한강, 낙동강, 금강, 영산강을 말하며, 이외의 큰 강으로는 섬진강, 동진강, 동강, 남강, 한탄강 등이 있고, 북한지역에는 압록강, 두만강, 대동강을 비롯하여 청천강 등이 있다.

보통 발원지에서부터 거리가 멀고 유량이 많은 곳을 강(江)이라 부르고, 강 본류에 유입되는 물줄기를 천(川)이라 지칭하고 있다.

29 하천(河川), 네이버 백과사전, http://100.naver.com/100.nhn?docid=185270

▲ 금강

▲ 섬진강

4.2.11. 온천지

온천이란 지하에서 평균온도 이상의 물이 자연히 솟는 샘이라고 학문적으로 정의하고 있으며,[30] 한계온도는 지역이나 나라마다 정의가 다르다. 한국에서는 25℃ 이상으로 인체에 유해하지 않은 것으로 규정한다. 세계적으로 유명한 온천은 독일의 바이스바덴 · 카를스바트, 스위스의 바덴, 그 밖에 프랑스 · 이탈리아에도 많은 온천이 있다. 미국의 옐로스톤국립공원에는 많은 간헐천이 있으며, 인도에는 온천은 적지만 왕사성(王舍城 : 라자그리하) 근처가 석가와 인연이 있는 온천지로 알려져 있다. 온천의 왕국인 일본에는 벳푸, 아타미 등 전국에 수천 개의 온천이 산재하고 있으며, 우리나라도 예로부터 알려진 온천지는 온양, 유성, 동래, 부곡, 수안보 등이 유명하다.

온천지는 덕산온천지구유로 충청남도 예산군 덕산면(德山面) 사동리(社洞里)에 있는 기념비이며, 충청남도문화재자료 제190호로 1984년 05월 17일에 지정되었다.

덕산온천지구유는 온천약수가 나온 것을 기념하고 알리기 위해 세운 표석이며, 돌의 자연스러운 형태는 그대로 유지한 채 앞 · 뒤 · 옆면만 평평하게 다듬어 '지구유(地球乳)'라는 글씨를 앞면에 크게 새겨 넣었다.

30 채예병, 관광자원론, 새로미, 2010, 53쪽.

예산군에서는 1918년 덕산지역에 온천을 개발하면서 그에 따른 부속건물 공사를 하였다. 그 뒤 1947년에도 지하 180m까지 굴착작업을 진행한 결과 온천약수가 나오자 그것을 기념하기 위해 새로 건물을 짓고 이 비를 세웠다.[31]

▲ 덕산온천지구유

▲ 부곡온천

4.3. 천연기념물

국가나 지방공공단체가 법률에 따라 지정하여 보존 · 관리하는, 학술상 가치가 높은 동물(서식지 · 번식지 · 도래지 포함) · 식물(자생지 포함) · 광물 · 지질과 그 밖의 천연물을 말하며, 지정된 천연기념물은 원칙적으로는 현상 변경이 허락되지 않는다.

천연기념물이라는 용어는 1800년 독일의 알렉산더 폰 훔볼트가 처음으로 'Naturdenkmal'이라는 말을 사용한 데서 유래했다고 한다. 이 말이 오늘날과 같은 의미의 용어로 정착된 것은 산업혁명이 진전되어 자연파괴가 누적되기 시작한 19세기 후반부터이며, 자연파괴를 걱정하여 자연보호를 외치게 된 것은 거의 같은

31 덕산온천지구유(德山温泉地球乳), 문화재청, http://www.cha.go.kr/korea/heritage/search/Culresult_Db_View.jsp

시기의 영국 · 미국 · 독일에서였다. 일본에서는 천연기념물에 대한 개념이 1906년에 소개되었고, 1919년에 사적 · 명승 · 천연기념물보전법이 제정 · 실시되었다.

한국에서는 일제강점기인 1933년 8월 9일 조선총독부에 의해 '조선 고적 · 명승 · 보물 · 천연기념물 보전령'이 공포되고 다음 해부터 천연기념물이 지정되기 시작해 1945년 8 · 15해방 이전까지 지정번호 제1호인 '달성의 측백수림'을 비롯하여 제146호까지 지정되었다. 이 법은 1962년 우리 정부가 「문화재보호법」을 새로 제정 · 공포할 때까지 효력을 발생했다. 문화재보호법에 따르면 문화재는 크게 유형문화재 · 무형문화재 · 기념물 · 민속자료의 4부문으로 나뉘고, 기념물은 사적 · 명승 또는 천연기념물로 지정될 수 있다.

4.3.1. 동물

동물을 주체로 지정한 것은 61건이다. 특정동물의 서식지로는 광릉(크낙새), 울릉도 사동(흑비둘기), 천지연폭포(무태장어), 강원도의 정암사(열목어), 경상북도 봉화 석포면(열목어), 전라북도 무주 설천면(반딧불이) 등 6곳, 조류의 번식지로는 여주 신접리, 무안 용월리, 양양 포매리(이상 백로 및 왜가리), 거제 학동리(팔색조), 전라남도 칠팔도(해조류인 바다제비 · 슴새 · 칼새), 제주도 사수도(해조류인 흑비둘기 · 슴새), 충청남도 난도(괭이갈매기), 경상남도 홍도(괭이갈매기), 경상북도 독도(해조류인 바다제비 · 슴새 · 괭이갈매기), 전라남도 구굴도(해조류인 뿔쇠오리 · 바다제비 · 슴새), 경기도 신도(노랑부리백로 · 괭이갈매기) 등 11곳, 조류의 도래지로는 진천(왜가리), 진도(백조), 낙동강 하류(철새), 거제도 연안(아비), 철원 천통리(철새), 한강 하류(재두루미) 등 6곳이 있다.

동물의 특정 종으로서 천연기념물에 지정된 것으로는 장수하늘소(전국 일원), 황쏘가리(한강), 어름치(금강, 전국 일원), 무태장어, 크낙새, 따오기, 황새, 먹황새, 백조(고니 · 큰고니 · 혹고니), 두루미, 재두루미, 팔색조, 저어새(저어새 및 노랑부리저어새), 느시, 흑비둘기, 흑두루미, 까막딱따구리, 수리류(독수리 · 검독수리 · 참수리 · 흰꼬리수리), 매류(참매 · 붉은배새매 · 개구리매 · 황조롱이 · 매), 올빼미와 부엉이류(수리부엉이 · 솔부엉이 · 칡부엉이 · 쇠부엉이 · 소쩍새 · 큰소쩍새), 기러기류(개리 · 흙기러기), 검은머리물떼새, 원앙, 노랑부리백로, 사향노루, 산양, 수달, 물범, 하늘다람쥐, 반달가슴곰(이상 전국 일원) 등 31건이 있다.

▲ 산양

▲ 중대백로와 새끼

▲ 팔색조

▲ 고니

▲ 하늘다람쥐

▲ 반달가슴곰

4.3.2. 식물

식물을 주체로 하는 것 중에서 가장 많은 것이 노거수로 124건이며 1그루씩 지정된 것이 대부분이다. 종류별로는 은행나무 19건, 소나무(처진소나무 · 반송 포함) 18건, 느티나무(긴잎느티나무 포함) 12건, 백송 · 이팝나무 · 향나무(뚝향나무 포함) 각 8건, 곰솔 6건이며, 기타 5건 이하의 것들로는 회화나무 · 왕버들(털

왕버들 포함)·비자나무·푸조나무·후박나무(왕후박나무 포함)·음나무·탱자나무·팽나무·망개나무·측백·곱향나무·갈참나무·회향나무·올벚나무·중국주엽나무·물푸레나무·다래나무·느릅나무·소태나무·송악·등나무·배롱나무·감탕나무·생달나무 등이 있다.

▲ 익산 신작리 곰솔

▲ 김해 신천리 이팝나무

특정식물의 자생지를 지정한 것에는 미선나무(충북 4곳)·왕벚나무(제주 2곳, 전남 대둔산 1곳)·향나무(경북 울릉도 2곳), 담팔수나무·녹나무·문주란·파초일엽(제주 각 1곳)·망개나무(충북 괴산군 1곳)·산닥나무(경남 남해도 1곳)·팔손이나무(경남 비진도 1곳)·측백나무(경북 안동시 1곳)·철쭉나무와 분치류(강원 반론산 1곳) 등 18곳이 있다. 특정 식물의 북한지(北限地)로는 전라남도 함평(붉가시나무), 전라남도 영광(참식나무), 백양사(비자나무) 등 3곳이 있다. 나무숲(군락 포함)으로는 단일종인 경우 '달성의 측백나무수림'을 비롯한 18곳, 혼효림인 경우 전라남도 '주도의 상록수림', 울릉도 '태하동의 솔송나무·섬잣나무·너도밤나무 군락', 전라남도 '무안 청천리의 팽나무와 개서어나무의 줄나무'

를 포함하는 25곳이 있다. 기타 '제주도의 한란'과 경상남도 '함안 법주면의 늪지 식물'이 있다.

▲ 고창 선운사 동백나무 숲

▲ 청도 운문사 처진소나무

4.3.3. 지질 · 광물

1. 동굴

동굴(洞窟)은 자연적으로 땅속에 생긴, 어느 정도의 크기가 있는 공간이다. 보통 인간이 들어갈 수 있는 정도 이상을 뜻한다.[32] 자연적으로 생긴 깊고 넓은 큰 굴을 말하며, 석회암층이 빗물에 녹아 형성된 석회암 동굴, 파식작용에 의한 해식동, 용암이 빠져나간 자리인 용암굴, 높은 암벽 밑에서 내부 공기 대류에 의해 바람이 부는 풍혈, 특정 목적으로 만들어진 인공동굴이 있다.[33]

한국의 유명동굴로는 삼척 대이리 동굴지대(환선굴), 영월 고씨굴, 단양 고수동굴, 노동동굴, 온달동굴, 울진의 성류굴, 제주도 만장굴, 협재굴 등이 있다.

32 동굴, 위키백과, Wikimedia, http://ko.wikipedia.org/wiki/

33 동굴(洞窟), 네이버 백과사전, http://100.naver.com/100.nhn?docid=49497

▲ 고수동굴

▲ 고씨동굴

▲ 만장굴

4.3.4. 천연보호구역

현재 천연보호구역으로 지정된 곳은 홍도천연보호구역을 포함하여 10건이며, 문화재보호법 제25조(사적, 명승, 천연기념물의 지정)에 의거, 지정사유는 다음과 같다.[34]

① 홍도 천연보호구역(紅島 天然保護區域)('65.4.7/제170호) : 희귀 동식물(231종의 동물, 543종의 식물) 및 자연경관 보호 전남 신안군

② 설악산 천연보호구역(雪嶽山 天然保護區域)('65.11.5/제171호) : 희귀 동식물(에델바이스, 금강초롱, 산양, 사향노루) 및 자연경관 보호 강원 속초시

③ 한라산 천연보호구역(漢拏山 天然保護區域)('66.10.12/제182호) : 희귀 동식물(1,178종의 동물, 1,565종의 식물) 및 자연경관 보호 제주특별자치도

④ 대암산·대우산 천연보호구역(大岩山·大愚山 天然保護區域)('73.7.10/제246호) : 희귀 동식물 및 위고층 습지보호 강원 양구군

⑤ 향로봉·건봉산 천연보호구역(香爐峰·乾峰山 天然保護區域)('73.7.10/제247호) : 희귀 동식물(하늘다람쥐, 사향노루, 떡버들) 및 자연경관 보호 강원 인제군

34 문화재청 문화재보존국 천연기념물과, 2010. 10; 문화재청, 천연보호구역, http://www.cha.go.kr/korea/heritage/search/kind_search_05.jsp?mc=NS_04_03_03

⑥ 독도 천연보호구역(獨島 天然保護區域)('82.11.16/제336호) : 슴새, 괭이갈매기 등 해조류 번식지 보호 및 자연경관 보호 경북 울릉군

⑦ 성산 일출봉 천연보호구역(城山 日出峰 天然保護區域)('00.7.18/제420호) : 희귀 연안 동식물(제주분홍풀, 제주 나룻말) 및 자연경관 보호 제주특별자치도

⑧ 문섬 · 범섬 천연보호구역(문섬 · 범섬 天然保護區域)('00.7.18/제421호) : 희귀 연안 동식물(흑비둘기, 연산호) 및 자연경관 보호 제주특별자치도

⑨ 차귀도 천연보호구역(遮歸島 天然保護區域)('00.7.18/제422호) : 희귀 연안 동식물(아열대성 해양 동식물) 및 자연경관 보호 제주특별자치도

⑩ 마라도 천연보호구역(馬羅島 天然保護區域)('00.7.18/제423호) : 희귀 연안 동식물(난대성 해양 동식물) 및 자연경관 보호 제주특별자치도

▲ 독도

▲ 성산일출봉

▲ 설악산

학술적 · 관상적인 가치가 고려되고 그 보호 · 보존의 필요성이 긴요하게 요구되어 국가법률로 제정된 동물과 식물, 지질 · 광물과 그 서식지 및 분포지를 국가에서 문화유산으로 지정하고 있는 천연기념물은 전국 248개 지방자치단체 안에 존재하는 지방기념물과 함께 국가적인 문화유산으로 인정받고 있다. 천연기념물 가운데 동물과 식물은 죽거나 이동할 수 있는 것이어서 천연기념물에서 해제되는 경우가 종종 있다. 1962년에는 제146호까지의 천연기념물 가운데 미수복

지의 36점과 남한에 있는 것 가운데 12점을 해제하고 98점을 재지정했다. 그 후 새로 지정하기도 하고 해제하기도 하여 2009년 3월까지 지정된 천연기념물은 389점에 이른다. 이것들은 무엇을 주체로 하는가에 따라 식물, 동물, 지질 · 광물, 천연보호구역의 네 부류로 구분된다.

천연보호구역은 '울산의 쇠고래 회유 해면'과 가축인 충청남도 연산군 화악리의 오골계, 전라남도 진도의 진돗개, 경상북도 경산의 삽살개, 제주도의 제주마가 있다.

지질 · 광물에 관한 것은 22점이 지정되어 있다. 동굴로는 충청북도 단양 고수리, 온달, 노동, 강원도 삼척 대이리, 영월 고씨, 삼척 초당, 평창 백룡, 경상북도 울진 성류, 전라북도 천골, 제주도 금영 및 만장, 빌레못, 용암동굴지대(소천굴 · 황금굴 · 협재굴) 등 12점, 광물로는 경상북도의 운평리구상화강암, 전라북도 무주 구상화강편마암, 부산 전포동의 구상반려암 등 3점, 화석으로는 경상북도 왜관 금무봉나무고사리, 제주도 서귀포층의 패류, 경상남도 함안층의 새발자국, 의성 제오리의 공룡발자국 등 4점, 기타 경상남도 의령 신라통중의 우흔, 경상남도 밀양 남영리의 얼음골, 제주도 산굼부리 화분구 등 3점이 있다. 천연보호구역으로는 홍도, 설악산, 한라산, 대암산과 대우산, 향노봉과 건봉산 등 5점이 지정되어 있다.

북한에서는 '보물 · 고적 · 명승 · 천연기념물 보존령'(1949. 4. 29)에 의거, 1993년 말까지 조사된 천연기념물은 모두 467점이며, 식물 90종 230여 점, 동물 68종 103점, 그리고 나머지가 지질, 지리부문이다. 천연기념물과는 별도로 자연보호구(6곳) · 동물보호구(15곳) · 식물보호구(14곳) · 바다새번식보호구(6곳) · 수산자원보호구(10곳)가 지정되어 있다.

4.3.5. 천연기념물 목록(2007. 1)[35]

지정번호, 명칭, 소재지 순으로 정리하면 아래와 같다.

1 달성의 측백수림(達城의 側栢樹林) : 대구 동구 도동 산180

8 서울 재동의 백송(서울齋洞의 白松) : 서울 종로구 재동 35

9 서울 수송동의 백송(서울壽松洞의 白松) : 서울 종로구 수송동 44

11 광릉 크낙새서식지(光陵크낙새棲息地) : 경기도 남양주시 진접읍 부평리 산99-1

13 진천의 왜가리번식지(鎭川의 왜가리繁殖地) : 충북 진천군 이월면 노원리 960

18 제주도삼도 파초일엽자생지(濟州道森島파초일엽自生地) : 제주 서귀포시 보목동 산1(삼도)

19 제주도구좌읍 문주란자생지(濟州道舊左邑文珠蘭自生地) : 제주 북제주군 구좌읍 하도리 난석서 일원

27 제주도 무태장어서식지(濟州道무태장어棲息地) : 제주 서귀포시 서홍동 천지연폭포

28 주도의 상록수림(珠島의 常綠樹林) : 전남 완도군 완도읍 군내리 산259

29 미조리의 상록수림(彌助里의 常綠樹林) : 경남 남해군 미조면 미조리 산121

30 용문사의 은행나무(龍門寺의 銀杏나무) : 경기도 양평군 용문면 신점리 산99-1

35 대구면의 푸조나무(大口面의 푸조나무) : 전남 강진군 대구면 사당리 51

36 쌍암면의 이팝나무(雙巖面의 이팝나무) : 전남 순천시 승주읍 평중리 35

38 화엄사의 올벚나무(華嚴寺의 올벚나무) : 전남 구례군 마산면 황전리 20-1

39 병영면의 비자나무(兵營面의 비자나무) : 전남 강진군 병영면 삼인리 376

40 예송리의 상록수림(禮松里의 常綠樹林) : 전남 완도군 보길면 예송리 220

48 통구미의 향나무자생지(通九味의 香나무自生地) : 경북 울릉군 서면 남양

35 천연기념물, 문화재청, http://search.cha.go.kr/srch/jsp/search_top.jsp

리 산70

49 대풍감의 향나무자생지(待風坎의 香나무自生地) : 경북 울릉군 서면 태하리 산99

50 태하동의 솔송나무, 섬잣나무, 너도밤나무군락(台霞洞의 率松나무, 섬잣나무, 너도밤나무 群落) : 경북 울릉군 서면 태하리 산1-1

51 도동의 섬개야광나무, 섬댕강나무군락(道洞의 섬개야광나무, 섬댕강나무 群落) : 경북 울릉군 울릉읍 도동리 산8

52 나리동의 울릉국화, 섬백리향군락(羅里洞의 울릉국화, 섬백리향群落) : 경북 울릉군 북면 나리 372

53 진도의 진돗개(珍島의 珍島犬) : 전남 진도군 진도읍 진도본도

59 서울 문묘의 은행나무(서울文廟의 銀杏나무) : 서울 종로구 명륜동3가 52

60 송포의 백송(松浦의 白松) : 경기도 고양시 일산구 덕이동 산207

62 영천리의 측백수림(令泉里의 側栢樹林) : 충북 단양군 매포읍 영천리 산38

63 통영비진도의 팔손이나무자생지(統營比珍島의 팔손이나무自生地) : 경남 통영시 한산면 비진리 산51

64 두서면의 은행나무(斗西面의 銀杏나무) : 울산 울주군 두서면 구량리 860

65 목도의 상록수림(目島의 常綠樹林) : 울산 울주군 온산면 방도리 산13

66 대청도의 동백나무 자생북한지(大靑島의 冬栢나무自生北限地) : 인천 옹진군 대청면 대청리 43

69 운평리 구상화강암(云坪里球狀花崗岩) : 경북 상주시 낙동면 운평리 17

73 정암사의 열목어서식지(淨岩寺의 熱目魚棲息地) : 강원 정선군 고한읍 고한리 산213

74 봉화 석포면의 열목어서식지(奉化石浦面의 熱目魚棲息地) : 경북 봉화군 석포면 대현리 226 외

76 영월의 은행나무(寧越의 銀杏나무) : 강원 영월군 영월읍 하송리 190-4

78 강화 갑곶리의 탱자나무(江華甲串里의 탱자나무) : 인천 강화군 강화읍 갑곶리 1016

79 강화 사기리의 탱자나무(江華砂器里의 탱자나무) : 인천 강화군 화도면 사기리 135-2

82 무안 청천리의 팽나무와 개서어나무의 줄나무(務安淸川里의 팽나무와 개서어나무의 줄나무) : 전남 무안군 청계면 청천리 499

84 금산 행정의 은행나무(錦山杏亭의 銀杏나무) : 충남 금산군 추부면 요광리 329-8

88 송광사의 곱향나무쌍향수(松廣寺의 곱香나무雙香樹) : 전남 순천시 송광면 이읍리 1

89 오류리의 등나무(五柳里의 藤나무) : 경북 경주시 견곡면 오류리 527

91 내장산의 굴거리나무군락(內藏山의 굴거리나무群落) : 전북 정읍시 내장동 231

93 원성 성남리의 성황림(原城城南里의 城隍林) : 강원 원주시 신림면 성남리 산191

95 삼척 도계읍의 긴잎느티나무(三陟道溪邑의 긴잎느티나무) : 강원 삼척시 도계읍 도계리 278-2

96 울진의 굴참나무(蔚珍의 굴참나무) : 경북 울진군 근남면 수산리 381

98 제주도 금령굴 및 만장굴(濟州道錦零窟 및 萬丈窟) : 제주 북제주군 구좌읍 동금녕리 산7

101 진도의 백조도래지(珍島의 白鳥渡來地) : 전남 진도군 진도읍 수류리 및 군내면 덕병리 해안 일대와 군내면 세등리 1321(둔전저수지)

103 속리의 정이품송(俗離의 正二品松) : 충북 보은군 내속리면 상판리 17-3

106 예산의 백송(禮山의 白松) : 충남 예산군 신암면 용궁리 산73-28

107 진도 의신면의 상록수림(珍島義新面의 常綠樹林) : 전남 진도군 의신면 사천리 32

108 함평 대동면의 팽나무, 느티나무, 개서어나무의 줄나무(咸平大洞面의 팽나무, 느티나무, 개서어나무의 줄나무) : 전남 함평군 대동면 향교리 산948-2

110 함평의 붉가시나무 자생북한지대(咸平의 붉가시나무自生北限地帶) : 전남

함평군 함평읍 기각리 산12-2

111 진도 임회면의 비자나무(珍島臨匯面의 비자나무) : 전남 진도군 임회면 상만리 980

112 영광 불갑면의 참식나무 자생북한지대(靈光佛甲面의 참식나무自生北限地帶) : 전남 영광군 불갑면 모악리 산2-1

114 영양의 측백수림(英陽의 側栢樹林) : 경북 영양군 영양읍 감천리 산171

115 옥산서원 독락당의 중국주엽나무(玉山書院獨樂堂의 中國주엽나무) : 경북 경주시 안강읍 옥산리 1600

122 부안 도청리의 호랑가시나무군락(扶安道淸里의 호랑가시나무群落) : 전북 부안군 변산면 도청리 산1

123 부안 격포리의 후박나무군락(扶安格浦里의 후박나무群落) : 전북 부안군 변산면 격포리 산35-1

124 부안 중계리의 꽝꽝나무군락(扶安中溪里의 꽝꽝나무群落) : 전북 부안군 변산면 중계리 산1

126 울산극경(쇠고래) 회유해면(蔚山克鯨(쇠고래) 廻遊海面) : 강원 · 경북 · 경남 해안 일대

136 외연도의 상록수림(外煙島의 常綠樹林) : 충남 보령시 오천면 외연도리 산293

138 안면도의 모감주나무군락(安眠島의 모감주나무群落) : 충남 태안군 안면읍 승언리 1318

146 왜관 금무봉 나무고사리화석포함지(倭館錦舞峰나무고사리化石包含地) : 경북 칠곡군 왜관읍 낙산리 산28-3

147 괴산의 미선나무자생지(槐山의 미선나무自生地) : 충북 괴산군 장연면 송덕리 산58

150 물건방조어부림(勿巾防潮魚付林) : 경남 남해군 삼동면 물건리 산12-1

151 백련사의 동백림(白蓮寺의 冬栢林) : 전남 강진군 도암면 만덕리 산55

152 남해 산닥나무자생지(南海산닥나무自生地) : 경남 남해군 고현면 대곡리 산99

153 백양사 비자나무 분포북한지대(白羊寺비자나무分布北限地帶) : 전남 장성군

북하면 약수리 산115-1

154 함양상림(咸陽上林) : 경남 함양군 함양읍 대덕동 246

155 울진의 성류굴(蔚珍의 聖留窟) : 경북 울진군 근남면 구산리 산30

156 신예리 왕벚나무자생지(新禮里왕벚나무自生地) : 제주 남제주군 남원읍 신례리 산2-1

158 울진 죽변리의 향나무(蔚珍竹邊里의 香나무) : 경북 울진군 죽변면 후정리 산30

159 봉개동의 왕벚나무자생지(奉蓋洞의 왕벚나무自生地) : 제주 제주시 봉개동 산78-1, 2

160 제주시 곰솔(흑송)(濟州市곰솔(黑松)) : 제주 제주시 아라동 375-1

161 성읍리 느티나무 및 팽나무(城邑里느티나무 및 팽나무) : 제주 남제주군 표선면 성읍리 882-1

162 도순리 녹나무자생지군락(道順里녹나무自生地群落) : 제주 서귀포시 도순동 210

163 서귀포 담팔수나무자생지(西歸浦담팔수나무自生地) : 제주 서귀포시 서홍동 973

164 신방리의 음나무군(新方里의 음나무群) : 경남 창원시 동읍 신방리 산652

165 읍내리 은행나무(邑內里銀杏나무) : 충북 괴산군 청안면 읍내리 221-2

166 주문진 장덕리 은행나무(注文津長德里銀杏나무) : 강원 강릉시 주문진읍 장덕리 643

167 반계리 은행나무(磻溪里銀杏나무) : 강원 원주시 문막읍 반계리 1495-1

168 부산진의 배롱나무(釜山鎭의 배롱나무) : 부산 부산진구 양정동 산73-28

169 마량리 동백나무숲(馬梁里冬栢나무숲) : 충남 서천군 서면 마량리 산14

170 홍도 천연보호구역(紅島天然保護區域) : 전남 신안군 흑산면 홍도리 1 외

171 설악산 천연보호구역(雪嶽山天然保護區域) : 강원 속초시 · 양양군 · 인제군 일부

172 까막섬의 상록수림(까막섬의 常綠樹林) : 전남 강진군 마량면 마량리 산191

173 대둔산 왕벚나무자생지(大芚山왕벚나무自生地) : 전남 해남군 삼산면 구림리 산24-4
174 송사동의 소태나무(松仕洞의 소태나무) 외 4필 : 경북 안동시 길안면 송사리 100-7
175 용계의 은행나무(龍溪의 銀杏나무) : 경북 안동시 길안면 용계리 943
176 범어사 등나무군생지(梵魚寺등나무群生地) : 부산 금정구 청룡동 산2-1
177 천호동굴(天壺洞窟) : 전북 익산시 여산면 대성리 산21
178 삼척대이리 동굴지대(三陟大耳里洞窟地帶) : 강원 삼척시 신기면 대이리 산25
179 낙동강하류 철새도래지(洛東江下流철새渡來地) : 경남 진해시 · 김해시 및 부산 일부
180 운문사의 처진소나무(雲門寺의 처진소나무) : 경북 청도군 운문면 신원리 1768-7
182 한라산 천연보호구역(漢拏山天然保護區域) : 제주 한라산 일원
183 고창 중산리의 이팝나무(高敞中山里의 이팝나무) : 전북 고창군 대산면 중산리 313-1
184 고창 삼인리의 동백나무숲(高敞三仁里의 동백나무숲) : 전북 고창군 아산면 삼인리 산68
185 김해 신천리의 이팝나무(金海新泉里의 이팝나무) : 경남 김해시 한림면 신천리 484
188 익산 신작리의 곰솔(益山新鵲里의 곰솔) : 전북 익산시 망성면 신작리 518
189 성인봉의 원시림(聖人峰의 原始林) : 경북 울릉군 북면 나리리 산44-1
190 한강의 황쏘가리(漢江의 황쏘가리) : 한강 일원
191 제주도의 한란(濟州道의 한란) : 제주 일원
192 청송 신기동의 느티나무(青松新基洞의 느티나무) 외 15필 : 경북 청송군 파천면 신기리 659
193 청송 관동의 왕버들(青松官洞의 왕버들) 외 17필 : 경북 청송군 파천면 관리 721

194 창덕궁의 향나무(昌德宮의 향나무) : 서울 종로구 와룡동 2-71 창덕궁

195 서귀포층의 패류화석(西歸浦層의 貝類化石) 외 31필 : 제주 서귀포시 서홍동 707

196 의령 신라통중의 우흔(宜零新羅統中의 雨痕) : 경남 의령군 의령읍 서동리 16

197 크낙새 : 전국 일원

198 따오기 : 전국 일원

199 황새 : 전국 일원

200 먹황새 : 전국 일원

201 백조(고니 · 큰고니 · 혹고니) : 전국 일원

202 두루미 : 전국 일원

203 재두루미 : 전국 일원

204 팔색조(八色鳥) : 전국 일원

205 저어새(저어새 · 노랑부리저어새) : 전국 일원

206 느시(들칠면조) : 전국 일원

207 보은 속리산의 망개나무(報恩俗離山의 망개나무) : 충북 보은군 내속리면 사내리 산1-1

209 여주 신접리의 백로 및 왜가리번식지(驪州新接里의 백로 및 왜가리繁殖地) : 경기도 여주군 북내면 신접리 285

211 무안 용월리의 백로 및 왜가리번식지(務安 龍月里의 백로 및 왜가리繁殖地) : 전남 무안군 무안읍 용월리 563

212 진도 관매리의 후박나무(珍島觀梅里의 후박나무) : 전남 진도군 조도면 관매리 106-2

214 진안 평지리의 이팝나무(鎭安平地里의 이팝나무) : 전북 진안군 마령면 평지리 1035-1

215 흑비둘기 : 전국 일원

216 사향노루(麝香노루) : 전국 일원

217 산양(山羊) : 전국 일원

218 장수하늘소 : 전국 일원

219 영월 고씨굴(寧越高氏窟) : 강원 영월군 하동면 진별리 산262

220 괴산 추점리의 미선나무자생지(槐山楸店里의 미선나무自生地) : 충북 괴산군 장연면 추점리 산144-2

221 괴산 율지리의 미선나무자생지(槐山栗池里의 미선나무自生地) : 충북 괴산군 칠성면 율지리 산12

222 함안층의 새발자국화석(咸安層의 새발자국화석) : 경남 함안군 칠원면 용산리 산4

223 영동 영국사의 은행나무(永同寧國寺의 銀杏나무) : 충북 영동군 양산면 누교리 139-14

224 밀양 남명리의 얼음골(密陽南明里의 얼음골) : 경남 밀양시 산내면 남명리 산95-1, 산95-2

225 선산농소의 은행나무(善山農所의 銀杏나무) : 경북 구미시 옥성면 농소리 436

226 삼척 초당굴(三陟草堂窟) : 강원 삼척시 근덕면 금계리 산380

227 거제도 연안의 아비도래지(巨濟島沿岸의 阿比渡來地) : 경남 거제시 연안 일원

228 흑두루미 : 전국 일원

229 양양 포매리의 백로 및 왜가리번식지(襄陽浦梅里의 白鷺 및 왜가리繁殖地) : 강원 양양군 현남면 포매리 122-3, 5

231 통영 도선리의 백로 및 왜가리번식지(統營道善里의 白鷺 및 왜가리繁殖地) : 경남 통영시 도산면 도선리 산280

232 양주 양지리의 향나무(楊州陽地里의 香나무) : 경기도 남양주시 오남면 양지리 535

233 거제 학동의 동백림 및 팔색조번식지(巨濟鶴洞의 冬白林 및 八色鳥繁殖地) : 경남 거제시 동부면 학동리 산1

234 양산 신전리의 이팝나무(梁山新田里의 이팝나무) : 경남 양산시 상북면 신전리 95

235 광양 유당공원 이팝나무(光陽柳唐公園 이팝나무) : 전남 광양시 광양읍 인동리 193-1

236 제주도 용암동굴지대(소천굴, 황금굴, 협재굴)(濟州道熔岩洞窟地帶(昭天窟, 黃金窟, 挾才窟)) 외 203필지 : 제주 북제주군 한림읍 협재리 2646

237 울릉도 사동의 흑비둘기서식지(鬱陵道沙洞의 흑비둘기棲息地) : 경북 울릉군 울릉읍 사동리 215

238 금강의 어름치(錦江의 어름치) : 충북 옥천군 이원면으로부터 금강상류

239 고흥 금탑사의 비자나무숲(高興金塔寺의 榧子나무숲) : 전남 고흥군 포두면 봉림리 700

240 서울 용두동 선농단의 향나무(서울龍頭洞先農壇의 香나무) : 서울 동대문구 제기동 274-1

241 해남 연동리의 비자나무숲(海南蓮洞里의 榧子나무숲) : 전남 해남군 해남읍 연동리 산27-1

242 까막딱따구리 : 전국 일원

243 수리류(독수리, 검독수리, 참수리, 흰꼬리수리) : 전국 일원

244 소백산의 주목군락(小白山의 朱木群落) : 충북 단양군 가곡면 어의곡리 산59-1

245 철원 천통리 철새도래지(鐵原天通里 철새渡來地) : 강원 철원군 철원읍 일부

246 대암산, 대우산 천연보호구역(大岩山, 大愚山 天然保護區域) : 강원 양구군 동면 일부, 인제군 서화면 일부 및 북면 일부

247 향로봉, 건봉산 천연보호구역(香爐峰, 乾峰山 天然保護區域) : 강원 인제군 서화면 일부, 고성군 간성읍 일부, 수동면 일부

248 횡성 압곡리의 백로 및 왜가리번식지(橫城鴨谷里의 白鷺 및 왜가리繁殖地) : 강원 횡성군 서원면 압곡리 186-2

249 무주 구상 화강 편마암(茂朱球狀花崗片麻岩) : 전북 무주군 무주읍 오산리 229

250 한강하류 재두루미도래지(漢江下流재두루미渡來地) : 경기도 파주시 교하

면 일부(한강변의 충적퇴적 지역)

251 창덕궁의 다래나무(昌德宮의 다래나무) : 서울 종로구 와룡동 2-71 창덕궁 비원

252 안동 구리의 측백나무자생지(安東龜里의 側栢나무自生地) : 경북 안동시 남후면 광음리 산1-1

253 이천의 백송(利川의 白松) 외 7필 : 경기도 이천시 백사면 신대리 산32

254 삼청동의 등(三淸洞의 藤) : 서울 종로구 삼청동 국무총리 공관

255 삼청동의 측백(三淸洞의 側栢) : 서울 종로구 삼청동 국무총리 공관

256 단양 고수리동굴(丹陽古藪里洞窟) : 충북 단양군 단양읍 고수리 산4-2

258 무태장어 : 전국 일원

259 어름치 : 전국 일원

260 평창의 백룡동굴(平昌의 白龍洞窟) 외 1필 : 강원 평창군 미탄면 마하리 산1

261 온달동굴(溫達洞窟) 외 45필 : 충북 단양군 영춘면 하리 산62

262 노동동굴(蘆洞洞窟) : 충북 단양군 단양읍 노동리 산74

263 제주 산굼부리 분화구(濟州산굼부리噴火口) 외 5필 : 제주 북제주군 조천읍 교래리 166-1

265 연산 화악리의 오골계(連山花岳里의 烏骨鷄) : 충남 논산시 연산면 화악리 307

266 괴산 사담리의 망개나무자생지(槐山沙潭里의 망개나무自生地) : 충북 괴산군 청천면 사담리 산8-1

267 부산 전포동의 구상반려암(釜山田浦洞의 球狀班糲岩) : 부산 부산진구 전포동 산12

268 장흥 용산면의 푸조나무(長興蓉山面의 푸조나무) : 전남 장흥군 용산면 어산리 211-3

270 부산 수영동의 곰솔(釜山水營洞의 곰솔) 외 1필 : 부산 수영구 수영동 229-1

271 서울 신림동의 굴참나무(서울新林洞의 굴참나무) : 서울 관악구 신림동 산112-1

272 삼척 하장면의 느릅나무(三陟下長面의 느릅나무) 외 3필 : 강원 삼척시 하

장면 갈전리 415-1

273 영풍 안정면의 느티나무(榮豊安定面의 느티나무) 외 4필 : 경북 영주시 안정면 단촌리 185-2

274 영풍 순흥면의 느티나무(榮豊順興面의 느티나무) 외 4필 : 경북 영주시 순흥면 태장리 1095

275 안동 녹전면의 느티나무(安東綠轉面의 느티나무) 외 3필 : 경북 안동시 녹전면 사신리 256

276 남해 고현면의 느티나무(南海古縣面의 느티나무) 외 5필 : 경남 남해군 고현면 갈화리 732

278 양주 남면의 느티나무(楊州南面의 느티나무) 외 2필 : 경기도 양주군 남면 황방리 136

279 원성 흥업면의 느티나무(原城興業面의 느티나무) 외 2필 : 강원 원주시 흥업면 대안리 2230

280 김제 봉남면의 느티나무(金堤鳳南面의 느티나무) 외 3필 : 전북 김제시 봉남면 행촌리 230-2

281 남원 보절면의 느티나무(南原寶節面의 느티나무) 외 3필 : 전북 남원시 보절면 진기리 495

283 영암군 서면의 느티나무(靈岩郡西面의 느티나무) 외 7필 : 전남 영암군 군서면 월곡리 747-2

284 담양 대전면의 느티나무(潭陽大田面의 느티나무) : 전남 담양군 대전면 대치리 787-1

285 영풍 단산면의 갈참나무(榮豊丹山面의 갈참나무) : 경북 영주시 단산면 병산리 산338

286 파주 적성면의 물푸레나무(坡州積城面의 물푸레나무) : 경기도 파주시 적성면 무건리 465

287 사천 곤양면의 비자나무(泗川昆陽面의 비자나무) 외 3필 : 경남 사천시 곤양면 성내리 194-9

288 안동 임동면의 굴참나무(安東臨東面의 굴참나무) : 경북 안동시 임동면 대곡리 583

289 합천 묘산면의 소나무(陜川妙山面의 소나무) 외 1필 : 경남 합천군 묘산면 화양리 835

290 괴산 청천면의 소나무(槐山靑川面의 소나무) : 충북 괴산군 청천면 삼송리 산250

291 무주 설천면의 반송(茂州雪川面의 반송) 외 1필 : 전북 무주군 설천면 삼공리 31

292 문경 농암면의 반송(聞慶籠岩面의 반송) : 경북 문경시 농암면 화산리 942

293 상주 화서면의 반송(尙州化西面의 반송) 외 2필 : 경북 상주시 화서면 상현리 50-1

294 예천 감천면의 석송령(醴泉甘泉面의 石松靈) : 경북 예천군 감천면 천향리 804

295 청도 매전면의 처진소나무(淸道梅田面의 처진소나무) : 경북 청도군 매전면 동산리 146-1

296 김제 봉남면의 왕버들(金堤鳳南面의 왕버들) 외 7필 : 전북 김제시 봉남면 종덕리 299-1

298 청도 각북면의 털왕버들(淸道角北面의 털왕버들) : 경북 청도군 각북면 덕촌리 561-1

299 남해 창선면의 왕후박나무(南海昌善面의 왕후박나무) 외 8필 : 경남 남해군 창선면 대벽리 669-1

300 금릉 대덕면의 은행나무(金陵大德面의 銀杏나무) 외 2필 : 경북 김천시 대덕면 조룡리 산51

301 청도 이서면의 은행나무(淸道伊西面의 銀杏나무) 외 2필 : 경북 청도군 이서면 대전리 638

302 의령 유곡면의 은행나무(宜寧柳谷面의 銀杏나무) 외 3필 : 경남 의령군 유곡면 세간리 808

303 화순 이서면의 은행나무(和順二西面의 銀杏나무) 외 4필 : 전남 화순군 이서면 야사리 182-1

304 강화 서도면의 은행나무(江華西島面의 銀杏나무) 외 1필 : 인천 강화군 서도면 볼음도리 산186

305 청원강 외면의 음나무(淸原江外面의 음나무) : 충북 청원군 강외면 공북리 산318-2

307 김해 주촌면의 이팝나무(金海酒村面의 이팝나무) 외 4필 : 경남 김해시 주촌면 천곡리 885

309 부산 구포동의 팽나무(釜山龜浦洞의 팽나무) 외 5필 : 부산 북구 구포동 639

311 부산 수영동의 푸조나무(釜山水營洞의 푸조나무) 외 4필 : 부산 수영구 수영동 271

312 울진 화성리의 향나무(蔚珍花城里의 香나무) 외 1필 : 경북 울진군 죽변면 화성리 산190

313 청송 안덕면의 향나무(靑松安德面의 香나무) 외 1필 : 경북 청송군 안덕면 장전리 산18

314 안동 와룡면의 뚝향나무(安東臥龍面의 뚝香나무) 외 1필 : 경북 안동시 와룡면 주하리 634

315 인천 신현동의 회화나무(仁川新峴洞의 회화나무) 외 11필 : 인천 서구 신현동 135

317 당진 송산면의 회화나무(唐津松山面의 회화나무) : 충남 당진군 송산면 삼월리 52

318 월성 안강읍의 회화나무(月城安康邑의 회화나무) : 경북 경주시 안강읍 육통리 1428

319 함안 칠북면의 회화나무(咸安漆北面의 회화나무) 외 4필 : 경남 함안군 칠북면 영동리 749-1

320 부여 내산면의 은행나무(扶餘內山面의 銀杏나무) 외 1필 : 충남 부여군 내산면 주암리 148-1

321 연기 봉산동의 향나무(燕岐鳳山洞의 香나무) : 충남 연기군 조치원읍 봉산리 128

322 무주 설천면 일원의 반딧불이와 그 먹이(다슬기)서식지(茂朱雪川面 일원의 반딧불이와 그 먹이(다슬기)棲息地) : 전북 무주군 설천면 소천리 1411 하천, 청량리 1398 하천

323 매류(참매, 붉은배새매, 새매, 개구리매, 황조롱이매) : 전국 일원

324 올빼미 · 부엉이류(올빼미 · 수리부엉이 · 솔부엉이 · 칡부엉이 · 쇠부엉이 · 소쩍새 · 큰소쩍새) : 전국 일원

325 기러기류(개리 · 흑기러기) : 전국 일원

326 검은머리물떼새 : 전국 일원

327 원앙(鴛鴦) : 전국 일원

328 하늘다람쥐 : 전국 일원

329 반달가슴곰 : 전국 일원

330 수달 : 전국 일원

331 물범 : 동해 · 서해 · 남해 일원

332 칠발도 해조류(바다제비, 슴새, 칼새)번식지(七發島海鳥類(바다제비, 슴새, 칼새)繁殖地) : 전남 신안군 비금면 고서리 칠발도 일원

333 사수도 해조류(흑비둘기, 슴새)번식지(泗水島海鳥類(흑비둘기, 슴새)繁殖地) : 제주 북제주군 추자면 사수도 일원

334 난도 괭이갈매기번식지(卵島괭이갈매기繁殖地) : 충남 태안군 근흥면 가의도리 난도 일원

335 홍도 괭이갈매기번식지(鴻島괭이갈매기繁殖地) : 경남 통영시 한산면 매죽리 홍도 일원

336 독도 해조류(바다제비, 슴새, 괭이갈매기)번식지(獨島海鳥類(바다제비, 슴새, 괭이갈매기)繁殖地) : 경북 울릉군 울릉읍 도동리 산42(독도 일원)

337 제원 송계리의 망개나무(堤原松界里의 망개나무) : 충북 제천시 한수면 송계리 46-1

338 완도 예송리의 감탕나무(莞島禮松里의 감탕나무) : 전남 완도군 보길면 예송리 98-1

339 완도 미라리의 상록수림(莞島美羅里의 常綠樹林) : 전남 완도군 소안면 미라리 472

340 완도 맹선리의 상록수림(莞島孟仙里의 常綠樹林) : 전남 완도군 소안면 맹선리 370-1

341 구굴도 해조류(뿔쇠오리, 바다제비, 슴새)번식지(九屈島海鳥類(뿔쇠오리, 바다제비, 슴새)繁殖地) : 전남 신안군 흑산면 가거도리 산2

342 제주 어음리 빌레못동굴(濟州於音里빌레못洞窟) : 제주 북제주군 애월읍 어음리 707

343 욕지면의 모밀잣밤나무숲(欲知面의 모밀잣밤나무숲) : 경남 통영시 욕지면 동항리 108-1

344 우도의 생달나무와 후박나무(牛島의 생달나무와 후박나무) : 경남 통영시 욕지면 연화리 203

345 추도의 후박나무(楸島의 후박나무) : 경남 통영시 산양면 추도리 508

346 함안 법수면의 늪지식물(咸安法守面의 늪지식물) : 경남 함안군 법수면 대송리 883-1

347 제주의 제주마(濟州의 濟州馬) : 제주 제주시 노형동, 봉개동, 용강동

348 반논산의 철쭉나무와 분취류자생지(半論山의 철쭉나무와 분취류自生地) : 강원 정선군 북면 고양리 · 여량리 · 봉정리, 임계면 임계리

349 영월의 관음송(寧越의 觀音松) : 강원 영월군 남면 광천리 산67-1

350 명주 삼산리의 소나무(溟州三山里의 소나무) : 강원 강릉시 연곡면 삼산리 산116

351 설악동의 소나무(雪嶽洞의 소나무) 외 1필 : 강원 속초시 설악동 20-5

352 속리 서원리의 소나무(俗離書院里의 소나무) 외 1필 : 충북 보은군 외속리면 서원리 49-4

354 고창 삼인리의 장사송(高敞三仁里의 장사송) : 전북 고창군 아산면 삼인리

산97

355 전주 삼천동의 곰솔(全州三川洞의 곰솔) 외 2필 : 전북 전주시 완산구 삼천동 14-1

356 장흥 관산읍의 효자송(長興冠山邑의 孝子松) : 전남 장흥군 관산읍 옥당리 166-1

357 선산 독동의 반송(善山禿洞의 盤松) 외 2필 : 경북 구미시 선산읍 독동리 539

358 함양 목현리의 구송(咸陽木峴里의 九松) : 경남 함양군 휴천면 목현리 854

359 의령 성황리의 소나무(宜寧城隍里의 소나무) : 경남 의령군 정곡면 성황리 산34-1

360 신도 노랑부리백로 및 괭이갈매기번식지(新島노랑부리白鷺 및 괭이갈매기繁殖地) : 인천 옹진군 북도면 장봉리 신도 전역

361 노랑부리백로(노랑부리白鷺) : 전국 일원

362 고흥 봉래면의 상록수림(高興蓬萊面의 常綠樹林) : 전남 고흥군 봉래면 신금리 산1

363 삼척 근덕면의 음나무(三陟近德面의 음나무) : 강원 삼척시 근덕면 궁촌리 452

364 영동 매천리의 미선나무자생지(永同梅川里의 미선나무自生地) : 충북 영동군 영동읍 매천리 산4-4

365 금산 보석사의 은행나무(錦山寶石寺의 銀杏나무) : 충남 금산군 남이면 석동리 709

366 담양의 관방제림(潭陽의 官防堤林) : 전남 담양군 담양읍 객사리 1

367 고창 삼인리의 송악(高敞三仁里의 송악) : 전북 고창군 아산면 삼인리 산17-1

368 경산의 삽살개(慶山의 삽살개) : 경북 경산시 하양읍 대조리 810

370 부안의 미선나무군락지(扶安의 미선나무群落地) : 전북 부안군 변산면 중계리 산194, 상서면 청림리 산228, 229

371 발산리의 모감주나무 · 병아리꽃나무군락지(發山里의 모감주나무 · 병아

리꽃나무群落地) : 경북 포항시 남구 동해면 발산리 산13

372 양구의 개느삼자생지(楊口의 개느삼自生地) : 강원 양구군 양구읍 한전리 산54, 동면 임당리 산148, 149

373 의성 제오리의 공룡발자국 화석(義城提梧里의 恐龍발자국化石) : 경북 의성군 금성면 제오리 111-3

374 구좌읍의 비자림지대(舊左邑의 榧子林地帶) : 제주 북제주군 구좌읍 평대리 산15

375 납읍난대림지대(納邑暖帶林地帶) 외 3필 : 제주 북제주군 애월읍 납읍리 1475-1

376 산방산암벽식물지대(山房山岩壁植物地帶) : 제주 남제주군 안덕면 사계리 산16

377 안덕계곡 상록수림지대(安德溪谷常綠樹林地帶) : 제주 남제주군 안덕면 감산리 1946

378 천제연 난대림지대(天帝淵暖帶林地帶) : 제주 서귀포시 중문동 산2785

379 천지연 난대림지대(天地淵暖帶林地帶) : 제주 서귀포시 서귀동 973

380 마이산의 줄사철나무군락지(馬耳山의 줄사철나무群落地) : 전북 진안군 마령면 동촌리 18

381 백사 도립리의 반룡송(뱀솔)(柏沙道立里의 蟠龍松(뱀솔)) : 경기도 이천시 백사면 도립 2리 201-1

382 장연 오가리의 느티나무(長延五佳里의 느티나무) 외 1필 : 충북 괴산군 장연면 오가리 321

383 연풍입석의 소나무(延豊立石의 소나무) : 충북 괴산군 연풍면 적석리 산34-2

384 당처물동굴(당처물洞窟) : 제주 북제주군 구좌읍 월정리 1457

385 강진 병영면의 은행나무(康津兵營面의 은행나무) : 전남 강진군 병영면 성동리 70

386 진안 은수사의 청실배나무(鎭安銀水寺의 靑實배나무) : 전북 진안군 마령면

동촌리 3

387 임실 관촌면의 가침박달나무군락(任實館村面의 가침박달나무群落) : 전북 임실군 관촌면 덕천리 산37

388 임실 관촌면의 산개나리군락(任實館村面의 산개나리群落) : 전북 임실군 관촌면 덕천리 산36

389 영광 칠산도의 괭이갈매기 · 노랑부리백로 및 저어새번식지(靈光七山島의 괭이갈매기 · 노랑부리백로 및 저어새繁殖地) : 전남 영광군 낙월면 송이리 산462

390 진주 유수리의 백악기고환경과 공룡화석산지(晋州柳樹里의 白堊紀古環境과 恐龍化石産 地) : 경남 진주시 내동면 유수리 495

391 백령도 사곶의 사빈(천연비행장)(白翎島사곶의 砂濱(天然飛行場)) : 인천 옹진군 백령면 진촌리 413-2

392 백령도 남포리의 콩돌해안(白翎島南浦里의 콩돌海岸) : 인천 옹진군 백령면 남포리 해안 일원

393 백령도 진촌리의 감람암포획현무암분포지(白翎島鎭村里의 橄欖岩捕獲玄武岩分布地) : 인천 옹진군 백령면 진촌리 154-2

394 해남 우항리 고생물화석산출지 및 퇴적층군(海南牛項里古生物化石産出地 및 堆積層群) : 전남 해남군 황산면 우항리 산13-1

395 진주 가진리의 새발자국 및 공룡발자국화석지(晋州嘉津里의 새발자국 및 恐龍발자국化石地) : 경남 진주시 진성면 가진리 산6

396 장수 봉덕리의 느티나무(長水鳳德里의 느티나무) : 전북 장수군 천천면 봉덕리 336

397 장수 장수리의 암송(長水長水里의 암송) : 전북 장수군 장수읍 장수리 176-7

398 천안 광덕사의 호두나무(天安廣德寺의 호두나무) : 충남 천안시 광덕면 광덕리 641-6

399 영양 답곡리의 만지송(英陽畓谷里의 萬枝松) : 경북 영양군 석보면 답곡리 159

400 예천 금남리의 황목근(팽나무)(醴泉琴南里의 黃木根(팽나무)) : 경북 예천군 용궁면 금남리 696

401 청송 홍원리의 개오동나무(靑松紅源里의 개오동나무) : 경북 청송군 부남면 홍원리 547

402 청도 적천사의 은행나무(淸道磧川寺의 銀杏나무) : 경북 청도군 청도읍 원리 산217

403 성주 경산리의 성밖숲(星州京山里의 城밖숲) : 경북 성주군 성주읍 경산리 446-1

404 영천 자천리의 오리장림(永川慈川里의 五里長林) : 경북 영천시 화북면 자천리 1421-1

405 의성 사촌리의 가로숲(義城沙村里의 가로숲) : 경북 의성군 점곡면 사촌리 356

406 함양 운곡리의 은행나무(咸陽雲谷里의 銀杏나무) : 경남 함양군 서하면 운곡리 779

407 함양 학사루의 느티나무(咸陽學士樓의 느티나무) : 경남 함양군 함양읍 운림리 27-1

408 울진 쌍전리의 산돌배나무(蔚珍雙田里의 산돌배나무) : 경북 울진군 서면 쌍전리 산146-1

409 울진 행곡리의 처진소나무(蔚珍杏谷里의 처진소나무) : 경북 울진군 근남면 행곡리 627

410 거창 당산리의 당송(居昌堂山里의 堂松) : 경남 거창군 위천면 당산리 331

411 고성 덕명리의 고생물화석산출지(固城德明里의 古生物化石産出地) : 경남 고성군 하이면 덕명리 52-1

412 연천 은대리의 물거미서식지(漣川隱垈里의 물거미棲息地) : 경기도 연천군 전곡읍 은대리 693-18

413 영월 문곡리의 건열구조 및 스트로마톨라이트(寧越文谷里의 乾裂構造 및 스트로마톨라이트) : 강원 영월군 북면 문곡리 산3번지 등

414 화성 고정리의 공룡알화석산출지(華城古井里의 恐龍알化石産出地) : 경기 화성시 송산면 고정리 산5 등

415 포항 달전리의 주상절리(浦項達田里의 柱狀節理) : 경북 포항시 남구 연일읍 달전리 산19-3번지 일원

416 태백 장성의 하부고생대화석산지(太白長省의 下部古生代化石産地) : 강원 태백시 장성동 산42-2번지 등

417 태백 구문소의 고환경 및 침식지형(太白求門沼의 古環境및浸蝕地形) : 강원 태백시 동점동 산10-1번지 등

418 보성 비봉리의 공룡알화석산출지(寶城飛鳳里의 恐龍알化石産出地) : 전남 보성군 득량면 비봉리 545-1번지 등

419 강화 갯벌 및 저어새번식지(江華갯벌 및 저어새繁殖地) : 인천광역시 강화군

420 성산 일출봉 천연보호구역(城山日出峰天然保護區域) : 제주 남제주군 성산읍 성산리 1번지 등

421 문섬 및 범섬 천연보호구역(文島 및 虎島天然保護區域) : 제주 서귀포시 서귀동 산4번지 및 법환동 산1-3번지 등

422 차귀도 천연보호구역(遮歸島天然保護區域) : 제주 북제주군 한경면 고산리 산34번지 등

423 마라도 천연보호구역(馬羅島天然保護區域) : 제주 남제주군 대정읍 가파리 580 등

424 지리산 천년송(智異山千年松) : 전북 남원시 산내면 부운리 산111

426 문경 대하리의 소나무(聞慶大下里의 소나무) : 경북 문경시 산북면 대하리 16

427 천안 성환의 향나무(天安成歡의 향나무) : 충남 천안시 성환읍 양령리 394-9

428 완도 대문리의 모감주나무군락(莞島대문리의 모감주나무群落) : 전남 완도군 군외면 대문리 산128, 129-1번지

429 제주 월령리의 선인장군락(濟州월령리의 선인장군락) : 제주 북제주군 한림읍 월령리 359-3번지 등

430 해남 성내리의 수성송(海南성내리의 守城松) : 전남 해남군 해남읍 성내리 4

431 태안 신두리해안사구(泰安薪斗里海岸砂丘) : 충남 태안군 원북면 신두리 산 263-1 등 81 필지

432 제주도의 한란자생지(濟州島의 寒蘭自生地) : 제주 서귀포시 상효동 1616 외

433 정선 두위봉의 주목(旌善斗圍峰의 朱木) : 강원 정선군 사북읍 사북리 산 160-3

434 여수 낭도리 공룡발자국화석지 및 퇴적층(麗水狼島里恐龍발자국化石地 및 堆積層) : 전남 여수시 화정면 낭도리 산115-2 등

435 달성 비슬산 암괴류(達城琵瑟山岩塊流) : 대구 달성군 유가면 용리 산1 등

436 한탄강대교 천현무암협곡(漢灘江大橋川玄武岩峽谷) : 경기 포천시 관인면 냉정리 1101 등, 강원도 철원군 동송읍

437 정동진 해안단구(正東津海岸段丘) : 강원 강릉시 강동면 정동진리 산50-60 등 4필지

438 우도 홍조단괴해빈(牛島紅藻團塊海濱) : 제주 북제주군 우도면 연평리 2215-5 등 7필지의 지선에 인접

439 비양도 용암기종(飛楊島熔岩氣腫) : 제주 북제주군 한림읍 협재리 산127 및 산128

440 정선 백복령 카르스트지대(旌善白茯嶺카르스트(Karst)地帶) : 강원 정선군 임계면 직원리 산1-1 등 12필지

441 제주 수산리의 곰솔(濟州水山里의 곰솔) : 제주 북제주군 애월읍 수산리 2274

442 제주연안 연산호군락지(濟州沿岸軟珊瑚群落地) : 제주 서귀포시 대포동 대포코지 2499-1

443 제주 중문 · 대포해안주상절리대(濟州中文 · 大浦海岸柱狀節理帶) : 제주 서귀포시 중문동 2663-1 등

444 제주 선흘리거문오름(濟州善屹里거문오름) : 제주 북제주군 조천읍 선흘리 산102-1 등

445 하동 송림(河東松林) : 경남 하동군 하동읍 광평리 443-10

446 뜸부기 : 기타 전국 일원

447 두견(杜鵑) : 기타 전국 일원

448 호사비오리 : 기타 전국 일원

449 호사도요 : 기타 전국 일원

450 뿔쇠오리 : 기타 전국 일원

451 검은목두루미 : 기타 전국 일원

452 붉은박쥐(오렌지윗수염박쥐) : 기타 전국 일원

453 남생이 : 기타 전국 일원

454 미호종개 : 기타 전국 일원

455 꼬치동자개 : 기타 전국 일원

456 해송(海松) : 기타 전국 일원

457 긴가지해송(긴가지海松) : 기타 전국 일원

458 산굴뚝나비 : 기타 전국 일원

459 여주 효종대왕릉(寧陵)의 회양목(驪州孝宗大王陵(寧陵)의 淮陽木) : 경기 여주군 능서면 왕대리 907(효종 영릉(寧陵) 재실)

460 포천 직두리의 부부송(抱川稷頭里의 夫婦松) : 경기 포천시 군내면 직두리 191

461 강릉 옥계면의 굴참나무군(江陵玉溪面의 굴참나무群) : 강원 강릉시 옥계면 산계리 산425

462 가지산 철쭉나무군락지(加智山철쭉나무群落地) : 울산 울주군 경남 밀양시, 경북 청도군 가지산 일원

463 고창 은사리 단풍나무숲(高敞隱士里단풍나무숲) : 전북 고창군 고수면 은사리 산190-1

464 남제주 해안 사람발자국 및 각종 동물발자국 화석산출지(南濟州海岸사람발자국 및 各種動物발자국化石産出地) : 제주 남제주군 대정읍 상모리 626-2 및 안덕면 사계리 3530-4 해안 일대 등

465 무등산 주상절리대(無等山柱狀節理帶) : 광주 동구 용연동 산354-1 일원, 전남 화순군 이서면 영평리 산96 일원

466 용천동굴(龍泉洞窟) : 제주 북제주군 구좌읍 월정리 1837-2 등

467 수산동굴(水山洞窟) : 제주 남제주군 성산읍 수산리 3998번지 등

468 포항 북송리 북천수(浦項北松里北川藪) : 경북 포항시 흥해읍 북송리 477 외

469 예천 금당실송림(醴泉金塘室松林) : 경북 예천군 용문면 상금곡리 542-1 외

470 화성 전곡리의 물푸레나무(華城前谷里의 물푸레나무) : 경기 화성시 서신면 전곡리 149-1

471 창덕궁의 뽕나무(昌德宮의 뽕나무) : 서울 종로구 와룡동 2-71(창덕궁 내)

472 창덕궁의 회화나무(昌德宮의 회화나무) : 서울 종로구 와룡동 2-71(창덕궁 내)

473 안동 하회마을 만송정숲(安東河回마을 萬松亭숲) : 경북 안동시 풍천면 하회리 1164-1 등

474 사천 아두섬 공룡화석산지(泗川鵝頭섬恐龍化石産地) : 경남 사천시 신수동 산33-2번지

475 고성 계승사 백악기퇴적구조(固城桂承寺白堊紀堆積構造) : 경남 고성군 고성읍 성내리 198번지

▲ 노랑부리백로

▲ 산굼부리 분화구

▲ 삽살개

▲ 어름치

4.4. 지역별 중요 관광 · 여가문화자원

1. 서울특별시

1) 남산

서울의 중심부를 넓은 가슴으로 껴안고 있는 남산(南山, 262m)은 정겨운 서울 시민의 산이다. 남산에는 맑게 갠 날 인천 앞바다까지 볼 수 있는 서울타워 전망대를 비롯하여 팔각정과 놀이터, 식물원, 케이블카, 서울천년 타임캡슐터, 봉수대 그리고 최근에 조성된 남산골 한옥마을 등이 있어 자연탐구와 휴식 · 운동 등으로 서울시민에게 활력을 불어넣어 주는 도심 속의 정원 역할을 해주고 있다.

2) 한강

"파리에 센강이 있다면 서울에는 한강이 있다"는 말이 있다. 한강은 서울사람들의 삶과 떼려야 뗄 수 없는 소중한 강이다. 북한강과 남한강의 두 줄기 물이 하나로 흘러들어 서울의 남쪽과 북쪽을 가르는 한강은 시원한 강바람과 아울러 스포츠와 여가의 즐거움도 제공해 준다. 광나루, 잠실, 뚝섬, 잠원, 반포, 이촌, 여의도, 양화, 망원 등 지역별 특성을 간직한 한강시민공원에서 각종 스포츠와 연예행사에 접할 수 있고, 유람선을 타고 서울의 야경을 즐길 수도 있다.

3) 북한산 · 도봉산

서울의 북쪽인 북한산과 도봉산(716m) 사이에는 남장대(715m), 인수봉(811m), 노적봉(740m), 만장봉 등 700m 이상의 높은 암봉(巖峰)이 솟아 있어 시민의 등산 · 휴식공간으로 사랑받고 있으며, 북한산성(北漢山城)은 북한산의 만경대 · 백운대 · 원효봉 · 의상봉 · 용혈봉 · 문수봉 등으로 연결된 석성으로 길이 20여 리(약 8㎞)가량의 사적지요, 명승지이다.

4) 고궁 · 유적지

강동구 암사동의 신석기시대 유적은 지금부터 7000~3000년 전의 것으로 추정되며 신석기인들이 살던 움집터가 보존되어 있다. 조선시대, 한일병합, 6 · 25 등 근세에 이르기까지 오래된 역사의 깊이만큼이나 수많은 사연을 간직한 유적지가 많다. 600년 역사를 자랑하는 고궁에는 조선왕조 역사의 숨결이 서려 있고, 한국적 건축물의 진수도 맛볼 수 있다. 각 궁의 볼거리로 경복궁에는 근정전 · 경회루 · 자경전, 창덕궁에는 인정전 · 돈화문 · 선정전 · 희정당 · 대조전, 창경궁에는 명정전 · 홍화문 · 옥천교 · 통명전 · 관천대, 덕수궁에는 중화전 · 보루각 자격루 · 중화문 · 함녕전 등이 있다.

숭례문(남대문, 중구 남대문로 4가), 종묘정전(종로구 훈정동), 흥인지문(동대문, 종로구 종로 6가), 서울동묘(종로구 숭인동), 장의사지 당간지주(종로구 신영동), 북한산 구기리 마애석가여래 좌상(도봉구), 승가사 석조 승가대사상(은평구 구파발동) 등도 볼 만한 유적들이다.

2. 부산광역시

1) 부산팔대(釜山八臺)

부산지역에서부터 소개되었고, 오늘날까지도 그 경치가 잘 보존되어 있는 몰운대 · 태종대 · 신선대 · 해운대 · 오륜대 · 강선대 · 겸호대 · 의상대를 부산팔대라고 한다.

2) 해운팔경

해운대상 · 오륙귀범 · 양운폭포 · 구남온천 · 봉대점화 · 우산낙조 · 장지유수 · 춘천귀어

3) 수영팔경

해운대귀범 · 봉대월출 · 진두어화 · 남장낙안 · 장산낙조 · 백산만취 · 재송직화 · 연산묘종

4) 사상팔경

평사낙안 · 금정명월 · 운수모종 · 구덕조무 · 원포귀범 · 칠월해화 · 팔월로화 · 서산낙조

5) 다대팔경

아미완월 · 몰운관해 · 야망어창 · 화손낙조 · 두송만취 · 남림숙하 · 팔봉반조 · 삼도귀범

6) 산과 계곡

구덕산(일명 두송산, 숲이 울창하여 삼림욕에 적절), 금정산(부산에서 경치가 가장 좋은 산), 백양산(어린이대공원이 위치하고 있음), 보수산(정상에 대청공원이 있음), 봉래산(영도의 중심에 있고 태종대와 승마장이 있음), 황령산(황령터널이 개통, 양영장 · 마하사 · 봉수대가 있음)

7) 사찰

금강사 대웅보전(동래구 온천동 금강공원 내에 있음), 대각사, 동명불원(용당동 동명대학 근처), 범어사(금정산 동쪽 기슭, 신라 의상대사가 678년에 창건), 복천사(영도에서 가장 오래된 절), 운수사(사상구에 있고 가락국 때 창건, 1660년에 중건)

8) 해수욕장

광안리해수욕장, 다대포해수욕장, 송도해수욕장, 송정해수욕장, 일광해수욕장, 해운대해수욕장

9) 자갈치시장

부산의 대명사로 불리며, 전국적으로 알려진 시장이다. 억척스러운 '경상도아지매'들의 생활현장이다. 매년 10월 초에 '자갈치문화관광축제'가 열린다.

3. 대구광역시

1) 팔공산

대구의 동북쪽에 위치한 대구의 진산이다. 팔공산(1,192m)은 예부터 신성한 산으로 여겨져서 신라시대에는 호국을 염원하는 불사가 계속되었고, 골짜기마다 천년고찰이 많아 불교문화의 성지를 이루고 있다. 동화사는 임진왜란 때 승병들의 사령부가 있던 곳이며, 부인사는 신라 선덕여왕이 창건한 절로서 고려시대 최초의 대장경인 초조대장경을 보관하던 곳이다. 파계사는 인근의 수려한 계곡으로 명성이 높고, 갓바위는 누구에게나 한 가지 소원을 들어준다는 전설로 찾는 이가 끊이지 않는다. 서쪽 기슭으로 내려오면 가산산성 · 한티재 · 송림사를 둘러볼 수도 있다.

2) 달성의 비슬산

달성군은 아직까지도 시골풍경이 완연한 곳이다. 낙동강과 비슬산이 빚어낸 절경에 독특한 문화유산을 간직하고 있다. 비슬산은 산수가 수려하고 공기가 맑으며, 유가사 · 용연사 · 소재사 등의 사찰과 약수터가 흩어져 있다. 구지면에 있는 도동서원은 한훤당 김굉필을 모신 서원이고, 이곳에서 현풍으로 내려오면 현풍 곽씨 집안의 12정려각을 둘러보고 그 유명한 현풍할매곰탕을 맛볼 수 있다.

3) 앞산공원

앞산은 맑은 공기와 푸른 숲, 각종 위락시설이 갖추어져 대구시민들에게 가장 친숙한 곳이다. 앞산은 골짜기가 많기로 유명한데, 그중에서도 큰골 · 고산골 · 안지랑골이 비교적 크고 이름난 곳이다. 앞산에는 케이블카가 운행되고 있어 대구시가 전경을 한눈에 볼 수도 있고, 6 · 25를 상기시키는 낙동강전승기념관과 천년고찰 은적사가 있다.

4) 기타 관광자원

냉천자연랜드(달성군 가창면 용계동), 두류공원 · 우방타워랜드(달서구 두류동), 국채보상운동기념공원(중앙도서관과 동인지하주차장 사이), 달성공원(동물원 · 관풍루 · 종합문화회관 등)

4. 인천광역시

1) 마리산(마니산)과 강화도

수도권에서 가까운 마리산(468m, 강화군 화도면)은 등산과 함께 바다구경까지 겸할 수 있다. 산의 높이는 낮지만 주능선이 바위로 되어 있어 등산의 묘미를 느낄 수 있다. 이 산에는 참성단(사적 제136호)이 있어 매년 개천절에 제사를 올리고, 전국체전의 성화가 이곳에서 채화된다.

강화도 내의 일주도로를 달리다 보면 20~30마리씩 떼 지어 나는 노랑지빠귀와 홍여새, 황여새의 귀여운 모습을 볼 수 있다. 화도면 간척지에서는 쇠기러기 · 큰기러기, 전 세계에 560여 마리밖에 없는 저어새와 만나는 행운을 누릴 수도 있다.

2) 화도진지

인천시 동구 화수동에 있는 화도진지는 규모가 6,252평이고, 주요시설은 병영

11동, 조미수호기념물, 유물전시관 등이 있다. 이곳에 진을 치게 된 것은 한양으로 들어가는 배가 이곳을 경유하게 되는 요충지이므로 외침을 막기 위해 고종 16년(1879)에 설치 운영되다가 1894년 군제 개편으로 폐지되었고 그 뒤 불에 타서 없어졌던 것을 복원한 것이다.

이곳은 고종 19년(1882) 5월 22일 조미수호조약이 체결된 장소이고, 우리나라 최초의 천주교 영세자 이승훈 선생의 증손자인 이연귀 · 이균귀 형제가 신미양요 때 처형된 천주교 순교지이다. 동구에서는 매년 정월 대보름날 '화도진축제'를 벌여 지역의 문화명소로 자리 잡고 있다.

3) 송도유원지

연수구 옥련동에 있는 송도유원지는 사계절유원지로서 해수욕장, 보트장, 방갈로, 동물원, 사계절 썰매장, 간이골프장 등 각종 시설을 갖추고 있으며 청량산을 뒤에 두고 있어 주위환경이 좋고, 수문개폐식으로 수량을 조절할 수 있어, 수질이 깨끗하다. 인근에 흥륜사, 인천상륙작전기념관, 시립박물관, 각종 고급음식점 등이 있어 많은 사람들이 찾고 있다.

4) 서포리해수욕장

인천에서 남서쪽으로 80km 지점인 옹진군 덕적도 남쪽 해안에 있는 해수욕장이다. 섬에는 비조봉(292m)을 비롯한 갖가지 바위들이 우뚝 솟아 있고, 들꽃이 융단처럼 피어 있어 아름답다. 21km 남짓 펼쳐진 해수욕장은 곱고 깨끗한 모래와 백 년 이상 된 소나무숲이 병풍처럼 둘러 있다. 비조봉에 이르는 등산로(6km)가 개통되어 있으며, 정상에 오르면 근해의 섬들이 한눈에 들어와 감탄을 자아낸다. 덕적도 주변 전체가 바다낚시터로 낚시꾼들이 주말에 운집한다.

5) 월미도문화의 거리

바다와 직접 접할 수 있는 친수계단이 설치되어 있고, 바다를 바라보며 식사

할 수 있는 횟집, 경양식집, 젊은이들이 즐겨 찾는 카페와 놀이시설이 밀집되어 있는 문화의 거리이다. 관광유람선이 매시간 팔미도 앞바다까지 운행되고, 영종·용유도행 객선이 수시로 운행되고 있다.

5. 광주광역시

1) 충장로·예술의 거리

충장로 일대는 광주의 상징이자 심장부로서 광주지역 특유의 전통을 고집하는 거리이다. 광주민주항쟁의 상징적 장소인 5·18 민주광장(도청 앞), 치열한 접전지역이었던 민주화의 거리 금남로, 5·18 희생자의 넋이 깃든 상무관, 광주시민의 휴식처 사직공원, 만남의 광장으로 알려진 광주우체국 네거리, 350년 된 천연기념물 학동 느티나무, 광주향교, 명당자리를 차지하고 있는 이장우 가옥, 광주에서 가장 오래된 양옥 우일선 선교사 사택 등이 이 지역에서 찾아볼 볼거리들이다. 광주의 몽마르트로 불리는 예술의 거리는 광주를 포함한 호남예술의 중심지로서 서화·공예품·도자기 등을 전시·판매하고 있는 광주의 명물이다.

2) 무등산

광주의 진산이자 어머니의 품과 같은 광주사람들의 마음의 안식처이다. 무등산(1,187m)은 아름다운 바위를 곳곳에 품고 있어 서석산이라 부르기도 하였다. 입석대·서석대·규봉 등의 웅장한 기암괴석이 아름다움을 뽐내고 있으며, 수원이 마르지 않는 천왕봉, 억새풀이 어우러진 가을, 설경의 운치가 넘치는 겨울, 철쭉이 불타는 봄 등 4계절의 특색이 저마다 장관이다.

무등산에는 증심사, 원효사, 약사암, 규봉암 등 여러 사찰이 산재해 있고, 절마다 천 년의 세월과 함께해 온 숱한 전설과 소중한 문화재를 간직하고 있다. 의재 허백련의 춘설헌, 오지호의 집, 방랑시인 김삿갓 시비, 김덕령 장군의 충장사, 전상의 장군의 충민사도 이곳에 있다.

3) 시가문화의 산실

무등산 서쪽 자락에는 70여 개의 정자가 있다. 선비정신과 예술혼이 깃들어 있어 풍류의 멋을 즐기기에 이곳보다 더 좋은 곳은 없을 것이다. 대표적인 것을 들면 다음과 같다. 송강 정철이 후학양성에 힘을 쏟았던 환벽당(김윤제(1501~1572)가 지음), 성산별곡의 산실 식영정(김성원이 1560년에 지음), 조선시대 정원문화의 백미 소쇄원(양산보(1503~1557)가 지음), 두 임금을 섬길 수 없다 하여 지은 독수정(고려 말 서은 전신민이 지음), '면앙정가'의 산실(송순이 1533년에 지음), 정철문학의 산실 송강정(송강 정철이 1586년에 지음) 등이 있다.

4) 5·18묘지

광주광역시 북구 운정동에 있는 5·18묘지는 1980년 5월 18일 광주민주항쟁시에 희생당한 영령들을 모신 민주화의 성지이다. 1997년부터 새롭게 단장하여 성역화하였다. 묘지 역내에는 민주의 문, 추념문, 역사의 문, 숭모루, 유영봉안소, 휴게실 등을 갖추고 참배객을 맞고 있다.

5) 중외공원문화벨트

서광주 인터체인지를 중심으로 중외공원과 어린이대공원 일대에 문화벨트가 있다. 예향의 어제와 오늘을 한자리에서 살펴볼 수 있는 국립광주박물관을 비롯하여 광주비엔날레 행사장이 되기도 하는 광주시립민속박물관, 광주학생운동기념탑, 어린이대공원에는 놀이동산과 3·1기념탑 등이 있다.

6) 공원 및 유원지

광주공원, 사직공원, 중외공원, 우치공원, 송정공원, 광주호, 무등산장, 지산유원지 등이 있다.

6. 대전광역시

대전8경이라 하여 유성온천, 계족산 낙조, 엑스포과학공원, 보문산 녹음, 대청호수, 장태산 휴양림, 구봉산 단풍, 식장산 자연생태림 등이 유명하다. 풍부한 관광자원에 걸맞게 많은 우수한 숙박시설이 대전 시내에 있는데, 특히 온천이 있는 유성구 봉명동 일대에 밀집해 있다. 풍부한 문화유산을 바탕으로 곳곳에 충남지역의 사대부 문화를 살펴볼 수 있고, 인근의 계룡산과 온천 등이 가까우며, 교통 또한 전국 어디서나 3시간이면 족한 거리인 것도 관광 대전의 매력이 되고 있다. 한편 테마관광코스를 일주하는 시티투어코스를 따라 셔틀버스가 운행되어 많은 관광객들의 편의를 돕고 있다.

7. 울산광역시

1) 문화유적자원

울산에는 검단리유적, 관문성, 남목마성, 다운동고분군, 박제상유적지, 서생포왜성, 언양읍성, 언양지석묘, 언양향교, 울산동헌 및 내아, 울산왜성, 울산향교, 울주대곡리, 반구대암각화, 울주천전리 각석, 처용암, 천전리공룡발자국화석, 태화사 12지신상부도 등 크고 작은 문화유적 관광자원 62개가 흩어져 있다.

2) 산

가지산(1,240m, 영남알프스의 최고봉), 신불산(1,208m, 군립공원), 간월산(1,083m, 군립공원), 고헌산(1,033m), 대운산(742m), 영취산(1,059m), 문수산(600m), 치술령(720m) 등이 있다.

3) 해안 · 강 · 계곡

간절곶과 등대, 대왕암, 목도, 신명정자해변, 주전해변, 처용암, 반구대, 배내골, 석남사 계곡, 선바위, 작천정계곡, 천전리 각석계곡, 태화강과 십리대밭, 파래소폭포, 홍류폭포 등도 볼 만한 곳들이다.

4) 사찰

월봉사(동구 화정동), 동축사(동구 동부동), 문수사(울주군 청량면 율리), 백양사(성안동), 석남사(울주군 상북면 덕현리), 신흥사(북구 대안동), 청송사(울주군 청량면 율리) 등이 있다.

5) 산업관광

LG화학 울산공장(화학산업), SK(정유회사), 삼성 SDI 부산사업장(디지털 TV용 PDP, 이동정보통신기기), 쌍용정유 온산공장(정유회사), 온산공단(중화학 임해공단), 현대자동차 울산공장(자동차산업), 현대중공업(조선사업)

8. 경기도

1) 문화유적관광

(1) 수원의 '화성'

화성(사적 제3호)은 역사적 의미와 함께 건축학적으로도 귀중한 문화유산으로서 세계문화유산으로 등록(1997년)된 곳이다. 화성성곽을 비롯하여 팔달문·화서문·회령전 등 41개의 시설물이 있다.

(2) 동구릉

구리시 인창동 59만여 평의 숲속에 조선시대의 왕릉(건원릉·현릉·목릉·휘릉·숭릉·혜릉·원릉·유릉·경릉) 9기가 있다. 이 주변에 태릉·사릉·금곡릉 등이 있다.

(3) 다산 정약용묘

남양주시 조안면 능내리 마재마을에 정약용 선생의 생가와 묘가 있다. 인근에 팔당댐이 있다.

(4) 행주산성

고양시 덕양구에 임진왜란 시 권율 장군의 행주대첩으로 유명한 행주산성이 있다. 경내에 충장사 · 전사창 · 행주대첩비 · 권율 장군 동상 · 행주대첩기념탑 등이 있다. 주변에 일산호수공원, 공양왕릉, 서오릉, 통일동산, 권율장군묘, 최영장군묘, 공릉 등이 있다.

(5) 남한산성도립공원

병자호란 때의 행궁이었던 남한산성은 현재는 동문 · 남문 · 서장대 · 현절사 · 문무관 · 장경사 · 지수당 · 영월정 등이 남아 있다. 봄 · 가을의 관광은 남문코스(성남방향)가 좋고, 여름에는 시원한 계곡을 끼고 있는 동문코스(하남시 방향)가 좋다.

(6) 독산성과 세마대지

오산시 지곶동 야산에 독산성(독산산성)과 세마대라는 누각이 있다. 임진왜란 때 권율 장군이 기지를 써서 왜장 가토 기요사마의 왜군을 물리쳐 포위되었던 2만의 군사를 구해냈던 곳이다.

(7) 신륵사와 칠장사

여주군 북내면의 신륵사와 안성시 죽산면의 칠장사는 역사가 오래되고 보물과 문화재를 많이 보유하고 있는 유명한 사찰이다.

2) 산 · 계곡 · 호수

(1) 소요산

동두천시의 동북쪽에 있는 소요산(587m)은 수목과 폭포와 산봉우리가 줄지어 있는 아름다운 산이다. 이 산의 곳곳에는 신라의 고승 원효대사와 요석공주의 설화가 스며 있어서 공주가 머물렀다는 별궁터, 원효가 수도했다는 원효대, 정상의 의상대와 공주봉 등의 이름이 붙어 있다. 정상인 의상대는 기암괴석이 어우러져 있어 가을 단풍과 겨울 설경이 유명하다.

(2) 한탄강과 재인폭포

연천읍 부곡리 한탄강 서쪽 기슭 깊숙한 곳에 높이 18m의 폭포가 있다. 이것이 재인(才人)폭포이다. 맑고 시원한 물과 주변의 울창한 숲으로 경치가 좋다. 이곳에서부터 한탄강 줄기를 따라가면 연천댐 · 전곡리 선사유적지 · 한탄강유원지 · 숭의전 등 볼거리와 쉬어갈 곳이 많다.

(3) 용문산과 용문사

양평군 용문면에 있는 용문산(1,157m)은 경기도에서 4번째로 높은 산으로 기암괴석과 높은 준령을 갖추고 있는 산이다. 원래는 미지산이라 하였는데, 태조 이성계가 등극하면서 '용문산'으로 바뀌어 부르게 되었다고 한다. 양평에서 오르는 산 입구에 신라 선덕여왕 때 창건한 용문사가 있고 그 사찰 앞에 높이 50m, 둘레 12m에 달하는 천연기념물 제30호인 거대한 은행나무가 발걸음을 멈추게 한다.

(4) 용추계곡

가평읍 승안리에 있는 용추계곡은 칼봉산(900m)을 발원지로 형성된 계곡이다. 용추폭포를 시작으로 와룡추 · 무송암 · 탁령뇌 · 고실탄 · 일사대 · 주월암 · 청풍협 · 귀유연 · 농완개 등 옥계구곡이라고 부르는 경치가 있다. 주변에 운악산, 연인산, 청평호반, 대성리 등이 있다.

(5) 기타

이 밖에 포천의 산정호수, 평택의 평택호, 시흥의 월곶포구, 안산의 대부도, 화성의 제부도 등도 새로운 관광지로 발돋움하고 있다.

3) 공원 및 시설

서울랜드(과천시, 대단위종합위락단지)/ 에버랜드(용인시, 놀이시설과 축제의 장)/ 한국민속촌(용인시, 전통문화소개 · 학습장)/ 장흥유원지(양주군, 전통과 현대가 공존하는 관광지)/ 이천 도자기마을(이천시)/ 임진각(파주시, 통일안보관광)/ 애기봉(김포시, 안보교육)/ 미사리 여가공원(하남시, 조정경기장 · 자전거하이킹) 등이 있다.

9. 강원도

1) 춘천권

호반의 특성을 살린 수상위락관광지로서 주말 수도권 인구의 휴양지 기능을 하고 있다. 의암호 · 소양댐 · 춘천호 · 파로호 등의 호수와 구곡폭포 · 등선폭포 · 팔봉산 등이 있고 근처에 인제의 내린천, 철원의 고석정, 한국전쟁 당시의 격전지였던 양구의 펀치볼(Punchbowl : 지형이 화채그릇과 같은 분지형인 데서 유래)도 찾을 수 있다.

2) 설악권

국립공원 설악산을 중심으로 하는 산 · 바다 · 온천 등을 고루 갖춘 종합관광지이다. 설악산(1,708m)은 봄철의 철쭉, 여름의 녹음, 가을의 단풍, 겨울의 백설이 철 따라 새로운 경관을 연출하고, 계곡의 폭포와 소(沼)와 담(潭)은 가슴을 시원하게 해준다. 동해안으로는 해수욕장이 있고, 고성의 통일전망대에서는 금강산과 해금강의 신비한 경관을 바라볼 수도 있다.

3) 강릉 · 태백권

해양관광과 대관령 그리고 태백산맥을 잇는 관광권이다. 이 지역은 강릉을 중심으로 하는 경포 · 망상 등 청정해역의 해수욕장과 더불어 대관령의 스키와 골프장 등 레저시설이 갖추어진 곳이다. 오대산국립공원과 동해의 무릉계곡, 강릉의 오죽헌 · 낙산사, 삼척의 호나선굴도 한데 묶어 인근의 정선 민둥산(1,118m, 일명 억새산), 영월 장릉(단종릉), 태백 검룡소(한강의 발원지) 등도 빠질 수 없는 관광지이다.

4) 치악권

치악산국립공원을 중심으로 한 관광지이다. 치악산은 최고봉인 비로봉(1,288m)을 가운데 두고 1,000m가 넘는 향로봉 · 남대봉 · 천지봉이 둘러싸여 있고, 구룡계곡 · 금대계곡 · 부곡계곡 등에 간현국민관광지, 금대유원지, 섬강유원지 등이 조성되어 있다. 구룡사 · 입석사 · 국향사 · 영원사 · 상원사 등의 사찰과 숲이 어우러져 있다. 인근 평창에는 이효석 문학마을이 있고, 횡성에는 장송모(인간문화재) 도자연구원이 있어 사람들의 발길을 끈다.

10. 충청북도

충청북도는 우리나라를 대표할 만한 수려한 자연풍경지로서 속리산, 월악산, 소백산 일대가 국립공원으로 지정되어 있으며, 산악 · 온천 · 호반 · 계곡 · 동굴 · 역사문화자원이 도내 각지에 산재해 있다.

1) 속리산국립공원

속리산(충북 보은군, 괴산군과 경상북도의 일부)과 화양동 계곡 일원으로 이루어진 국립공원이다. 속리산에는 천황봉(1,057m), 비로봉, 묘봉, 남산, 수창봉 등의 산봉이 있으며, 합내천, 감가저수지, 오송폭포, 장작폭포 등의 계곡이 있다.

문장대, 입석대, 경업대, 학소대, 산호대 등 기암괴석과 용화온천, 남산약수, 수영동약수 등 온천과 약수터가 있다. 불교문화유적으로는 법주사 안에 쌍사자석등, 석연지, 별상전 등 국보가 있으며, 보은 속리의 정이품송과 속리산의 망개나무는 천연기념물로 지정되어 있다.

2) 화양동계곡

괴산군 청천면과 칠성면 일대에는 화양구곡, 선유구곡, 쌍곡구곡, 고산구곡 등의 경승지가 있으며 인근에 수옥폭포와 조령삼관문 등이 있다.

3) 월악산국립공원

충주시, 제천군, 단양군과 경상북도의 일부로 이루어진 국립공원이다. 월악산(1,097m)에는 용두산, 하운산(1,028m), 문직봉(1,162m) 등의 산봉이 있으며, 덕주계곡, 신륵사계곡, 만수계곡 등이 있다.

이곳의 명소는 유명한 단양팔경(도담삼봉 · 석문 · 옥순봉 · 구담봉 · 하선암 · 중선암 · 상선암 · 사인암)과 단양 제2팔경(북벽 · 온달산성 · 일광굴 · 구봉팔문 · 다리안산 · 금수산 · 칠성암 · 죽령폭포)이 있다. 이 밖에도 흑벼루동굴 · 궁골동굴 · 월악폭포 · 고수동굴 · 충주호 · 수안보온천, 충온온천 · 능암온천 · 탄금대 등이 충주지역에 있고, 제천에는 청풍문화재단지와 박달재 등이 있다.

4) 소백산국립공원

소백산국립공원은 충북 단양군과 경상북도가 반반씩 차지하고 있는데, 비로봉(1,439m), 국망봉(1,421m), 상월봉, 연화봉 등의 산봉이 있다. 이 일대에는 남천계곡, 노동동굴, 구인사 등의 볼거리가 있다.

5) 관광시설

(1) 도지정 관광지

양산팔경(영동군 양산면), 초평저수지(진천군 초평면), 무극 6·25 전적지 및 무극저수지(음성군), 장계(옥천군 안내면, 호반·송림·자연경관)관광지 등이 있다.

(2) 관광·휴양시설

수안보 미륵리 민박촌(충주시 상모면), 명돌자연농원(충주시 산척면), 구학리관광농업지구(제천시 봉양면), 북교관광농업지구(제천시 청풍면), 건송관광농업지구(진천군 진천읍), 초평오경관광농업지구(진천군 초평면), 충청북도자연학습원(괴산군 청청면), 화양동관광농원(괴산군 청천면), 원풍관광농원(괴산군 연풍면), 옥천동이자연농원(옥천군 동이면) 등이 있다.

11. 충청남도

1) 국·도립공원

(1) 계룡산국립공원

대전광역시·공주시·논산시에 걸쳐 있는 충남 제1의 명산. 천황봉(845.1m)·삼불봉·연천봉·관음봉 등 15개의 봉우리와 용문폭포·은선폭포·암용추·숫용추폭포와 동학사·갑사·신원사·용화사, 그리고 국보와 지방문화재 등 10여 점이 있다. 예부터 계룡8경이라 하여 천황봉 일출, 삼불봉 설화(雪花), 연천봉 낙조, 관음봉 한운, 동학사 계곡의 신록, 갑사계곡의 단풍, 은선폭포 운무, 남매탑 명월이 유명하다. 인근의 태화산과 마곡사도 관광지로 이름난 곳이다.

(2) 태안해안국립공원

태안군의 태안반도 일원, 서해안으로 깊숙이 노출된 태안반도는 톱날처럼 굴곡된 해안선마다 기암절벽과 모래사장으로 이루어진 관광명소이다.

(3) 칠갑산도립공원

청양군 대치면의 칠갑산(561m)은 유명사찰과 호수 · 개천 등 산 전체가 관광자원이다. 칠갑산 남쪽 기슭의 장곡사는 천년고찰로 국보 1점, 보물 5점이 있다. 멸종 위기의 고란초가 자생하며, 인공호수 천장호는 새로운 관광휴양지 구실을 한다.

(4) 대둔산도립공원

논산시 벌곡면에 위치한 대둔산의 기암괴석과 무수한 봉우리는 금강산의 만물상을 방불케 하며, 수락계곡 · 석천계곡 · 병풍암 · 낙조대의 일출과 일몰 등이 장관을 이루어 충남도민의 휴양지로 활용되고 있다.

(5) 덕산도립공원

예산군 덕산면 사천리에 있는 덕숭산(580m)은 호서의 금강이라 불릴 만큼 경치가 아름답다. 원효봉 · 석문봉 · 해태바위와 폭포들이 절경의 계곡을 이루고 있다.

2) 역사유적

(1) 현충사

아산시 염치읍 백암리 방화산 기슭에 위치한 충무공 이순신 장군의 사당. 경내에 본전과 유물관, 옛집, 활터, 정려 등이 있다.

(2) 칠백의총

금산군 금성면 의총리에 있는 임란 때의 조헌 · 영규대사가 이끌던 의병 700의사의 묘이다. 경내에 종용사 · 순의비 · 기념관이 있으며, 보물 7점과 유물 8점이 소장되어 있다.

(3) 독립기념관

천안시 목천면 남화리 120여 만 평에 세워진 기념관. 부지 내에 겨레의 집, 7개 전시관, 원형극장 등이 있으며, 55,700여 점의 유물을 소장하고 1만여 점을 전시하고 있다.

(4) 백마강

부여읍의 백마강은 백제의 흥망성쇠를 간직하고 있다. 천정대 · 낙화암 · 조용대 · 자온대 · 반월성 · 고란사 · 대왕포 · 삼층사와 백화정 · 부소산성 · 궁남지 · 정림사지 5층석탑 등의 유적이 있다.

3) 불교유적

(1) 서산마애삼존불상

서산시 운산면 용현리 가야산 기슭에 있는 마애삼존불(국보 제84호)은 '백제의 미소'로 불리며, 우리나라에서 발견된 마애불 중 가장 뛰어난 석불로, 6세기 중엽 백제의 작품이다. 태안마애삼존불(보물 제432호)과 함께 암벽에 조각한 마애석굴형식의 대표적인 작품으로 손꼽히고 있다.

(2) 관촉사와 '은진미륵'

논산시 관촉동에 있는 이 사찰의 석조미륵보살입상(보물 제218호)은 흔히 '은진미륵'이라 불리는데, 높이 18.12m, 둘레 9.9m, 귀의 길이 3.3m, 관 높이 3.94m의 대불이다.

(3) 비암사

연기군 전의면 다방리에 있는 이 절은 고려 중기에 창건된 사찰로 추측되는데 이 절에서 발견된 국보 제106호, 보물 제367, 386호는 백제시대의 석불로 귀중한 자료이다. 이곳에 810년 된 느티나무도 유명하다.

4) 관광시설

(1) 온천장

덕산온천(예산군 덕산면), 온양온천(아산시 온천동), 아산온천(아산시 음봉면), 천안온천(천안시 성남면 · 목천면), 수덕온천(예산군 덕산면), 마곡온천(공주시 사곡면), 홍성온천(홍성군 홍성읍), 홍주온천(홍성읍 옥암 · 오관리), 도고온천(아산시 도고면) 등

(2) 삽교호

당진군 신평면과 아산시 인주면을 잇는 3,360m의 삽교천방조제로 이룩된 인공호수

(3) 유원지

곰나루국민관광지(공주시 웅진동), 하봉리 도요지(공주시 반포면), 상신리 도예촌(공주시 반포면), 계룡산조각공원(공주시 반포면)

(4) 동굴

박쥐굴(금산군 추부면), 수곡동굴(금산군 금산읍), 강신대(금산군 부리면), 장수굴(금산군 복수면), 천수동굴(금산군 추부면), 지남철동굴(금산군 진산면), 황금산 동굴(서산시 대산읍)

12. 전라북도

전라북도는 다채로운 경관이 어우러진 곳으로서 동부산악권의 웅장한 산세와 서부 해안의 경승지뿐만 아니라 마한과 백제로 이어진 고문화의 맥이 낳은 유형 · 무형의 문화재가 도처에 흩어져 있는 문화공간이기도 하다.

1) 국 · 도립공원

내장산 · 덕유산 · 지리산 · 변산반도 등 4개의 국립공원과 모악산 · 대둔산 · 마이산 · 선운산 등 4개의 도립공원이 있어 산악관광자원이 풍부하다.

(1) 내장산국립공원

정읍시 · 순창군 · 전남의 장성군 일원. 불타는 단풍터널과 도덕폭포 · 금선폭포가 이루어 내는 단풍의 비경은 '호남의 금강'이라는 대명사에 손색이 없다. 인근에는 백암산, 내장사 · 백양사 등이 있다.

(2) 덕유산국립공원

전북 무주군 · 장수군과 경남 거창군 · 함양군 일원. 무주구천동계곡의 33경과 용추폭포에서 칠연폭포에 이르는 안성계곡 11경 등 수많은 절경이 있다. 적상산성, 안국사 등의 유적과 주목나무군 등 희귀한 동 · 식물이 다양하게 분포되어 있다.

(3) 변산반도국립공원

부안군 일원. 의상봉 · 신선봉 · 쌍선봉 등 기암괴석으로 된 산봉우리, 개암사 · 내소사 · 월명암 등 고찰과 직소폭포 · 봉래구곡 · 낙조대 등 경승이 곳곳에 산재해 있다. 인근에는 채석강 · 적벽강과 변산 · 격포 · 고사포 등 3개의 해수욕장이 있다.

(4) 지리산국립공원

전북에서는 남원시 일원이 지리산국립공원에 포함되어 있다. 뱀사골 · 달궁계곡 · 구룡계곡 등이 이 지역에 있다.

2) 중요유적

미륵사지(익산시) · 선운사(고창군) · 금산사 등의 고찰과 광한루(남원시) · 의암사(논개사당, 장수군) · 경기전(전주시) 등의 역사유적지도 볼 만한 곳이다.

3) 섬

군산지역의 선유도 · 신시도 · 야미도 · 어청도 · 연도 · 장자도와 부안군의 위도 · 하섬, 진안군의 죽도 등이 유명하다.

4) 관광시설

(1) 온천 · 해수탕

대둔산온천 · 죽림공원 · 하심온천(완주군), 변산온천 · 격포자연해수사우나(부안군), 석정온천 · 후포천연해수탕(고창군), 왕궁온천(익산시), 장수온천(장수군) 등이 있다.

(2) 관광단지

전주시의 덕진공원 · 다가공원 · 전주동물원, 무주리조트(무주군), 남원시의 남원관광단지 · 교룡산관광지, 군산시의 월명공원 · 은파유원지, 장수군의 방화동 가족휴가촌, 임실군의 사선대관광지, 정읍시의 정읍사공원 등이 있다.

13. 전라남도

1) 국 · 도립공원

전라남도에는 지리산 · 내장산 · 월출산 국립공원과 한려해상 · 다도해 해상국립공원 등 5개의 국립공원 및 두륜산 · 조계산 · 천관산 도립공원 등 3개의 도립공원이 있어 산악과 해상관광을 겸할 수 있는 곳이다.

(1) 지리산 국립공원(구례권)

지리산은 노고단 · 반야봉 · 피아골 등의 연봉과 계곡을 비롯하여 사찰과 유적이 많아 연중 관광 · 등산객이 끊이지 않는다.

(2) 월출산 국립공원(영암 · 강진군 일원)

월출산은 천황봉(809m)을 중심으로 산 전체가 수석의 전시장이다. 백제의 왕인박사와 신라 말 도선국사의 탄생지이다.

(3) 다도해 해상국립공원(완도군 · 여수시 · 고흥군 · 진도군 · 신안군 일원)

여수 앞바다의 오동도로부터 백도 · 거문도 · 보길도 · 흑산도 · 홍도 등 1,700여 개의 크고 작은 섬과 기암괴석이 코발트색 바다의 물결과 더불어 한 폭의 그림을 연출한다.

(4) 두륜산 도립공원(해남군)

한반도의 남쪽 끝에 있는 두륜산(703m)은 식물의 보고이며, 정상에서는 서 · 남해안의 다도해가 한눈에 보인다.

(5) 조계산 도립공원(순천시)

조계산(884m)의 동쪽에는 선암사, 서쪽에는 송광사가 있으며, 계곡과 물이 맑다.

(6) 천관산 도립공원(장흥군)

천관산(723m)은 온 산이 바위로 이루어져 봉우리마다 하늘을 찌를 듯이 솟아 있다.

2) 충무공 유적

서해안과 남해안은 임진왜란 때의 전적지와 사적이 많으며, 당시 전라좌수영이 자리했던 여수에는 진남관 · 대첩비 · 선소(거북선 제조소) · 무실목대첩비 · 영당 · 충민사와 충무공 자당의 피난처 등 충무공과 인연이 깊은 유적들이 많다.

3) 사찰

화엄사(구례군), 송광사 · 선암사(순천시), 백양사(장성군), 대흥사(해남군) 등 큰 절과 흥국사(여수시), 불갑사(영광군), 보림사(장흥군), 도갑사(영암군), 태안사(곡성군), 운주사(화순군), 천은사 · 연곡사(구례군) 등의 유명한 절들이 많다.

4) 문화유적

고산 윤선도 유적지 · 녹우당(해남군), 시가문화유적지(담양군), 다산초당(강진군), 우항리 공룡화석지(해남군), 나주 대안리 · 덕산리 · 복암리 · 신촌리고분군, 왕인박사유적지(영암군), 장도 청해진 유적지(완도군), 초의선사 유적지(무안군), 화순 고인돌군(화순군) 등이 있다.

5) 관광시설

(1) 온천 · 해수탕

도곡온천(화순군), 월출산온천(영암군), 지리산온천랜드(구례군), 화순온천(화순군), 함평해수찜(함평군), 율포해수 및 녹차온천탕(보성군) 등이 있다.

(2) 거리와 특구

목포 문화의 거리(목포시 용해동 바닷가 일대), 구례관광특구(구례지역의 4개면과 화엄사 · 천은사 · 연곡사 · 지리산 온천 일대)가 있다.

(3) 공원과 국민관광지

순천시의 고인돌공원 · 죽도봉 공원, 목포시의 유달산 난공원 · 유달산 조각공원, 영암군의 성기동국민관광지 · 영산호국민관광지, 곡성군의 심청공원 · 압록유원지, 무안군 도리포 유원지, 해남군 우수영국민관광지, 여수시의 자산공원, 고흥군의 유자공원, 장성군의 장성호관광지 등이 있다.

14. 경상북도

1) 국립공원

(1) 가야산국립공원(성주)

성주군 수륜면 백운리 일원의 가야산(1,433m)은 산세가 변화무쌍한 한국 8승지의 하나이다(백운분소 ☎ 054-932-3999).

(2) 소백산국립공원(경북)

경상북도 지역의 소백산국립공원은 영주시 풍기읍 · 봉현면 · 순흥면 · 단산면 · 부석면에 걸쳐 있다(소백산관리사무소 ☎ 054-638-6196, 6796).

(3) 주왕산국립공원

청송군과 영덕군에 걸쳐 있는 주왕산은 암봉과 깊고 수려한 계곡이 빚는 절경으로 이루어진 우리나라 3대 암산의 하나이다(관리사무소 ☎ 054-873-0014~5).

(4) 경주국립공원

경주시 일원은 신라 천년의 문화가 서려 있고, 명승고적과 설화, 고유민속 등 수많은 문화유산을 보존하고 있는 곳이다(사적공원관리사무소 ☎ 054-743-0775)

2) 도 · 군립공원

가지산도립공원(청도군), 금오산도립공원(구미시), 문경새재도립공원(문경시), 청량산도립공원(봉화군), 팔공산도립공원(경산시 갓바위지구 · 군위지구 · 영천시 은혜사지구), 운문산군립공원(청도군) 등

3) 문화유적

(1) 불국사와 석굴암

구름을 마시고 토한다는 토함산(745m)의 중턱에 위치한 불국사와 석굴암은 신라 불교문화의 핵심으로서 1440여 년의 역사를 지니고 있으며, 1995년 유네스코의 세계문화유산으로 지정된 곳이다.

(2) 고령대가야유적지

고령군 지산리 일대에 대가야시대의 고분 200여 기가 산재해 있으며, 고분발굴로 밝혀지기 시작한 대가야의 역사를 알리고 보존하기 위한 대가야왕릉전시관이 건립되었다.

(3) 가산산성 및 가산바위

칠곡군의 팔공산 정상에서 서쪽으로 10여km 떨어진 가산(902m)은 7개의 봉우리로 이루어진 일명 칠봉산이다. 임진왜란과 병자호란의 양난을 겪고 난 뒤에 전략적 방어를 위해 약 100년에 걸쳐 축성한 성이다. 성내의 정상에 100여 명이 쉴 수 있는 가산바위가 있다.

(4) 전통사찰

직지사(김천시), 부석사(영주시), 은혜사(영천시), 운문사(청도군), 제2석굴암(군위군) 및 수하계곡(영양군), 불영사 계곡(울진군) 등도 유명한 관광지이다.

4) 관광시설

(1) 민속마을

안동하회마을 안동시 풍천면(☎ 054-854-3669), 양동민속마을 경주시 강동면(☎ 054-762-4213), 경주민속공예촌 경주시 하동(☎ 054-746-7270) 이외에도 성주

한개마을(성주군 월항면), 안동포마을(안동시 임하면) 등이 있다.

(2) 온천 · 해수 · 약수탕

경주시 경주조선관광호텔온천 · 경주한화콘도온천 · 불국사 온천 등, 포항시 대보해수탕 · 신광온천 · 영일만 온천 · 임곡해수탕, 울진군 덕구온천 · 백암온천, 문경시 문경온천, 상주시 문장대온천, 경산시 상대온천, 예천군 예천온천, 봉화군 오전약수탕, 의성군 의상탑산약수온천, 청도군 청도용암온천 등이 있다.

(3) 관광단지 · 공원

경주시 감포관광단지 · 보문관광단지 · 경주월드 · 황성공원, 포항시 덕수공원 · 호미곶 해맞이광장, 영주시 덕수공원, 영덕군 삼사해상공원, 안동시 암산 · 무릉유원지, 문경시 진남교반

15. 경상남도

1) 국립공원

(1) 가야산국립공원

가야산(1,430m)은 경남의 합천 · 거창군과 경북의 성주군 일원에 걸쳐 있다. 이곳에는 특히 해인사가 있어서 대장경판과 장경판전 등 세계문화유산으로 지정된 문화유산이 산재해 있어 더욱 유명하다(가야산관리사무소 ☎ 055-932-7810).

(2) 덕유산국립공원

덕유산의 최고봉인 향적봉(1,614m)을 제외한 연봉들이 거의 모두 거창군 내에 있다(남덕유산 관리사무소 ☎ 055-943-3174).

(3) 지리산국립공원

3개도 5개 군에 걸쳐 있으며, 경상남도에서는 산청군 · 하동군 · 함양군 등 3개 군이 포함되어 있다(지리산 동부관리사무소 ☎ 055-972-7771~2).

(4) 한려해상국립공원

경상남도의 거제시 · 남해군 · 통영시 · 하동군의 남해안 지역이 한려해상국립공원에 포함되어 있다. 다도해, 비진도, 해금강, 통영도남관광지, 한산도의 이순신 장군 전적지, 매물도 등 유적과 자연경관이 일품이다.

2) 도 · 군립공원

경상남도에는 가지산도립공원(밀양시 · 양산시), 연화산도립공원(고성군), 웅석봉군립공원(산청군), 호구산군립공원(남해군), 화왕산군립공원(창녕군), 상족암군립공원(고성군) 등이 있다.

3) 유적 · 유물

수로왕릉(김해시), 금산 및 금산복곡(남해군), 얼음골(밀양시), 선진리성(사천시), 전(傳) 구형왕릉(산청군), 통도사(양산시), 진주성 · 논개사당(진주시), 주남저수지(창원시), 쌍계사(하동군 지리산), 아라가야 고분군(함안군), 해인사(합천군), 거열산성(거창군), 대성동 고분군(김해시), 영남루 · 표충사(밀양시), 한산도 제승당 · 이충무공 유적(통영시)

4) 관광시설

(1) 공원 · 관광지

문신미술관(마산시), 제황산공원(진해시), 음악분수 휴게광장 · 미륵도 관광특구 · 도남관광지(통영시), 화개약수터 · 청학동마을 · 신기짚신마을(하동군), 남해

해안관광마을(남해군), 마금산온천(창원시), 부곡온천(창녕군), 가야랜드(김해시), 옥포대첩기념공원 · 장목관광단지(거제시), 수승대국민관광지 · 가조종합관광휴양지(거창군), 기회송림(밀양시), 노산공원(사천시), 상족암군립공원 · 당항포국민관광지(고성군), 마산돌섬해상유원지(마산시), 둔철지구관광단지(산청군), 입곡군립공원(함안군), 진주오목내관광단지(진주시)

16. 제주도

제주도는 특징적인 화산지형과 지질을 갖고 있어 화산의 보고라 일컬어지고 있으며, 수려한 자연경관과 온난한 기후, 남국적인 식생 등 독특한 자연환경과 문화전통 등 관광자원이 풍부한 곳이다. 육지와의 해상 · 항공교통이 편리하여 우리나라 제1의 관광지이며 국제적인 관광지로 각광받고 있는 곳이다.

1) 제주 10경

예로부터 제주의 빼어난 경승 열 곳을 가리켜 '영주10경(瀛州十景)'이라 하였다. '영주'는 '탐라'와 함께 제주의 옛 지명이다. 제1경 성산일출(城山日出), 제2경 영실기암(靈室奇巖), 제3경 정방하폭(正房夏瀑), 제4경 사봉낙조(紗峰落照), 제5경 귤림추색(橘林秋色), 제6경 녹담만설(綠潭晩雪), 제7경 산방굴사(山房窟寺), 제8경 고수목마(古藪牧馬), 제9경 산포조어(山浦釣漁), 제10경 영구춘화(瀛丘春花) 등을 꼽아오고 있다.

2) 산과 오름

오름이란 자그마한 기생화산을 일컫는 제주도의 방언이다. 이 오름에는 신비한 전설과 풍부한 숲이 있고, 오름능선의 소와 말과 양떼들이 한가로이 풀을 뜯는 모습은 제주의 목가적인 풍치를 더해준다.

제주도에는 한라산(1,950m) 국립공원을 비롯하여 단산 · 산방상(남제주군 안덕면), 송악산(남제주군 대정읍) 등과 검은 오름 · 물장오리(제주시), 금오름 · 알

오름 · 거미오름 · 다랑쉬(북제주군), 따라비 · 성널오름(남제주군) 등 360여 개의 오름이 있으며, 한란 · 왕벚나무 · 문주란 등 1,800여 종의 식물이 서식하고 있다. 이러한 곳에 목장과 수렵장이 자리 잡고 있어 관광객을 불러들이고 있다.

3) 폭포와 계곡

천지연폭포(서귀포 연외천), 천제연폭포(서귀포 중문천), 정방폭포 · 소정방폭포(서귀포 동홍천), 엉또폭포(서귀포 강정동), 돈내코(서귀포 상효동), 무수천(북제주 애월읍), 안덕계곡(남제주 안덕면) 등이 있다.

4) 섬 · 해안절경

용두암 · 용연(제주시), 비양도 · 차귀도 · 추자도 · 우도 · 토계섬 · 절부암 · 수월봉(북제주군), 문섬 · 섶섬 · 범섬 · 외돌개 · 대포해안(서귀포시), 형제섬 · 가파도 · 마라도 · 용머리해안 · 섶지코지(또는 섭지코지) · 남원큰엉(남제주군) 등이 있다.

5) 동굴 · 분화구

협재굴 · 만장굴 · 김녕사굴 · 산굼부리(북제주군), 산방굴사 · 성산일출봉(남제주군), 백록담(서귀포시) 등이 유명하다.

6) 사적지

삼성혈 · 제주향교 · 관음사 · 관덕정 · 모충사(제주시), 법화사지(서귀포시), 명월대 · 항몽유적지(북제주군), 하멜기념비 · 흔인지 · 추사적거지(남제주군)

7) 기타 명소

산천단(천제를 올렸던 곳, 수령 6백 년이 넘는 곰솔나무 여덟 그루가 있음), 도깨비도로(세워둔 차가 저절로 언덕 위로 올라가는 것처럼 보이는 곳), 영실기암(한라산 정상의 서남쪽, 원시림과 기암절벽이 한데 어울린 곳), 비자림(비자나무 2,500여 그루가 군락하는 천연기념물)

8) 관광시설

(1) 관광단지 및 각종 전시시설

중문관광단지(서귀포시, 인근에 대유수렵장이 있음), 제주민속관광타운(제주시, 공연시설과 수석전시관이 있음), 성읍민속마을(남제주군), 제주민속자연사박물관(제주시), 제주민속박물관(제주시), 어촌박물관(서귀포시), 신영영화박물관(남제주군), 신산공원(제주시), 한라수목원(제주시), 목석원(제주시), 사라봉공원(제주시), 퍼시픽 아일랜드(서귀포시), 한림공원(북제주군), 분재예술원(북제주군), 수산유원지(북제주군), 신천지미술관(북제주군), 김녕미로(북제주군), 제주조각공원(남제주군) 등이 있다.

제5장

민속자료

제5장 민속자료

민속자료란 우리 민족의 기본적인 생활문화를 특징적으로 나타내는 것이다. 여기에서 무형민속자료는 중요무형문화재로 지정되어 있으므로 유형민속자료만 다룬다. 즉 의식주에 관한 것, 생업(生業)에 관한 것, 신앙의례에 관한 것, 교통·운수·통신에 관한 것, 교역에 관한 것, 사회생활에 관한 것, 연희·놀이에 관한 것, 민속예능·오락·유희에 관한 것 등 8개 분야로 나뉘어 지정된다.[1]

1962년 문화재보호법이 제정, 동법 제2조 1항 4호에 "의식주, 생업, 신앙, 연중행사 등에 관한 풍속, 관습과 이에 사용되는 의복, 가구, 가옥 등으로서 국민생활의 추이를 이해함에 불가결한 것"으로 민속자료를 규정하였으며, 중요민속자료는 문화대위원회의 심의를 거쳐 문화재청장이 지정한다.[2]

이상의 설명과 같이 민속자료의 자세한 종류는 ① 생업에 관한 것, ② 사회생활에 관한 것, ③ 신앙의례에 관한 것, ④ 의식주에 관한 것, ⑤ 연희·놀이에 관한 것, ⑥ 교통·운반에 관한 것, ⑦ 중요민속자료에 관한 것, ⑧ 지역별 중요문화시설자원에 관한 것 등이다.[3]

1 민속자료, 위키백과, Wikimedia, http://ko.wikipedia.org/wiki/
2 채예병, 관광자원론, 새로미, 2010, 116쪽.
3 민속자료의 종류, 네이버 백과사전, http://100.naver.com/100.nhn?docid=726074

5.1. 의식주

1. 복식(服飾)

바지 · 저고리 · 마고자 · 조끼 · 도포 · 학창의 · 배자 · 두루마기 · 등거리 · 치마 · 저고리 · 고쟁이 · 속곳 · 장옷 · 토시 · 버선 · 행전 · 한삼 · 장갑 · 허리띠 · 대님 · 도포띠 · 대례복 · 소례복 · 혼례복 · 상례복 · 화관 · 족두리 · 굴레 · 남바위 · 아얌 · 조바위 · 정자관 · 흑립 · 방갓 · 삿갓 · 패랭이 · 고깔 · 갈모 · 유건 · 복건 · 짚신 · 미투리 · 마른갓신 · 목화 · 가죽신 · 나막신 · 진신 · 눈신 · 동곳 · 비녀 · 떨잠 · 뒤꽂이 · 첩지 · 다래 · 댕기 · 귀고리 · 목걸이 · 가락지 · 팔찌 · 안경 · 대삼작 노리개 · 장도 · 주머니 등

2. 음식용구

사발 · 대접 · 접시 · 종발 · 숟가락 · 국자 · 젓가락 · 독 · 항아리 · 뒤주 · 두멍 · 단지 · 두루미 · 채반 · 소쿠리 · 광주리 · 솥 · 냄비 · 도마 · 칼 · 강판 · 조리 · 깔때기 · 번철 · 석쇠 · 양념절구 · 신선로 · 전골틀 · 화덕 · 시루 · 시룻방석 · 떡판 · 떡메 · 떡쌀 · 떡칼 · 다식판 · 약과판 · 소주고리 · 용수 · 기름틀 · 메밀묵틀 · 국수틀 · 밀대 · 풍로 · 삼발이 · 바가지 · 두레박 · 물동이 · 물통 · 물지게 · 똬리 · 개수통 · 설거지솔 · 수세미 · 밥상 · 돌상 · 공고상 · 교자상 · 약상 · 전골상 등

3. 주거용구

장 · 농 · 반닫이 · 궤 · 함 · 상자 · 횃대 · 책장 · 책상 · 문갑 · 사방탁자 · 연상 · 고비 · 문서함 · 돈궤 · 필목궤 · 이불 · 요 · 포대기 · 베개 · 처네 · 죽부인 · 평상 · 목침 · 보료 · 방석 · 돗자리 · 팔걸이 · 안석 · 장침 · 좌장 등이다.[4]

4 의식주, 네이버 백과사전, http://100.naver.com/100.nhn?docid=726074

5.1.1. 의복(衣服)

▲ 난봉화문단겹장옷

의복은 생활공예 중 복식공예에 속하는 민속자료이다.

중요민속문화재 제37-3호로 지정된 난봉화문단겹장옷(鸞鳳花紋緞겹장옷)은 학성이씨 이천기의 셋째 아들인 이지영과 그의 부인 평해황씨의 부부 합장묘에서 출토된 복식으로 장옷의 조형적 특징을 지니고 있다. 색상은 갈변되어 원래의 색을 알 수 없으나 문양 구성이 특징적인데 5매 수자직으로 화려한 문양을 이루고 있다. 난봉문은 꼬리가 화려한 봉황문의 일종인데 악학궤범[5]의 '비난삼(緋鸞衫)'에 그려진 흉배에서 대략적인 형태를 짐작할 수 있다. 두 마리가 마주 보고 있는데 꼬리가 길고 여러 갈래로 갈라졌음을 알 수 있다.

2004년 6월 18일 중요민속자료 제37-3호 운문단직령포에서 난봉화문단겹장옷으로 개별유물의 명칭이 변경되었고, 황갈색(黃褐色)의 운문단포(雲紋緞袍)인데 목판(木板)깃이고 쌍섶이 특이(特異)하며 양쪽의 무도 넓은 편이다. 포(袍) 길이 122.5cm, 뒷품 22cm, 화장 55cm, 섶넓이(길쪽 15cm, 바깥쪽 20cm), 소매통 30cm, 깃넓이 10.8cm, 겉깃길이 35.5cm이다.[6]

중요민속문화재 제1호인 덕온공주당의(德溫公主唐衣)는 조선시대 순조(재위 1800~1834)의 셋째 공주인 덕온공주가 입었던 당의이다. 이 옷은 그녀의 손녀인 윤백영이 저고리, 노리개, 원삼 등과 함께 아버지인 윤용구에게 물려받은 것으로, 7세 되던 해에 대궐에 입궐하면서 자신의 몸에 맞게 고쳐 입으면서 개조하였다.

5 1493년(성종 24)에 편찬된 음악이론서. 9권 3책. 당시 장악원(掌樂院)에 있는 의궤(儀軌)와 악보가 오래되어 헐었고, 제대로 남아 있는 것들도 모두 소략(疏略)하고 틀려서 그것을 교정하기 위해 편찬했다.

6 문화재청, 중요민속자료, http://search.cha.go.kr/srch/jsp/search_top.jsp#

▲ 덕온공주당의

당의란 조선시대 궁중과 사대부 여인들이 저고리 위에 입던 예복으로, 모양은 저고리와 비슷하지만 앞과 뒤의 길이가 길고 옆이 터져 있는 옷이다. 자주색 비단에 옷 전체에 수(壽)·복(福)이라는 글자를 금실로 새겼다. 이 옷은 착용자 신분이 뚜렷하고 연대가 확실한 왕실의 유물로서 조선 후기 상류층의 복식제도를 파악할 수 있는 귀중한 자료가 되고 있다.

▲ 고대박물관소장홍진종의복

중요민속문화재 제113호인 고대박물관소장홍진종의복(高大博物館所藏洪鎭宗衣服)은 조선시대 문신 홍진종(1649~1702)의 의복으로 1968년 경기도 오산읍에서 출토되었다. 그는 숙종 3년(1677) 진사에 급제하여 평강 현감을 지낸 바 있으며 출토된 유물에는 중치막 8점, 소창의 2점, 심의 1점, 답호 1점, 바지 3점 등이 있는데 그 내용은 다음과 같다.

"창의는 평상시 외출용으로 입거나 중치막을 입고 안에 밑받침 옷으로 입었다. 명주에 솜을 두고 얇게 누볐으며 옆에 덧대는 천인 무가 없고 겨드랑이부터 트여져 있다. 중치막은 사대부들이 관복 속이나 겉옷으로 평소에 입는 옷인 창의의 일종으로 지금의 두루마기와 비슷한 모습이지만 동정이 없고 소매가 길고 넓으며 옆이 터져 있는 옷이다. 명주에 솜을 두고 누볐으며 깃은 반달깃이고, 옷자락 끝이 뾰족하다. 소매는 길며 둥글려진 형태인데 소매통이 좁은 것이 특징이다.

심의는 조선시대 유학자들이 입던 옷으로 옷깃, 소매끝, 옷단 등에는 검정 선을 두른 소매가 넓은 옷이다. 이 옷은 현존하는 것 중 가장 오래된 것으로 허리에 두르던 대(帶)까지 보존되어 있다.

답호는 뒤가 앞보다 30cm 정도 짧은 누비옷이다. 일반적으로 답호란 소매가 없고 길이가 길며 옆과 앞에 덧대는 천인 무와 섶이 없고 뒷솔기가 허리 아래부터 트여진 옷을 말한다. 바지에는 겉과 속이 모두 명주로 안에 얇은 솜을 두고 1.5cm로 누빈 것과 명주에 솜을 두껍게 두고 6cm 간격으로 누빈 겨울용 그리고 목면을 누벼서 만든 것 등이 있다.

이 유물들은 17세기의 형태를 그대로 지니고 있어 당시의 복식을 연구하는 데 중요한 자료가 되고 있다.

중요민속문화재 제62호인 적초의(赤綃衣)는 지정(등록)일이 1979년 01월 23일이며, 제복이다. 제복이란 왕이 종묘사직 등에 제사지낼 때 입던 옷으로 나라에 경사가 있을 때 입는 조복과 모양이 비슷하지만 머리에 쓰는 금관인 양관에 금칠이 훨씬 적고 붉은 옷의 적초의가 아닌 푸른색의 청초의를 입었다. 그러나 이와는 다르게 이 옷은 붉은 갑사로 지어졌으며 깃과 옷 둘레에는 검은 선을 두르고 선 사이에 0.3cm 정도의 흰색 선을 두었다.

▲ 적초의

경국대전에 의하면 이 옷은 대한제국 말의 조복과 같은 모습을 하고 있으며 왕의 조복에 해당하는 강사포나 제복인 구장복과는 차이가 난다. 따라서 이 옷은 왕이 아닌 문무의 신하들이 입던 조복이었을 가능성이 크다.

창덕궁에 보관되고 있는 20여 점의 다른 옷들에 비해 제작과 보존상태가 양호하여 중요 민속자료로 지정되었으나 착용자에 대한 연구가 좀 더 필요해 보인다. 2006년 4월 21일 지정명칭이 고종사제복(高宗紗祭服)에서 적초의(赤綃衣)로 변경되었다.

중요민속문화재 제37-7호인 면포솜버선(綿布솜버선)은 학성이씨 월진문회 소유이며, 국립경주박물관에서 관리하고 있다.

학성이씨 이천기의 셋째 아들인 이지영과 그의 부인 평해황씨의 부부 합장묘에서 출토된 면포로 만들어진 솜버선이다. 버선은 좌우 1쌍으로 보존상태는 양

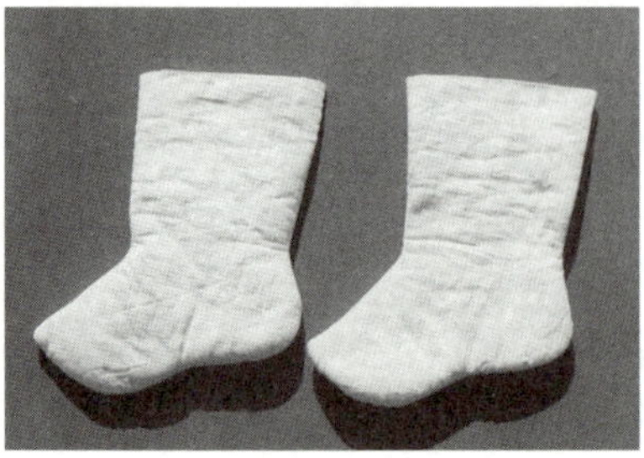

▲ 면포솜버선

호한 편이다. 안팎 모두 면포이며 솜을 얇게 두었는데 수눅이 곧게 꺾여 있어서 비교적 고식의 형태를 보여주고 있다. 발길이 24cm, 높이 27cm, 버선목은 17cm이다. 2004년 6월 18일 중요민속자료 제37-7호 버선에서 면포솜버선으로 개별유물의 명칭이 변경되었다.

중요민속문화재 제37-4호인 면포솜장옷(綿布솜장옷)은 조선시대 학성이씨 이천기의 부인 흥려박씨의 묘에서 출토된 짙은 아청색(鴉靑色) 면포로 만들어진 두터운 솜장옷이다. 뒷길이는 124cm, 뒤품은 57cm, 화장은 90cm이며, 좌우 섶 안으로 들여 달린 목판깃과 좌우 양 섶이 모두 두 조각으로 구성되어 있다.

▲ 면포솜장옷

▲ 면포 솜소모자

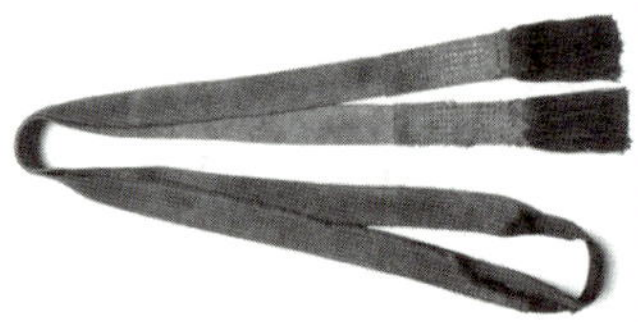

▲ 광다회대

▲ 명주솜누비치마

중요민속문화재 제37-6호 명주솜누비치마(明紬솜누비치마)는 이천기의 셋째 아들인 이지영과 그의 부인 평해황씨의 부부 합장묘에서 출토된 명주로 만들어진 솜누비치마이다. 말기 부분이 없이 치맛자락만 남아 있는데, 치마길이는 86~89cm이고 치마폭은 10폭으로 전체 310cm 정도의 직사각형이다. 겉감은 명주이고 안감은 면포이다. 치마

안쪽으로 선단에는 별포(別布)의 이색(異色) 선장식을 붙여서 장식성을 더하고 있다. 좌우 선단과 밑단의 선장식 나비는 1.2~1.5cm 정도이다. 치마의 안쪽 좌우 모두 선단부터 처리한 후 밑단 선장식을 올려 마무리하였다.

5.1.2. 장신구

몸치장을 하는 데 쓰는 도구로 짐승의 뼈 · 뿔 등으로 만든 간단한 머리꽂이라든가 가슴걸이 등이었는데, 후기 구석기시대부터 신석기시대에 이르러서는 몸의 각 부분을 치레하는 여러 가지 장신구가 발달하였다. 이 시기에 이르러 장신구가 발달한 것은 몸치레를 하여 자기를 돋보이게 하기 위한 욕구에서뿐만 아니라 다분히 주술적(呪術的)인 의도도 있다고 할 수 있다. 한편 사회의 형성 및 발전과 더불어 장신구는 사회적 지위를 나타내는 신분의 표상으로 한층 더 증가, 발달하였다.

신석기시대의 유적에서 옥석을 갈아 만든 관옥(冠玉)이나 짐승뼈로 만든 목걸이 장식이 발견되며, 청동기시대에 이르러서는 한층 더 다양해졌다. 삼국시대에는 공예기술이 고도로 발달하여 화려한 금, 은, 금동제의 장신구가 제작되어 널리 쓰이게 되었는데, 특히 신라에서는 금속 세공기술이 크게 발달하여 가락지(指環), 귀고리, 목걸이 등이 훌륭한 예술품을 창조해 냈다. 조선시대에도 금은, 보석류의 세공기술이 장신구를 중심으로 발달했다.

장신구의 종류로는 관모, 과대, 노리개, 목걸이, 귀고리, 가락지, 비녀, 첩지와 떨잠, 동곳, 뒤꽂이, 주머니 등이 있으며 장도(粧刀), 침통, 바늘집, 빗치개 등 실용성을 겸한 것도 있다. 이러한 것들이 여성들의 품위와 멋을 더해 오다가 개화기 후에는 향낭(香囊), 장도 등의 장신구는 점차 소멸되어 갔고 노리개는 성장할 때 사용되었다.[7]

---

7 장신구, 한국민족문화대백과사전, 한국학중앙연구원, http://terms.naver.com/entry.nhn?docId=538420

중요민속문화재 제42호인 일월수다라니주머니(日月繡陀羅尼주머니)는 의복이라고 보기에는 화려하고 수려하여 장식구로 분류한다. 현재 허동화씨 개인이 소장하고 있는 주머니로 크기는 가로 11.5cm, 세로 19cm이며 그 위 매듭의 크기는 7.2×6cm이다. 위의 끈은 9.5cm이고 아래로는 17cm의 줄 3개가 늘어져 있다.

▲ 일월수다라니주머니

중요민속문화재 제121-11호인 대(帶)도 의복보다는 장식구로 분류하고자 한다. 조선 말기의 왕족 흥완군 이정응(1815~1848)이 입던 의복 중 대 23점이다. 대(帶)란 관복을 입고 허리에 차던 허리띠의 일종이다. 흥완군은 남연군의 둘째 아들이며, 흥선대원군 이하응의 형으로 이 유물은 그의 양자인 완순군 이재완이 보관하여 전해져 오다가 후손인 이철주가 숙명여자대학교박물관에 기증한 것이다.

대중에는 저포대 2개가 있는데, 이는 띠를 모시로 싸서 만들고 그 위에 사각형과 나뭇잎모양으로 띠돈을 만들어 붙였다. 띠돈이란 칼 등을 찰 수 있도록 만들어 붙인 갈고리모양의 쇠를 말하며, 대의 다양한 형태와 색상 등을 한눈에 볼 수 있어 중요민속자료로서 가치가 있다.

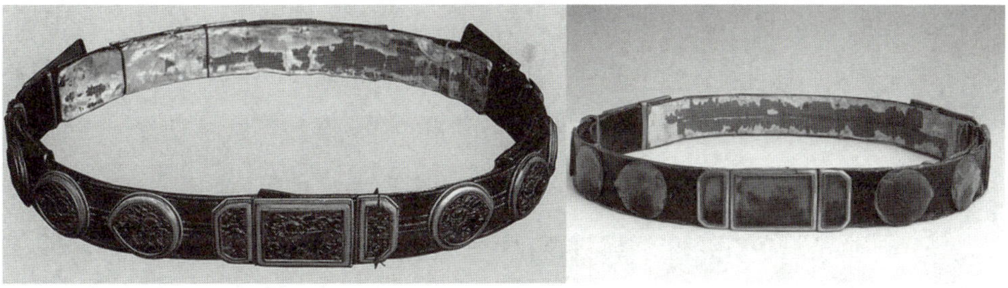

▲ 대(帶)

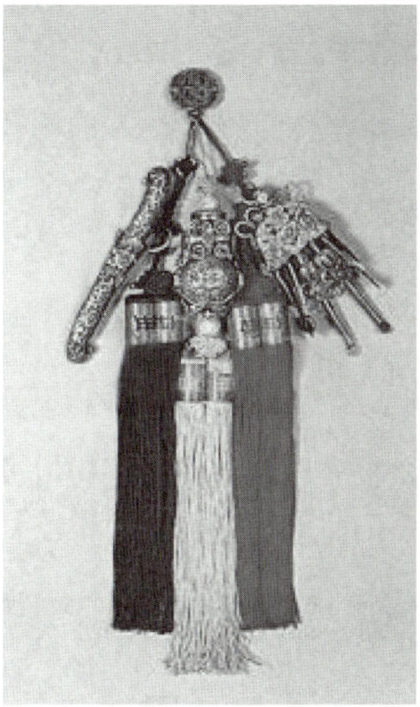

▲ 은칠보장도 삼작노리개[8]

▲ 금관총 금제허리띠[9]

5.1.3. 음식용구

음식용구는 사발 · 대접 · 접시 · 종발 · 순가락 · 국자 · 젓가락 · 독 · 항아리 · 뒤주 · 두멍 · 단지 · 두루미 · 채반 · 소쿠리 · 광주리 · 솥 · 냄비 · 도마 · 칼 · 강판 · 조리 · 깔때기 · 번철 · 석쇠 · 양념절구 · 신선로 · 전골틀 · 화덕 · 시루 · 시룻방석 · 떡판 · 떡메 · 떡쌀 · 떡칼 · 다식판 · 약과판 · 소주고리 · 용수 · 기름틀 · 메밀

8 장신구, 네이버 백과사전, http://100.naver.com/100.nhn

9 장신구, 민족문화대백과, http://terms.naver.com/entry.nhn?docId=538420

묵틀 · 국수틀 · 밀대 · 풍로 · 삼발이 · 바가지 · 두레박 · 물동이 · 물통 · 물지게 · 똬리 · 개수통 · 설거지솥 · 수세미 · 밥상 · 돌상 · 공고상 · 교자상 · 약상 · 전골상[10] 등이며, 실생활과 직결되는 중요한 가치를 지닌다.

▲ 장화리 쌀뒤주

전라북도 민속문화재 제11호인 장화리쌀뒤주(長華里쌀뒤주)는 생업기술용구 중 농경음식용구로 분류하며, 쌀을 담기 위해 만든 대형 뒤주이다. 보통의 뒤주가 통나무나 널빤지를 짜서 궤짝의 형태로 만드는 데 비해, 이 뒤주는 크고 외형도 독특하다. 크기는 너비 2.1m, 높이 1.8m로, 널빤지를 짜 맞추어 벽체를 구성하고 볏짚으로 지붕처럼 뚜껑을 만들어 씌웠다.

이 고장 출신인 정준섭은 당시의 큰 부자로, 이 집을 찾는 사람들이 매일 수백 명에 이르자 작은 궤짝으로는 감당할 수 없어 결국 안마당에 이러한 초대형 쌀뒤주를 만들었다고 한다. 조선 고종 초에 제작된 이 뒤주는 70가마 정도의 분량이 들어갈 수 있을 만큼 크고 독특한 건조물로서, 집을 찾는 사람들을 소홀하게 대접하지 않았던 당시의 훈훈한 인심을 느낄 수 있는 소중한 민속자료이다.

▲ 회암사지 맷돌

경기도 민속문화재 제1호인 회암사지맷돌(檜岩寺址맷돌)은 경기도 양주시 회암동 산14-1에 위치하고 있으며, 회암사터에 남북으로 나란히 남아 있는 2기의 화강암 맷돌로 곡식을 가는 데 쓰이며, 위 · 아래 두 쪽으로 구성되어 있다. 주둥이가 길어 타원형에 가까워서 주둥이가 짧았던 조선시대 맷돌과는 차이가 있다. 아래쪽을 고정

10 음식용구, 네이버 백과사전, http://100.naver.com/100.nhn?docid=726074

시키기 위한 매함지와 맷돌을 함께 만들고, 맷돌을 돌리는 맷손을 중심부에 박아 놓은 모습 또한 특이하다.

▲ 정선백전리 물레방아

강원도 민속문화재 제6호인 정선백전리 물레방아(旌善栢田里물레방아)는 물이 떨어지는 힘을 이용하는 동채방아와 흘러가는 힘을 이용하는 밀채방아의 두 종류가 있는데, 이 방아는 동채방아이다. 물이 잠시 고였다 떨어지는 구유가 56개로 구성되어 있고, 물레는 지름 250cm, 폭 67cm의 크기이다. 50m쯤 떨어져 있는 보(둑을 쌓아 흐르는 냇물을 가두어 두는 곳)에서 물을 끌어 사용하고 있는데, 보의 위쪽으로 용소(龍沼 : 지하수가 솟아나오는 곳)가 마련되어 있어 풍부한 물을 공급받을 수 있는 좋은 조건을 갖추고 있다. 대부분의 물레방아는 방아틀(눌림대)을 한 대만 거는데 비해, 이곳은 물이 넉넉하여 좌우 양쪽으로 두 대를 설치해 놓았다. 이 방아틀이 서로 다른 방향을 취하고 있어 방앗간 내부에 설치된 방앗공이가 서로 번갈아 오르내리며 곡식을 찧게 된다. 방앗간은 앞면 2칸 · 옆면 1칸의 규모로, 벽채는 나무판자로 되어 있고, 대마(大麻)의 속대공으로 엮은 지붕을 씌웠다.

5.1.4. 가구

한국전통가구의 기본형태에는 이층장, 투각이층장, 삼층장, 머릿장, 의거리장, 자수이층농, 자개이층농, 이층농, 삼층농, 죽장농, 반닫이, 문서반닫이가 있다.

전통가구장식은 장, 농, 반닫이 등의 문짝과 옆널에 부착되어 문짝을 개폐할 수 있는 경첩이다. 경첩은 대칭이 되는 두 개의 금속판 기둥축을 중심으로 서로 맞물려 돌아갈 수 있도록 만든 장치이다. 들쇠는 가구를 들어 올리거나 서랍, 문짝을 열 수 있도록 만든 손잡이이다. 또한 감잡이, 귀장식, 뻗침대, 자물쇠, 고리,

앞바탕, 광두정, 새발장식, 꾸밈장식으로 이루어져 있다.

▲ 의거리장

▲ 머릿장

▲ 머릿장

5.1.5. 관혼상제용구

경상남도 문화재자료 제135호인 신계서원제기(新溪書院祭器)는 의례용구이며, 경남 산청군 신안면 문대리 726의 밀양박씨 문중에서 소유하고 관리 중이다. 조선 헌종 5년(1839)경에 박익 선생의 제사에 사용하기 위하여 제작된 그릇들이며, 제작 당시에는 모두 32점이 제작되었으나 현재는 술잔 6개, 술통 2개, 사각형 밥그릇 4개, 원형 밥그릇 2개, 촛대 2개, 향을 담는 그릇인 향합 1개 등 18점이 남아 있다. 이 그릇들은 제기로서는 드물게 청동으로 만들었다. 매년 3월 신계서원에서 박익 선생의 제사에 사용하고 있다.

제주특별자치도 민속문화재 제6호인 제구(喪輿)는 초상을 치를 때 묘소까지 시신을 운반하던 기구이다. 간략하면서도 화려한 색채가 눈에 띄는 이 상여는 오색 천을 띠 모양으로 잘라 몸체를 감싸고 쇠붙이장식을 매달았다. 네 귀에는 '요령'이라는 방울을 달아 상여가 움직일 때마다 저절로 울리게 하였고 지붕에는 민화풍의 화려한 그림을 그려 넣었다.

옛 문서의 기록에 의하면, 조선 영조 39년(1763)에 이 상여를 만들었다 한다. 서귀포시의 신효 · 하효 마을에서 공동으로 자금을 모아 어렵게 마련한 것으로, 두 마을에서 사용해 오다가 지금은 제주도민속자연사박물관에 소장, 전시하고 있다.

▲ 신계서원제기

▲ 제구

5.1.6. 주거용구

국보 제164호인 무령왕비 베개(武寧王妃 頭枕)는 충청남도 공주시 관광단지길 34 국립공주박물관에 보관 중이며, 백제시대의 유물로 무령왕릉 목관 안에서 발견되어, 왕비의 머리를 받치기 위한 장의용 나무 베개로 위가 넓은 사다리꼴의 나무토막 가운데를 U자형으로 파내어 머리를 받치도록 하였다. 표면에는 붉은색 칠을 하고 금박을 붙여 거북등무늬를 만든 다음, 칸칸마다 흑색 · 백색 · 적색 금선을 사용하여 비천상과 날개를 펴고 날아가는 봉황 · 어룡(魚龍) · 연꽃 · 덩굴무늬를 그려 넣었다. 베개의 양 옆 윗면에는 암수 한 쌍으로 보이는 목제 봉황머리가 놓여 있는데, 발굴 당시에는 두침 앞에 떨어져 있었다고 한다.

왕의 머리 받침은 거의 부식되어 두 토막만 남아 있을 뿐이어서 형체를 알 수 없다.

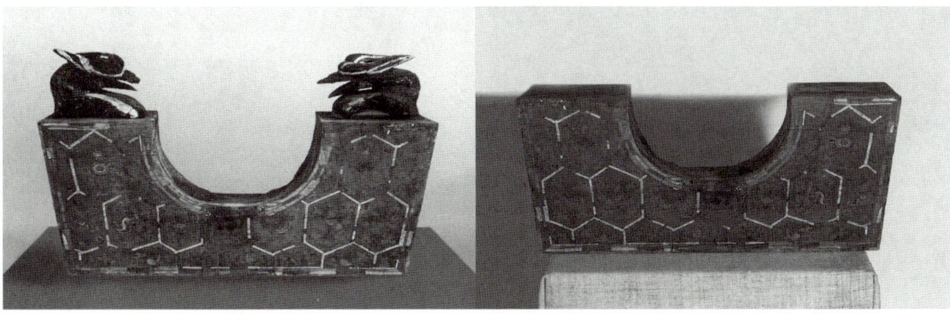

▲ 무령왕비 베개

인천광역시 민속문화재 제1호인 보문사맷돌(普門寺맷돌)은 생업기술용구로 조선시대에 사용되었다. 인천광역시 강화군 보문사 삼성각으로 오르는 계단 옆 화단에 있는 맷돌이다. 맷돌은 곡물을 가는 데 쓰이는 용구로 위·아래 두 짝으로 구성되어 있다.

지름 69cm, 두께 20cm의 화강암으로 되어 있으며, 부드러운 곡선으로 잘 다듬어 놓았다. 현존하는 대부분의 맷돌은 윗돌만 있으나, 이 맷돌은 윗돌과 아랫돌이 모두 남아 있다.

정확한 제작연도는 알 수 없으나 전체적인 양식으로 보아 조선시대 후기에 만든 것으로 보이며, 보통의 맷돌보다 2배 정도 규모가 크다.

▲ 보문사 맷돌

▲ 옹기

▲ 다듬이질

5.2. 생산 · 생업

생업에 관한 것은 ① 농기구 : 쟁기 · 가래 · 삽 · 괭이 · 쇠스랑 · 써래 · 호미 · 두레 · 맞두레 · 용두레 · 무자위 · 두레박 · 홈통 · 거름장군 · 거름통 · 거름바가지 · 귀때동이 · 삼태기 · 낫 · 전기 · 개상 · 벼훑이 · 도리깨 · 홀태 · 호롱기(탈곡기) · 갈퀴 · 넉가래 · 물레방아 · 물방아 · 연자방아 · 디딜방아 · 절구 · 매통 · 멍석 · 발 · 도래방석 · 섬 · 멱서리 · 채독 · 나락두지 등, ② 수렵기구 : 활 · 창 · 틀 · 덫 · 그물 · 올무, ③ 수산기구 : 주낙배 · 돛배 · 뗏목 · 투망 · 낚시 · 작살 · 대창 · 물치창 · 반두 · 사내끼 · 통발 · 이끼수 · 쏙가래 · 수경 · 그랭이(바지락 채집용) · 새고막 채묘기(採苗器) · 굴 채묘상(採苗床), ④ 광산용구, ⑤ 각종 공장용구(工匠用具), ⑥ 축산기구 : 닭둥우리 · 구유 · 길마 · 착도, ⑦ 양잠기구 : 잠박 · 잠박틀 · 잠섶 · 잠망 · 회전섶 · 말연섶 · 견면채취기 · 뽕칼, ⑧ 양봉기구이다.[11]

5.2.1. 농기구

강원도 민속문화재 제6-2호인 방아실은 생업기술용구 중 농경용구로 분류되며, 조선시대에 사용되었고, 강원도 정선군 백전리 마을에 남아 있는 물레방앗간이다.

▲ 방아실

11 생업, 네이버 백과사전, http://100.naver.com/100.nhn?docid=726074

앞면 2칸 · 옆면 1칸 규모에, 대마(大麻)라는 식물의 속대공으로 엮은 지붕을 올린 저릅집이다. 벽체는 나무판자로 되어 있고 건물 밖에는 물레가 설치되어 있다. 물이 떨어지는 힘으로 물레(바퀴)가 돌아가고 이 회전운동에서 생긴 힘이 방앗간 내부의 방아시설로 전달되어 곡식을 빻게 된다.

5.2.2. 어렵구

어렵구란 물고기 잡는 도구를 총칭한 용어이다. 여기에는 어살과 독살이 있는데 어살이란 함정을 만들어 물고기를 잡는 어구류(漁具類)를 말하고, 독살이란 어살 가운데 하나로 해안가에서 고기를 잡는 방법으로 돌을 이용한 것이다. 즉 독살을 이용하여 고기 잡는 것은 밀물이 될 때 고기가 조수와 함께 해안 깊숙이 들어왔다가 썰물이 되면서 수위가 낮아질 때, 미처 빠져나가지 못하고 독살 안에 갇혀 잡히는 것이다.

5.2.3. 방직용구

경상북도 무형문화재 제16호인 무명짜기는 고려 후기 문익점이 중국 원나라에서 들여온 것(무명의 원료가 되는 목화)으로 고려 후기부터 조선 후기에 이르기까지 면이 의류의 대부분을 차지했다. 조선 전기부터는 쌀과 함께 화폐구실을 할 정도로 급속히 보급되었으며, 일본으로 보내는 주요 교역품 가운데 하나였다. 무명은 광목, 옥양목, 서양목 등으로 나뉘는 우리나라의 전통직물로, 의복의 재료 이외에도 이불 재료나 기타 생활용구를 만드는 재료로 가장 많이 이용되었다.

제작과정은 목화재배와 수확, 씨앗기와 솜타기, 고치말기, 실잣기, 무명날기, 베매기, 무명짜기 순으로 나뉜다. 씨앗기와 솜타기는 목화에서 씨를 빼내고 솜활이라는 기구를 이용해 솜을 부드럽게 만드는 과정이다. 고치말기는 솜을 말판위에 펴놓고 말대로 비비는 과정이며, 실잣기는 물레를 이용해 실을 뽑고, 뽑은 실을 가락에 감는 단계이다. 무명날기는 실의 굵기에 의해 한 폭에 몇 올이 들어갈지 결정하는 것이다. 무명날기가 끝난 날실을 팽팽하게 하는 베매기와 풀먹이기 과정을 거친 후 베틀을 이용하여 무명을 짠다.

무명짜기는 한민족의 옷을 풍요롭게 하고 한민족의 애환을 담고 있는 역사적인 전통기법으로 보호하고 전승하기 위해 무형문화재로 지정하였다. 경북 성주군에 살고 있는 기능보유자 백문기 씨가 그 맥을 이어가고 있다.

▲ 베틀

▲ 자수

5.3. 교통 · 운수 · 통신

교통 · 운반에 관한 것은 ① 교통구 : 쌍가마 · 명차 · 보교 · 사인교 · 독교 · 삿갓가마 · 남여, ② 운반구 : 걸채 및 발채 · 옹구 · 거지게 · 발구 · 달구지 · 지게 · 바소거리 · 망태기 · 주루막 · 다루깨 · 바구니 · 광주리 · 다래끼 · 종다래끼 등이다.[12]

5.3.1. 운반용 배

1. 돛단배

▲ 돛단배

삼면이 바다인 한반도에서 살아온 우리 민족은 일찍부터 배를 만들어 이용해 왔다. 삼국을 통일한 신라는 견당선(遣唐船)을 당나라에 파견하여 문물을 교환하였으며, 진도에는 청해진을 설치하고 동북아시아에 위세를 널리 시위하여 우리 민족의 기상을 선양하였다.[13]

고려는 초기부터 대형 세곡(稅穀)운반선인 조운선(漕運船)을 사용하였으며, 몽골과 더불어 각종 군선을 동원하여 일본 원정에도 나섰다.

조선왕조는 개국 초기부터 판옥선(板屋船)과 거북선(龜船)을 개발하여 임진왜란 등과 같은 국난을 타개하기도 하였다.

돛단배는 선체 위에 세운 돛에 바람을 받게 하여 풍력을 이용하여 진행하는 배로서 돛배라고도 한다. 그러나 범선이라고 해서 반드시 돛만을 가지는 것은 아니고 돛과 기관을 함께 갖추고 있는 것도 있는데, 이와 같은 선박을 기범선(機

12 교통 · 운반, 네이버 백과사전, http://100.naver.com/100.nhn?docid=726074

13 김인덕 · 서성호 · 노상학 · 오영선, 과학문화, 2004, 19쪽.

帆船)이라 하며, 이러한 기범선도 돛으로 바람에 의해 항진할 경우에는 항법상 범선과 동일한 취급을 받는다. 오늘날 소형어선 · 요트 등을 제외한 대부분의 범선은 돛과 보조용 동력기관을 갖춘 기범선이며, 순풍에만 돛을 이용하고, 그 외는 동력으로 항주(航走)한다.

5.3.2. 수레

충청남도 민속문화재 제14호인 세조대왕연(世祖大王輦)은 이동운송기술용구로, 연(輦)은 임금이 거둥할 때 타는 가마를 일컫는 것이고, 이 가마는 조선 세조가 마곡사에 올 때 타고 온 것이다. 4명이 들 수 있도록 한 긴 멜대 위에 화려한 조각으로 장식된 사각형의 몸체를 올리고 지붕을 덮은 모습이다. 오랜 세월이 지나면서 보관상태가 좋지 않아 파손된 부분도 있고 채색도 희미한데, 세월의 흐름을 고스란히 담고 있는 듯하다.

▲ 세조대왕연

5.4. 교역 · 사회생활

사회생활에 관한 것은 ① 상역구(商易具) : 되 · 말 · 저울 · 산판 · 자, ② 문방구 : 붓 · 먹 · 벼루 · 연적 · 문진 · 필통 · 지통이며, 신앙의례에 관한 것은 ① 무구(巫具) : 무복 · 무악기 · 무굿의기(儀器) · 무신도, ② 점복구(占卜具), ③ 불구(佛具), ④ 혼례용구 : 함 · 목안, ⑤ 상구(喪具) : 상여 · 요여 · 요령 · 관, ⑥ 제례용구 : 신주함 · 감실 · 제상 · 향로 · 향상 · 향합 · 제기이다.[14]

14 사회생활, 네이버 백과사전, http://100.naver.com/100.nhn?docid=726074

5.4.1. 계산용구

보물 제845호 앙부일구(仰釜日晷)는 계측교역기술용구로 세종 16년(1434)에 장영실, 이천, 김조 등이 만들었던 해시계로 시계판이 가마솥같이 오목하고, 이 솥이 하늘을 우러르고 있다고 해서 이런 이름을 붙였다. 이것은 둥근 지구 모양을 표현한 것이고 작은 크기로도 시각선, 계절선을 나타내는 데 효과적이다. 큰 것은 시계의 지름이 35.2cm, 높이가 14cm이고, 17세기 후반에 제작된 것이며, 작은 것은 시계의 지름이 24.3cm이며 18세기 전반에 제작되었다. 오목한 시계판에 세로선 7줄과 가로선 13줄을 그었는데 세로선은 시각선이고 가로선은 계절선이다. 해가 동쪽에서 떠서 서쪽으로 지면서 생기는 그림자가 시각선에 비추어 시간을 알 수 있다. 또 절기마다 태양의 고도가 달라지기 때문에 계절선에 나타나는 그림자 길이가 다른 것을 보고 24절기를 알 수 있다. 2개의 해시계는 작고 오목한 가마솥 모양에 네 발이 있는 우아한 모습을 가진 것으로 작풍과 제작기법이 같다. 청동으로 몸통을 만든 뒤, 검은 칠을 하고 글자와 선을 은상감으로 새겨 예술품으로도 손색이 없으며 정확한 수평을 잡기 위한 십자형의 다리가 있다. 조선시대의 대표적인 해시계이며, 과학 문화재로서도 가치가 큰 유물이다.

▲ 앙부일구

5.4.2. 계량구

▲ 수표

보물 제838호 서울 청계천 수표(서울 淸溪川 水標)는 계측교역기술용구이며, 조선 세종 때 강우량을 측정하기 위해 측우기를 만들고, 이 방법으로 하천의 수위를 측정기 위해 설치한 것이다. 한강변과 청계천 2곳에 설치하였는데 한강변의 것은 바윗돌에 직접 눈금을 새긴 것이고, 청계천의 것은 낮은 돌기둥 위에 나무기둥을 세운 형태였다.

그중 지금까지 남아 있는 청계천의 수표는 성종(재위 1469~1494) 때 돌기둥으로 개량한 것으로 높이 3m, 폭 20cm의 화강암 사각기둥으로 만들었다. 위에는 연꽃무늬가 새겨진 삿갓 모양의 머릿돌이 올려져 있고, 밑에는 직육면체의 초석이 땅속 깊이 박혀 있다. 돌기둥 양면에는 1척(21cm)마다 1척에서 10척까지 눈금을 새기고 3·6·9척에는 O표시를 하여 각각 갈수(渴水)·평수(平水)·대수(大水)라고 표시하였다. 6척 안팎의 물이 흐를 때가 보통 수위이고, 9척이 넘으면 위험 수위로 보아 하천의 범람을 예고하였다.

세종 때 나무 수표와 비교하면 촌·푼까지 정확하게 측정할 수 없는 점이 아쉽지만, 가뭄과 홍수를 미리 알 수 있어 실생활에 직접 이용된 한층 더 발전된 형태의 것이다.

보물 제1652호 통영측우대(統營測雨臺)는 계측교역기술용구로 수군통제영이 통영에 있을 때 설치했던 것으로 측우대 앞면 중앙에 '측우대(測雨臺)'라는 글자와 '신미 2월(辛未 二月)'이라고 명문(銘文)이 새겨져 있어서 1811년(조선 순조 11년) 또는 1871년(조선 고종 8년)에 만든 것으로 해석되고 있다. 명칭뿐만 아니라 제작연대가 확실하게 명기되어 있는 역사적 가치가 높은 귀한 과학유물 중 하나로 평가되었다.

▲ 통영측우대

▲ 경복궁풍기대(景福宮風旗臺)

둥근 받침돌 위에 사각기둥형 측우대가 설치되어 있으며 받침돌에는 금이 가 있으나 원형을 유지하고 있다. 현재 측우대 혹은 측우기가 실물로 남아 있는 것은 5개(측우대 4, 측우기 1)뿐이며, 이 측우대는 그 가운데 하나이다. 또한 받침돌까지 남아 있는 것은 이 측우대가 유일하다.

보물 제847호 경복궁풍기대(景福宮風旗臺)는 조선시대 바람의 세기와 방향을 재는 데 사용했던 것으로 풍기와 풍기대에 대한 내용을 '증보문헌비고'에서 찾아보면 화강암을 다듬어 아래에 상을 조각한 대를 놓고, 그 위에 구름무늬를 새긴 8각기둥을 세운 모습이다. 8각형 기둥의 맨 위의 중앙에는 깃대를 꽂는 구멍이 있고, 그 아래 기둥 옆으로 물이 고이지 않게 배수구멍을 뚫었다. 깃대 길이는 확실치 않고 깃대 끝에는 좁고 긴 깃발을 매어 그것이 날리는 방향으로 풍향을 재고 나부끼는 정도로 바람의 세기를 알 수 있었다.

5.4.3. 현판

경상남도 문화재자료 제311호인 벽오당현판(碧梧堂懸板)은 진주 향사당 내에 있던 벽오당 건물의 현판으로, 벽오당은 조선 초 하륜(1347~1416)에게 태종이 직접 내린 교서를 봉안하기 위해 마련한 건물이다.

이 현판은 가로 220cm, 세로 100cm의 크기이며, 송판 아홉 장을 연결하여 그 위에 돋을새김으로 오른쪽에서 왼쪽으로 '벽오당(碧梧堂)'이라 쓰여 있다. 이 현판을 달기 위하여 위쪽으로 3개의 구멍과 중간쯤에 2개의 구멍을 뚫어 두었다. 이로써 이 현판이 원래는 약간 숙이는 모양으로 달려 있었음을 알 수 있다. 이 현판의 글씨는 해서(楷書)로 되어 있다. 그리고 그 결구(結構)가 균형이 완벽할 정도로 빈틈이 없으며, 운필이 엄정하고 야무지면서도 전체적으로 넉넉한 여유가 느껴진다.

▲ 벽오당현판

현판에 아무런 기록이 없으므로 이 현판이 얼마나 오래된 것인지를 정확히 알 수는 없다. 그러나 옻칠을 하여 잘 보관된 이 현판은, 그 서체와 함께 역사적 정황으로 미루어보아 그 제작시기가 적어도 1578년과 1642년 사이일 것으로 추정된다.

이 현판은 진주 향사당 내의 '벽오당'이라는 건물의 존재를 확인해 주는 것일 뿐만 아니라, 현재 뚫려 있는 현판의 구멍을 통해서 현판이 어떻게 달려 있었는지도 알 수 있게 해주는 등 우리의 현판 문화를 이해할 수 있는 중요한 자료로 평가된다.

충청남도 문화재자료 제338호인 이심원충신정려현판(李深源忠臣旌閭懸板)은 조선 성종 때의 문신이자 세종의 둘째아들인 효령대군의 증손자 이심원(1454~1504)의 충절을 기리는 정려문(旌閭門)15에 내린 현판이다.

▲ 이심원충신정려현판

이심원은 김종직의 문인으로, 성질이 엄정하고 학문과 의술에 정통하였다. 성종 9년(1478) 주계부정에 제수된 후 성종 18년(1487) 과거에 장원으로 급제하여 정

15 충신, 효자, 열녀 등을 표창하기 위하여 붉은색으로 단장을 하고 그 액자에 충(忠) 또는 효(孝), 열(烈)과 함께 직함을 새겨 마을 입구나 그 집 문 앞에 세우는 문을 말한다.

의대부에 임명되었다. 고모부인 임사홍 부자의 간사한 사실을 알고 성종임금에게 임사홍을 중요한 자리에 쓰지 말 것을 다섯 차례나 상소로 올리기도 하였다. 하지만 이로 인해 연산군 10년(1504) 갑자사화 때 임사홍의 모함으로 두 아들과 함께 죽임을 당하였다.

중종 14년(1519) 조광조 · 정광필 등의 상소로 죄를 면하고, 주계군으로 증직되었다. 이후 홍록대부로 추증되어 그의 충절을 기리는 정려문이 세워졌다. 그의 이러한 행적을 '명신록, 삼강행실, 국고보감' 등의 책에 기록하여 학문과 충절을 돋보이도록 하였다. 저서로는 '성광유고'가 있다.

5.4.4. 점포

▲ 홍산객사

충청남도 유형문화재 제97호인 홍산객사(鴻山客舍)는 조선 헌종 2년(1836) 홍산군에 세운 객사 건물이다. 객사는 국왕의 전패를 모시고 초하루와 보름에 망궐례를 올리는 한편 왕명을 받들고 내려오는 중앙관리를 접대하고 유숙시키던 곳이다.

중앙에 정당이 있고 양쪽에 익실이 있다. 정당은 앞면 3칸 · 옆면 3칸의 규모이며, 지붕 옆면이 사람 인(人)자 모양인 맞배지붕집이다. 앞면은 문짝 없이 트였고 옆면과 뒷면은 벽을 둘러막았다. 내부는 통 칸으로 트인 넓은 대청마루이다.

조선(朝鮮) 헌종(憲宗) 2년(1836) 당시 군수(郡守) 김용근(金龍根)이 건립(建立)한 것으로 관청의 손님, 사신이 유숙(留宿)하던 건물이다. 객사건물로는 규모가 큰 편인데 중앙에 있는 정면 3칸, 측면 3칸의 정당(正堂)을 중심으로 정면 5칸, 측면 2칸의 동쪽 익실(翼室), 그리고 정면 3칸, 측면 2칸의 서쪽 익실이 붙어 있다. 정당은 앞에 문짝을 달지 않은 채 우물마루를 만들어 개방(開放)하였고, 옆과 뒷면은 회벽(灰壁)으로 막았다. 동익실도 앞을 개방하고 오른쪽 3칸은 대청(大廳)

으로 만들었으나 왼쪽은 온돌방으로 꾸몄다. 서익실도 동쪽과 같은 구조인데 온돌방 대신 마루방을 만들었다. 객사기에 보면 인부(人夫) 4,000여 명에 목수(木手) 20여 명이 5개월에 걸쳐 완성했으며, 민간인(民間人)의 기부금(寄附金)과 공금(公金)으로 충당하였다고 한다.

5.4.5. 감찰

보물 제574호 박만정 해서암행일기(朴萬鼎 海西暗行日記)는 조선조 문신인 박만정(1648~1717)이 숙종 22년(1696) 3월에 황해도 암행어사의 명을 받고 현지를 직접 돌아다니며 시찰한 65일간의 사실을 적은 기록이다.

박만정은 문과에 급제한 후 영광군수 등의 벼슬을 지낸 인물로 내용은 전문 61장 가운데 일기부분이 32장이고 임금에게 올리는 보고서인 서계단자가 19장, 박만정이 명을 따를 것에 대한 비변사의 의견을 기록한 것이 4장, 그 밖에 암행어사와 관계없는 신상에 관한 것을 기록한 부분이 6장으로 되어 있다.

이것은 당시 국민생활의 빈곤, 관료들의 일선행정실태 등을 서술한 것으로 조선 후기 사회 및 행정사료로 귀중할 뿐만 아니라, 조선의 특수제도인 암행어사의 활동상 실태를 이해하는 데 매우 귀중한 자료이다.

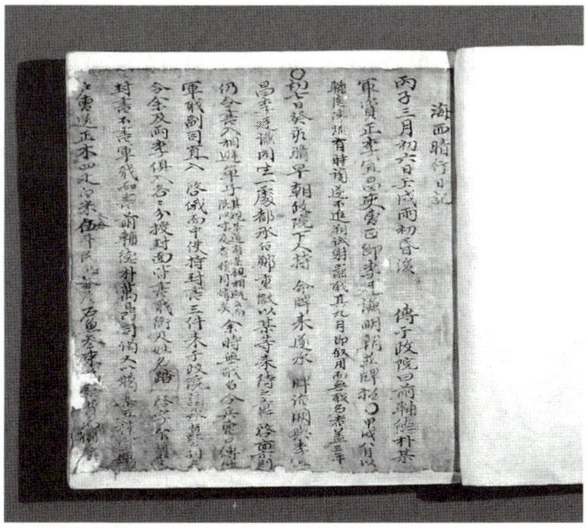
▲ 해서암행일기

▲ 박문수초상

5.4.6. 화폐

엽전(葉錢)문양은 좋은 징조, 악귀 막이를 의미한다. 조선시대에는 길조를 뜻하는 말을 새긴 별전이라는 엽전을 만들어 또한 상평통보(常平通寶)는 동전에 항상 평화롭다는 뜻의 상평(常平)을 새겼기 때문에 붙여진 이름이다.

'엽전'은 우리나라에서만 사용하는 한자어로 놋쇠로 만든 옛날 돈을 가리킨다. 잎(葉)같이 둥글고 납작한 돈(錢)이라 하여 엽전(葉錢)이라 한다. 엽전은 둥글납작하며 가운데 네모진 구멍이 있는데, 이로 인해 '공방형(孔方兄)' 또는 '공방'이라 한다.

고려 성종 15년에 만들어진 건원중보(乾元重寶)가 최초의 동전인데, 널리 이용되지는 않았다. 숙정 2년에 대각국사 의천이 동전의 모양을 "밖의 둥근 것은 하늘을 본뜨고, 안의 네모난 것은 땅을 본뜬 것으로, 만물을 하늘이 덮고 땅이 받쳐 사라지지 않는 원리를 구현한다"고 하며 왕에게 청하여 해동통보(海東通寶)를 만들게 했다.[16]

5.5. 신앙

신앙의례에 관한 것으로 ① 무구(巫具) : 무복 · 무악기 · 무굿의기(儀器) · 무신도, ② 점복구(占卜具), ③ 불구(佛具), ④ 혼례용구 : 함 · 목안, ⑤ 상구(喪具) : 상여 · 요여 · 요령 · 관, ⑥ 제례용구 : 신주함 · 감실 · 제상 · 향로 · 향상 · 향합 · 제기 등이다.[17]

장승의 기원은 남근숭배(男根崇拜)에서 유래되었다는 설과, 사찰의 경계표에서 나온 것이라는 장생고표지설(長生庫標識說), 솟대 · 선돌 · 서낭당에서 유래된

16 엽전, 장영도, 경북문화신문.
17 민구의 종류, 네이버 백과사전, http://100.naver.com/100.nhn?docid=726074

것이라는 고유민속기원설이 있으며 또한 퉁구스기원설 · 남방벼농사기원설 · 환태평양기원설 등과 같은 비교민속기원설 등이 있다.

5.5.1. 장승

장승은 마을의 대표적인 공동체 신앙물로서 마을 입구에서 마을로 들어오는 온갖 것들을 감시하고 검열하여서 나쁜 것, 사한 것들의 출입을 막는 역할을 한다. 즉 민간신앙의 한 형태로 마을 입구나 길가에 세운 목상이나 석상이다. 마을의 수문신 · 수호신 · 경계표 · 이정표 등의 구실을 하며, 전국적으로 분포되어 있다.

장승은 동제(洞祭)의 주신 또는 하위 신으로서 신앙의 대상이며, 솟대 · 돌무더기 · 신목(神木) · 서낭당 · 선돌 등과 함께 동제복합문화를 이루고 있다. 신라시대 이후 고려 · 조선시대에 걸쳐 장승의 다양한 명칭이 문헌에 전하고 있으며 또 지역에 따라 다르게 전승되고 있다. 그러나 일반적으로 장승 · 장성 · 장신으로 부르는 곳이 많고 그 다음은 벅수 · 벅시 등으로 불린다.

사용된 재료에 따라 목장승과 석장승, 그리고 복합장승으로 분류된다. 또한 위치에 따라 동제당(洞祭堂)에 세워진 마을장승과 사찰 입구에 세워진 사찰장승, 그리고 경계나 성문 · 병영 · 해창(海倉) · 관로(官路) 등에 있는 공공장승으로 구분된다.

5.5.2. 솟대

신앙의 대상으로 세우는 장간(長竿)을 솟대라고 한다. 지역이나 목적에 따라 소줏대 · 표줏대 · 솔대 · 거릿대 · 수살목 · 서낭대 등 여러 가지 명칭이 있다. 형태도 다양하여 일시적인 것이나 영구적인 것, 가정이나 개인신앙의 대상에서 촌락 또는 지역을 위한 것이 있다.

1. 솟대의 유형

1유형	대개 풍년을 빌기 위해 정월에 세우는 것으로, 흔히 '볏가릿대(禾竿)'라 불리는 것과 바람신을 모시는 의미에서 부엌에 신간을 세워두었다가 신이 승천함과 동시에 없애는 풍속인 '영동할머니'의 신체인 신간이 있다.
2유형	특별히 관직에 있는 사람이거나 마을에서 공동으로 세우는 것이다. 일단 세운 다음에는 영구성을 가지는 것으로 썩어서 쓰러지면 새로운 것을 세운다. 세울 때는 물론이고 마을에서는 매년 동제를 지낸다. 이는 마을수호신의 하나이고 마을을 수호하여 주는 신체이기도 하며, 또 성역의 상징이기도 하다.
3유형	과거에 급제한 사람이 자기의 과시와 가문의 행운을 빌기 위하여 세우는 것이다. 이를 화주라고 하는데 예로는 돌기둥으로 만들어 세우기 때문에 화주라 하지만, 이것을 솟대라고 부르는 지역도 있다. 형태를 보면 농기(農旗)모양으로 꿩털이나 볏짚을 꼭대기에 장식하고 헝겊을 둘러 만든 것이나, 꼭대기에 용을 그리거나 새겨서 붉은 칠을 한 것이 있다.

2. 솟대와 장승의 공통점

솟대가 수호신의 상징이라는 점과 성역의 상징 또는 경계나 이정표 표시 등의 기능이 있는 것은 장승과 마찬가지이다. 독살은 어살 가운데 하나로 해안가에서 고기를 잡는 방법으로 돌을 이용한 것이다.

5.5.3. 제사구

▲ 강진김해김씨가상여

광주광역시 민속문화재 제4호인 강진김해김씨가상여(康津金海金氏家喪輿)는 의례용구로 분류된다. 강진김씨 김용현의 시신을 장지까지 운반하기 위해 제작된 기구로, 당시 2,000석 지기였던 그의 아들이 서울에서 목재를 사오고, 중국에서 공단과 실을 수입하여 만든 것이라 전한다. 가문에서 3대째 대물림하여 사용하던 것을 그의 증손자인 김현장이 1971년 광주시립박물관에 기증함으로써 이곳에 보존되고 있다.

개화기 이후 서민층에 대한 문화적 규제가 사라지면서 제작된 문화유산 중 하나로, 부유층의 화려하고도 호화로운 장례문화의 한 면을 엿볼 수 있다. 부속자료로는 위패(혼백과 죽은 이의 이름을 적은 패)를 모셔 나르는 요여(腰輿), 운삽(발인할 때 상여 앞뒤로 배치되는 구름무늬를 그린 부채모양의 널빤지), 불삽(발인할 때 상여 앞뒤로 배치되는 '弓'자가 서로 등진 모양을 그린 널빤지)이 남아 있다.

경상남도 문화재자료 제474호인 함양 하륜 부조묘 소장 향로 및 향합(咸陽 河崙 不祧廟 所藏 香爐 및 香盒)은 조선시대에 사용된 것으로 파악된다.

▲ 함양 하륜 부조묘 소장 향로 및 향합

5.5.4. 법회구(法會具)

법회구는 불경 또는 불교의 교리를 설하는 종교의식 행사에서 사용되는 도구를 일컫는다. 승려와 신도가 한곳에 모여 불사(佛事)를 하는 모임에 사용되는 모든 것을 말하며 불법(佛法)에 관계되는 법사(法事)·불사(佛事)·재회(齋會)·법요(法要) 등을 행할 때 필요한 물품을 뜻한다.[18]

18 법회, 한국민족문화대백과사전, 한국학중앙연구원.

▲ 통도사 동종

▲ 산청대원사강희신사명반자

보물 제11-6호 통도사 동종(通度寺 銅鍾)은 조선 숙종 12년(1686) 경기도와 경상도 지역에서 활동한 승려인 사인비구에 의해서 만들어진 조선시대 종이다.

사인비구는 18세기의 뛰어난 승려이자 장인으로 전통적인 신라 종의 제조기법에 독창성을 합친 종을 만들었다. 현재 그의 작품 8구가 서로 다른 특징을 보이며 전해지고 있다.

경상남도 유형문화재 제362호 산청대원사강희신사명반자(山淸大源寺康熙辛巳銘飯子)를 설명하면, 반자란 절에서 사용하는 금속으로 만든 일종의 타악기이다. 금고 또는 금구라고도 하며 절에서 대중을 불러 모으거나, 급한 일을 알리는 데 사용한 도구이다.

이 반자는 바깥지름 62cm, 안지름 37cm, 너비 15cm로, 둘레 가장자리 일부분이 결실되었으나 지금도 사용되고 있다.

표면에 문양은 없으며 세 개의 돌출된 선이 동심원을 그리고 있다. 속은 비어 있는 통식(通式)을 따랐으며, 옆면 역시 세 개의 돌출된 선이 둘러져 있다. 중앙의 선 위로는 고리가 2개 있어 매달 수 있게 되어 있다.

안쪽 면에 있는 글로 미루어보아 조선 숙종 27년(1701)에 제작되었음을 알 수 있는 가치 있는 자료이다.

부산광역시 문화재자료 제26호인 범어사 바라(梵魚寺 바라)는 불교의식구의 하나로 바라춤을 출 때, 향을 공양할 때, 불경을 열람할 때, 설법이나 큰 집회를 행할 때, 장례의식을 할 때, 새 주지를 맞이할 때 등 불교의식 시에 사용하는 타악기의 일종이다.

범어사 바라는 놋쇠를 두들겨 제작한 방자유기(方字鍮器)인데, 전체적인 형태는 외반(外反)된 입이 다시 만곡(彎曲)되다가 가운데를 움푹 들어가게 하여 그곳

▲ 범어사 바라

에 끈을 달기 위한 구멍이 나 있으며, 마치 접시모양으로 생겼다.

한쪽 바라의 내면에 "을해연월일 □□70량(乙亥年月日 □□七十兩)"이라는 조성연도의 간지(干支)와 시주자로 추정되는 묵서(墨書) 명문(銘文)이 있다. 조성연대가 조선 후기로 추정되며 방자유기의 제작기법이 그대로 살아 있는 중요한 자료이다.

▲ 상원사 동종

국보 제36호 상원사 동종(上院寺銅鍾)은 오대산 상원사에 있는 동종으로 신라 성덕왕 24년(725)에 만들어졌다. 경주 성덕대왕신종(국보 제29호)과 더불어 우리나라에 남아 있는 완형의 통일신라시대 범종 3구 중 하나이며, 크기는 높이 167cm, 입지름 91cm이다.

이 종의 맨 위에는 큰 머리에 굳센 발톱의 용이 고리를 이루고 있고, 소리의 울림을 도와주는 음통(音筒)이 연꽃과 덩굴무늬로 장식되어 있다. 종 몸체의 아래 위에 있는 넓은 띠와 사각형의 유곽은 구슬장식으로 테두리를 하고 그 안쪽에 덩굴을 새긴 다음 드문드문 1~4구의 악기를 연주하는 주악상(奏樂像)을 두었다. 네 곳의 유곽 안에는 연꽃 모양의 유두를 9개씩 두었다. 그 밑으로 마주보는 2곳에 구름 위에서 무릎 꿇고 하늘을 날며 악기를 연주하는 비천상(飛天像)을 새겼다. 비천상 사이에는 종을 치는 부분인 당좌(撞座)를 구슬과 연꽃무늬로 장식하였다.

이 종은 조각수법이 뛰어나며 종 몸체의 아래와 위의 끝부분이 안으로 좁혀지는 고풍스런 모습을 하고 있다. 또한, 우리나라에 현존하는 종 가운데 가장 오래되고 아름다운 것으로 한국 종의 고유한 특색을 모두 갖추고 있다.

현존(現存)하는 한국 종(韓國鍾) 중에서 가장 오래되고 아름다운 이 종은 신라(新羅) 성덕왕(聖德王) 24년(725)에 조성(造成)되어 조선(朝鮮) 예종(睿宗) 원년(元

年)(1469)에 상원사(上院寺)에 옮겨진 것으로, 한국 종의 고유한 특색을 모두 갖춘 대표적인 범종(梵鍾)이다.

상원사 종에 보이는 음통, 안으로 오므라든 종신형, 상대 · 하대, 네 곳에 있는 유곽의 구조적인 특징은 한국 종의 전형(典型)이 되어, 양식적인 변천과정을 거치면서 이후의 모든 종에 계승된다.

〈그림 5-1〉 **한국 범종의 구조와 명칭**

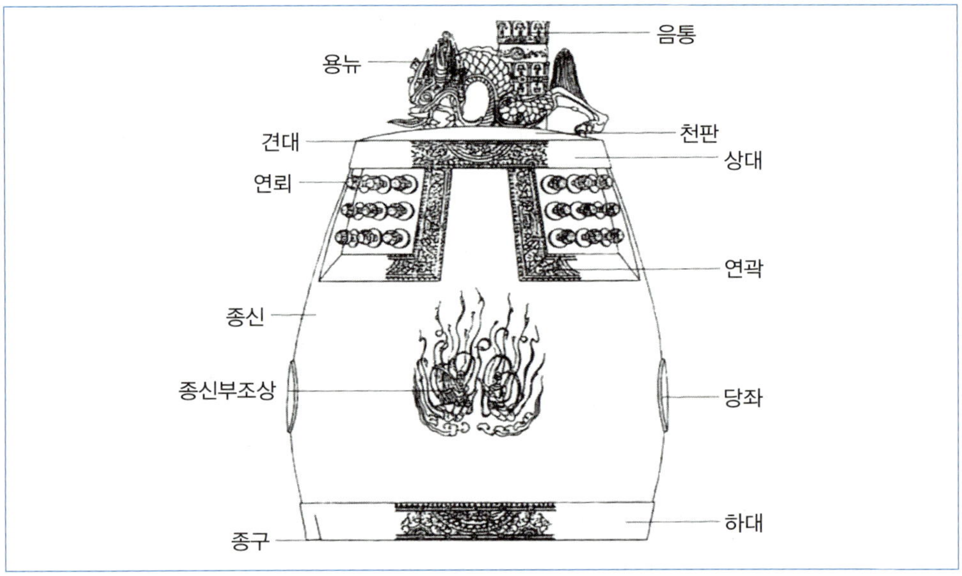

5.6. 민속예능 · 오락 · 유희

연희 · 놀이에 관한 것은 ① 연희구 : 탈 · 탈놀이 의상 · 꼭두각시놀음 인형, ② 악기 : 대금 · 퉁소 · 단소 · 피리 · 호적 · 나팔 · 소라 · 가야금 · 거문고 · 해금 · 아쟁 · 양금 · 비파 · 북 · 장고 · 징 · 꽹과리 · 제금, ③ 놀이기구 : 바둑 · 장기 · 쌍륙 · 윷 · 윷판 · 승경도 · 유객환(留客環) · 윤목 · 팽이 · 제기 · 연 · 얼레 · 줄다리기줄 · 목우(木牛) · 고싸움놀이고 · 차점놀이차 · 투전 · 마작 · 골패 등이다.[19]

5.7. 중요민속자료

대한민국의 중요민속자료는 대한민국에서 의식주, 사회생활, 민속, 신앙 등의 일상생활에서 사용되는 것 가운데 상대적으로 중요하다고 생각되는 것이다.

1962년 1월부터 시행한 문화재보호법에 의해 '민속자료'라고 규정하고, 민속자료 중에서 중요한 것을 국가가 '중요민속자료'로 지정하였다.[20]

5.7.1. 중요민속자료 목록

아래에 중요민속자료를 지정번호, 등록명, 소재지 순으로 약 260호 정도의 목록으로 정리하였다.

1. 제1호~제50호

1호	덕온공주당의 : 서울시 용산구 한남동
2호	심동신금관조복
2-1호	금관
2-2호	조복
2-3호	적상
2-4호	청초의
2-5호	운학금환완
2-6호	패옥
2-7호	서대
2-8호	홀 : 서울시 용산구 한남동
3호	광해군내외 및 상궁옷

19 연희 · 놀이, 네이버 백과사전, http://100.naver.com/100.nhn?docid=726074
20 중요민속자료, 네이버 백과사전, http://100.naver.com/100.nhn?docid=141781

3-1호	담청색직령
3-2호	백삼
3-3호	홍삼
3-4호	자주저고리 : 경상남도 합천군 해인사
4호	외제이단하 내외분 옷
4-1호	중치막
4-2호	대례복
4-3호	누비저고리
4-4호	봉대
4-5호	도투락댕기
4-6호	다래
4-7호	용잠 : 강원도 정선군 임계면
5호	강릉 선교장
5-1호	열화당
5-2호	안채
5-3호	동별당
5-4호	활래정 : 강원도 강릉시 운정동
6호	사영김병기일가옷
6-1호	조복
6-2호	구군복
6-3호	전복
6-4호	소례복
6-5호	제복
6-6호	배자
6-7호	대례복(남)
6-8호	대례복(여) : 서울시 성북구 고려대학교
7호	충무시문화동벽수 : 경상남도 통영시 문화동

8호	구례운조루 : 전라남도 구례군 토지면
9호	삼덕리마을제당
9-1호	장군신도
9-2호	대목마
9-3호	벅수 : 경상남도 통영시 산양읍
10호	창녕하병수씨가옥 : 경상남도 창녕군 창녕읍
11호	나주불회사석장승 : 전라남도 나주시 다도면
12호	나주운흥사석장승 : 전라남도 나주시 다도면
13호	경산정원용의대
13-1호	조복
13-2호	상
13-3호	후수
13-4호	패옥
13-5호	홀
13-6호	청초의
13-7호	대례복
13-8호	구군복
13-9호	전복
13-10호	제복
13-11호	구군복대
13-12호	술
13-13호	장도
13-14호	호패 : 서울시 종로구 국립민속박물관
14호	고창오거리당산
14-1호	중앙동할아버지당
14-2호	중거리할아버지당
14-3호	하거리할아버지당 : 전라북도 고창군 고창읍

15호	남원실상사석장승 : 전라북도 남원시 산내면
16호	방상씨탈 : 서울시 용산구 국립중앙박물관
17호	국사당의 무신도
17–1호	아태조
17–2호	강씨부인
17–3호	호구아씨
17–4호	용왕대신
17–5호	산신님
17–6호	창부씨
17–7호	신장님
17–8호	무학대사
17–9호	곽곽선생
17–10호	단군
17–11호	삼불제석
17–12호	나옹님
17–13호	칠성님
17–14호	군웅대신
17–15호	금성님
17–16호	민중전
17–17호	최영장군
17–18호	명도 : 서울시 종로구 무악동
18호	부안서문안당산
18–1호	할아버지당
18–2호	할머니당
18–3호	상원주장군
18–4호	하원당장군 : 전라북도 부안군 부안읍
19호	부안동문안당산

19-1호	당산
19-2호	상원주장군
19-3호	하원당장군 : 전라북도 부안군 부안읍
20호	남원서천리당산
20-1호	방어대장군
20-2호	진서대장군 : 전라북도 남원시 운봉면
21호	남이흥장군일가유품
21-1호	구의(상, 하)
21-2호	답호
21-3호	호패
21-4호	가족호패
21-5호	고문서
21-5-1호	급제교지
21-5-2호	교서
21-5-3호	진무공신교서
21-5-4호	교서
21-5-5호	추증교지
21-5-6호	교서
21-5-7호	교서
21-5-8호	별급문기
21-5-9호	별급문기
21-5-10호	하회문기
21-5-11호	하회문기
21-5-12호	별급문기
21-5-13호	허여문기
21-6호	남이흥장군영정
21-7-1호	단서함

21-7-2호	지휘봉
21-7-3호	화살통과 화살
21-7-4호	남여
21-7-5호	요여
21-7-6호	충정공내외관
21-7-7호	정경부인정씨내외관
21-7-8호	궁대
21-7-9호	시복
21-7-10호	광대
21-8-1호	명주겹답호1
21-8-2호	명주겹답호2
21-8-3호	명주겹철릭1
21-8-4호	명주겹철릭2
21-8-5호	명주겹철릭3
21-8-6호	명주겹장옷 : 충청남도 당진군 대호지면
22호	(지정해제) 윤증가의 유품
22-1호	상투관
22-2호	빗
22-3호	빗치개
22-4호	산쩍밀이
22-5호	신(기일)
22-6호	신(기이)
22-7호	합죽선
22-8호	백목화
22-9호	월자
22-10호	첩지
22-11호	비녀

22-12-1호 영당기적(지정해제)
22-12-2호 윤증초상(지정해제)
22-12-3호 명재선생유상
22-12-4호 초상초본
22-12-5호 역대군신도상첩
22-13-1호 인장
22-13-2호 벼루
22-13-3호 치미추
22-13-4호 혼천의
22-13-5호 해시계
22-14호 아얌 : 충청남도 논산시 노성면
23호 월성손동만씨가옥
23-1호 행랑채
23-2호 사랑채
23-3호 안채
23-4호 사당 : 경상북도 경주시 강동면
24호 영천정재영씨가옥 및 산수정
24-1호 행랑채
24-2호 사랑채
24-3호 안채
24-4호 사당
24-5호 산수정 : 경상북도 영천시 임고면
(지정해제) 의성김동주씨가옥
25-1호 행랑채
25-2호 사랑채
25-3호 중사랑채
25-4호 안채

25-5호	사당 : 경상북도 의성군 단촌면
26호	정읍김동수씨가옥
26-1호	바깥행랑채
26-2호	사랑채
26-3호	안행랑채
26-4호	안채
26-5호	안사랑채
26-6호	사랑
26-7호	호지집 : 전라북도 정읍시 산외면
27호	경주최식씨가옥
27-1호	문간채
27-2호	고방채
27-3호	안채
27-4호	사당 : 경상북도 경주시 교동
28호	인왕산국사당 : 서울시 종로구 무악동
29호	사명대사의 금란가사와 장삼 : 경상남도 밀양시 단장면
30호	보부상유품
30-1호	부여홍산유품(1)
30-1-1호	촉작대
30-1-2호	영위의인
30-1-3호	반수의인
30-1-4호	장무원의인
30-1-5호	장무원의인
30-1-6호	신표
30-1-7호	비변사완문
30-2호	예산덕산유품(2)
30-2-1호	인

30-2-2호	충청남도예당상무지사
30-2-3호	상무사충청남도예산군지부
30-2-4호	상무사충청남도예산군지부
30-2-5호	영위의 직인
30-2-6호	반수의 직인
30-2-7호	접장의 직인
30-2-8호	인통
30-2-9호	청사촉롱철구
30-2-10호	공문
30-2-11호	예산임방절목부한성부완문
30-2-12호	임소좌목
30-2-13호	예산임소좌목
30-2-14호	선생안
30-2-15호	의정부완문
30-2-16호	보상선생안
30-2-17호	예덕면당사읍임소소임안
30-2-18호	예산임소좌목
30-2-19호	예산보상임소좌목
30-2-20호	예산보상임소좌목
30-2-21호	예산보상임소좌목
30-2-22호	덕산본소임방좌목
30-2-23호	예산본방장내좌목
30-2-24호	덕산본방장내좌목
30-2-25호	선생안
30-2-26호	절목
30-3호	부여임천유품(3)
30-3-1호	인궤

30-3-2호	봉도기
30-3-3호	인장
30-3-4호	관련문서
30-3-5호	차정
30-3-6호	소지
30-3-7호	전령
30-3-8호	통문
30-3-9호	곡적(필사본)
30-4호	원홍주육군상무사유품(4)
30-4-1호	청금록
30-4-2호	선생안
30-4-3호	선생선안
30-4-4호	상리국서문 : 충청남도 및 경상남도 일대
31호	남은들상여 : 충청남도 예산군 덕산면
32호	제주애월말방아
32-1호	잣동리말방아
32-2호	당거리동네말방아 : 제주도 제주시 애월읍
33호	삼척신리소재 너와집 및 민속유물
33-1호	물레방아
33-2호	통방아
33-3호	채독
33-4호	나무통(김치통)
33-5호	화티(화투)
33-6호	살티(살피)
33-7호	창
33-8호	코클
33-9호	주루막

33-10호	너와집 : 강원도 삼척시 도계읍
34호	경주탑동김헌용고가옥 : 경상북도 경주시 탑동
35호	각궁 : 서울시 종로구 사직동
36호	정충신장군유품
36-1호	영정
36-2호	갑옷
36-3호	서군사명기
36-4호	향로
36-5호	향합 : 충청남도 서산시 지곡면
37호	학성이천기일가묘출토복식
37-1호	광다회대
37-2호	면포솜소모자, 명주솜소모자
37-3호	난봉화문단겹장옷
37-4호	면포솜장옷
37-5호	옷감
37-6호	명주솜누비치마
37-7호	면포솜버선
37-8호	면포홑치마 : 울산시 남구 신정동
38호	정공청유품
38-1호	투구
38-2호	갑옷
38-3호	장갑
38-4호	혁대
38-5호	도검
38-6호	화살 : 경상북도 경주시 평동
39호	고창신재효고택 : 전라북도 고창군 고창읍
40호	홍극가묘출토복식

40-1호	중치막
40-2호	도포
40-3호	바지
40-4호	버선 : 경상북도 안동시 안동대학교
41호	운봉수향낭 : 서울시 강남구 사전자수박물관
42호	일월수다라니주머니 : 서울시 강남구 사전자수박물관
43호	오조룡왕비보 : 서울시 강남구 사전자수박물관
44호	전고종익선관 : 서울시 광진구 세종대학교
45호	전고종갓 : 서울시 광진구 세종대학교
46호	전고종패옥 : 서울시 광진구 세종대학교
47호	별전괴불(17족) : 서울시 광진구 세종대학교
48호	동궁비원삼 : 서울시 광진구 세종대학교
49호	전황후황원삼 : 서울시 광진구 세종대학교
50호	옥색명주장옷 : 서울시 광진구 세종대학교

2. 제51호~제100호

51호	청색숙고사장옷 : 서울시 광진구 세종대학교
52호	광화당원삼 : 서울시 광진구 세종대학교
53호	토황색명주저고리 : 서울시 광진구 세종대학교
54호	황후적의 : 서울시 광진구 세종대학교
55호	황후청석 : 서울시 광진구 세종대학교
56호	수복칠보석류문황갈단당의 : 서울시 광진구 세종대학교
57호	수복칠보석류보상화문황갈단당의 : 서울시 광진구 세종대학교
58호	곤룡포부용문보 : 서울시 광진구 세종대학교
59호	십장생수이층롱 : 서울시 용산구 청파동
60호	초충수병(4폭) : 서울시 용산구 청파동

61호 청초중단 : 서울시 서대문구 이화여자대학교박물관

62호 적초의 : 서울시 서대문구 이화여자대학교박물관

63호 왕비록원삼 : 서울시 서대문구 이화여자대학교박물관

(지정해제) 자수요와 이불 : 서울시 서대문구 이화여자대학교 박물관

65호 흥선대원군기린흉배 : 서울시 용산구 국립중앙박물관

66호 구장복 : 서울시 용산구 국립중앙박물관

67호 적의본 및 폐슬본 : 서울시 용산구 국립중앙박물관

68호 성읍조일훈가옥 : 제주특별자치도 서귀포시 표선면

69호 성읍고평오가옥 : 제주특별자치도 서귀포시 표선면

70호 성읍이영숙가옥 : 제주특별자치도 서귀포시 표선면

71호 성읍한봉일가옥 : 제주특별자치도 서귀포시 표선면

72호 성읍고상은가옥 : 제주특별자치도 서귀포시 표선면

73호 양동낙선당 : 경상북도 경주시 강동면

74호 양동이원봉가옥 : 경상북도 경주시 강동면

75호 양동이원용가옥 : 경상북도 경주시 강동면

76호 양동이동기가옥 : 경상북도 경주시 강동면

77호 양동이희태가옥 : 경상북도 경주시 강동면

78호 양동수졸당 : 경상북도 경주시 강동면

79호 양동이향정 : 경상북도 경주시 강동면

80호 양동수운정 : 경상북도 경주시 강동면

81호 양동심수정 : 경상북도 경주시 강동면

82호 양동안락정 : 경상북도 경주시 강동면

83호 양동강학당 : 경상북도 경주시 강동면

84호 하회북촌택 : 경상북도 안동시 풍천면

85호 하회원지정사 : 경상북도 안동시 풍천면

86호 하회빈연정사 : 경상북도 안동시 풍천면

87호 하회유시주가옥 : 경상북도 안동시 풍천면
88호 하회옥연정사 : 경상북도 안동시 풍천면
89호 하회겸암정사 : 경상북도 안동시 풍천면
90호 하회남촌택 : 경상북도 안동시 풍천면
91호 하회주일재 : 경상북도 안동시 풍천면
92호 낙안성박의준가옥 : 전라남도 순천시 낙안면
93호 낙안성양규철가옥 : 전라남도 순천시 낙안면
94호 낙안성이한호가옥 : 전라남도 순천시 낙안면
95호 낙안성김대자가옥 : 전라남도 순천시 낙안면
96호 낙안성주두열가옥 : 전라남도 순천시 낙안면
97호 낙안성최창우가옥 : 전라남도 순천시 낙안면
98호 낙안성최선준가옥 : 전라남도 순천시 낙안면
99호 낙안성김소아가옥 : 전라남도 순천시 낙안면
100호 낙안성곽형두가옥 : 전라남도 순천시 낙안면

3. 제101호~제150호

101호 순창충신리석장승 : 전라북도 순창군 순창읍
102호 순창남계리석장승 : 전라북도 순창군 순창읍
103호 전왕비당의 : 서울시 광진구 세종대학교
104호 묘동박엽씨가옥
104-1호 별당(하엽정)
104-2호 곳간
104-3호 안채
104-4호 사랑채(삼가헌)
104-5호 곳간
104-6호 대문채 : 대구시 달성군 하빈면

105호 해평최상학씨가옥
105-1호 안채
105-2호 사랑채 : 경상북도 구미시 해평면
106호 청도운강고택 및 만화정
106-1호 고택
106-1-1호 대문간채
106-1-2호 사랑채
106-1-3호 중사랑채
106-1-4호 안채
106-1-5호 고방채〈1〉
106-1-6호 고방채〈2〉
106-1-7호 고방채〈3〉
106-1-8호 행랑채
106-1-9호 사당채
106-2호 만화정
106-2-1호 만화정
106-2-2호 행랑채
106-2-3호 하당
106-2-4호 고방 : 경상북도 청도군 금천면
107호 영천정용준씨가옥
107-1호 일심당
107-2호 동서협실
107-3호 사랑채
107-4호 행랑채
107-5호 연정 및 연못 : 경상북도 영천시 임고면
108호 영양서석지
108-1호 경정

108–2호	주일재 및 서석지 : 경상북도 영양군 입암면
109호	청주출토순천김씨의복 및 간찰
109–1호	의상류
109–1–1호	겹누비철릭
109–1–2호	겹누비바지
109–1–3호	겹회장저고리
109–1–4호	직령두루마기
109–1–5호	토시
109–1–6호	목면겹저고리
109–1–7호	모시치마
109–1–8호	모시철릭
109–1–9호	베적삼
109–2호	종이류
109–2–1호	서간문
109–2–2호	만장
109–3호	금속류
109–3–1호	은장도
109–4호	기타류
109–4–1호	돗자리
109–4–2호	목관
109–4–3호	표주박 : 충청북도 청주시 충청북도대학교박물관
110호	전박신용장군의대
110–1호	관복
110–2호	청철릭
110–3호	홍철릭
110–4호	전복 : 충청남도 부여군 국립부여박물관
111호	김덕령장군의복

111-1호 저고리
111-2호 백저철릭
111-3호 동철릭
111-4호 백무명겹유직령포
111-5호 백무명겹납의직령포
111-6호 백무명납의직령포
111-7호 명주직령포
111-8호 겹유고 : 광주시 북구 금곡동
112호 장흥임씨묘출토복식
112-1호 무명솜누비저고리
112-2호 무명홑적삼
112-3호 무명홑철릭
112-4호 솜누비포
112-5호 무명솜바지
112-6호 무명홑바지
112-7호 머리싸개
112-8호 멱목
112-9호 소매
112-10호 교포
112-11호 솜이불
112-12호 솜버선
112-13호 미투리 : 광주시 북구 광주시립민속박물관
113호 고대박물관소장 홍진종의복
113-1호 명주창의
113-2호 명주누비창의
113-3호 착수납의창의
113-4호 명주납의창의

113-5호	명주납의중치막
113-6호	심의
113-7호	답호
113-8호	목면납의고
113-9호	명주납의고 : 서울시 성북구 고려대학교도서관
114호	과천출토광주이씨의복
114-1호	포도동자문단직김대란적건
114-2호	소저적삼
114-3호	청세면납의직령겹액주음포
114-4호	겹유저고리
114-5호	겹유직령포
114-6호	청면주음포
114-7호	직면삼회장저고리
114-8호	명주모단문삼회장겹저고리
114-9호	겹유적건
114-10호	목겹버선
114-11호	악수
114-12호	명목
114-13호	습리
114-14호	널이불 : 서울시 용산구 석주선기념박물관
115호	이형부인동래정씨의복
115-1호	백목면납의상
115-2호	명주납의상
115-3호	명주납의직령포
115-4호	내친상 : 전라북도 전주시 덕진구 송촌동
116호	청원구례손씨묘출토유물
116-1호	남명주솜저고리

116-2호	소색면단속곳
116-3호	적삼
116-4호	겹솜바지
116-5호	겹솜치마
116-6호	겹솜회장저고리
116-7호	명목
116-8호	누비창의
116-9호	이불
116-10호	겹유직령포
116-11호	감투
116-12호	염수 : 충청북도 청주시 충청북도대학교박물관
117호	청원전박장군출토유물
117-1호	후곡리소색명주삼수저고리
117-2호	남색명주누비겹유저고리
117-3호	소색명주누비겹유저고리
117-4호	소색명주겹유저고리
117-5호	남색명주겹유저고리
117-6호	갈색명주겹유저고리
117-7호	소색명주겹유저고리
117-8호	갈색목단문단겹당저고리
117-9호	갈색운문단겹당저고리
117-10호	아청색소화당초문단겹당저고리
117-11호	소색무명적삼
117-12호	소색삼베관복(단령)
117-13호	소색무명겹창의
117-14호	청색무명겹창의
117-15호	아청색무명겹유직령포

117-16호　소색무명도포
117-17호　소색명주누비동방형포
117-18호　농갈색무명직령포
117-19호　소색무명겹유창의
117-20호　청색무명겹유고
117-21호　소색무명겹유바지
117-22호　소색명주겹유누비상(내작무명)
117-23호　진갈색목단당초문단겹치마
117-24호　소색명주겹유치마
117-25호　소색무명홑이불
117-26호　농갈색무명천금
117-27호　소색명주명목
117-28호　세조대
117-29호　소색명주악수
117-30호　소색견편직모자
117-31호　상투
117-32호　소색명주감투
117-33호　갈색명주감투 : 충청북도 청주시 충청북도대학교박물관
118호　중원김위묘출토유물
118-1호　삼베적삼
118-2호　명주겹직령관복
118-3호　자색명주철릭
118-4호　무명잔누비창의
118-5호　무명누비속곳
118-6호　명주누비속곳
118-7호　갈색겹누비창의
118-8호　무명솜버선

118-9호 명주겹유창의
118-10호 명주홑철릭
118-11호 명주누비창의
118-12호 명주천금
118-13호 무명누비솜속곳
118-14호 명주겹철릭
118-15호 명주솜직령포
118-16호 관복(단령) : 충청북도 청주시 충청북도대학교박물관
119호 병와이형상유품
119-1호 인장
119-2호 호패
119-3호 거문고
119-4호 홀
119-5호 옥피리
119-6호 칼
119-7호 포주박
119-8호 벼루
119-9호 추구통
119-10호 화살
119-11호 입영
119-12호 관자 : 경상북도 영천시 성내동
120호 청풍부원군상여
120-1호 상여
120-2호 요여
120-3호 명정대
120-4호 만장대 : 강원도 춘천시 국립춘천박물관
121호 흥완군의복

121-1호	관복
121-1-1호	청색생수관복
121-1-2호	천담모시관복
121-1-3호	홑모시흰색관복
121-1-4호	옥색겹관복
121-1-5호	유록색보문생수관복
121-1-6호	자색보문생수관복
121-1-7호	북청색생수관복
121-1-8호	유록색생수관복
121-1-9호	자청색보문생수관복
121-1-10호	청록색삼팔주관복
121-1-11호	청색보문생수관복
121-1-12호	군청색보문생수관복
121-2호	제복
121-2-1호	백초의
121-2-2호	흑삼
121-3호	청철릭
121-4호	동달이
121-5호	쾌자
121-6호	단령
121-6-1호	천홍단령
121-6-2호	흑단령
121-7호	조복
121-8호	초의
121-8-1호	적초의
121-8-2호	청초의
121-9호	전복

121-9-1호 녹색생수전복
121-9-2호 군청색항라전복
121-10호 등거리장식
121-11호 대
121-11-1호 광대
121-11-2호 대대
121-11-3호 세조대
121-11-4호 대
121-12호 상아홀
121-13호 차선
121-14호 후수
121-15호 흉배
121-15-1호 금사쌍학흉배
121-15-2호 쌍학흉배
121-15-3호 단학흉배
121-16호 청사등롱 : 서울시 용산구 청파동
122호 안동하회마을 : 경상북도 안동시 풍천면
123호 파장동이병원가옥 : 경기도 수원시 장안구 파장동
124호 화성정용채가옥 : 경기도 화성시 서신면
125호 화성정용래가옥 : 경기도 화성시 서신면
126호 여주김영구가옥 : 경기도 여주군 대신면
127호 어재연장군생가 : 경기도 이천시 율면
128호 양주백수현가옥 : 경기도 양주시 남면
129호 진접여경구가옥 : 경기도 남양주시 진접읍
130호 굴집 : 경기도 남양주시 평내동
131호 고성어명기가옥 : 강원도 고성군 죽왕면
132호 영동송재문가옥 : 충청북도 영동군 심천면

133호　청원이항희가옥 : 충청북도 청원군 남일면
134호　보은선병국가옥 : 충청북도 보은군 장안면
135호　중원윤민걸가옥 : 충청북도 충주시 엄정면
136호　괴산김기응가옥 : 충청북도 괴산군 칠성면
137호　제원박도수가옥 : 충청북도 제천시 금성면
138호　청원유계화가옥 : 충청북도 청원군 부용면
139호　보은최태하가옥 : 충청북도 보은군 삼승면
140호　영동송재휘가옥 : 충청북도 영동군 영동읍
141호　음성김주태가옥 : 충청북도 음성군 감곡면
142호　영동김선조가옥 : 충청북도 영동군 양강면
143호　음성서정우가옥 : 충청북도 음성군 감곡면
144호　영동성위제가옥 : 충청북도 영동군 학산면
145호　단양조자형가옥 : 충청북도 단양군 가곡면
지정해제 괴산이복기가옥 : 충청북도 괴산군 괴산읍
147호　충청북도양로원 : 충청북도 괴산군 청천면
148호　제원정원태가옥 : 충청북도 제천시 금성면
149호　남원몽심재 : 전라북도 남원시 수지면
150호　부안김상만가옥 : 전라북도 부안군 줄포면

4. 제151호~제200호

151호　나주홍기응가옥 : 전라남도 나주시 다도면
152호　화순양동호가옥 : 전라남도 화순군 도곡면
153호　해남윤탁가옥 : 전라남도 해남군 현산면
154호　화순양승수가옥 : 전라남도 화순군 도곡면
155호　군지촌정사 : 전라남도 곡성군 입면
156호　보성문형식가옥 : 전라남도 보성군 율어면

157호 보성이금재가옥 : 전라남도 보성군 득량면
158호 보성이범재가옥 : 전라남도 보성군 보성읍
159호 보성이용욱가옥 : 전라남도 보성군 득량면
160호 보성이식래가옥 : 전라남도 보성군 득량면
161호 장흥위계환가옥 : 전라남도 장흥군 관산읍
162호 보성열화정 : 전라남도 보성군 득량면
163호 보성이용우가옥 : 전라남도 보성군 보성읍
164호 영암최성호가옥 : 전라남도 영암군 덕진면
165호 나주홍기헌가옥 : 전라남도 나주시 다도면
지정해제 진도한정석가옥 : 전라남도 진도군 진도읍
167호 무안나상열가옥 : 전라남도 무안군 삼향면
168호 영덕충효당
168-1호 안채
168-2호 사당
168-3호 충효당(사랑채) : 경상북도 영덕군 창수면
169호 해저만회고택
169-1호 안채
169-2호 사랑채(명월루) : 경상북도 봉화군 봉화읍
170호 거촌리쌍벽당
170-1호 안채
170-2호 사랑채
170-3호 행랑채
170-4호 쌍벽당
170-5호 사당
170-6호 마판채
170-7호 변소 : 경상북도 봉화군 봉화읍
171호 가평리계서당

171-1호	안채
171-2호	사랑채
171-3호	사당 : 경상북도 봉화군 물야면
172호	청운동성천댁 : 경상북도 청송군 청송읍
173호	창양동후송당
173-1호	안채
173-2호	사랑채
173-3호	행랑채
173-4호	문간채
173-5호	측간
173-6호	곳간채(1) 곳간채(2) : 경상북도 청송군 현동면
174호	율현동물체당 : 경상북도 예천군 유천면
175호	영천만취당
175-1호	안채
175-2호	사랑채(만취당)
175-3호	새사랑채(광명헌)
175-4호	대문채
175-5호	사당
175-6호	중사랑채
175-7호	마굿간채
175-8호	별묘제사(보본제)
175-9호	별묘
175-10호	곳간채 : 경상북도 영천시 금호읍
176호	가일수곡종택
176-1호	안채
176-2호	사랑채
176-3호	별당

176-4호 대문채

176-5호 사당

176-6호 화장실 : 경상북도 안동시 풍천면

177호 하회동하동고택

177-1호 안채

177-2호 사랑채

177-3호 대문채

177-4호 방앗간

177-5호 화장실 : 경상북도 안동시 풍천면

178호 하리동일성당

178-1호 큰채

178-2호 안변소

178-3호 바깥변소 : 경상북도 안동시 풍산읍

179호 오미동참봉택

179-1호 안채

179-2호 곳간채

179-3호 문간채

179-4호 방앗간채

179-5호 측간

179-6호 별당 : 경상북도 안동시 풍산읍

180호 만운동모선루

180-1호 큰채

180-2호 문간채 : 경상북도 안동시 풍산읍

181호 의성김씨율리종택 : 경상북도 안동시 풍산읍

182호 의성김씨서지재사

182-1호 안채

182-2호 사랑채

182-3호	책방
182-4호	창고(광)
182-5호	창고
182-6호	창고
182-7호	아랫방채
182-8호	문간채
182-9호	안사랑채
182-10호	사당
182-11호	헛간
182-12호	변소 : 경상북도 안동시 와룡면
183호	안동권씨능동재사
183-1호	큰채
183-2호	주사
183-3호	보판각
183-4호	측간 : 경상북도 안동시 서후면
184호	지례동오류헌
184-1호	안채
184-2호	사랑채
184-3호	대문채
184-4호	전사청
184-5호	외양간 : 경상북도 안동시 임하면
185호	법흥동고성이씨탑동파종택
185-1호	안채(정침)
185-2호	사랑채
185-3호	대청
185-4호	사당
185-5호	북정(정자)

185-6호 대문채 : 경상북도 안동시 법흥동
186호 함양정병호가옥 : 경상남도 함양군 지곡면
187호 모포줄 : 경상북도 포항시 남구 장기면
188호 성읍민속마을 : 제주도 서귀포시 표선면
189호 월성양동마을 : 경상북도 경주시 강동면
190호 윤증선생고택
190-1호 안채
190-2호 사랑채 : 충청남도 논산시 노성면
191호 예산정동호가옥
191-1호 안채
191-2호 사랑채
191-3호 고방채 : 충청남도 예산군 고덕면
192호 부여민칠식가옥
192-1호 안채
192-2호 사랑채
192-3호 행랑채 : 충청남도 부여군 부여읍
193호 부여정계채가옥
193-1호 안채 : 충청남도 부여군 부여읍
194호 아산성준경가옥
194-1호 안채
194-2호 사랑채
194-3호 고방채 : 충청남도 아산시 도고면
195호 아산외암리참판댁
195-1호 아산외암리참판댁(1)
195-1-1호 안채
195-1-2호 사랑채
195-1-3호 문간채

195-2호	아산외암리참판댁(2)
195-2-1호	안채
195-2-2호	사랑채 : 충청남도 아산시 송악면
196호	윤보선전대통령생가
196-1호	안채
196-2호	사랑채
196-3호	행랑채
196-4호	호지집 : 충청남도 아산시 둔포면
197호	서천이하복가옥
197-1호	안채
197-2호	사랑채
197-3호	고방채 : 충청남도 서천군 기산면
198호	홍성조응식가옥
198-1호	안채
198-2호	사랑채
198-3호	행랑채
198-4호	별당채 : 충청남도 홍성군 장곡면
199호	서산김기현가옥
199-1호	안채
199-2호	사랑채
199-3호	행랑채 : 충청남도 서산시 음암면
200호	달성조길방가옥
200-1호	안채 : 대구시 달성군 가창면

5. 제201호~제250호

201호 예천권씨종택

201-1호 안채 : 경상북도 예천군 용문면

202호 안동권태응가옥 : 경상북도 안동시 풍천면

203호 안동송소종택

203-1호 종택

203-2호 사당

203-3호 서당 : 경상북도 안동시 와룡면

204호 안동권씨소등재사 : 경상북도 안동시 와룡면

205호 정온선생가옥

205-1호 안채

205-2호 사랑채

205-3호 동행랑채

205-4호 고방채 : 경상남도 거창군 위천면

206호 합천묘산묵와고가

206-1호 안채

206-2호 사랑채 : 경상남도 합천군 묘산면

207호 함양허삼둘가옥

207-1호 안채

207-2호 사랑채 : 경상남도 함양군 안의면

208호 함안무기연당

208-1호 하환정

208-2호 풍욕루

208-3호 국담 : 경상남도 함안군 칠원면

209호 김함의묘출토의복

209-1호 누비직령포

209-2호	직령포
209-3호	저고리
209-4호	모자
209-5호	속곳
209-6호	내친고
209-7호	누비버선
209-8호	부들신
209-9호	이불
209-10호	주
209-11호	제웅 : 전라남도 영암군 학산면
210호	고종의누비저고리 : 서울시 용산구 석주선기념박물관
211호	덕온공주의복
211-1호	원삼
211-2호	당의
211-3호	장옷
211-4호	삼회장저고리
211-5호	누비삼회장저고리 : 서울시 용산구 석주선기념박물관
212호	덕온공주유물
212-1호	자라줌치
212-2호	제비부리댕기
212-3호	매개댕기
212-4호	떠구지댕기
212-5호	화각참빗
212-6호	주칠빗
212-7호	주칠얼레빗
212-8호	화각부채빗
212-9호	분첩

212-10호 연지첩

212-11호 연지곤지찍는도장

212-12호 소자

212-13호 어깨걸이

212-14호 노리개보

212-15호 날염보

212-16호 족두리보

212-17호 아청모시보

212-18호 패물선

212-19호 패물선집

212-20호 화각모필

212-21호 주단척

212-22호 색형겊상자

212-23호 양념국자

212-24호 저울

212-25호 저울집 : 서울시 용산구 석주선기념박물관

213호 항아당의 : 서울시 용산구 석주선기념박물관

214호 흥선대원군자적단령 : 서울시 용산구 석주선기념박물관

215호 광해군비당의 : 서울시 용산구 석주선기념박물관

216호 윤용구유물

216-1호 관복

216-2호 동다리복

216-3호 철릭

216-4호 광다회 : 서울시 용산구 석주선기념박물관

217호 안동김씨묘출토의복

217-1호 명주겹누비직령포

217-2호 명주겹솜누비직령포

217-3호	명주솜이불
217-4호	명주겹삼수저고리
217-5호	명주겹삼수회장저고리
217-6호	소색명주명정
217-7호	무명유삼수삼회장저고리
217-8호	소색명주겹치마
217-9호	소색무명겹치마
217-10호	소색명주솜치마
217-11호	무명단속곳
217-12호	소색명주목도리
217-13호	명주홑보자기 : 충청북도 청주시 충청북도대학교박물관
218호	정온가의 유품
218-1호	제복
218-2호	조복
218-3호	상
218-4호	중단
218-5호	금관
218-6호	교지
218-7호	정부인강씨묘표문
218-8호	내사본중용
218-9호	석침
218-10호	치제문
218-11호	운문사겹단령
218-12호	화조문갑사홑철릭
218-13호	화문갑사겹원삼
218-14호	갑사겹동다리
218-15호	갑사홑동다리

218-16호 도투락댕기
218-17호 원삼대
218-18호 첩지머리
218-19호 족두리
218-20호 용잠
218-21호 풍차
218-22호 사모
218-23호 각대
218-24호 목화
218-25호 차선
218-26호 전대
218-27호 광대
218-28호 관자
218-29호 패옥
218-30호 홀
218-31호 어사화
218-32호 죽선
218-33호 쌈지
218-34호 찡채
218-35호 인장
218-36호 호패 : 경상남도 거창군 위천면
219호 세조대의 회장저고리 : 강원도 평창군 월정사성보박물관
220호 영조대왕의 도포 : 대구시 동구 파계사
221호 삼척대이리너와집 : 강원도 삼척시 신기면
222호 삼척대이리통방아 : 강원도 삼척시 신기면
223호 삼척대이리굴피집 : 강원도 삼척시 신기면
224호 여수연등동벅수 : 전라남도 여수시 연등동

225호	전세맹고불유물
225-1호	옥적
225-2호	백옥방인
225-3호	채석포도문일월연
225-4호	수정죽절비녀
225-5호	목칠도형배 : 충청남도 아산시 배방읍
226호	탁청정 : 경상북도 안동시 와룡면
227호	후조당 : 경상북도 안동시 와룡면
228호	태백산천제단 : 강원도 태백시 소도동, 혈동
229호	진주하씨묘출토유물
229-1호	복식
229-1-1호	장의
229-1-2호	창의
229-1-3호	저고리
229-1-4호	치마
229-1-5호	버선
229-1-6호	속곳류
229-1-7호	바지
229-1-8호	요
229-1-9호	이불
229-1-10호	베개
229-1-11호	멱목
229-1-12호	모자
229-1-13호	돗자리
229-1-14호	빗접
229-1-15호	옷감
229-1-16호	파손된 옷

229-2호 서간문
229-2-1호 곽주서
229-2-2호 치부기록
229-2-3호 곽주모친, 내사돈, 장남서
229-2-4호 이남서
229-2-5호 삼남사남서
229-2-6호 출가녀서
229-2-7호 미상 : 대구시 중구 건들바우박물관
230호 산청전주최씨고령댁상여 : 서울시 종로구 국립민속박물관
231호 홍성엄찬고택 : 충청남도 홍성군 홍북면
232호 해남윤두서고택 : 전라남도 해남군 현산면
233호 아산건재고택 : 충청남도 아산시 송악면
234호 영광연안김씨종택 : 전라남도 영광군 군남면
235호 고성왕곡마을 : 강원도 고성군 죽왕면
236호 아산외암마을 : 충청남도 아산시 송악면
237호 의성소우당 : 경상북도 의성군 금성면
238호 순창성황대신사적현판 : 전라북도 순창군 순창읍
239호 고운묘출토유물 : 광주시 북구 광주시립민속박물관
240호 제주도내왓당무신도 : 제주도 제주시 아라동
241호 장영직유품 : 서울시 종로구 국립민속박물관
242호 김흠조부부묘출토유물 : 경상북도 영주시 소수서원 유물관
243호 이언충묘출토복식 : 서울시 용산구 석주선기념박물관
244호 선암사소장가사 · 탁의 : 전라북도 순천시 선암사성보박물관
245호 청도임당리김씨고택 : 경상북도 청도군 금천면
246호 이응해장군묘출토복식 : 충청북도 충주시 충주박물관
247호 봉화설매리3겹까치구멍집 : 경상북도 봉화군 상운면
248호 예천의성김씨남악종택 : 경상북도 예천군 용문면

249호 송석헌 : 경상북도 봉화군 봉화읍

250호 송소고택 : 경상북도 청송군 파천면

6. 제251호~제300호

251호 신안김환기가옥 : 전라남도 신안군 안좌면

252호 강진영랑생가 : 전라남도 강진군 강진읍

253호 영암최원립장군묘출토복식 · 유물 : 서울시 서대문구 이화여자대학교박물관

254호 문경평산신씨묘출토복식 : 경상북도 문경시 문경새재박물관

255호 성주한개마을 : 경상북도 성주군 월항면

256호 울릉나리동너와집 및 투막집 : 경상북도 울릉군 북면

257호 울릉나리동투막집 : 경상북도 울릉군 북면

258호 금성당 : 서울시 은평구 진관동

259호 문경최진일가묘출토복식 : 경상북도 문경시 영순면

260호 영덕화수루일곽 : 경상북도 영덕군 창수면 갈천리

261호 경주최씨종택 : 대구시 둔산동

262호 괴헌고택 : 경상북도 영주시 이산면 두월리

5.8. 지역별 중요 문화시설자원

1. 서울특별시

서울특별시는 수도로서 오랫동안 우리나라 문화예술의 중심지였던 관계로 문화시설이 풍부하고 다양하게 집중되어 있다. 우선 음악, 무용, 연극, 연예 등의 공연장은 모두 149개이다. 이를 관리주체별로 구분해 보면 공립은 32개, 민간은 117개이다. 이외에도 문예회관이 5개소이고 극장은 76개소이다. 서울특별시의

공연장은 전국에서 압도적으로 많이 집중되어 있으며, 민간공연장이 많다는 점이 특징이다. 특히 예술의전당, 국립극장, 세종문화회관, 정동문화예술회관, 국립국악원 같은 국내 제일의 공연장에서 최고의 작품이 공연되고 있다.

전시시설로는 크게 박물관, 미술관, 전시실, 화랑, 기념관 등을 들 수 있다. 서울시의 미술관은 모두 15개소이다. 이 중 국공립은 1개소이며 나머지는 사립이다. 사립미술관 중에는 근대식 사립미술관인 간송미술관 등 주목할 만한 미술관이 많다. 박물관은 모두 59개인데, 국공립 10개, 사립 26개, 특수박물관 23개 등이다. 특히 국립중앙박물관, 국립민속박물관 등은 우리나라의 대표적인 박물관으로서 유명하다. 특수박물관으로서 짚풀생활사박물관, 출판박물관, 성서박물관 같은 다양한 내용의 박물관이 있다. 또한 선사주거지유물전시장 등의 학습용 전시장도 내세울 만한 전시공간이다.

지식정보시대에 필요한 정보제공을 목적으로 하는 문화시설인 도서관은 서울특별시에는 1,663개소가 있다. 이를 관리주체별로 구분해 보면, 국공립도서관이 34개소, 대학도서관이 74개소, 학교도서관이 1,262개소, 전문도서관이 293개소이다.

주민들에게 다양한 문화를 보급하고 접촉기회를 제공하는 기능을 담당하는 시설로서 지방문화원은 22개소이며, 문화의 집은 13개소이다. 또한 다양한 문화시설별로 나름대로의 문화학교를 운영하고 있어 시민들에게 다양한 문화학습기회를 제공하고 있다. 예컨대 국립국악원, 국립극장 등의 문화학교가 그 예이다.

한편 청소년들의 건강한 심신수련에 도움이 되는 청소년 수련시설은 청소년 수련관이 25개소, 청소년문화의 집이 5개소이다.

2. 부산광역시

부산광역시는 대도시이면서 동시에 국제항으로서의 역할을 오랜 동안 담당해 왔다. 따라서 다양한 문화교류가 이루어지는 도시로서의 기능이 크다. 그러한 도시규모나 문화적 기능에 비해서 문화시설은 그리 풍부하지 않은 편으로 보인다.

부산광역시의 공연장은 모두 18개소이다. 공립은 없으며 모두 민간공연장이다. 이외에도 문예회관이 2개소이다. 동래문예회관은 대극장, 소극장, 전시실, 야외놀이마당 등을 지닌 문화시설로서 대표적인 공연장이다. 특히 부산민속예술관은 금강공원 내에 위치하면서 동래전통민속공연을 중점적으로 보존 · 전승하는 기능을 담당하고 있다. 부산광역시의 공연장이 갖는 특징은 민간공연장이 많은 데 비해 공공 공연장이 없다는 점이다. 극장은 현재 18개소로서 부산국제영화제가 주로 이 극장을 중심으로 해서 열리고 있으며, 우리나라 영화제의 선도적 역할을 담당하고 있어 주목된다.

전시시설로는 박물관이 8개소인데, 국공립 1개소, 대학 7개소이다. 부산시립박물관은 남구에 위치하고 있다. 부산진구의 차박물관이나 부산여대 부설 다도박물관은 차를 소재로 하는 특징적인 박물관이다. 부산대, 동아대, 동의대학박물관 등은 제 역할을 톡톡히 해내고 있다. 부산광역시의 미술관은 2개소인데, 국공립과 사립이 각각 1개소이다. 특히 해운대구의 시립미술관은 첨단 감각의 현대식 미술관으로 자랑거리이다. 기념관으로는 임시수도기념관이 있으며, 그 밖의 전시공간으로 동래구의 세계해양생물전시관이 특이하다.

정보제공을 주로 담당하는 문화시설로서 도서관은 597개소인데, 국공립도서관은 21개소, 대학도서관은 29개소, 학교도서관이 532개소, 전문도서관이 15개소이다.

시민들에 대한 문화보급을 담당하는 시설인 지방문화원은 강서, 연제, 기장, 북구낙동, 동래, 사상 등 6개소에 설립되어 운영 중이며, 문화의 집은 1개소이다.

한편 청소년을 대상으로 하는 수련시설인 청소년수련관이 7개소, 청소년문화의 집이 7개소이다. 특히 해운대구의 해양소년단 부산연맹수련관 등은 주목할 만한 시설이다.

3. 대구광역시

대구광역시에는 음악, 무용, 연극 등에 관련된 공연장이 모두 11개이다. 그중 공립공연장은 5개이며 민간공연장은 6개이다. 특히 민간공연장 중에서 동구의 대우아트홀은 공연전시뿐만 아니라 각종 세미나실 등으로 구성되어 주민들의 문화생활에 크게 도움을 주고 있다. 이외에도 문예회관은 4개소인데, 달서구의 대구문예회관은 국제회의장까지 갖춘 현대식 공연장이다. 또한 서구문예회관은 연극이나 무용 등의 공연장으로서 준수한 시설을 갖추고 있다. 남구의 대덕문화전당은 훌륭한 야외무대까지 갖춘 공연장이다.

전시시설로서 박물관은 모두 5개소인데, 관리주체별로 보면 국공립과 사립이 각각 1개소씩이며 대학박물관이 3개소이다. 국립대구박물관은 경북지역 출토유물을 잘 관리하고 있다. 대학박물관 중 특히 경북대학교박물관은 1959년에 개관하여 긴 역사를 지닌 유서 깊은 박물관으로 운영되며 특히 청파원이라 불리는 야외박물관이 특이하다.

중구의 무속박물관은 무속관련 자료를 집중적으로 소장하는 박물관이다. 대구광역시의 미술관은 사립 1개소가 있다.

대구광역시의 극장은 모두 20개소이다. 그 외에 각종 전시관이 있는데 예컨대 약령전시관 등은 약령시로서 대구의 특징을 잘 나타내주는 지역문화의 요람으로서 지역문화의 정체성을 살려 잘 운영되고 있는 특징적인 문화시설이다. 기념관으로서 남구의 낙동강승전기념관도 주목할 만한 시설이다.

지식정보 기반사회에서 정보제공을 주로 담당하는 문화시설로서 도서관이 중요한데, 대구광역시에는 도서관이 모두 361개소이다. 관리 주체별로 보면 국공립도서관은 12개소, 대학도서관은 15개소, 학교도서관이 321개소, 전문도서관이 13개소이다.

주민들에게 문화를 보급하는 기능을 담당하는 지방문화원은 7개소이다. 한편 문화의 집은 1개소이다. 그 밖에 청소년의 문화생활 및 신체단련을 위해 마련된 수련시설로서, 청소년수련관이 5개소, 청소년문화의 집이 3개소이다. 대구광역시 어린이회관 등도 어린이들의 문화향수기회 제공에 크게 기여하고 있다.

4. 인천광역시

인천광역시는 해양도시로서 다양한 외래 문화접촉 기회를 제공한 대도시적 특징을 지니고 있다. 인천광역시에는 공연장이 모두 8개이다. 운영주체별로 구분해 보면 공립공연장은 2개이며 민간공연장이 6개이다. 이외에도 문예회관이 5개소 설립되어 있다. 문예회관 중에서 중구 종합문예회관은 공연장, 전시장, 국제회의장 및 야외공연장을 고루 갖춘 공연시설로서 대표적이다. 남동구의 인천종합문화예술회관도 부지면적 1만 6천 평의 대규모로서 인근에 올림픽공원과도 연계한 생활문화공간으로서 이용이 특히 편리한 것이 장점이다. 남구의 문화회관도 종합시설을 잘 갖추고 있다. 인천광역시에는 극장이 모두 16개소 마련되어 있다.

인천광역시의 전시시설로는 박물관이 3개소 설립되어 있다. 운영주체별로 보면 국립과 사립 및 대학이 각각 1개소씩이다. 연수구에 소재하고 있는 인천시립박물관은 1946년에 개관한 유서 깊은 공간으로서 약 4천5백 점의 유물을 관리하며 사회교육기능도 수행하는 향토박물관으로서의 기능을 충실히 담당하고 있다. 미술관은 사립 3개소이다. 사립미술관 중 남구의 송암미술관은 도자기, 불상, 회화, 중국유물 등 3천여 점을 전시하고 있어 학습공간으로도 활용된다. 특히 부평구청은 미술전시관을 운영하고 있어 공공행정시설의 문화공간화에 앞장서고 있다. 부평구의 향토사료전시관은 생활문화전시관으로 운영되고 있다. 기념관으로는 인천상륙작전기념관이 연수구에 자리하고 있다.

지식기반사회에서 중요한 지식정보의 제공을 주로 담당하는 문화시설인 도서관은 310개이다. 이를 나누어 보면 국공립도서관은 8개소, 대학도서관은 10개소, 학교도서관이 281개소, 전문도서관이 11개소이다.

주민들에게 문화를 보급하는 기능을 담당하는 시설인 지방문화원은 인천 · 강화 · 부평 등의 3개소이며, 다양한 문화학습 프로그램을 운영하고, 시민들의 문화학습전당으로서의 기능을 수행하고 있다.

한편 청소년 수련시설은 청소년수련관이 6개소, 청소년문화의 집이 3개소이다. 그 외에도 여성들을 대상으로 하는 중구의 여성복지회관과 여성문화회관, 부평구의 여성문화회관을 운영하여 주민들의 문화생활에 활력을 주고 있다.

5. 광주광역시

공연시설 중 대표적인 공연장은 모두 9개이다. 운영 주체별로 나누어보면 공립은 3개이며 민간이 6개이다. 이외에도 문예회관이 2개소 마련되어 있다. 이 중 동구의 무등예술회관은 구에서 직접 운영하는 전시 발표공간으로 운영되고 있다. 그 외 극장이 14개소 설립되어 있다. 전시시설 중 박물관은 5개소이다. 이를 다시 시설관리 주체별로 나누어보면 국립 2개소, 대학운영이 3개소이다. 이 중에서 북구의 국립광주박물관은 전시유물 1천 점과 소장유물 3만 점 및 관련도서 3천 권을 소장하고 있는 대표적인 박물관이다. 북구에 설치되어 있는 광주시립민속박물관은 생활문화와 생업전시실을 두고 운영되는 생활문화박물관이라는 특징이 있다.

미술관으로는 공립 2개소와 대학 1개소가 있다. 특히 북구의 광주시립미술관 등은 미술도시 광주의 분위기를 잘 살려주고 있다. 전시관으로는 광산구의 임방울선생판소리전수관이 있는데, 이 지역의 특징적 예술인 판소리예술의 공연은 물론 전승을 위한 공간으로서 운영되고 있다.

주민들의 문화생활에 필요한 정보를 제공하는 문화시설로서 도서관은 227개이다. 이 중 국공립도서관은 8개소, 대학도서관은 15개소, 학교도서관이 195개소, 전문도서관이 9개소이다. 주민들에게 문화를 보급하는 지방문화원은 북구, 서구, 광산, 동구, 남구 등 5개소이다.

한편 문화의 집은 1개소이다. 또한 청소년 수련시설로 청소년수련관이 7개소, 청소년문화의 집 2개소를 보유하고 있다. 특히 북구 청소년수련관 등은 음악감상실과 체육실 등 청소년의 심신단련에 좋은 여건을 제공해 주고 있다.

6. 대전광역시

대전광역시는 국토의 중심지로서 접근성이 좋으며 대학들이 집중되어 문화소비층이 많은 관계로 다양한 문화시설이 입지하고 있다.

대전광역시에 설립된 공연장은 모두 14개이다. 그 운영주체를 살펴보면 공립은 8개이며 민간이 6개이다. 대표적으로 중구의 시민회관은 대소공연장을 두고 공연프로그램을 마련하여 시민문화생활의 접근기회를 제공하고 있다. 대전광역시에 설립된 극장은 16개소이다.

대전광역시의 전시시설로는 박물관이 10개소이다. 이는 국공립 3개, 사립 3개, 대학박물관 4개로 구성되어 있다. 예컨대 유성구의 충청남도대박물관은 대전광역시의 대표적인 박물관이다. 특히 과학박물관은 우리나라의 대표적인 과학도시다운 다양한 체험공간으로 구성되어 있다. 그 외에도 동구의 한밭교육박물관은 시대별 교육자료 6천 점을 소장한 특색 있는 공간이다. 유성구의 화폐박물관도 우리나라의 대표적인 화폐의 역사를 한눈에 볼 수 있는 박물관으로 운영되고 있다. 동구의 회상사 문보원 족보박물관에는 족보 3만 5천 권이 전시되어 있으며, 대덕구의 토기역사관은 토기와 자기 등이 시대별로 전시되어 있다.

주민들에 대한 정보제공 역할을 담당하는 문화시설인 도서관은 대전광역시에 353개가 설립되어 있다. 이를 주체별로 보면 국공립도서관은 9개소, 대학도서관은 22개소, 학교도서관이 282개소, 전문도서관이 40개소이다. 미술관은 국공립과 사립이 각각 1개씩이며, 주민들에게 문화를 보급하는 기능을 담당하는 시설인 지방문화원은 중구, 유성, 서구, 대덕, 동구 등 5개구에 모두 설치되어 있다.

한편 대전광역시의 청소년 수련시설은 청소년수련관이 6개소, 청소년문화의 집이 1개소이다. 동구 청소년자연수련관이나 세천어린이공원 등은 청소년들의 문화향수 기회를 다양하게 제공하는 데 크게 기여하고 있다. 중구의 청소년수련마을, 서구의 평송청소년수련원도 대전광역시 청소년의 심신단련에 좋은 공간으로 활용되고 있다.

7. 울산광역시

울산광역시의 공연장은 모두 4개이다. 관리주체별로 보면 공립이 2개, 민간이 2개이다. 이외에도 문예회관을 1개소 보유하고 있다. 대표적으로 울산광역시 문화예술회관이 남구에 소재하고 있는데, 대소공연장과 야외공연장 및 전시공간을 갖춘 울산문화예술 활동의 본거지이다. 또한 기업활동이 왕성한 울산광역시에서 북구의 현대자동차(주) 문예회관은 공연장과 스포츠센터 등을 두고 주민들의 문화향수 충족의 기회를 만들어주고 있다. 그 외에도 남구의 KBS울산홀, 광대소극장, 울산상공회의소 공연장, 동구의 현대한마음회관 등이 공연시설로서 주요한 역할을 담당하고 있으나 주로 남구에 편중되어 있는 점이 아쉽다. 울산광역시에는 이외에도 극장을 8개소 보유하고 있는데 이들은 주로 중구에 밀집되어 있다.

전시시설인 박물관은 1개소로서 울산대학박물관이다. 울산광역시에는 아직 미술관이 없으나, 모드니갤러리, 윤화랑 등 민간 화랑이 이를 대신해서 시민들에게 감상기회를 제공한다.

지식정보사회에서 중요한 문화관련 정보제공을 주로 담당하는 문화시설인 도서관이 132개인데, 국공립도서관은 남구, 동구, 중구, 울주군 등 4개소, 대학도서관은 1개소, 학교도서관이 118개소, 전문도서관이 9개소이다. 박물관은 아직 없으나, 고도성장기에 한국 공업발달을 이끌어온 견인차 역할을 배경으로 하여 공업역사박물관 건립을 위한 추진활동을 최근에 활발히 추진 중이다. 주민들에게 문화를 보급하는 기능을 담당하는 시설인 지방문화원은 2개소이다. 한편 문화의 집은 1개소이다.

또한 청소년 수련시설은 청소년수련관이 1개소, 청소년문화의 집이 2개소이다. 특히 남구의 근로청소년복지회관, 달동청소년수련실과 학산동청소년수련실은 청소년의 심신단련과 사회교육 기능을 담당하고 있다.

8. 경기도

경기도는 수도 서울의 역사문화를 둘러싼 배후지였던 배경으로 인해 전통문화기념관이나 전수회관 등은 물론 현대적인 문화시설을 비교적 다양하게 고루 갖추고 있다.

경기도 내에는 공연을 위한 공연장을 모두 50여 개 갖추고 있다. 관리 주체별로 보면 그중 공립은 26개이며 민간시설이 24개이다. 이외에도 각 시군단위로 한 개 정도의 문예회관을 갖춰 현재 문예회관은 14개소이다. 그중에서 수원에 소재하는 경기도문화예술회관과 시민회관은 대소공연장을 비롯한 훌륭한 공연시설을 갖추고 있다. 경기도에는 주요 도시를 중심으로 64개소의 극장을 보유하고 있다.

경기도에는 전시시설인 박물관을 20개소 보유하고 있다. 이 중에서 국공립은 2개소, 사립은 11개소, 대학박물관은 6개소이다. 그중에서 특유한 박물관으로는 성남시의 청구세계민속관, 한국토지공사의 토지박물관 등을 들 수 있다. 부천만화정보센터, 안산시 올림픽기념관, 이익선생기념관 및 향토사료관, 남양주시의 금석문테마박물관, 시흥시의 소전박물관도 특징적인 전시관이다. 의왕시의 철도박물관은 1988년 개관하여 철도유물자료를 전시하고 있으며, 용인의 등잔박물관이나 이천의 해강도자미술관도 특징적인 소재를 중심으로 하는 박물관으로 유명하다. 양주별산대놀이 전수회관이나 소놀이굿전수회관 등은 지역전통문화 전수회관으로서의 기능을 다하고 있다.

이 밖에도 경기도에는 전시를 위한 미술관을 모두 10개소 지니고 있으며 이 중 국공립은 1개소, 사립은 9개소이다.

지식기반사회에 필요한 정보를 제공하는 역할을 담당하는 도서관이 1,263개인데, 국공립도서관은 50개소, 대학도서관은 65개소, 학교도서관이 1,068개소, 전문도서관이 80개소이다. 시군단위로 필요한 도서관을 보유하고 있을 뿐 아니라 경기도의 많은 교육기관들이 도서관을 잘 운영하고 있다.

주민들에게 문화를 보급하는 기능을 담당하는 시설인 지방문화원은 기초자치단체 단위로 보유하고 있어 총 31개소이다. 한편 문화의 집은 최근에 설립하기 시작하여 모두 6개소이다.

한편 경기도는 청소년 수련시설로서 청소년수련관을 16개소, 청소년문화의 집을 7개소 보유하고 있다.

9. 강원도

강원도는 특유한 향토문화를 지닌 지역답게 전통생활문화 전승시설을 지역마다 갖추고 있으며, 주민문화생활에 필요한 생활문화공간으로서 문예회관 등을 고루 갖추고 있으나 교통 접근성이 어려운 형편이다.

강원도의 공연시설 중 공연장은 모두 10개 정도이며, 이들 모두 공립시설이다. 이외에도 문예회관은 11개소인데, 춘천문화예술회관, 원주치악예술관, 강릉문화예술회관, 동해문화예술회관, 속초문화회관, 삼척문화예술회관, 홍천군문화예술회관, 평창군문화예술회관, 정성군문화예술회관 등이 지역주민들의 문화향수기회 제공에 기여하고 있다. 강원도에는 주요 도시를 중심으로 21개의 극장을 보유하고 있다.

강원도의 전시시설로는 우선 박물관 14개소를 들 수 있다. 이 중 국공립은 3개소, 사립은 7개소, 대학박물관은 4개소이다. 특히 많은 사람들의 관심을 끌고 있는 박물관으로는 강릉오죽헌시립박물관, 대관령박물관, 강릉축음기박물관, 강릉대학교박물관, 관동대학교박물관, 오죽헌율곡기념관 등이 있다. 태백시의 태백석탄박물관, 속초향토사료전시관, 횡성군의 정금민속관이나 강원민속촌은 강원도 산악지방의 향토색 짙은 자료를 잘 보관 전시하고 있다. 영월의 들꽃민속관은 민예품을 전시하고 있으며, 양구군 선사박물관, 양양군 선사문화전시실은 선사시대의 유물을 발굴 · 소장하고 있다.

강원도 주민들에게 정보를 제공하는 문화시설인 도서관은 약 457개이다. 관리주체별로 구분해 보면 국공립도서관은 33개소, 대학도서관은 18개, 학교도서관이 399개, 전문도서관이 7개소이다.

강원도 주민들에게 생활 가까이에서 문화를 보급하는 기능을 담당하는 시설인 지방문화원은 18개소이다. 한편 문화의 집은 3개소이다.

청소년들을 위한 문화시설로서 우선 꼽을 수 있는 수련시설은 청소년수련관이 9개소, 청소년문화의 집이 6개소이다. 그 외에도 동해여성회관 등 여성문화시설도 지역별로 소규모로 마련되어 있다.

10. 충청북도

충청북도가 보유하고 있는 공연장은 모두 11개 정도이다. 이 공연장을 관리주체별로 구분해 보면 공립 공연장이 7개소, 사립 공연장이 4개소 등이다. 이외에도 충청북도 내에 문예회관은 6개소이다. 충청북도의 주요 도시에 소재하는 극장은 모두 합하면 13개이다. 공연공간 중에서 대표적인 것은 청주예술의전당, 청주의 청사아트홀, 충주시민문화회관, 충주우륵당, 제천시문화회관 등을 들 수 있다. 한편 옥천군의 관성회관은 야외공연장을 중심으로 하는 주민문화공간이다.

충청북도에 설립되어 있는 전시시설로서 박물관은 13개소이다. 이를 주체별로 보면 국공립 3개소, 사립 3개소, 대학 7개소로 구성되어 있다. 대표적인 것으로 국립청주박물관, 충청북도대학교박물관, 청주대학교박물관, 충주박물관 등을 들 수 있다. 그 외에 전문박물관으로서 청주 고인쇄박물관, 음성군 한독의약박물관 등이 특유한 소재를 중심으로 집중 수집하여 전시하고 있다. 충청북도에 미술관은 없지만, 청원군에 있는 운보의 집에는 운보와 우향의 작품이 소장되어 있다. 영동군의 향토민속자료전시관, 진천군의 진천향토민속자료전시관, 음성군 향토민속자료전시관은 지역 향토민속자료를 전시하는 공간으로 운영되고 있다.

주민들에 대한 정보제공을 주로 담당하는 문화시설인 도서관이 충청북도에는 모두 432개이다. 운영주체별로 보면 국공립도서관은 21개소, 대학도서관은 17개, 학교도서관이 387개, 전문도서관이 7개소이다.

주민들에게 생활 가까이에서 문화를 보급하는 지방문화원은 12개소가 활약중이며, 문화의 집은 현재 2개소이다. 한편 청소년 수련을 담당하는 충청북도지역의 청소년 수련시설로는 청소년수련관이 7개소, 청소년문화의 집이 3개소이다. 청원군 청소년수련관, 음성군 청소년문화의 집 등이 잘 운영되고 있는 사례이다.

11. 충청남도

충청남도는 백제 고도의 중심지로서 이에 관련된 문화유산을 발굴하고 관리하는 박물관 및 전시시설이 풍부하며, 지역단위의 다양한 문화시설도 갖추어져 있다.

충청남도는 공연장을 모두 9개 보유하고 있다. 이 중에서 공립은 7개소이며 사립은 2개소이다. 이외에도 주요 지역에 문예회관 5개소를 보유하고 있다. 문화회관으로서 서산문화회관, 금산청산회관, 홍성문화회관, 예산군문화회관 등은 잘 운영되고 있는 사례이다. 충청남도의 주요 도시에 있는 극장은 약 20개소에 이른다.

충청남도에 설립되어 있는 전시시설로서 박물관은 15개이다. 이 중 국공립박물관은 4개소, 사립박물관은 7개소, 대학박물관은 4개소이다. 국립공주박물관, 부여박물관, 공주민속극박물관 등이 대표적으로 지역문화유산을 보관 전시하고 있다. 그 외에도 예산 고건축박물관 등이 지역의 문화유산을 잘 관리하고 있다. 미술관은 2개인데 모두 사립미술관이다.

지역주민들을 대상으로 정보를 제공하는 문화시설인 도서관은 839개이다. 이 중 국공립도서관은 36개소, 대학도서관은 30개소, 학교도서관은 765개소, 전문도서관은 8개소이다. 대표적으로 부여도서관, 공주 석탄박물관, 서산 안견기념관, 금산 인삼종합전시관, 연기군 향토사료관, 서천군 한산모시관 등이 역할을 다하고 있다.

충청남도 지역에서 주민들에게 생활문화를 보급하는 지방문화원은 17개소로서 지역문화발전을 위하여 많은 노력을 경주하고 있다. 한편 최근에 건립하고 있는 문화의 집은 보령 주산문화의 집 등 4개소이다. 충청남도의 청소년 수련시설로는 청소년수련관이 7개소, 청소년문화의 집이 5개소이다.

12. 전라북도

전라북도는 국악과 같은 전통예술에 관련된 공연장과 전통민속 관련 특별 전시공간을 보유하고 있는 것이 특징이다. 뿐만 아니라 전국의 여타 지역들과 같은 일반적인 문화시설을 고루 갖추고 있다.

공연시설 중 공연장은 전라북도 내에 모두 9개이며, 이들 모두 공립이다. 이 외에도 문예회관은 7개소이다. 대표적으로 전라북도예술회관, 전라북도에 삼성문화회관, 전주 덕진예술회관, 전라북도학생종합회관, 군산시민문화회관, 솜리예술회관, 정읍 정읍사예술회관, 남원 춘향문화예술회관, 김제문화예술회관, 부안군 부안종합문화예술회관 등 주요 지역의 문화회관이 마련되어 있다. 그 외에도 정읍 향토사료관과 같은 기초자치단체 단위의 전통문화보존을 위한 시설들이 마련되어 있다. 특히 국악 등을 위한 보존 전수회관으로서 전라북도도립국악원, 남원 국립민속국악원, 고창 동리국악원 등이 전국적으로 유명하다. 전라북도의 주요 도시에 소재하는 극장은 모두 21개소이다.

전라북도에 소재하는 전시시설로는 박물관이 10개소 있다. 이 중 국공립 2개소, 사립 2개소, 대학이 6개소이다. 그 외에도 고창군 향토농경유물전시장과 같은 전시장도 다수 있다.

정보제공을 주로 담당하는 문화시설인 도서관이 780개인데, 국공립도서관은 30개소, 대학도서관은 23개소, 학교도서관이 719개소, 전문도서관이 8개소이다.

주민들의 생활문화활동을 지원하는 지방문화원은 전라북도 내에 14개소가 있다. 한편 문화의 집은 3곳에 마련되어 있다.

한편 청소년들의 건강한 심신단련을 위한 시설로서 청소년수련관이 11개소, 청소년문화의 집이 7개소이다. 군산청소년문화회관, 완주군 보이스카우트 송광야영장 등이 잘 운영되는 사례이다.

13. 경상북도

경상북도에 소재하는 공연시설 중 공연장은 모두 11개이다. 이를 운영주체별로 구분해 보면 공립이 7개, 민간이 4개이다. 이외에도 문예회관은 주요 지역에 11개소가 설립되어 있다.

경상북도의 주요 도시에 소재하는 극장은 28개소이다. 공연시설로는 포항문화예술회관, 포항효자아트홀, 경주서라벌문화회관, 김천문화회관, 안동시민종합회관, 안동대학교문화회관, 영천시민회관, 상주시문화회관, 문경시민문화회관, 경산시민회관, 의성문화체육회관, 영양군문화체육센터, 예천군민문화회관, 봉화군문화회관 등이 대표적으로 잘 운영되고 있다. 그 외에도 고령대가야국악당과 같은 곳은 국악전문공간으로 활동하고 있다.

전시시설로는 경상북도의 지역문화를 보관 전시하는 박물관이 16개소이다. 이 중 국공립박물관은 8개소, 사립박물관은 3개소, 대학박물관은 5개소이다.

국립 경주박물관, 포항 장기곶등대박물관, 포항영일민속박물관, 신라역사과학관, 안동민속박물관이 잘 되어 있다. 그 외에도, 영천민속관, 문경새재박물관, 문경석탄박물관, 영덕경보화석박물관, 고령대가야유물전시관, 고령의 대가야역사관, 성주군의 심산기념관, 울릉군 독도박물관 등이 전시공간으로서 역할을 잘 하고 있다. 경상북도의 미술관으로는 경주 선재미술관이 유명하다.

정보제공을 주로 담당하는 문화시설인 도서관이 경상북도 지역에는 806개가 있다. 이 중 국공립도서관은 48개소, 대학도서관은 38개소, 학교도서관이 704개소, 전문도서관이 16개소이다.

주민들에게 문화를 보급하는 기능을 담당하는 시설인 지방문화원은 경상북도 내에 23개소 설립되어 있다.

한편 문화의 집은 경상북도 내에 4개소가 있다. 한편 청소년 수련시설은 청소년수련관이 13개소, 청소년문화의 집이 5개소 있다.

14. 경상남도

경상남도에 소재하는 공연시설 중 공연장은 모두 24개이다. 이 중 공립 공연시설은 17개, 민간 공연시설은 7개이다. 이외에도 경상남도에는 문예회관이 모두 7개소이다. 경상남도의 주요 도시에는 극장이 모두 31개소 있다. 공연시설 중 창원시 문화예술회관, 진주 경상남도문화예술회관, 진해시 시민회관, 통영시 시민문화회관, 사천시 문화예술회관, 김해시 칠암문화센터, 의령군민회관, 하동 문화예술회관, 거창문화예술회관, 합천 문화예술회관 등이 대표적이다.

경상남도의 전시시설로서 박물관은 14개소이다. 이 중 국공립박물관은 7개소, 사립박물관은 4개, 대학박물관은 3개소이다.

박물관으로서 대표적인 곳은 진주국립진주박물관, 진해시립박물관, 김해시의 국립김해박물관, 밀양시립박물관, 거제박물관, 창령박물관, 거창박물관 등이다.

그 외에도 통영시 향토역사관, 통영시 향토문화재전수회관, 사천시 향토역사관, 양산시 통도사성보박물관, 고성 오광대전수회관 등이 지역문화의 전시보존 공간으로서 주요한 역할을 담당하고 있다. 경상남도의 미술관으로는 마산시의 문신미술관이 유명하다.

주민들에게 정보를 제공하는 역할을 담당하는 도서관은 754개이다. 이 중 국공립도서관은 35개소, 대학도서관은 23개소, 학교도서관이 675개소, 전문도서관이 21개소이다.

주민들에게 문화를 보급하는 기능을 담당하는 시설인 지방문화원은 경상남도 지역에 모두 20개소이며, 문화의 집은 8개소이다.

한편 청소년 수련시설은 청소년수련관이 13개소, 청소년문화의 집이 7개소이다. 창원시 늘푸른전당은 청소년회관으로 유명하다.

15. 제주특별자치도

제주도에는 공연시설로서 공연장이 모두 2개 마련되어 있다. 제주시문예회관, 서귀포문예회관 등이 잘 운영되고 있으며, 그 외에도 제주도의 주요 도시에 소재하는 극장은 8개소이다.

제주도의 문화예술 전시시설로서 박물관은 7개소이다. 이 중 국공립박물관은 2개소, 사립박물관은 4개소, 대학박물관은 1개소이다. 제주민속박물관, 제주도민속자연사박물관, 제주대학교박물관, 제주교육박물관 등이 대표적이다. 그 외에 특수박물관으로는 남제주군 영화박물관이 유명하다. 미술관으로는 서귀포 기당미술관, 북제주군 신천지미술관을 들 수 있다. 그 외에도 제주항일기념관, 항몽유적지전시실 등이 제주지역의 문화를 잘 나타내주고 있다.

정보제공을 주로 담당하는 문화시설인 도서관이 제주도에는 모두 122개이다. 이 중 국공립도서관은 14개소, 대학도서관은 7개소, 학교도서관은 99개소, 전문도서관이 2개소이다.

주민들에게 문화를 보급하는 기능을 담당하는 시설인 지방문화원은 모두 2개소이며, 문화의 집은 1개소이다.

제주지역의 청소년들을 위한 청소년 수련시설은 청소년수련관이 6개소, 청소년문화의 집이 5개소이다.

참고문헌

【국내】

한국관광사진집, 한국관광공사, 1994(CD-ROM).

강대규 · 김영원, 도자공예, 솔출판사, 1990.

강우방 · 곽동석 · 민병찬, 불교조각(1), 솔출판사, 2004.

강우방 · 곽동석 · 민병찬, 불교조각(2), 솔출판사, 2004.

강우방 · 신용철, 탑, 솔출판사, 2003.

권오문, "문화재의 효율적 보존관리를 위한 정책적 방향에 관한 연구", 중앙대학교 사회개발대학원 석사학위논문, 1987.

김동현, 서울의 궁궐건축, 시공사, 2002.

김무섭, "향교건축의 공간구성에 관한 연구", 계명대학교 산업대학원 석사학위논문, 2000.

김미옥 · 김민주, "왕릉자원해설 요소에 대한 지각과 방문만족 간의 관계", 관광학연구, 34권 제4호, 한국관광학회, 2010.

김병문, 관광자원학, 백산출판사, 1993.

김봉렬, 불교건축, 솔출판사, 2004.

김사영 · 김홍운, 관광문화재해설, 영설출판사, 1998.

김성곤, 서양건축양식론, 기문당, 1991.

김원룡, 한국의 고분, 세종대왕기념사업회, 1999.

김은중, 한국의 서원건축, 문운당, 1996.

김인덕 · 서성호 · 노상학 · 오영선, 과학문화, 솔, 2004.

김형미, 문화관광 해설사의 역할, 세계여행신문, 2008.

동아출판사 편집부, 동아원색세계대백과사전, 동아출판사, 1986.

문화관광연구원, 문화관광해설사 제도 운영실태 및 개선방안, 2008.

문화재관리국 문화재연구소, 한국의 고건축, 1994.

문화재청, 홈페이지, 문화유산지식, 2010. 2.

문화체육관광부, 관광동향에 관한 연차보고서, 2008.

박경식, 우리나라의 석탑, 역민사, 1999.

박도화, 사찰벽화, 미술문화, 1999.

박영규 · 김동우, 목칠공예, 솔출판사, 2005.

서철현 · 김영경 · 장경수, 관광자원해설론, 대왕사, 2005.

신준호, 한국민속대사전(1), 민족문화사, 1993.

신준호, 한국민속대사전(2), 민족문화사, 1993.

신준호, 한국민속대사전, 민족문화사, 1992.

이건무 · 조현종, 선사유물과 유적, 솔출판사, 2003.

이상해, 궁궐 · 유교건축, 솔출판사, 2004.

이순자, "문화관광해설사의 역할이 관광객 만족과 재방문 의도 및 추천의도에 미치는 영향", 관광정보연구, 2010.

이영훈 · 신광섭, 고분미술(1), 솔출판사, 2004.

이영훈 · 신광섭, 고분미술(2), 솔출판사, 2004.

이장춘, 관광자원론, 대왕사, 1983.

이진형, "생태관광 자원해설 요소의 중요도와 실행도 : 충남 서산 천수만 탐조관광객", 한국관광학회 제66차 학술발표심포지엄 자료집, 2009.

이혁진 · 이춘호, 문화재와 관광, 형설출판사, 2003.

전국문화원연합회, 한국의 향토문화자원, 2000(CD-ROM).

정찬종 · 강인호 · 신동숙, 관광학원론, 형설출판사, 2008.

채예병, 관광자원론, 새로미, 2010.

최응천 · 김연수, 금속공예, 솔출판사, 2003.

한국관광공사, 문화관광자원답사, 2005.

한국관광공사, 한국문화유산 관광상품화방안, 1996.

허균, 사찰장식과 그 빛나는 장식의 세계, 돌베개, 2000.

허만성, 문화재해설, 백산출판사, 1998.

황수영, 불탑과 불상, 세종대왕기념사업회, 1999.

【국외】

講談社インターナショナル編, 世界の遺跡と名建築(1), 講談社, 1983.

日本建築學會, 西洋建築史圖集, 彰國社, 1984.

田中喜一, 觀光事業論, 財團法人 觀光事業硏究會, 1950.

井上萬壽藏, 觀光と觀光事業, 國際觀光年記念行事協力會, 1967.

足羽洋保, 觀光資源論, 中央經濟社, 1997.

佐和隆硏, 佛像案內, 古川弘文館, 1978.

津田昇, 國際觀光論, 東洋經濟新報社, 1969.

【인터넷】

http://100.naver.com/

http://blog.naver.com/fpcp2010?Redirect=Log&logNo=110099222953

http://gangneung.grandculture.net/Contents/Index?contents_id=GC00300080

http://ja.wikipedia.org/wikI

http://ko.wikipedia.org

http://kr.blog.yahoo.com/jyonjyon@ymail.com/11

http://kr.dic.yahoo.com/search/enc/

http://kr.dictionary.search.yahoo.com/

http://namwon.grandculture.net/Contents/Index?contents_id=GC00601805

http://search.moleg.go.kr/Search_SE.html

http://seongnam.grandculture.net/Contents/Index?contents_ id= GC00102341

http://terms.naver.com/entry.nhn?docId=453177

http://www.doopedia.co.kr

저자약력

정찬종(鄭粲鍾)

경기대학교 관광대학 관광경영학과 졸업(경영학사)
경희대학교 경영대학원 관광경영학과 졸업(경영학석사)
경기대학교 대학원 관광경영학과 졸업(경영학박사)
(주)동서여행사 국제여행부 이사
관광경영학회/대한관광경영학회 회장
관광경영학회/대한관광경영학회 고문 및 자문위원
현) 한나라관광(주) 경영자문위원
국외여행인솔자(TC) 교육기관협의회 회장
계명문화대학 호텔항공외식관광학부 교수
e-mail : ccj822@kmcu.ac.kr

곽영대(郭榮大)

용인대학교 산업정보대학 관광학과 졸업(경영학사)
경기대학교 대학원 관광경영학과 졸업(관광학석사)
경기대학교 대학원 관광경영학과 졸업(관광학박사)
(주)오림[(주)사조인터내셔날] 사조월드투어 여행사업부 과장
다이렉트여행(주) 국외여행부 차장
현) 대한관광경영학회, 한국관광 · 레저학회 이사
동양공업전문대학 경영학부 관광경영과 겸임교수
한양대학교 대학원 경영컨설팅학과 & 지식서비스연구소 책임연구원
e-mail : topkwak@dongyang.ac.kr

관광문화재 해설

2012년 3월 5일 초판 1쇄 인쇄
2012년 3월 10일 초판 1쇄 발행

공 저 정 찬 종 · 곽 영 대
발행인 (寅製) 진 욱 상
발행처 백산출판사
서울시 성북구 정릉3동 653-40
등록 : 1974. 1. 9. 제 1-72호
전화 : 914-1621, 917-6240
FAX : 912-4438
http://www.ibaeksan.kr
editbsp@naver.com

저자와의 합의하에 인지첩부 생략

값 20,000원
ISBN 978-89-6183-532-9